中国法制史考证续编

第三册

杨一凡 主编

碑刻法律史料考

李雪梅 著

社会科学文献出版社
SOCIAL SCIENCES ACADEMIC PRESS (CHINA)

图书在版编目（CIP）数据

碑刻法律史料考／李雪梅著. 一北京：社会科学文献出版社，2009.8

（中国法制史考证续编；第三册）

ISBN 978-7-5097-0821-7

Ⅰ. 碑… Ⅱ. 李… Ⅲ. 法制史－史料－研究－中国

Ⅳ. D929

中国版本图书馆 CIP 数据核字（2009）第 104915 号

目　录

中编　碑刻法律史料分考

上 编

碑刻法律史料概述

一　碑石述略

　　以石竖碑铭刻是世界古文明发展中的常见现象。虽然西方许多重要石刻①产生的年代早于中国，但中国石刻却因为数量大、分布广、文种多、使用久、内容丰及形式多样等特点，在世界石刻文化史中占有重要地位。

---

① 在距今5000多年前的美索不达米亚，苏美尔象形文字已出现在石板及粘土泥板上。现知世界上最早的石刻铭文为乌鲁克文化时期（公元前3500～前3100年）的象形文字石板，这些文字主要是用于经济和管理。但中国人最熟悉的却是古巴比伦王国第六代君主汉穆拉比在位时（公元前1792～前1750年）刻制的《汉穆拉比法典碑》（现存法国巴黎卢浮宫博物馆），它是对已存在了上千年的苏美尔法律体系的修订和完善。有赖于此碑，人类历史上第一部完备的成文法典得以保存至今。古埃及碑石铭刻最早的实物是作为上下埃及统一、王朝时代开始（公元前3100年）的物证——《那尔迈调色板》（现存埃及博物馆）。在古王国时代的第五王朝（约公元前2500～前2350年），出现了古埃及最早的石刻编年纪——《巴勒莫石碑》；从第五王朝末开始，又出现了刻于金字塔墓壁的大批金字塔铭文。此外还有中王国时代（第11～17王朝，公元前2106～前1550年）、新王国时代（第18～20王朝，约公元前1550～前1069年）广泛流行的墓碑、方尖碑等。在古代文明的另一个中心——波斯，刻于伊朗西部一个叫贝希斯敦的村子附近的山崖上的《贝希斯敦纪功刻石》，内容系颂扬古波斯帝国大流士一世（公元前522～前486年在位）重新统一波斯帝国的功绩，长达1200行，用古波斯文、古比伦文等3种楔形文字刻成。古印度阿育王在位期间（公元前273～前232年），为了颂扬其军功政绩和宣扬王道佛法，阿育王下令各地立柱刻石，至今仍存摩崖诏谕20余处、石柱诏谕10余件。此外，古希腊、罗马，乃至孕育了玛雅文明、印加文明的美洲大陆，也都曾普遍利用石头作为铭刻文字的载体。

（一）碑义

1. 碑之原义与衍义

碑之名始于周代，原义是没有文字的竖石或立木。《仪礼·聘礼》曰："鼎九，设于西阶前。陪鼎当内廉，东面北上，上当碑南陈。"东汉郑玄注："宫必有碑，所以识日景，引阴阳也。凡碑，引物者，宗庙则丽牲焉，以取毛血。其材，宫、庙以石，窆用木。"① 《礼记·记义》称："祭之日，君牵牲，穆答君，卿、大夫序从。既入庙门，丽于碑。"郑玄注："丽犹系也。"② 《礼记·檀弓下》则说："公室视丰碑，三家视桓楹。"丰碑为天子之制，桓楹为诸侯之制。疏曰："此云丰碑，故知斫大木为碑也。"③ 后因木质容易朽烂，遂改为石制。汉刘熙在《释名》中解释道："碑，被也。……施其辘轳，以绳被其上，以引棺也。臣子追述君父之功美，以书其上。后人因焉，故无建于道陌之头、显见之处，名其文就，谓之碑也。"④

以上已涉及到早期碑的三种用途，即立于宫前以测日的宫中之碑，立于宗庙中以拴牲畜的祠庙之碑，以及天子、诸侯和大夫下葬时用于牵引棺木入墓穴的墓冢之碑。由于这三者均是出于实用，故早期的碑尚未以刻载文字或图案为主要功用。其中为引棺下葬的碑原来用木头制成，后改用石头，再后来就在碑石上书写乃至镌刻死者的功德，使之流传于后世，于是发展成后来有文字

---

① 《仪礼》卷二一《聘礼》，《十三经注疏》，中华书局，1980，第1059页。
② （汉）郑玄注、（唐）孔颖达疏：《礼记正义》卷四七《祭义》第二十四。
③ （汉）郑玄注、（唐）孔颖达疏：《礼记正义》卷一〇《檀弓下》第四。
④ （汉）刘熙撰：《释名》卷六，《钦定四库全书·经部十》。

的碑。

从没有文字的竖石逐渐发展成刻有文字的碑，其间经过上千年的演化。实用碑向刻载文字之碑的转变约发生在汉代。唐代陆龟蒙在《野庙碑》中称："碑者，悲也。古者悬而窆，用木。后人书之，以表其功德。因留之不忍去，碑之名由是而得。自秦汉以降，生而有功德政事者，亦碑之，而又易之以石，失其称矣。"① 以碑引棺要借助绳索，故早期墓碑上端有圆洞，名曰碑穿。《封氏见闻记》载："丰碑桓楹，天子诸侯葬时下棺之柱，其上有孔，以贯纤索，悬棺而下，取其安审，事毕因闭圹中。臣子或书君父勋伐于碑上。后又立之于隧口，故谓之神道，言神灵之道也。"②

在墓碑或神道碑出现之前的碑，无论是石制还是木制，均是不刻文字的实用器物，其形制和用途也均与后世刻载文字的碑有所不同。此是碑的原始涵义。随着汉代以后铭文碑的出现及普及，碑的含义开始向我们现在所理解的方向转变，而碑的原义反而逐渐被人们所淡忘。

2. 碑之广义与狭义

碑有狭义和广义之分。广义的碑泛指镌有述德、铭功、纪事等文字的各种形制的刻石，如碑碣、摩崖、造像和墓志等。清代金石学家叶昌炽在《语石》中强调："凡刻石之文皆谓之碑，当是汉以后始。"③ 经过历代发展演变，到清代时，碑已成为碑、碣、摩崖、墓志、刻经、造像记、塔铭、石阙铭、桥栏桥柱题记、井栏题记、祠堂纪事、墓莂、界石、画像题字、石刻字帖等

---

① （宋）姚铉辑：《唐文粹》卷二五，《钦定四库全书·集部八》。
② （唐）封演撰：《封氏见闻记》卷六《碑碣》，《丛书集成初编》第 0275 册，第 80 页。
③ （清）叶昌炽撰：《语石》卷三，辽宁教育出版社，1998，第 62 页。

一切有文字的石刻和线刻图画碑的总称；而狭义的碑则特指刻镌文辞并有一定规格和形制（一般由碑首、碑身和碑座组成）的长方形立石，是诸多刻石形式之一种。

欲了解广义的碑，也必须厘清石刻与刻石的概念。凡有文字之石，人们习惯称作"碑"，其实碑只是石刻文字的一种。广义的石刻包括一切经人类凿刻过的石质文化艺术品，除碑刻以外，还有造型石雕、石刻画像、纹饰等，也即它包括石刻文字与石雕作品两大类别。狭义的石刻指文字铭刻，它与广义的碑在概念上应是重合的。

碑绝大多数是刻在石头上的，所以也叫刻石；当然也有刻在砖上的，但数量有限。刻石是指以石为原料、在其上镌刻文字者，是广义石刻中的一种形式或是一个类别，它与狭义的长方形制的碑的最大的不同是形无定制。刻石除最主体的碑之外，还出现过摩崖、碣、墓志及石刻法帖等形式和类别。

（1）摩崖。摩崖是指在山崖石壁上勒刻文字。由于石壁不能像碑石那样进行精细加工，所以摩崖壁面难以达到表面平整，而且摩崖的字一般较大。现存最早的摩崖文字是东汉永平六年（公元63年）于陕西褒城河谷崖壁上镌刻的《开通褒斜道刻石》。其后还有东汉的《石门颂》、《四狭颂》、《郙阁颂》（以上3种合称"三颂"）、《杨淮表记》，北魏至北齐间刻于今山东境内的云峰、太基、天柱、百峰诸山上的《郑文公碑》、《论经书诗》、《登太基山诗》、《东堪石室铭》、《尖山摩崖》、《岗山摩崖》、《葛山摩崖》、《铁山摩崖》（以上4种合称"四山摩崖"）、《石门铭》、《泰山经石峪金刚经》，以及南朝梁刻于今江苏镇江焦山的《瘗鹤铭》等等。由于摩崖石刻长期存在于露天野外，易受风雨剥蚀，而且刻写容量也有一定的局限，而碑则避免了这些缺陷。

（2）碣。碣是碑发展演变过程中的一个重要品种和阶段。历史上直接称作碣的刻石不多，屈指可数的如东汉永寿元年（公元155年）的《孔君墓碣》、唐柳宗元撰文的《唐故兵部郎中杨君墓碣》等。汉代许慎在《说文解字》中解释说："碣，特立之石。""碑，竖石也。"① 《后汉书》载《登燕然山铭》中有"封神丘兮建隆碣"之句，李贤注云："方者谓之碑，员者谓之碣。碣亦碣也。"② 也即碑和碣的最大区别在于形制，长方形的刻石称碑，圆顶且上小下大的刻石为碣。

至于碑与碣的尺寸大小，史籍中未有明确记载，但对使用者的身份却有所限定。《隋书·礼仪志》称："开皇初，高祖思定典礼。……其丧纪，上自王公，下逮庶人，著《令》皆为定制，无相差越。……三品以上立碑，螭首龟趺，趺上高不得过九尺。七品以上立碣，高四尺，圭首方趺。"③ 唐代将立碑者的身份由三品降至五品。唐《丧葬令》云："五品以上立碑，螭首龟趺，趺上高不得过九尺。七品以上立碣，圭首方趺，趺上高四尺。若隐沦道素，孝义著闻，虽不仁亦立碣。"④ 至南宋时，立碑者的身份又有所降低。《庆元条法事类》规定："诸葬，陆品以上立碑。"⑤ 从上述文字可以看出职位高者立碑，职位低者立碣，据此可以推测碑的尺寸要明显大于碣。

摩崖和碣均是由无铭刻、无一定形制的原始碑向后世有铭刻、有一定形制的碑演进的一个过渡阶段。尽管从数量和内容上

① （汉）许慎撰、（清）段玉裁注：《说文解字注》，上海古籍出版社，1988，第449~450页。
② 《后汉书》卷二三《窦融列传第十三》，中华书局，1965，第817页。
③ 《隋书》卷八《礼仪志三》，中华书局，1973，第156~157页。
④ 〔日〕仁井田陞著，栗劲等译：《唐令拾遗》，长春出版社，1989，第766页。
⑤ 《庆元条法事类》卷七七《服制门·丧葬》。

看，摩崖和碣均难与日渐壮大的碑相抗衡，但它们却作为碑刻发展史上的特殊形态和活化石的被独立保存和延续下来，有时甚至与碑一起混用。

（3）墓碑与墓志。一般为安葬设立的刻石称"墓碑"（又称"墓表"、"墓碣"），放置于墓穴里的称"墓志"。墓志是由墓碑发展而来的。促成墓志刻石在汉以后快速发展的是两汉礼制和葬俗。东汉末年，曹操下令禁碑，其后魏晋两代也因循此令，但已延续了数百年的厚葬风俗及孝道思想培育了人们对亡者进行悼念的深厚传统，为规避法令，原竖于地面的墓碑被迫改变形制，作为墓志埋入地下。在过渡阶段，甚至还出现了一种集墓碑和墓志于一体的碑形墓志，如现藏西安碑林的西晋《菅氏夫人墓碑》。从西晋末年到南北朝初年，墓志形式日渐完备，文字包括首题、志文及颂文三个部分。凡以叙述性语言记死者姓名、籍贯、郡望、官爵、生平及生卒年月者称"志"；文末一般有押韵的文字加以概括并表达悼念之意的叫"铭"，合称为"墓志铭"。

禁碑令废除后，墓志在隋唐盛行。自隋唐至明清，达官贵人常以碑、志并设，一般人则仅置墓志。传世及近代出土的墓志数量庞大，是中国古代石刻中占有较大比重的一个门类。

（4）帖。石刻法帖也是狭义的石刻或广义的碑之一种。唐以前，一切石刻文字皆可称碑。唐以后，则出现了碑和帖的区别。叶昌炽《语石》称："今人（指清代）碑帖不分。凡刻石之文，统呼为碑，及墨而拓之纸，则又统呼为帖，虽士大夫未能免俗，甚矣其陋也。夫碑之不可为帖也，石刻之不尽为碑也。"[①]

虽然有时碑和帖两者混用，但它们之间的区别也很明显。从

---

① （清）叶昌炽撰：《语石》卷三，辽宁教育出版社，1998，第72页。

制作目的看，碑的主要目的是歌功颂德，故重内容而轻书法；刻帖的主要目的是传播书法，书写是否精妙是它存在的关键。再看书体形式。刻碑历史悠久，所用书体有篆、隶、楷、行书，草书刻碑除武则天《升天太子碑》外，较为常少见；而刻帖始自赵宋，以行、草书及小楷居多。更重要的是两者形制不同。丰碑巨碣气势宏伟，难以移动；帖因为多取材于简札、书信、手卷，高度和长度有限，多为石板状。另帖有木刻的，碑则绝少。还有两者的制作方法及程序也不同。南朝梁以前，碑一般是书丹上石，即由书写者用朱笔直接把字写在磨平的碑石上，再经镌刻；也有些碑未经书丹而直接奏刀，字迹融入了刻工的技艺情趣，金石味浓。而刻帖都是摹勒上石，即先将墨迹上的字用透明的纸以墨摹下来，然后用朱色从背面依字勾勒，再拓印上石，最后才是刻工上手。刻帖要求忠于原作，每道工续均不得搀入己意，而刻碑则没有这么严格的限制。

（5）买地券。在石刻文字的诸多表现形式中，买地券是一类性质独特、数量较少的石刻材料。买地券又称"地券"或"墓莂"。《释名》载："莂，别也，大书中央，中破，别之也。"[1] 故莂系由买地契约演变而来。它的出现和使用，反映了土地私有制的发展和土地买卖的盛行。买地券延续的时间较长，从东汉到明清，历代皆有。

买地券上的文字一般为二三百字，内容和形制因时代不同而有变化。东汉时地券的外形较小，长方形，其中采用铅质材料的地券特别狭长，可能是模仿简牍的形状；也有刻于摩崖、玉板上的。从买地券的内容和所起作用可将其分为真实的和虚幻的两

---

① （汉）刘熙撰：《释名》卷六，《钦定四库全书·经部十》。

类。前者模仿真正的土地契约，如东汉建初六年（公元81年）《武孟子男靡婴墓券》、北魏正始四年（公元507年）《张神洛墓券》等，完全仿效日常生活中的民事契约，记录了买卖双方的地价、地界四至及中人等内容，表现了完整的法律程序，并喻示土地所有权转让的契约"如律令"般具有法律效力。如熹平五年（公元176年）《刘元台买地券》的铭文为："熹平五年七月庚寅朔十四日癸卯。广□乡乐成里刘元台从同县刘文平妻□□代夷里冢地一处，贾家二万。即日钱毕。（南）至官道，西尽□渎，东与房亲，北与刘景□为家。时临知者刘元泥，状安居，共为券书平誓。不当卖而卖，辛为左右所禁固平□为是正。如律令。"

除地券外，也有真实的买地买山刻石，比较有名的如四川巴县出土的西汉地节二年（公元前68年）《杨瞳买山地记》和东汉建初元年（公元76年）的《大吉买山地记》等，它们如同以后陆续出现的买地买房纪事碑一样，成为不动产所有权转移的凭证。

早期买地券完全仿效社会上实用的买地券约，但以后逐渐变成了一种虚拟的丧葬用品，文体和内容与实用的券约差别较大。虚幻的买地券也记证人、墓地四周边界方位，但仅仅是为葬仪习俗而设，并加入虚拟夸张的土地价格，成为纯迷信用品。从南北朝到明清，只有少数买地券和当时的真券无异，迷信者占绝大多数。

（6）岩画、画像。在石刻范畴中，岩画、画像石比较特殊。尽管它们也属于广义的石刻，但其图画风格与碑文化研究的文字系统分属两个不同体系，故本文暂且不论。

从以上所述诸多概念，可知碑之衍义、碑之广义、狭义的石刻和刻石这四种概念，是比较接近的。而本文所涉及的碑刻法律史料，主要是从狭义的范畴理解。

（二）碑刻与甲骨、金文、简牍

在中国碑刻发展之初的秦汉时期，其主要作用是歌功颂德。《琅琊台刻石》载："群臣相与诵皇帝功德，刻于金石，以为表经。"① 之后，刻碑主要是纪功、述德、誓盟或记录其他重大事项，如叶昌炽在《语石》中所列举立碑之功用为："一曰述德。崇圣、嘉贤、表忠、旌孝，《稚子石阙》、《鲜于里门》，以逮郡邑长吏之德政碑是也；一曰名功。东巡刻石，登岱勒崇，述圣、纪功、中兴、睿德，以逮边庭诸将之纪功碑是也；一曰纪事。灵台经始，斯干落成，自庙学营缮，以逮二氏之宫是也；一曰篡言。官私文书，古今格论，自朝廷涣号，以逮词人之作是也。"② 也如云南《南诏德化碑》所述："夫德以立功，功以建业，业成不纪，后嗣何观？可以刊石勒碑，志功颂德，用传不朽，俾达将来。"③ 由文中可知，立碑最主要的目地是企求所记文字能永久长存，而对石刻文字的载录，也有助于碑文的传承。

作为一种文字的载体，碑石与甲骨、青铜、简牍异质而同功，均是中国古代遗存下来的珍贵文化史料。就甲骨、青铜、简牍和碑石这几种文字载体在社会上的普及程度看，当首推简牍。王国维曾说："书契之用，自刻画始。金石也，甲骨也，竹木

---

① 《史记》卷六《秦始皇本记》，中华书局，1963，第247页。
② （清）叶昌炽撰：《语石》卷三，辽宁教育出版社，1998，第72页。
③ （清）王昶著：《金石萃编》卷一六〇《南诏》，载中国国家图书馆善本金石组编《辽金元石刻文献全编》（二），国家图书馆出版社，2003，第611页。

也，三者不知孰为后先，而以竹木之用为最广。"① 然竹木之用
至南北朝之终而全废，且竹木较之其他材料更易腐朽。北宋元祐
五年（1090 年）所刻《京兆府府学新移石经记》载："……汗
简之载，或焚或脱，缣楮鱼蠹，易腐易裂，道虽无穷，而器则有
弊。唯镌之金石，庶可以久。有唐之君相，知物之终始而忧后世
之虑深，故石经之立殆于此也。"② 而以石刻文，可以说是道、
器兼备。

中国石刻与金文同时产生，但遗存下来的殷商刻石却很少。
春秋战国之际，随着铁器的使用和工具的改进，加之当时青铜铭
文铸字艰难，缣帛书写昂贵，故在竹木简牍普遍应用的同时，石
刻文字也得到一定的发展。此时石与金并峙，大致源于这样几个
原因：一是随着铁制生产工具的普及和畜力的广泛利用，生产力
大幅度提高，社会发展较之以前迅速，人们的社会活动日益增
多，需要记载的事情也越来越多；二是在这一社会大变革的时
期，较为贵重、珍稀的青铜、甲骨、缣帛等商周时期人们用以记
事颂功铭德的材料因资源有限和昂贵，已远远不能满足社会的需
求。相比之下，石头取材方便、来源广泛、价格低廉，且质地坚
硬，可与甲骨、青铜器一样能垂之久远。正如刘勰所言："碑
者，埤也。上古皇帝始号封禅，树石埤岳，故曰碑也。周穆纪迹
于弇山之石，亦古碑之意也。又宇宙有碑，树之两楹，事止丽
牲，未勒勋绩，而庸器渐阙，故后代用碑，以石代金，同乎不朽
也。"③ 三是随着观念的改变，人们对名誉地位也日益看重，希
望将功德记载下来以夸耀示于世人及子孙。在《墨子》的"尚

---

① 王国维著、胡平生等校注：《简牍检署考校注》，上海古籍出版社，2004，第 1～2 页。
② 路远著：《西安碑林史》，西安出版社，1998，第 513 页。
③ （南朝梁）刘勰：《文心雕龙》卷三，《钦定四库全书·集部九》。

贤"、"兼爱"、"天志"、"非命"、"明鬼"、"贵义"、"鲁问"诸篇中，屡见"镂于金石"的记载，并可看出先民热衷于镂金铭石是出于传名后世、遗德千载的动机，正如《春秋左传·襄公十九年》所言："铭其功烈，以示子孙。"

基于上述原因，石取代金已成为社会发展的必然。也就在此时，原先用来测量日影计时、系拴牲口、牵绳下棺的无字"竖石"原始碑，开始向带有文字的刻石方向演义。

与甲骨文、金文和简牍文字相比，碑刻流行的时间长、地域跨度大，而殷墟甲骨、商周金文、秦汉简牍等则有明显的阶段性或时代性特征。由于碑石取材容易、价格不贵，又能起到与铭于青铜同样传之久远的作用，故在汉代以后愈益受到重视，并为社会各阶层所普遍利用。

以碑刻文不仅延续的时间长，而且从秦汉至明清一直未曾中断。而早在宋代金石学兴起之际，碑刻的史料价值即得到学者的认可。宋代赵明诚认为："诗书以后，君臣行事之迹悉载于史，虽是非褒贬出于秉笔者私意，或失其实；然至于善恶大迹，有不可诬，而又传说既久，理当依据。若夫岁月、地理、官爵、世次，以金石刻考之，其抵牾十常三四。盖史牒出于后人之手，不能无失。而刻辞当时所立，可信不疑。"[1] 清代王昶称：金石之学"迹其囊括包举，靡所不备，凡经史小学，暨于山川地志、丛书别集，皆当参稽会萃，核其异同，而索其详略"。[2] 陆和九也说："欲考历代种族之区别，疆域之开拓，社会之习尚，文化之变迁，宗教之流传，均宜取资金石以为佐证。"[3]

① （宋）赵明诚撰：《金石录》序，上海书画出版社，1985。
② （清）王昶著：《金石萃编》自序，中国书店，1985。
③ 陆和九著：《中国金石学讲义》，国家图书馆出版社，2003，第77页。

上述文字将石刻文字的重要性与金文等同。相对于甲骨文和简牍研究来说，金石学的学术积累，更显悠久厚重。

中国有关刻石文字的整理、著录起源甚早，早在西汉司马迁的《史记》中就录有秦始皇在琅琊、泰山、会稽等地的刻石文辞。东汉班固《汉书·艺文志》中有《奏事》20 篇，注明为"秦时大臣奏事，及刻石名山文也"。[①] 魏晋以来，史家撰述不遗碑表，像《后汉书》、《三国志》、《魏书》、《水经注》、《洛阳伽蓝记》、《太平寰宇记》等均有古碑著录之事。《隋书·经籍志》著录晋、宋以来诸家碑集几近 300 卷，有《碑集》29 卷，《杂碑集》22 卷；又谢庄撰《碑集》10 卷，梁元帝撰《释氏碑文》30 卷，晋陈勰撰《碑文》15 卷，车灌撰《碑文》10 卷，以及《荆州杂碑》3 卷、《雍州杂碑》4 卷、《羊祜堕泪碑》1 卷、《桓宣武碑》1 卷等。遗憾的是上述诸书今皆亡佚，独幸存北魏郦道元注《水经》，著录其行旅所知所见秦汉以降刻石 270 余件。

自宋以来，碑刻考据学作为金石学的一个重要组成部分迅速崛起，出现了一批重要的石刻著述，如欧阳修所撰《集古录》，赵明诚所撰《金石录》，洪适所撰《隶释》、《隶续》，王象之所撰《舆地碑记目》，以及陈思的《宝刻丛编》、陈櫄的《负暄野录》等等。正是这类考证与评述著作的不断问世，才使碑刻考据学得以兴起并渐渐发展成为一门独立并有广泛社会影响的学问。

明末清初以来，搜集、校订、注释金石文字蔚然成风，如明末学者顾炎武辑成《金石文字记》和《石经考》，黄宗羲著《金石要例》、朱彝尊著《吉金贞石志》等。清中期乾嘉学派兴起

---

① 《汉书》卷三〇《艺文志》，中华书局，1962，第 1714 页。

后，碑刻文字更是受到前所未有的重视。此时金石学日益精进，识文字源流、订经史讹阙已蔚然成为专门学问。这一时期古碑碣大量发掘出土，佳拓传布日广，金石研究考证的著述层出不穷。综合性的著述如钱大昕撰《潜研堂金石文跋尾》，王昶撰《金石萃编》及《金石萃编未刻稿》，孙星衍、邢澍作《寰宇访碑录》，陆增祥撰《八琼室金石补正》等，均成为碑石研究领域中的代表作。地方性石刻资料的整理也在此时初显规模。如金石学家翁方刚在乾隆年间督学广东时，收录广东金石拓片 562 种，纂成《粤东金石略》12 卷，并于乾隆三十六年（1771 年）刊印；另如毕沅、阮元所辑《山左金石志》（成书于乾隆六十年）等等，均成为区域金石整理研究的代表作。

明清时期，方志族谱的修纂者们不仅收载一些重要碑刻，如著名的《南诏德化碑》被明万历时李元阳所纂《云南通志·艺文志》所录，全文数千字得以保存至今；同时也收载了大量乡土法制文献。虽然明清方志中所载碑刻有的已不存于世，但方志书籍却成为它们曾经存世的印迹。

再从所载文字的丰富程度看，碑刻较之甲骨文、金文和简牍文字也有独到之处。由于取材便利，碑文对时间、地点、人物及事件记载得比较详尽，且内容丰富。叶昌炽认为："撰书题额结衔，可以考官爵。碑阴姓氏，亦往往书官于上。斗筲之禄，史或不言，则更可以之补阙。郡邑省并，陵谷迁改，参互考求，瞭于目验。关中碑志，凡书生卒，必云'终于某县某坊某里之私第'，或云'葬于某县某村某里之原'，以证《雍录》、《长安志》，无不吻合。推之他处，其有资于邑乘者多矣。至于订史，唐碑之族望及子孙名位，可补宗室、宰相世系表；建碑之年月，可补《朔闰表》；生卒之年月，可补《疑年录》；北朝造像、寺记，可补《魏书·释老志》。《天玺纪功》、《天发神谶》之类，可补《符瑞志》。投龙、斋醮、五岳登封，可补《郊祀志》。汉之孔庙诸碑，魏之受禅、尊号，宋之道君、五礼，可补《礼志》。唐之《令长新诫》，宋之《慎刑箴》、《诫石铭》，可补《刑法志》。古人诗集，凡有登览纪游之作，注家皆可以题名考之，郡邑流寓，亦可据为实录。举一反三，饷遗靡尽。"① 而这一点，也是甲骨文、金文和简牍文字所不及于碑刻的一个方面。

其实从商周至秦的文字载体——金与石之沉浮演变，以及从甲骨、金文到石刻这种递进的发展脉络，其本身即是中国文明发展进步的一个写照，它记录了中国文字几千年来从"媚神"、"敬祖"到"尊君"再到"世俗"这一漫长过程的发展轨迹：殷商时期的甲骨刻辞是人与神沟通、交流的媒介；商周青铜器铭刻，着重于祭祀祖先神灵，同时也显示铭刻者的富有和权威；而秦始皇刻石，则将其丰功伟绩立于名山之巅，以彰显一代帝王的威严、规范与长治天下的意愿；随着汉代刻石高峰的来临，"传诸久远"的欲求由君王诸侯独占变成显贵官员共享，再后来则扩及到社会各个层面，直到最底层的百姓民众。虽然简牍在一段时间内也曾满足了社会较普遍的需要，但却不具有石刻的耐久性。在中国数千年的文明传承中，碑石终于成为惟一具有耐久性且能够满足社会不同层面需求的文字载体。

（三）碑刻与典籍文献

从形式上看，碑刻与典籍均属古老的印刷文化，但碑刻的历

---

① （清）叶昌炽撰：《语石》卷六，辽宁教育出版社，1998，第170~171页。

史较典籍更长。南宋初年史学家郑樵在《通志·金石略》中对碑刻的文化属性有这样的评价："三代而上，惟勒鼎彝。秦人始大其制，而用石鼓；始皇欲详其文，而用丰碑。自秦迄今，惟用石刻。"① 自唐以后木刻雕版印刷及活字印刷术发明与普及之后，碑刻作为一种石质"死字"印刷术仍长盛不衰。因为碑本身可以摹拓，还可以翻刻和复刻，故也可起到像典籍一样的传播文化的作用。

在法律史研究中，碑刻史料与典籍文献也有较强的互补性。从内容上看，碑刻具有与典籍同等重要的史料价值。从文化学角度看，碑刻是继古代岩画、陶义、甲骨文、金文、简牍之后又一种经久不衰的"图书"。作为一种承载文化内容的方式，刻碑与在纸上书写的方式并存了近2000年。在史学研究中，甲骨、简牍的价值已被人充分认知，但其被真正地利用不过是近100年的事情。反观碑刻，自宋代金石学兴起之后，碑刻的证史、补史功用即受到学者的重视，并已有了近千年的积累。《金石录》的作者赵明诚曾强调："史牒出于后人之手，不能无失；而刻辞当时所立，可信不疑。"② 以可信程度更高的碑刻资料研究古代法律制度，可以纠正、补充以往中国法制史研究中的错讹和不足，同时也可拓宽法律史研究的内涵。

从功能或效用来看，典籍藏之秘府，刻碑则为宣示于众。由于碑刻在中国历史悠久，较之其他传布法律的方式更经久正规，材料也较易获取，因而刻碑镌文遂成为各级政权组织贯常使用的一种宣传与传播制定法的重要形式。碑通常立于官府门口、通衢大道或闹市等明显位置，凡是刻载于碑的告示、禁令等与法律相

---

① （宋）郑樵撰：《通志》卷七三《金石略第一》金石序，中华书局，1987，第841页。
② （宋）赵明诚撰：《金石录》序，上海书画出版社，1985。

关的内容，多是要求人人皆知，且必须遵守。而书写、刻印在纸张上的律典条例，或内容过于繁杂琐碎，或是普通百姓不能亲眼目睹。有的碑文在强调说明立碑的目的时，也比较了刻版之律典与刻石法令之不同。如明代天启六年（1626 年）八月《长洲县出示派征便民碑记》载："照得江南赋税浩繁，奸弊丛生，所凭以出纳者，会计徭单耳。故先年有《经赋册》之刻，又有《赋役全书》之刻，法至缕行，而小民弗知，奸胥谋利也。……本院□□弊端，□□永例，莫如勒石通衢，细载田亩银米之数，与比较缓急之序，使小民一目了然。每岁少有增陈，不妨临期另示。"① 故从接近民众的程度看，碑刻与百姓生活的关系更密切，它所调整的社会关系也更直接具体。

碑刻法律史料较之载籍之律典条例，其效力和作用似乎也更加丰富。后者是惩治违法犯罪行为之依据，多掌握在官府衙门书吏之手。而立碑的目的，既有惩治于事后者，如涉及刑事、治安及司法等内容的规定；也有防患于未然者，如确认和保护公私财产所有权等内容的规定；甚至立碑本身也可作为惩治违法者的一种手段，如四川通江太平乡清同治十年（1871 年）由盗木村民所立的一块惩罚碑载道："语有之：'一草一木，物各有主。'信然。我等愚昧无知，于日前在巨公印明地界内砍伐数次，不以为戒，后被伊拿获投牌众等。众议罚立禁碑，以为后戒。我等自知理亏，故请石工垂情由于石上。但望邻境四周，以我为戒，勿若我等之。"②

综之，碑刻的实用功效，加之其传承久远和广为流布，辅之

---

① 王国平等主编：《明清以来苏州社会史碑刻集》，苏州大学出版社，1998，第 581 页。
② 张浩良编著：《绿色史料札记——巴山林木碑碣文集》，云南大学出版社，1990，第 32 页。

以积累深厚的金石、方志著述与研究，为碑刻法律史料的整理与利用，提供了一个养料充足的生长空间。

（四）20 世纪碑刻史料之整理与研究

对碑刻史料的整理、利用和研究，20 世纪是个重要的转折期。虽然自宋代以来至清代的石刻著录琳琅满目，但这些资料对于研究中国古代法律与社会的关系，以石刻资料来弥补文献的缺失，仍有一定的局限性。

传统金石著述多偏重于宋元以前的名碑及帝王权贵之事迹，涉及经济和社会生活方面的碑刻虽然也有，但所占比例并不是很高。再有是其所载录之碑，大半因碑厄而无存。如果仅凭石刻文献而无法实证，实物史料辅助于学术研究的应有价值也就无从体现。另传统金石学偏重于考证，而缺乏对法律和社会现象的分析，而 20 世纪的碑刻搜集、整理与研究，却在很大程度上弥补了上述缺陷。

从研究方法上看，20 世纪初，由于新文化、新思潮与新学术研究方法的影响，学术界已逐渐将石刻研究与考古学方法结合起来，开始关注石刻的出土情况、形制特点、时代特征、文化特色等，将古老传统的石刻考据赋予一种新角度和新视野。

20 世纪碑刻整理在断代和分类方面，都有重要收获。分类资料整理以陈垣先生的《道家金石略》（文物出版社，1988）为代表。虽然此书刊行于 20 世纪 80 年代，但资料的搜集却始于 20 年代陈垣在北京大学国学研究所时。全书从众多文集、方志碑拓中，辑录自汉代到明代的道家碑刻 1530 余篇，是迄今搜集最完备的大型道教碑刻资料集。

　　在断代研究方面，20 世纪 50 年代已初显成果。蔡美彪先生所撰《元代白话碑集录》（科学出版社，1955）一书共收碑 94 种，其中大量内容涉及元代的法律规条。50 年代人们也开始关注明清碑刻的价值。当时全国各地开始大规模的文物普查工作，而碑刻摩崖也是其中一项重要内容。各地对于碑刻材料都陆续进行了调查统计与保护工作，尤其是对明清及近代碑刻材料的收集整理工作，是以前比较忽视的。

　　调查成果首先体现在经济碑刻和会馆碑方面。上海于 1958 年、1962 年先后两次进行了文物普查工作，在上海市区和郊县，特别是上海旧城区——南市区、松江和嘉定县的旧府署、城隍庙、文庙、园林、寺院、会馆公所以及市镇等处，发现了许多宋元以来遗存的碑刻，内容包括官府颁发的各种禁令、告示，关于上海的历史沿革、职官和航运业、海关、商业、手工业、农业水利、学校、习俗等。1980 年由上海人民出版社出版的《上海碑刻资料选辑》收碑 245 块，可较全面反映上海地区明清经济与法律发展之状况。

　　1956 年冬，江苏省开始对存世碑刻的调查工作，先后在苏州、常熟、吴江（盛泽镇）、无锡、南京、南通等地搜集到有关明清以来手工业和商业的会馆公所等方面的碑刻 550 块，从中挑选 370 块，于 1959 年出版《江苏省明清以来碑刻资料选辑》。

　　李华先生早在 1961 年开始调查北京的会馆碑刻，并于 1980 年编成《明清以来北京工商会馆碑刻选编》。但搜集北京工商会馆公所碑刻最多、内容最丰富的要数日本东京大学东洋文化研究所于 1975 年陆续出版的《北京工商基尔特资料集》。此集系日本学者仁井田陞于 1942～1944 年间对北京工商会馆进行实地调查所得。书中除收仁井调查所得碑刻资料外，还包括日本学者今堀诚二和加藤繁搜集的拓本。

20 世纪后期的碑刻资料搜集、整理工作在全面性和深入性方面有较大的进展。北京图书馆金石组编辑的 100 册《北京图书馆藏中国历代石刻拓本汇编》（中州古籍出版社，1990），按石刻资料内容及形式将石刻拓片分为墓碑、墓志、庙宇、会馆、教育、题名碑、石经、造像和画像、艺文、题名和题字、杂刻 11 大类，收入自先秦至清代民国的石刻共 2 万余种，是迄今最能全面反映中国历代石刻面貌的精品图录，为相关学科的研究提供了便利条件。

地方性和民族性的碑刻调查整埋工作以台湾、陕西、山西、广东、广西、云南等地较为突出。台湾地区的碑刻调查与整理工作持续的时间较长，且成果卓著。① 在大陆，陕西的历代碑石资料汇集整理工作处在领先地位。在陕西省古籍整理办公室的组织协调下，一套大型的《陕西金石文献汇集》已由三秦出版社陆续出版，目前已出版者有《汉中碑石》、《安康碑石》、《高陵碑石》、《华山碑石》、《潼关碑石》、《澄城碑石》、《咸阳碑刻》、《榆林碑石》、《户县碑刻》等，它们为研究陕西各地明清基层社会的法制状况，提供了十分难得的详细资料。

山西省的碑石调查工作也持续了较长时间。1990 年，山西省三晋文化研究会为出版《三晋石刻总目》并为《三晋石刻新编》预备资料，安排各地市分会深入调查、广为搜集，已陆续出版有《运城地区卷》、《长治市卷》、《阳泉市卷》和《大同市卷》。但与《陕西金石文献汇集》不同的是，这套由山西古籍出版社出版的石刻总目仅简录碑名、年代及地点，而未详载碑文，

---

① 参见本书中编"清代台湾碑刻法律史料"中的台湾碑刻整理研究情况。

这对研究者来说，是颇为不便的事情。

20 世纪 80 年代初，为配合珠江三角洲地区社会经济史研究，学者开始对珠江三角洲地区的碑刻进行系统收集和整理。广东省社会科学院历史所首先编辑了《明清佛山碑刻文献经济资料》。随着 1983 年开始的全省文物普查工作，广东省的碑刻调查、搜集工作在全省范围展开，并辑录了《广东省摩崖石刻》一书；肇庆星湖风景名胜区管理局编有《肇庆鼎湖山石刻全录》，以及各县的文物志收录的一些当地碑刻，表明广东学界已重视对本土碑刻的整理和研究。2001 年广东高等教育出版社出版的《广东碑刻集》是近 20 年碑刻搜集整理工作的一个总结。该书共收碑刻、铭文 965 种，约 85 万字，年代上至隋唐，下迄清末，尤以明清为重，且多为旧方志所未载，大量内容与古代法制有关，资料弥足珍贵。

四川碑刻的搜集整理，从内容看，具有多样性的特色，既有如收录自两汉至近现代尚存之四川著名碑刻的著录——《四川历代碑刻》，①也有专题性的以生态环保为主题的《绿色史料札记——巴山林木碑碣文集》，②但影响最大的却是两部宗教碑文汇编。《巴蜀道教碑文集成》的编纂工作显然受陈垣先生的《道家金石略》影响。《巴蜀道教碑文集成》辑自汉至清道教各类碑铭总计 457 篇，有些源自历代文集、总集、地方志，也有部分碑文是编者通过实地考察据碑实录。③ 在编者龙显昭等完成《巴蜀道教碑文集成》的同时，还搜集有近千通巴蜀佛教碑文。之后又在此基础上访求增补，经考定释别而汇集了约 1100 余通，定

---

① 参见高文等编：《四川历代碑刻》，四川大学出版社，1990。
② 张浩良编著：《绿色史料札记——巴山林木碑碣文集》，云南大学出版社，1990。
③ 龙显昭等编：《巴蜀道教碑文集成》，四川大学出版社，1997。

名《巴蜀佛教碑文集成》①出版。两部碑文集成中，都有涉及宗教戒规、保护寺产、保护环境及有关寺产讼案等方面的内容。

近20余年，少数民族碑刻的调查整理工作也成绩显著。1982年广西民族研究所整理编辑的《广西少数民族地区石刻碑文集》②共收碑文151件，内容主要反映了在土司制度统治下的少数民族地区的社会经济和文化教育的概况。广西金秀大瑶山的瑶族风俗与中原地区差异较大，其"石牌大过天"的石牌制度在碑刻发展史较具特色。石牌是大瑶山瑶族为维护正常的社会生产、生活秩序而自发成立的一种特殊的社会政治组织，同时也是一种由习惯法衍进为成文法并带有原始民主性质的法律制度。石牌以3~15条为常见，其内容因时代不同而有所偏重，如早期的侧重于保护生产和解决内部纠纷；中期的偏重于防止山外歹徒恶棍入山滋扰；到了辛亥革命以后，则是重点防御土匪。这些原始性的资料大多数是地方志书中所没有记载的，对研究法律的起源与发展的共性，有重要价值。③

云南白族的碑刻调查整理工作也进行得较早。石钟键先生早在1942年即着手调察白族碑刻。④1986年初，张旭主编的《白族社会历史调查》（四）出版，其中刊载了大理白族自治州文物管理所田怀清、张锡禄选辑整理的《大理白族古代碑刻和墓志选辑》，共著录大理白族历史、文化、经济等方面的古碑156通，近40万字。之后又有1993年中国社会科学出版社出版的《大理丛书·金石篇》、1995年云南民族出版社出版的《大理市

---

①　龙显昭撰：《巴蜀佛教碑文集成》后记，巴蜀书社，2004，第958页。
②　广西民族研究所编：《广西少数民族地区石刻碑文集》，广西人民出版社，1982。
③　参见《广西瑶族社会历史调查》（一），广西民族出版社，1984。
④　段金录等主编：《大理历代名碑》前言，云南民族出版社，2000，第1页。

古碑存文录》（收大理市境内现存古碑 450 多通）、2000 年云南民族出版社出版的段金录编《大理历代名碑》等，成为研究古代白族以及彝族、回族等历史、文化的第一手资料。

除上述区域性和综合性碑刻资料集结成果外，20 世纪新发现的碑刻史料也为数不少。如现所知存世最早的兴教办学之碑刻是晋代的《皇帝三临辟雍碑》，1931 年 3 月出土于河南洛阳东郊西晋太学遗址。该碑碑阴刻有行政学官太常、散骑以及教职人员和学员的郡籍、姓名等，多达 400 余人，对于了解当时的教学管理及考察学生的来源及分布情况是极珍贵的资料。

最近十几年，几乎每年都有一些碑石新发现。河北省赵州柏林寺内元至元三十年（1293 年）的《圣旨碑》系 1994 年年底出土。碑上镌刻了元代几世皇帝为保护柏林寺而于 1281 年到 1288 年的 8 年内先后下达的 3 道圣旨。碑文主要内容为元代皇帝对佛教的政策，对赵州柏林寺的设施、财产、寺庙及僧侣等发布的保护命令。2003 年春，河北省武安市文物保管所在对该市阳邑镇柏林村的明代建筑后土行宫进行考察时，发现了 19 通明清碑刻。其中最早的是明万历四十五年（1617 年）的《按院禁约碑》。该碑详细记载了当时管理水池的办法、违约处罚措施及各项规章制度等。此外还有记载明清两代县令兴修水利、战胜灾荒的救荒碑等，内容涉及水利、司法、民政、农业等多个方面，是一批难得的碑刻法律史料。

当新的研究方法不断应用、相关成果陆续面世时，传统的文字考释、以文献史料与石刻材料相对照、总结石刻文例等考据方法在碑石研究领域中仍占有一定的席位，甚至在传统研究方法的惯性推动下，仍不乏引人注目的硕果。如叶昌炽的《语石》写定于宣统元年（1909 年），是一部笔记体的石刻通论性专著。该书对石刻本身的形制、铭文格式、分布、演变、书体、工艺等各方面的体例加以综合考察，并且将石刻文字研究范围扩大到桥柱、井栏及石人、石狮之题字；其内容也不仅局限于碑志所刻文字，而且对年代、撰写者及其流传等情况也均有叙述。此书之于石刻学之意义，犹叶德辉《书林清话》之于版本学研究。另一代表作是清末、民国年间方若所撰《校碑随笔》。该书以时代为序，搜校秦汉至五代碑石450品，附龙门、云峰山等碑目凡108条，后列历代伪刻56品。北凉以前碑凡未见前代著录者，辄刊以全文。校勘则以古碑缺字多寡定拓本新旧，又从笔画认真伪，以纸墨别先后，对研究碑的拓本年代颇有帮助。

　　对于21世纪的碑刻法律史料整理研究而言，无论是传统考据法，还是实地调查，以及与对法律和社会现象的综合分析，这几种都是不可或缺的。

二 碑刻法律史料之界定
与表现形式

(一) 碑刻史料之法律意义

与典籍求同存异的碑刻史料对研究中国古代社会与法制的发展和演变具有重要意义，其具体表现在以下几个方面。

1. 传布律典禁令的重要形式

一般而言，一个社会的法律均由两部分构成，即制定法和习惯法。以明清时期为例，制定法当由《大明律》、《大清律例》及各种条例诸如乾隆间颁行的《钦颁磨勘简明条例》、光绪二十一年（1895 年）颁行的《钦定武场条例》等构成。由于碑刻长期被视为各级官府宣传或传播国家法律的载体，刻碑镂文同样也是中国明清政权贯常使用的一种宣传与传播制定法的重要形式，故明清碑刻中有相当一部分的内容是中央政府颁布的制定法的反映，最明显的例证是遍布全国各地、跨越明清两代的《学规》碑。

《学规》碑是明清两代钦颁全国学宫及各地府学、县学、书院等机构的规章。据《明史·选举志一》载："（洪武）十五年，颁学规于国子监，又颁禁例十二条于天下，镂立卧碑，置明伦堂之左。其不遵者，以违制论。"① 其内容从穿衣吃饭到师生考核无所不包。明末又有万历《敕谕儒学碑》16 条存世，文中不仅有对违纪学生之处理规定，对教师与各级教务、政务官员以及社会蠹虫在入学、考试、举贤、请封等文教方面徇私舞弊者，也均有处分明文。②

清初曾仿明制，于顺治九年（1652 年）御制卧碑文 8 条，由礼部《题奉钦依晓示生员卧碑》颁行全国各省、府、厅州、县，刊刻于学府和书院，令生员知晓遵行，称新卧碑。翻检明清地方志，多有刊刻此碑的记载。在散存各地的明清碑刻中，也多能见到卧碑的身影。但就实物而言，现在所见以清卧碑为多，且各地刻碑时间不一。如原立于江苏吴县县学的"卧碑"刻于清顺治十二年（1655 年）八月，由江苏吴县儒学署教谕夏鼎立石，训导吴江月、长洲章云谷镌字；嵌于陕西安康平利县城五峰书院的《儒学卧碑》，据《续兴安府志》卷七《艺文志》所录叶世倬《发臣碑文札》推测，当为叶氏任兴安知府期间（嘉庆十五年，1810 年）刻立；台湾高雄市凤山县儒学所立卧碑为嘉庆二十五年（1820 年）刻立。尽管地各刻立时间不同，但因碑文为礼部所颁，故与文献所载基本一致。

2. 国家律典认可的凭证

从中国古代律文中可以看出，碑契是断定相关产权纠纷的重要依据。《大清律例·户律》"盗卖田宅第六条例文"规定："凡子孙盗卖祖遗祀产……其祠产义田令勒石报官，或族党自立议单公据，方准按例治罪。如无公私确据，借端生事者，照误告律治罪。"而在第八条例文中又有："凡民人告争坟山，近年者以印

---

① 《明史》卷六九《选举一》，中华书局，1974，第 1686 页。
② 陈显远编著：《汉中碑石》，三秦出版社，1996，第 167 页。

契为凭。如系远年之业，须将山地字号、亩数及库贮鳞册并完粮印串，逐一丈勘查对。果相符合，即断令管业。若查勘不符，又无完粮印串，其所执远年旧契及碑谱等项，均不得执为凭据。即将滥控侵占之人，按例治罪。"①

在历代碑刻中，有大量属田地房产交易变更的凭证碑，如《苏州府为嘉大会馆义冢勘定界址禁止盗卖侵占碑》（光绪七年八月二十六日）记载：

特调江南苏州府正堂加十级纪录十次毕，为给示勒石永禁事。奉署布政司许批：原籍嘉应州大埔县监生蓝锦峰、刘耀椿，民人戴其勋、范森甫、邱玉书、蓝九韶，馆丁吴宝元，呈控盛兆霖等灭界掘棺一案，请给示勒石永禁，并求饬县给发印契执守，划正粮赋，按年完纳，等情。奉批：此案前经委员陈令志铨履勘，明确提讯断结，饬令各守疆界，新立碑石，并将盛氏所立先贤字样碑石及盛碑之不在本界者一并掘除，以免淆混在案。迄今四月之久，何以尚未遵办？据呈前情，仰苏州府作速饬令委员陈令督押两造遵照前断，更立碑石，并由府给示勒石永禁。一面札饬吴县，将该义冢应完坟粮照旧划正，均册再任延宕，切切，抄粘附，等因。到府。奉此，除遵批札饬委员陈令督押两造遵照前断，更立碑石，并行吴县照旧划正粮赋外，合就给示勒石永禁。为此示。仰该图经保坟丁及诸色人等知悉：所有嘉大会馆义冢，现经委员丈步，清出界址，更立碑石。饬县核明确数，照旧划正坟粮，立户办赋。该馆董等务须永远遵守，

---

① （清）吴坛撰，马建石等校注：《大清律例通考校注》卷九《户律》"盗卖田宅"条，中国政法大学出版社，1992，第433页。

毋许再有盗卖插葬侵占情事。如敢故违，许即指禀严拿究办，决不姑宽。经保坟丁徇纵滋弊，察出一并重惩。其各凛遵毋违。特示。①

除上述官方碑刻凭证文书外，还有为数不少的民间田地契约碑。如《吴启秀母女卖地文约碑》（嘉庆十五年十一月）载：

> 永立卖山地竹木石器文约人、来远里二甲民吴启秀同母二人，今将自卖山地一分，座落土名刘家沟阴坡戴家庵，其界东至本庙地畔为界，西至吴姓地畔为界，南至元岭地畔为界，北至沈姓横岩为界。四至分明，扫土出卖与太山老爷名下永远为业。当日凭忠得受收值价卅串文整。四载熟粮一合。勒刻碑石，永垂万古之约。②

这些有关田地等买卖的契约文书，大多记载着买卖双方的姓名，田亩房屋的座落、界全、面积、银钱价格及随带田粮额数，有的还记载了佃户姓名及当价钱、寄庄钱与地租数额，它们为研究历代土地买卖、典当、租凭等提供了可信的资料。尽管现存许多碑契均非官方文书，但由于立碑前都曾向官府备案并取得官方认可，故这些凭证碑均具有法律认可的效力。值得注意的是，在碑刻契约文书中，涉及寺庙的为数最多，这对研究古代寺庙经济又具有特别的价值。

---

① 王国平等主编：《明清以来苏州社会史碑刻集》，苏州大学出版社，1998，第328～329页。
② 张沛编著：《安康碑石》，三秦出版社，1991，第109页。

3. 反映律典的实施与变通

纵观中国法律发展史，律典条文的内容和数量随时代的发展而不断增加。清代除通行全国的法律如《大清律例》、各朝之《会典》及六部则例等外，不少地区也编汇了以因地制宜的富有特色的省例，其中内容与以解决实际问题为宗旨的碑刻所载多少有些重合。但清朝究竟有多少省份制定过省例迄今尚无定数，现所知者仅有《江苏省例》、《江苏省例续编》、《粤东省例新纂》、《湖南省例》及《福建省例》等数种。虽然根据通行全国的律例和已知的省例来研究各地法律制定及实施情况是可行的，但并不能因此而取代以针对性强并能切实解决实际问题为特色的碑刻法律史料之作用。

全国各地的历代碑刻中都载有不少涉及田地、房产、用水等方面的纠纷案例，由于碑文中多述及案件的起因、经过以至官府处理的结果，从中可以看到国家法律在各地的实施情况。明嘉靖四十四年的《紫阳县民张刚虚田实契典卖他人田宅案帖碑》即是一个例证。"虚田实契"是明代土地买卖中存在的一种特殊形式，即买主实际只付给卖主契约中所书田价数字的一半，明代文献上的"粤价虚半"亦属此种形式。从文献史料看，这种形式主要见于当时南方一些地区。《大明律·户律·盗卖田宅》律文及《大清律例》均明文禁止这种"虚钱实契典卖"的形式。然而从碑刻史料看，这种买卖方式并非仅存于南方，在地处内陆的陕西安康地区以及晋中等地，也存在这种被法律严禁的土地买卖情况。碑文显示，紫阳县民张刚买了李登科地土、竹园，实际只付给了卖主李登科契约中所书田价数字的一半。李不服，遂成诉讼。后经科断，对虚田实契典卖他人田宅的张刚进行了惩处，同时又令李退还张原田价并赔偿了经济损失，张所买土地也退还卖主。此案由县及州，又由州至郧阳府，并有郧阳巡抚的批示，对研究明代土地买卖契约和明代诉讼制度具有重要参考价值。①

碑刻法律史料所体现的内容既有与律典条例相辅相成的一面，也有变通甚或是冲突的一面。如《郎世宁治产不罪之碑》即与清朝律法中严禁买卖旗地的规定相冲突。

此碑现立于北京卢沟桥南 7 公里的北天堂村。乾隆年间，外国传教士郎世宁通过内廷官员的关系，在北天堂村附近进行传教活动，还通过当地的蔡永福等人私下购买了较好的旗地和河淤地，雇人耕种或收割苇子，换回银两后供做传教经费和补充生活。此事传到宫内，按律应当治罪。在清朝律例中，对旗地买卖的限制非常严格，一般旗地只准在旗内进行买卖。康熙朝曾明确规定："官员甲兵地亩，不许越旗交易。"② 雍正七年（1729 年）颁发的上谕重申上述禁令："八旗地亩，原系旗人产业，不准典买与民，向有定例。"③

事发后郎世宁上下疏通，终于破例得到了皇帝的恩典。郎世宁对此非常感激，遂于乾隆十五年（1750 年）在北天堂村的旗地内立石刻碑记述此事。碑文为：

> 奉旨，民人私典旗地，定例綦严，屡经饬禁。但念郎世宁等系西洋远人，内地禁例，原未经通饬禁行。且伊等寄寓京师，藉此以资生计，所以定例后价典旗地，著加恩免其撤回治罪。其定例以前所典之地，亦著一例免其回赎。此系朕

<hr>

① 张沛编著：《安康碑石》，三秦出版社，1991，第 49～50 页。
② （清）鄂尔泰等撰：《八旗通志初集》卷一八。
③ （清）张廷玉等撰：《清朝文献通考》卷五《田赋者五·八旗田制》。

加惠远人，恩施格外。钦此。①

从一些碑石禁约中，可以看出中国基层社会民众对定罪量刑的确定有相当大的随意性。如清光绪二十六年（1900 年）的《涧池王氏后裔增补族规禀词及汉阴抚民分府批示与告示碑》刻载：

> 查阅两次历定祠规十六条，均皆法良意美，敦本睦族，何竟未能一体遵奉。推原其故，虽由良莠不一，实因法令未行。不思祀典与宪典并重，家法与国法两惟，与其远鸣官府，何若近咨党正。为此示仰该族人等知悉，嗣后遇有顽梗之徒，背规违条，恃强逞习，不由族长、户首约束者，许该户首等集传祠内，无论亲疏远近，尊卑长幼，申明家法，从重责处。倘负固不服，捏控图累，除词不准外，定以不孝之罪严行惩治。而户首、族长等，亦当秉公慎重，毋得徇挟私嫌，致酿事端。②

碑文中提到"定以不孝之罪严行惩治"。对于"不孝罪"，《大清律例》以子孙对父母、祖父母三代尊亲属的直接侵害，以及其他忤逆行为为要件。而在乡村习惯法中，虽没有直接侵害尊长但违反了族法家规的，也被示为不孝，并要给予相应的处罚。在许多碑刻史料中，可以反映出基层民众对某些罪名有约定俗成的理解，而且相对来说更为宽泛，这与法典或朝廷认可的司法解释，有时区别相当大。

---

① 邵天：《郎世宁的钦赐碑》，《紫禁城》2000 年第 2 期，第 41～42 页。
② 张沛编著：《安康碑石》，三秦出版社，1991，第 328～329 页。

4. 补律典之不足的碑刻习惯法

碑刻法律史料由制定法和习惯法两部分组成。其中制定法专指皇帝以及中央和地方政府制定并以碑刻形式颁发的敕谕、法规、禁令等，体现了一种自上而下的法律规范传播方式；习惯法则是基于特殊社会需求或一时一地约定俗成的传统习惯，形成家族、村里、民族、行业等规约，并得到官府的承认，反映的是一种自下而上的法律认可和传布方式。从碑刻所载内容可以看出它有两个倾向，即制定法多与文献中的律典条例内容相同，而习惯法多为律典条文所无。一些碑刻史料还可以体现出，当律典与习惯法相一致的时候，民事违法行为通常会受到刑事处罚；当二者相冲突的时候，由于政府对民间细故采取放任态度，立法受到漠视，习惯法会发挥主导性的作用。

碑石中大量存在的公议家规、族规、佛门清规及义学、义田、义仓、义渡管理条规等都是具有普遍意义的习惯法。其中乡规民约是最为常见的习惯法，内容很多，仅山西运城地区即有清代的《饬立社规约言》（康熙）、《合村公议禁止诸条碑》（乾隆）、《蔺氏族规碑》（嘉庆）、《合村公议村规碑》（道光）、《公议立例碑记》（道光）、《村规碑》（咸丰）、《公议新立禁条款式碑》（同治）等。陕西省南部的平利县迎太乡铁厂沟有一块保存完好且未见著录的禁山碑，碑文为："禁止：此地不许砍伐盗窃、放火烧山。倘不遵依，故违犯者，罚戏一台、酒三席，其树木柴草，依然赔价。特此刊石勒碑告白。道光三十年仲秋月。吴氏公立。"①

在较为偏远闭塞的地区，乡规民约数百年来盛行不衰，如云

---

① 张沛编著：《安康碑石》，三秦出版社，1991，第177页。

南省洱源县有明正德十四年（1519 年）刻立的《洗心泉诫碑》，文中规定了四十八条诫律，如："不可为盗，不可为寇为巫，不可集聚赌博……不可相诬词讼，不可泼骗咒骂，不可欺玩法度，不可制造违式，不可浸润衙门"① 等。而陕西安康地区清同治元年（1862 年）的《景家公议十条规款碑》中的公议内容，不仅有禁止行为，同时也规定了对违规者的处罚措施：

一、境内有忤逆不孝、悖伦犯上，即行合力捆绑，送官究处。

一、境内有嗜酒撒风、打街骂巷，轻则罚以荆条，重则捆绑送案。

一、境内店户，毋许窝盗贼家口，因伴侣游民以害地方。违者指名报案。

一、无耻之徒，在境藉端讹索、无故□援良民者，经公捆绑送官。

一、境内倘有被盗之家，邻右同出壮丁搜寻捕捉。查明，连窝主一并送官。

一、赌博乃朝廷首禁，若不戒除，良民何以资生。嗣后倘有犯赌者，立拿送案。

一、境中百谷菜果，黎民藉以为天。倘有偷窃践害者，小则罚还，大则送案。

一、境中竹木柴草枸皮等项，物各有主。倘有逞习妄取者，凭公处罚，大则送案。

一、境中有事，不鸣乡保传场质理、私告野状者，原告

---

① 杨圭泉、李文源主编：《洱源县志》，云南人民出版社，1996，第667页。

自□衙门，被告无涉。

　　一、有游僧野道、流棍恶丐在境强化估讨及红签黑匪日抢夜劫者，立捕送案。外有各号买卖，务宜公平交易，不可添钱夺买、欺弱坑骗等弊。违者重罚。①

上述这些颇具地方特色自发产生的乡民规约及地方官吏根据地方绅民建议所颁发的禁约告示，从不同角度反映了当时当地所面临的社会问题，其中许多内容都是现存历史档案以及法典条例中所未见的，而这也正是碑刻法律史料的重要价值所在。

在碑刻史料中，习惯法几占有近半数的的比重。而碑刻习惯法大量存在，如果追究其原因，那么首先是律典的相对稳定性与各地社会发展的不确定性造成的。中国古代法典从汉律经隋唐律一直到明清律，其间的因袭沿革非常清晰，其维护专制统治、强调纲常伦理及重点打击盗贼等内容贯彻始终。而两千年来，中国社会却发生了很大变化，尤其是到明清时期，社会经济的发展已是一脉相承的传统律典所难以顾及周全的，而数以万计、遍布城乡的的明清碑刻，却通过针对性强的地方官府的告示禁令及乡规民约来调整社会生活，维护社会秩序。

　　其次是中国明清社会已形成了较为稳固的乡村自治的模式。中国传统社会中的官僚机构无论中央还是地方都直接对皇帝负责，它们所关注的主要是赋税和重大治安问题，对其他社会、民生问题一般视为民间细故采取放任态度，尤其是从明代确立了"重其所重，轻其所轻"的立法方针后，规定："凡民间应有词状，许耆老里长准受于本亭（注：申明亭）剖理。"② 明初还规

_____

① 张沛编著：《安康碑石》，三秦出版社，1991，第216～217页。
② 《大明律集解附例》卷二六。

定：凡"民间户婚、田土、斗殴相争一切小事，须要经由本里老人里甲断决，若系奸盗、诈伪、人命衙事，方许赴官陈告"。①而乡里老人解决纠纷的依据不是国家律典，而是他们自定的乡规民约。这一做法一直沿续到清末甚至民国年间。

另一个原因是刻载于碑的乡规民约等习惯法，其内容与国家所倡导的儒家伦理道德精神完全相符。如清道光三十年（1850年）在陕西南部岚皋县所立双丰桥组碑中，连载戒赌文一篇、禁赌条规14款及禁止种种不法等情事条规13款。其中一款规定："淫乱为众恶之首罪，尤为朝廷之大禁。凡我境男女人等，不许游手好闲、朝暮淫乱为事。与其有夫有子，当为夫、子顾其脸面；无夫无子，亦宜为己身存其名节。奈有等无职之男女，暗藏奸心，或图夫于弊命，或拐恋于他乡，是乃伤俗莫甚于淫乱，人命实出乎奸情。种种情弊，擢发难数。自今议后，境内男女，各怀廉耻，悉遵公议。如有不遵以致故犯，公同送案，照律究惩。"②

由于大部分乡规民约的内容或出于自救自济，或敦风易俗，或维护当地社会治安，因而基本都会得到地方官吏的首肯支持。

另外，如果细审碑文也不难发现，这种突出社会效益的碑刻与具有较强私人性的墓碑相比，其最显著区别就是，前者在立碑前要经过官府审批备案，而这一审批过程不仅体现在碑文中，也反映在碑文结尾处的刻印画押上。正因为它们都经历了这一特殊程序，因而便赋予这些刻载于碑的习惯法具有一定的法律效力。

还有一个重要的原因是，失之载籍的明清官方告示碑或乡民规约禁碑有不少是刻立于相对独立分散的乡村山区，这些地方往

① 杨一凡著：《洪武法律典籍考证》，法律出版社，1992，第155～156页。
② 张沛编著：《安康碑石》，三秦出版社，1991，第183页。

往也是官府统治力量相对薄弱之处。如光绪元年（1875 年）立于陕西岚皋县的《署砖坪抚民分府严拿匪类告示碑》载："照得厅属南连川楚，东达襄江，地尽四面崇山，民皆五方杂外，以致良莠不齐，匪徒混迹。近闻西路大道河一带，有等不法奸民，勾引外来匪类，溷迹乡村，希图渔利。或引诱良家子弟酗酒赌博，或诈向乡村愚夫强借估讹，甚至昼伏夜出，拦路谋财，结党成群，任情强抢。种种不法，为居民之害。"然而由于"地方辽阔，官之耳目难周"，于是一方面由官府发布告示，严加饬戒；另一方面，不得不通过乡保绅耆以保障地方为名，出面制订各种乡民规约，或刊立各种"禁碑"。对诸如赌博、口角、"烧山毒鱼，故祸生意"、流民藉"唱猴戏、玩龙船"而"往来讹索偷窃"，"恃凶恃众强索，以及术诱赌博、教唆词讼等类，许该乡保随时查拿。小则驱逐出境，大则送官究办"。①

由于各地经济文化发展水平不一，所要着力解决的问题千差万别，故地区自治性习惯法不仅较之通行全国的律典条例，即使与经济较发达地区的碑刻法规相比，也显得原始质朴，斑斓多姿。虽然各地习惯法无论是遣辞造句还是内容都风格迥异，但有一点却是一致的，即这些乡民规约和各种"禁碑"与政府法令相辅相成，成为维护社会治安的有效工具。

（二）碑刻法律史料之界定原则

中国历代碑刻种类繁多，内容驳杂，筛选或衡量其中具有法律意义的碑刻，首先需要对碑刻法律史料进行一些原则界定，即

---

① 张沛编著：《安康碑石》，三秦出版社，1991，第 251～254 页。

强调其内容能传递完整而非片断的法律信息，并具有公开性和真实性等特征。

碑刻法律史料具有内容重于形式的特征。中国传统碑学颇看重碑刻的书法艺术价值、历史价值，以及其是否出自名家之手。但选择碑刻法律史料，内容更起决定性作用。无论是皇帝圣旨还是民间纪事，也不论它出自达官贵人还是乡野村民，也无论其是否曾载于史册，只要其内容涉及法律信息，都属碑刻法律史料的范畴。实际上，大部分碑刻法律史料，尤其是明清碑刻法律史料，多为传统金石著录所忽视，同时也长期为法律史研究者所疏忽。这些生动、鲜活的民间碑石法律档案，正可弥补传世法律文献之不足。

碑刻法律史料还具有真实性、公开性和社会性等特征。广义的碑的范畴也包含有墓志和买地券。墓志是中国古代石刻中所占比重较大的一个类型，且存世数量大，几与狭义的碑刻不相上下。相对于狭义的碑刻而言，墓志的私人色彩和歌功颂德的"虚夸"成分更大；而且从整体看，墓志内容与法律史料的密切关联度较之于碑也相对要弱一些。虽然个别墓志也载有一些法律信息，[①] 如辽代《耶律庶几墓志》和《萧袍鲁墓志》等载有子妻庶母、姊亡妹续等契丹婚俗和婚姻法律方面的内容，[②] 而且也属纪实的文字，不过，由于墓志中的法律史料相对零散，所反映的法律问题不是很集中和突出，故本文暂未考虑。

买地券也是一类性质较独特的石刻材料。虽然其数量不多，

---

① 参见彭炳金《唐代墓志法律史料价值举要》，《法律史论集》第 5 卷，法律出版社，2004，第 307～317 页。

② 向南编：《辽代石刻文编》，河北教育出版社，1995，第 294～295 页；闫万章：《契丹文〈萧袍鲁墓志铭〉考释》，《民族语文》1988 年第 3 期。

但延续的时间较长，从东汉到明清，历代皆有，但从南北朝到明清，只有少数地券和当时的真实买地契约无异，虚幻者占绝大多数，故在碑刻法律史料中，买地券也先被暂时"剔除"在外。

碑刻法律史料的公开性和社会性特征除表现在碑文内容上外，碑之刻立地点和功用，也可有所体现。碑多刻立在官衙门口、街衢、城门、渡口等交通要津，以及各地寺观、祠堂、文庙、书院、会馆等处，均是人员往来频繁或易于聚集之地，立碑之目的是为使碑文昭示于众，较之于书写的通告或纪事文字，更具有持久的效力和权威性。

中国古代碑刻具有相对集中、分布广泛的特点，而且不同性质与内容的碑刻，其所刻立的地点也有很大不同。如立于城门、街衢、渡口、桥头等处的碑刻，多涉及社会治安和除弊安民的内容；庙观祠堂、会馆等处所立碑，多为规约、凭证或纪事内容，如宗教规约、行规以及有关寺院、会馆产业来源、争讼、期许法律保护等方面的碑刻。刻立于官衙的碑刻，以自警为主的官箴碑多刻立于官衙内，示谕诸色人等的告示、禁令碑多立于官衙大门附近。地方教育文化中心，如府、县、厅学及各地书院等处，多立御制学规碑、建置沿革碑、学田碑等。如山西河津县文庙曾立有宋徽宗御书《大观圣作之碑》（也称《八行取士碑》），临晋县文庙有洪武十五年（1382年）明太祖御制《卧碑》，运城文庙有明正德四年（1509年）的《敕谕提学教条碑》，绛县文庙有正德五年（1510年）五月刻立的《敕谕提学教条碑》；陕西城固县文庙也曾立有万历六年（1578年）八月刻立的《敕谕儒学碑》，汉阴儒学原有顺治九年（1652年）的《儒学卧碑》，汉中府文庙原嵌有顺治九年（1652年）《卧碑》；广东肇庆学宫有成化十五年（1479年）的《肇庆府学卧碑》，以及康熙四十八年（1709 年）的《重建肇庆府儒学碑记》，等等。

他如涉及水利纠纷、山林界址、生态环保和义冢等方面的纪事和凭证碑刻，多立于碑文所及纠纷或事项发生地近旁，碑文权利义务关系的特指性明确。由于这些碑刻分布面广且零散，有的甚至立于偏僻之处，传统金石、方志著述多有遗漏，即使现代调查、搜集工作也颇为不易。而近年新的碑石发现，也以此类为多。

（三）碑刻法律史料之形式特征

传统碑碣主要由碑首、碑身及碑座三部分构成，文字主要刻于碑首和碑身。从刻于碑首的碑额，及刻于碑身的碑衔、碑文落款等，可大体看出碑文与法律史料是否有关。

刻于碑首的碑额有时会直接点明碑文的主题，并可藉此大致明了碑文的内容。如山西洪洞水神庙明应王殿一刻于金天眷二年（1139 年）六月的碑，碑额题为"都总管镇国定两县水碑"，可推测碑文会涉及两县用水纷争；[1] 另一明隆庆二年（1568 年）十二月二十七日所立碑额题为"察院定北霍渠水利碑记"，可推测内容会涉及水利讼案的不同审判程序。[2]

一般碑额题于碑阳，即碑之正面，但有的碑碑阳、碑阴均有额题和碑文，如山西介休源神庙明万历十六年（1588 年）十一月所立碑阳额篆"介休县水利条规碑"八字，阴额书"碑记"二字，可推测碑文内容大体为用水规则及水规制定的前因后

---

[1] 黄竹三等编著：《洪洞介休水利碑刻辑录》，中华书局，2003，第 4 页。
[2] 黄竹三等编著：《洪洞介休水利碑刻辑录》，中华书局，2003，第 40 页。

果。① 介休源神庙还有一光绪二十八年（1902 年）八月立、民国五年（1916 年）补刻的《碗窑行公议规条碑》，其阳额书"永远遵守"，阴额书"安业除患"；另一光绪二十九年（1903 年）所立《源泉平讼记》，阳额书"率循罔越"，阴额书"永垂不朽"。两碑虽均未直接点明碑文主题，但仍可从简短的额题中捕捉到有可能与法律有关的信息。也有的碑题直接刻于碑身正文之前，所起的作用与额题是一致的。然而，多数碑碣并未在碑的显著部位标刻碑题，一般需要通过碑身其他信息来了解碑文的内容和主题。

碑身为碑的主要部分。碑身的正面称碑阳（或叫碑面），背面称碑阴，两侧称碑侧；碑阳书刻碑文，有时仅刻碑题而将碑文刻在碑阴。如果碑文很长，碑侧也会被利用，如刻捐题者的姓名。

碑文的内容一般包括碑衔、正文、落款等部分。有无碑衔是判定立碑是官府行为还是民间行为的一个重要标志。凡官府颁刻的示禁碑，碑文前多开列官衔职称、级别、嘉奖及官员姓氏等，而且还往往将此处字体加大、加重，异常醒目，这在清代碑刻中尤其突出。如陕西安康同治六年（1867 年）正月二十日所刻《严禁埠头讹索过往船户告示碑》，首行大书"候选分府洵阳县正堂加五级纪录十次孙"等字；陕西安康光绪十五年（1889 年）三月六日立《秋河义仓条规牌示碑》额镌"永遵良规"，右首行大书"特授平利县正堂加五级纪录十次寻常加一级杨"等字，都带有明显的官方气息。由于示禁碑属下行文书，故其中所涉及官员只写姓不书名，以示发文者的威严。而紧接在首行大字

之下的内容，一般即可点明碑文的主旨。如光绪二十九年（1903 年）九月二十日所立《天柱山庙公议章程告示碑》，在大字首行"钦加同知衔赏戴花翎调补安康县正堂加五级纪录十次记大功十一次沈为"之后，紧接为"出示晓谕以整庙规而垂久远事"的碑文，显示出此碑属于示禁碑、公约碑、宗教碑等的多重属性。①

民间所立的碑石，多数无碑衔署名，如陕西安康同治四年（1865 年）三月二十三日所立《化里墟忠义讲所组碑》，碑文开头即为"公置义田碑序"的碑题；同治九年（1870 年）秋月所立《桃花洞置地文约碑》开篇为"山不在高，有仙则名……"等正方字样；光绪十六年（1890 年）十二月初一日所立《天柱山庙公议戒律条规碑》首行为"维我天柱山，即古之白云寺……"等文字，碑文字体大小前后一致。

碑末题款、署名、年月纪时等，也是判断碑文性质的重要依据。如《天柱山庙公议戒律条规碑》，结尾处"光绪十六年十二月初一日首士、山主、住持同立"②的字样较前面碑文字体更大，更为醒目，尤其是末尾的"首士、山主、住持同立"数字，点明其为公约碑的性质，并其内容可能与寺庙有关；《天柱山庙公议章程告示碑》结尾处的"原报（八人姓名从略），右仰通知，公议首士（八人姓名从略），光绪二十九年九月二十日，告示押，实贴天柱山庙门勿损"③等字样，虽不如碑右首之碑衔字体规范醒目，但较碑文更为突出，所占用的碑石空间较大，与碑衔一样，能反映出此碑属官府示禁的特性。

①　张沛编著：《安康碑石》，三秦出版社，1991，第 306 页。
②　张沛编著：《安康碑石》，三秦出版社，1991，第 294 页。
③　张沛编著：《安康碑石》，三秦出版社，1991，第 309 页。

对于一些凭证碑或纪事碑，碑文格式、体例较为随意，并无一定之规，尤其是出自村野乡民之手的碑石，内容或简或繁，其是否属于法律史料，则需要细读碑文方能解判。

（四）碑刻法律史料之地域分布

中国古代法律碑刻具有大分散与小集中的分布特征，这在全国许多地区都有所体现。以北京为例，碑刻相对集中的如五塔寺石刻艺术博物馆的会馆碑、行规碑，戒台寺、白云观、东岳庙等处的与保护寺观产业和生态环境密切相关的碑刻，都汇集了重要的法律信息。另北京门头沟、房山、昌平以及北京城中，也散布有不少法律碑刻。

河北省的碑刻分布，则以保定为冠。从目前掌握的资料看，在河北省现存的约 1300 余通古代碑刻中，保定约有 430 余通，约占全省总数的 35%。[①] 仅保定古莲花池即有唐、宋、元、明、清各代碑刻近百通，且种类比较齐全，像功德碑、祠庙碑、神道碑、纪事碑、御制碑、诗文碑等，无所不包。

陕西、山西碑石的分散与集中兼具的分布特征也较具代表性。位于陕西南部的安康地区虽位居崇山峻岭、地处偏僻，但碑版内容却异常丰富，尤其是明清时期的碑刻，其内容大如官府政令，小至民间细故，无所不载。位于陕西省西南部的汉中地区是汉朝的发祥地。自东汉以降，汉中长期为郡、州、道、路、府的治所，以至古碑云集。在汉中地区的略阳县灵崖寺，留坝县张良庙，勉县武侯墓、武侯祠，宁强县文化馆，汉中市博物馆和天台

① 侯璐主编：《保定名碑》，河北美术出版社，2002，第 1 页。

山、哑姑山，南郑县圣水寺文物保管所，城固县文化馆和五门堰文物保管所、洞阳宫，洋县文物博物馆和蔡伦墓、智果寺文物保管所，西乡县文化馆和金洋堰水利管理站，都是大小不同的碑群区。此外还有散存于各城镇乡村的零星碑碣。据《汉中碑石》的编纂者陈显远先生初步调查，汉中地区现存石碑约在 4000 通以上。①

陕西西安碑林是历代碑石荟萃之地，现收藏有汉、魏、隋、唐、宋、元、明、清等历代碑刻 2300 余件，其中不少与法律有关。如宋碑中即有大观二年（1108 年）的《大观圣作之碑》、至和元年（1054 年）的《京兆府小学规》、天圣六年（1028 年）的《劝慎刑文》等，内容涉及教育法规和刑制。西安碑林收藏的 6 块金代碑刻中，有关教育者就占了 4 块，分别为正隆二年（1157 年）的《重修府学记》、明昌五年（1194 年）的《瞻学舍地清册》、泰和三年（1203 年）的《京兆府学教授题名记》及正大二年（1225 年）的《重修储学教养碑》。

山西碑石存量极为丰富。晋南运城市现所辖的 13 个县、市、区古为河东属地，古代石刻的蕴藏量位居全省之首。叶昌炽在《语石》中说："大抵晋碑，皆萃于蒲、绛、泽、潞四属"，② 其中前两处均归今运城市管辖。清光绪十八年（1892 年）杨笃所辑《金石记》共收录石刻 1536 通，其中河东为 399 通，占 38.4%；光绪二十五年（1899 年）山西巡抚胡聘之篆《山右石刻丛编》，共辑录全省石刻碑文 720 通，其中河东为 277 通，占 32%。至 1998 年山西古籍出版社出版的《三晋石刻总目·运城地区卷》，所收碑目更是多达 4226 通。

---

① 陈显远编著：《汉中碑石》序言，三秦出版社，1996。
② （清）叶昌炽撰：《语石》卷二，辽宁教育出版社，1998，第 34 页。

　　晋中也是碑石文物极为丰富的地区之一，现存碑刻总量不下3000 通。张晋平编《晋中碑刻选粹》选录碑刻拓片共计463 件，归类编成碑文篇目231 条，内容涉及社会状况、军事防务、宗教礼法、学校教育、水规水法、族规家教等，[①] 与法律密切相关者不在少数。

　　山西东部阳泉市碑刻现存约1206 种，佚碑约225 种，其内容大到录入府州县志的皇帝谕旨、中书牒文、关城修筑、书院迁徙等，小至史册缺失但却是村民自我管理实录的公议罚则、禁伐古柏的告示、严禁赌博的合同、不许庙下采煤的通告、禁止男女相杂观戏的规定、置地救济族人的善行、村中资费摊派的原则等等，可谓内容琳琅。[②]

　　山西碑刻以水利碑和禁赌碑最具特色。1989 年，山西介休市源神庙内建立起我国第一个水利博物馆，现庙内收存有北宋至今千年来的水文水利碑刻数十块。在太原晋祠中，也有不少水利规则碑。山西其他地方也散存有不少水文水利碑刻。如山西洪洞县城东北17 公里处的霍泉有水利讼案碑。山西禁赌碑的遗存较之其他地区更多更集中。对其成因，可以专文解析。

　　山东、河南是秦汉碑石分布较为集中的地区。山东古称山左。叶昌炽称："海内真秦碑仅二石，一在泰山绝顶，一在诸城，皆山左也。"[③] 近几年，山东枣庄、巨野、济宁、金乡、微山、曲阜、临沂、苍山、临淄、高密、平度等地均陆续有新的碑石出土，包括传世作品在内，山东现共有汉代碑刻92 种，几乎占全国现存汉代碑刻总量的一半。其中较为重要的当属1983 年

---

① 参见张晋平编著：《晋中碑刻选粹》，山西古籍出版社，2001。
② 张鸿仁等编著：《三晋石刻总目·阳泉市卷》概述，山西古籍出版社，2003。
③ （清）叶昌炽撰：《语石》卷二，辽宁教育出版社，1998，第32 页。

发现于山东省金乡县春集乡西郭庄村北鱼山之阳的一块刻石,因其主要内容为祈祷神灵护佑墓穴,诅咒盗墓者,期寄亡灵平安免祸,故名"禳盗刻石"。

山东曲阜孔庙碑林是拥有御碑、汉碑最多的地方。除部分移自他处外,大量的是历代修建孔庙和孔庙中追谥、加封、祭祀、拜谒孔子的修庙碑、记事碑、诏书碑、祭文碑和诗词碑等。现曲阜孔庙碑林共有两汉以来的历代碑碣 2200 多块,其数量仅次于西安碑林。距曲阜孔庙不远的邹县孟庙内也完好地保存着汉以来历代碑刻 300 余块,涉及减免赋税徭役的碑刻占有一定比重。

河南碑刻的史料价值较高,极为难得的汉碑就有 10 余通。浚县有后周所立反映中国历史上灭佛事件的《准敕不停废碑记》,濮阳有反映北宋真宗年间重要历史事件"澶渊之盟"的《契丹出境碑》;而内黄《荒年志碑》、灵宝《荒年实录碑》等,则真实地反映了天灾人祸对当地人民生活造成的实际影响。

河南碑刻也同其他省市一样,呈集中收藏的态势。位于洛阳城南关林庙内的河南洛阳石刻艺术馆收藏有洛阳历年来出土的石刻文物近千件。河南寺观也是历代碑刻汇萃之地。位于河南鹿邑县城东 5 公里的太清宫有金至清各代重修碑记,其中的圣旨碑和执照凭证碑,都是有助于法律史研究的素材。

此外,与山西、陕西一样,河南的水利碑刻也较丰富。范天平在编修《三门峡市水利志》的过程中,搜集散见于豫西各地与水利有关的重要碑刻,足迹遍及豫西洛阳市的偃师、新安、汝阳、宜阳、嵩县等县和三门峡市各县(区市)城乡,所编《豫西水碑钩沉》共收入碑文 300 余篇,内容涉及治水工程修建、

水旱地震灾害赈济、水事案件诉讼等,[①] 与法律关系密切者达数
十碑。

江苏省碑刻最集中的地区当属苏州。苏州曾为江南财赋要
区,其碑刻之盛,名冠江南。近 50 年来,文博单位将散立各处
的碑石汇集于位于苏州人民路三元坊府学文庙内,形成苏州碑刻
博物馆,目前馆藏碑刻 1300 余方,拓片 3500 多张,其中 250 余
块工商经济碑刻既有地方官府之告示,也有全国各地商人、作坊
主在苏州建立会馆时所刻章程或纪事,内容涉及丝绸业、棉布洋
布业、造纸业等 18 个大类。1981 年江苏人民出版社出版的《明
清苏州工商业碑刻集》为这批资料的利用提供了便利。

此外,镇江、常熟、无锡等地的古代碑刻也留存较多。1960
年所建镇江焦山碑林收藏唐、宋、元、明时期碑刻 400 多方,其
中元延祐四年（1317 年）的《镇江路儒学复田碑记》、元至治
三年（1323 年）的《镇江路儒学增租记碑》、清同治四年
（1865 年）九月的《永禁胥役门丁不准住在考棚示》等,均是
与教育有关的碑刻。

常熟古代碑刻门类庞杂,但因岁月变迁而毁损、散落者颇
多。通过近 30 年的征集和考古发掘,共获得宋代至民国时期有
关常熟政治经济、农田水利、天文地理、宗教风俗等内容的碑刻
200 余块,并于 1991 年 4 月在常熟城区南宋方塔后院建立常熟
碑刻博物馆予以收藏。

始建于明代、清朝重修的南京石鼓路天主教堂保留着 4 块较
有价值的清代碑刻。其一为《天津条约碑》;其二为同治元年
（1862 年）三月初六所刻《内阁奉上谕碑》,中段刻"奏请饬地

---

① 参见范天平编注:《豫西水碑钩沉》序,陕西人民出版社,2001。

方官于交涉教民事件迅速持严办理"文；其三为两江总督和安徽巡抚所颁《布告碑》，上刻"剀切晓谕事，照得法国条约第十三款内载"等字样；其四为同治五年（1866 年）江宁府正堂所颁《布告碑》，上有"为出示晓谕事准管江宁等处天主教堂事务司铎世袭公爵雷文开"等字样。这些碑石是中国近代外交的真实纪录，也为碑刻法律史料增添了新内容。

湖南洪江古碑刻已发现的有 48 块，其内容大致有会馆、寺庙修建的纪事碑，各同业公所订立的规章告示，如米业商人制订的《永定章程碑》、纸业公会制订的《亘古不朽碑记》、木行公会的《六帮木业启事碑》等，对于研究行会发展颇具参考价值。

自古有"潇湘"雅称的永州为湖南四大历史文化名城之一，拥有历代古碑石刻约 184 处，计 1296 方。全省 14 个地州市列入《湖南省志·文物志》的历代碑刻有 56 块，永州就独占 16 块。①坐落在湖南省西南南岭余脉与雪峰山交汇处的绥宁县，全县森林覆盖率达 70%，这多少要归功于历代所立的护林碑。迄今全县存留明清护林碑 127 块，其中衙署所立的示禁碑 46 块，乡规民约碑 81 块。在古代生态环保领域，乡规民约的重要性，由此可见一斑。

湖南、江西的书院，保存了不少有关古代教育的碑刻。湖南岳麓书院有乾隆十三年（1748 年）的《岳麓书院学规碑》、嘉庆二十二年（1818 年）的《岳麓书院文昌祭田碑记》、《文昌阁祭田契券碑》等；江西白鹿洞书院现存宋代至民国初年的碑刻 157 通，内容包括白鹿洞书院修复记、教规、学田记等；另江西鹅湖书院有明《赋复祀记》等碑，对人们了解中国古代教育法

————————

① 湖南省文物局《文物志》编写组编：《湖南省志·文物志》之《历代碑刻篇》，1982。

制，均有所裨益。

湖北恩施现存有百余方较具史料价值的古碑刻，年代最早的可溯及五代，但以明清时期的碑刻最多，其中不少属官府告示和乡规民约等法律史料。如乾隆年间的《严禁强买仓谷碑》、《差役补助碑》、《奉恩永禁碑》、《严禁讹诈土地碑》，道光年间的《永镇地方碑》、《卯洞油行章程碑》，光绪年间的《田房税契碑》、《永定章程碑》等，均是了解与研究地方法制运作情况的重要依据。

广西的碑刻数量多，内容分散。桂林市留存至今的历代摩崖碑刻约有 2000 多份，除诗文词赋、题名书札外，也有规约、告示等，内容涉及唐宋以来历代政治、经济、军事、文化以及民族关系等多方面。桂海碑林博物馆所在的龙隐洞和龙隐岩是桂林石刻最集中的地方。龙隐岩保存的宋代《元祐党籍碑》真实记录了北宋末年震惊朝野的党派斗争。桂林府学文庙现为桂林中学，校园内的有石刻 14 件，计元代 2 件、明代 1 件、清代 11 件。叠彩山石刻为广西壮族自治区重点文物保护单位，石刻有 201 件，内容分别为记事、题诗等，其中明代嘉靖二十六年（1547 年）的《无冤洞记》，将晋代将领高宝、隋代总管虞庆则、唐代桂州押衙乐生 3 人的冤案昭白于世。

广西碑刻中更有价值的是金秀大瑶山瑶族的石牌制度。石牌是大瑶山瑶族为维护正常的社会生产生活秩序而自发成立的一种特殊的社会政治组织，同时也是一种由习惯法演进为成文法并带有原始民主性质的法律制度。石牌会议一般由"石牌头人"召集。开会时，先由石牌头人"料话"，宣布事先拟定好的"料令"（法律或规条），供大家商讨决定。石牌法律通过后，要把条文镌刻在石板或木板上，竖在原来开会的地方。每件刻在石板或写在木板、纸上的石牌法律 3 ~ 15 条的为常见，其内容因时代不同而有所偏重。如早期的侧重于保护生产和解决内部纠纷；中期的是偏重于防止山外歹徒恶棍入山滋扰；到了辛亥革命以后，则侧重防御土匪。①

广东省的碑刻与其他地区一样，大多保存在原衙署、学宫、庙观、园林、会馆、码头、井泉、亭塔等处，内容除官府颁发的各种抄白、告示、禁令外，还有许多是关于各地历史沿革、职官建置和兴学建庙等的纪事碑，以及内容涉及生态保护、乡规民约、对外关系及大量与手工业、商业、渔业等有关的碑刻。

澳门碑石与广东、福建沿海及台湾的碑碣内容有较大的类似性，它们共同形成了东南沿海碑石文化圈。《香山县志》曾记载有明万历时期巡视澳门的广东巡视海道金事俞安性在澳门刻碑之事。在明颜俊彦的《盟水斋存牍》中也多次提到立碑示禁的事例。② 清代有关澳门管理的碑刻较明代增加。由于年代久远或其他原因，不少明清碑刻已损佚无存，而至今仍保存在澳门的一些清代示谕禁碑，如嘉庆二十四年（1820 年）六月的《泗滕坊示谕碑》、道光六年（1826 年）的《两广部堂示禁碑》、道光七年（1827 年）的《过路环勒石晓谕碑》、《澳门康真君创建暨奠土各收支数总列碑记》等，为我们了解清代澳门的主要社会问题提供了一些线索。另澳门镜湖医院保存有数十方始自清末的碑刻，内容涉及赠送产业及施茶、救济等内容，可以了解澳门医疗慈善事业的发展情况。③

---

① 广西壮族自治区编辑组编：《广西瑶族社会历史调查》（一），广西民族出版社，1984，第 31 ~ 67 页。

② （明）颜俊彦著：《盟水斋存牍》"公移一卷"，中国政法大学出版社，2002，第 334 页。

③ 参见本人论文《明清澳门法律史料之构成》，载《中西法律传统》（第二卷），中国政法大学出版社，2002。

云南、广西、贵州的少数民族碑刻，反映了民族自治的特点。云南大理素称"文献之邦"，大理市博物馆碑林共收存宋代大理国至清代的 120 多方古碑刻，其中有大理国碑 4 方、元碑 34 方、明碑 50 方，余为清碑。

在云南江城哈尼族彝族自治县境内的一些哈尼族村寨或旧驿道曾设置过汉文石刻"牛宗碑"，实即哈尼族的祖传族规与乡规，内容多为议处犯罪、解决纠纷等乡约。由于碑多立于行人过客集中的驿道上，其广而告之的目的显而易见，它们对研究哈尼族习惯法及早期法律的发展等，具有重要参考价值。

贵州青瑶"石牌律"有近 200 年的历史，与广西金秀大瑶山的石牌律大同小异，内容涉及河界确定、减赋、禁偷禁赌、婚规及渠规水约等。贵州三都水族也有自己的碑文化。现存古碑石原物及资料计有 30 余种，其中年代最早的是约立于明弘治十三年（1500 年）的水文墓碑，汉文碑刻最早的是刻于清康熙四十八年（1709 年）的《普安屯六寨六姓合约碑记》。汉文石碑的内容多涉及当地改土归流的历史及一些乡规民约。有些碑刻则较完整地保存了明、清两朝三都水族地区土司制度的发展演变状况。

青藏地区的重要碑刻多立于著名寺庙附近。吐蕃王朝时期，由于会盟、纪功、述德等的需要而树立了一批石碑，如《唐蕃舅甥会盟碑》、《恩兰·达扎路恭纪功碑》等。《唐蕃舅甥会盟碑》立于唐穆宗长庆三年（公元 823 年），至今仍竖立于拉萨大昭寺前。碑阳记述唐蕃和约盟文，划定唐、蕃辖界；碑阴记载吐蕃起源、发展等历史情况及唐蕃会盟经过；碑侧记述参加盟誓双方官员的姓名。

现青海塔尔寺内也有 10 余通清代和民国时期的藏、蒙、汉文碑刻，记载了该寺重大的经事活动及经济收入款项，对了解青海地区的宗教、经济以及法律的实施，颇有裨益。

　　边界省份如黑龙江流域的刻石，迭经南北朝时期拓跋鲜卑人和隋唐时期渤海国人的作品，以及辽金时期的神道碑与宗教碑后，在清中后期，界碑又成为该地新增的内容，如康熙二十八年（1689 年）立《中俄尼布楚五国文字边界碑》、雍正五年（1727 年）立《楚库河、博木沙毕乃岭界石》、咸丰十年（1860 年）立《中俄勘分东界牌及八字界牌》、光绪十二年（1886 年）立《玛拉萨三字界牌》（附铜柱铭）、光绪二十四年（1898 年）立《依兰石厂山吉江界牌》等，在各地现存古碑中别具一格。

　　如果说上述内容从横的方面对碑刻法律史料的分布作了约略的梳理，那么下述内容，将从分类及纵向的角度，展现中国古代碑刻法律史料随时代而不断发展和演进的特色。

三　碑刻法律史料之分类

　　中国历代所累积的成千上万的碑石，按不同的标准，可形成不同的分类。以成因为标准，可分为墓碑、祠堂碑、寺庙碑、记事碑、纪念碑等；以文体和功用为依据，则有歌功颂德的赞、颂，哀悼死者的碑、志、铭诔，昭示四方的诏敕文谍、诅告、盟书，传承文化的各种典籍、诗文，以及起凭证作用的地图、谱系、题名、药方等；从立碑者的身份等级及碑文效力角度看，则可大致分为帝王圣旨碑、官府告示碑、行规碑、乡约碑、族规碑等。

　　就碑刻法律史料而言，从形式看，可分为圣旨碑、示禁碑、公约碑（包括宗规碑、学规碑、行规碑、乡约碑、族规碑）、凭证碑和讼案碑；从内容和数量看，又可分为司法诉讼碑、社会治安碑、社会风俗碑、税赋徭役碑、官规吏治碑、水利碑、教育碑、宗教碑、行业碑、生态环保碑、契约碑、涉外碑、纪事碑等类。上述两种分类有很多重合、交叉之处。如讼案碑中，可能包容水利纷争、田土山林交易案件甚至打架斗殴等治安类案件等；学规内容即可体现在圣旨敕谕碑中，也可反映在公约碑中；宗教碑中也会兼有寺产凭证、宗教规约，以及生态环保等方面的内容。当然一种理想的分类方式应是兼顾形式和内容，然而在现实中又很难做到，故目前还是采用以形式为主而辅之以内容的分类法更为适宜。

（一）圣旨碑

圣旨是皇帝的旨意、命令，称谓始于汉，为帝王所亲撰御书，具有至高无上的效力。除圣旨外，出自帝王的诏、敕、谕、榜也可成为碑载内容。诏是古代帝王、皇太后或皇后颁发的公文，如唐太宗的《贞观诏》，宋徽宗的《辟雍诏》和《藉田诏》等。敕本身有饬、戒的意思，宋时用于诏谕，明清时则是皇帝对臣下和地方官员进行训示的一种下行文书，如明正德四年（1509 年）的《敕谕提学教条碑》、清乾隆三十一年（1766 年）的《敕禁生监把持寺庙碑》等。榜为宋代君主诏令的一种，明清时用于戒饬、勉励百官，晓谕军民，如明代《礼部钦依出榜晓示郡邑学校生员碑》、《榜谕碑》等。另皇后的懿旨碑、太子的令旨碑等，也可归入此类。

圣旨碑中以元代保护宗教发展的白话圣旨碑和宋、明、清圣旨学规碑最富特色。如元太祖十八年（1223 年）陕西周至《重阳万寿宫圣旨碑》汉字碑文为：

> 成吉思皇帝圣旨，道与诸处官员每：
> 丘神仙应有底修行院舍等，系逐日念诵经文告天底人每，与皇帝祝寿万岁者。所据大小差发赋税，都休教著者。
> 据丘神仙应系出家门人等，随处院舍都教免了差发税赋者。
> 其外诈推出家影占差发底人每，告到官司罪断案主者。
> 奉到如此。不得违错。须至给照用者。

右付神仙门下收执。

照使所据神仙应系出家门人、精严住持底人等并免差发赋税。准此。

癸未羊儿年三月日。①

文中的"官员每"，即为"官员们"之意；表示属性或领属性的名词"底"，同现代的"的"字。由于语言习惯的变化，有些元代白话圣旨碑文颇难读懂。如太宗窝阔台十年（1238 年）陕西凤翔《长春观公据碑》中汉字碑文称："汉儿国土里，不拣那个州城里达鲁花赤并长官、管匠人底达鲁花赤每，这圣旨文字里：和尚根底寺，也立乔大师根底胡木剌，先生根底观院，达失蛮根底蜜昔吉，那的每引头儿拜天底人，不得俗人搔扰，不拣什么差发休交出者……"② 其中的"不拣"，系元人的惯用语，意为"不论"；"达鲁花赤"系蒙语音译，原意为掌管者，后专指地方官；"根底"与汉语"属于"之义相近；"也立乔"大师是"也立可温"景教徒的异译；"胡木剌"即"忽木剌"，指景教徒之寺院；"先生"一词，元人多用来指道士。

有的元代圣旨碑则用通行汉文写成，如山东曲阜孔庙中的元大德十一年（1307 年）《圣旨碑》规定："孔子之道，垂宪万世，有国家者所当崇奉。曲阜林庙，上都、大都诸路府、州、县、邑庙学、书院，照依世祖皇帝圣旨禁约。诸官员使臣军马，毋得于内安下，或聚集理问词讼，亵渎饮宴。工役造作，收贮官物，其瞻学地土产业及贡士庄田诸人，毋得侵夺。"③ 此碑碑阴

---

① 蔡美彪编著：《元代白话碑集录》，科学出版社，1955，第 1 页。
② 蔡美彪编著：《元代白话碑集录》，科学出版社，1955，第 5 页。
③ 骆承烈汇编：《石头上的儒家文献——曲阜碑文录》，齐鲁书社，2001，第 253 页。

为皇庆元年（1312 年）的《保护颜庙晓谕诸人通知碑》，[①] 与上述碑文大同小异。

宋徽宗于大观元年（1107 年）下诏推行"八行"取士法，并在全国各郡县官学颁刻《大观圣作碑》。现在，西安碑林、山东、山西、河北等地仍完好地保存有此碑。

明清御制学规碑也因当时广为刻立，故存世较多。现所见明洪武（1368 ~ 1398 年）22 份法律碑文中，御制学规碑即占 12 份。明代御制学规碑，不仅强调对生员严格管理，如洪武年间的《学校格式碑》、《礼部钦依出示晓示生员卧碑》，而且对教官的督责措施也很严格，这在《敕谕提学教条碑》（弘治十七年）、《陕西乡试监考等官盟誓》（弘治八年）等碑文中均有所体现。而现存所见正德（1506 ~ 1521 年）时期 10 份碑刻法律史料中，仅《敕谕提学教条碑》即有 3 份，分别为正德三年、四年、五年刻立。

清代以顺治九年（1652 年）二月初九日颁发的御制卧碑文影响最大，不仅顺治年间各地学宫广为刊刻，而且在康熙、雍正、嘉庆、道光、同治和光绪朝，顺治《卧碑》还被不断刊刻。康熙年间的《御制训士子文碑》为数也不少，现所知为 9 份。宋明清御制学规的内容和特点，将在《教育与学规碑》中论及。

（二）示禁碑

示禁碑也称告示碑、谕示碑等，其形式多样，既可是由官府颁布的具有约束性的法律文件，如山西省的明万历十六年

---

① 骆承烈汇编：《石头上的儒家文献——曲阜碑文录》，齐鲁书社，2001，第 260 页。

（1588 年）《介休县水利条规碑》、万历十七年（1589 年）《太原水利禁令公文碑》，安徽省清康熙四十年（1701 年）《治河条例碑》等；也可是针对个别地方、人或事的命令，碑题和碑文中多出现谕、示、禁令等字样。

现所知较早且内容完整的示禁碑为广东潮州北宋元丰六年（1083 年）二月二十日刻立的《海阳县社坛禁示碑》，[①] 但示禁碑最为盛行的时期是在明清。从示禁碑的订立过程及内容，可以看出它具有明显的针对性、涉及社会生活的多样性、较为广泛的强制性，并且可以补国家律令之不足等特点。在明清手工业和工商业发展较快的东南沿海地区，示禁碑所占比例较大。

从示禁碑的碑额或题衔上，可知其颁刻者的身份和地位，以及碑文效力所及范围。如《陈察院禁酗酒示碑》（四川洪雅县，嘉庆初）、《两广总督海情告示碑》（广东汕头澄海县，嘉庆五年）、《江苏按察司永禁苏州私宰耕牛碑》（苏州，嘉庆十二年十一月）、《江苏按察司严禁私开押店永杜民害碑》（江苏，嘉庆十六年四月）、《两广部堂示禁碑》（澳门，道光六年）、《四川布政使颁革除山主令》（四川都江堰，道光十三年）等，均是由总督巡抚等封疆大吏及监察大员所颁示。次一级的为州府衙门，如《潮州府奉两院并各司道批允勒石严示禁革碑记》（广东汕头，天启六年）、《宁羌州衙告示碑》（陕西汉中，乾隆五十八年九月）、《平阳府为明谋肆行朦胧奏夺水利变乱（下阙）碑》（山西运城绛县，嘉庆十九年五月十六日）、《署砖坪抚民分府严拿匪类告示碑》（陕西安康岚皋县，光绪元年五月）等。当然示禁碑中数量最多的还是以基层知县长官的身份所颁刻的，如广东陆

---

① 黄挺等著：《潮汕金石文征》（宋元卷），广东人民出版社，1999，第 49 页。

丰县的《奉廉明县主太老爷邵示禁》（乾隆三十一年）、平远县的《县奉主陈大老爷准示严禁碑》（乾隆四十九年）以及汕头的《潮州府海阳县正堂文告》（道光三年）；江苏有《吴县永禁踞扰强占江镇公所及义冢碑》（嘉庆十八年）、《元和县严禁机匠借端生事倡众停工碑》（道光二年六月十一日）、《吴县永禁踹坊垄断把持碑》（道光十二年十二月）等。虽然其中有些告示碑是以官员个人名义颁布的，但他们无疑均是代表官府的，其适用的范围也是职官所辖地界。

示禁碑无论从形式还是从内容上，均较好判断。如陕西安康知县于光绪二十四年（1898 年）十月颁布的《流水铺后牌公议禁令告示碑》，碑额镌"禁令永垂"，碑末镌"安康县正堂印"。① 在陕西佛坪县栗子坝乡女儿坝村小学内有一方立于咸丰元年（1851 年）十二月初一日的《洋县正堂禁赌碑》，在年号前，也刻有 7 厘米见方的县印一方。这种形式无疑是模仿告示公文，以示其具有法律效力。

示禁碑行文开头的题衔一般刻地方官员的职务级别及刻碑事由，其字体小于碑额，但大于碑文，以示醒目。如苏州碑刻博物馆所藏嘉庆二十年《吴县永禁滋扰义学碑》就以"特调江南苏州府吴县正堂加十级纪录十次朱为据禀给示勒碑永禁事"开头，而族规碑和乡约碑一般直接书刻规约内容，这也是区分乡规民约碑与官府告示碑的标志之一。

有些示禁碑上还有"标朱"，即在碑文中有关事由、发文目的及关键词或结尾警示处用朱笔圈点或作一特定标记，使读碑者对官府的要求一目了然；在碑文结尾处还可常见用朱笔画一较大

---

① 张沛编著：《安康碑石》，三秦出版社，1991，第 318 页。

的红钩，称为"勒"；或写"遵"、"速"、"空"等字，起防止有人在碑文上添减作弊；各部行道府以下，府行州、州行县的示禁碑，也可见发文衙门简称下面用朱笔大写"行"字，表明文件由其责任者亲自批准。而这些也均是判定是否属于示禁碑的重要标志。

有些示禁碑是以记事碑的形式出现的，如广东佛山《蒙准勒石禁革陋规碑记》（乾隆三十七）、广东肇庆市《奉督宪严禁签取各行什物碑记》（乾隆四十二年）、广东珠海《奉大宪恩给三墩新涨沙永禁侵承碑记》（道光十九年）等，均属此类情况。还有些示禁碑是与讼案碑合而为一，这在台湾清代碑刻中表现最为突出。如道光十二年（1832年）六月的《沙辘牛埔占垦示禁碑》的大致内容为：嘉庆十八年（1813年），因已有定界之牛埔"被奸棍林生发即林枞上恃强占垦"，前业户社众赴宪投控。道光十一年（1831年），"突有县蠹王慎即王汉珍狼贪牛埔肥美，竟敢串谋纠匪复行占垦"，又被众人投控。前一案系下西势牧埔屡被民番占垦筑田，而牧埔乃系各庄课田牧养之地，理番分宪张示严禁，不许占筑。[①] 嘉庆二十年（1815年）五月的《奉宪封禁古令埔碑》也是较具代表性的一例。此碑由台湾府知府汪楠示谕。碑文中提到原、被告曾互控不休，历经四载，最终妥善解决。

（三）公约碑

公约碑可细分为宗规、学规、行规、乡约、族规等，是碑刻

---

① 刘枝万著：《台湾中部古碑文集成》，林荣华校编《石刻史料新编》第3辑第18册，台湾新文丰出版公司，1986，第267~268页。

法律史料中内容最丰富的一类。虽然这些约定规则出自不同的群体，而且与官府行为密不可分，但其独立性和自主性也是显而易见的。一般而言，公约碑数量较多的行业或领域，均具有较强的"自治"性，但这种"自治"是为弥补官府统治之不足，而非要取代官府，这一点在公约碑中体现得非常明显。

1. 宗规碑

宗规碑特指佛教、道教、伊斯兰教等宗教团体制定的对教徒进行管理、带有一定约束性的规条。佛教规约一般称戒律或禅林规约。唐咸和中，洪州百丈山怀海禅师为寺院定正规式，人称"百丈清规"。百丈清规到宋初已经失传。自后各寺多依据自身的情况而制定相应的清规。如陕西安康双溪寺道光七年（1827年）所立禅林规约称："凡赏〔罚〕点升，必以圣制丛林规约所录二十五条为则，再于百丈祖□□□□录数条，刻石勒碑，以除丛林永远积弊。"在规约内容之后还强调："历朝圣王戒饬僧徒□□□制，除刑名重罪例属有司外，若僧人自相干犯，当以清规律之，随事惩戒。重则集众焚烧衣具、捶摈、遣偏门而出；轻则□□□□张榜示之。不许自恃能强，小事兴讼，烦扰公门。"①

除佛教外，道教、伊斯兰教也有相应的戒律和规约。陕西汉中城固县道光九年（1829年）《洞阳宫山场条规碑》明文规定："不得窝贼、窝贿、窝娼及收留匪人并迷失妇女；不得呼群聚饮，酗酒打架，致酿祸端，株连山主；不得欺瞒山主，私行丁打，客上招客，渔利滋事；务须各安本分，不得彼此结仇相戕相害贻累……"②

伊斯兰教的教规有的体现在记事碑中，如嘉靖二年（1523

① 张沛编著：《安康碑石》，三秦出版社，1991，第137页。
② 陈显远编著：《汉中碑石》，三秦出版社，1996，第57页。

年）河北张家口《重修礼拜寺记》中有"每日必清洁身心，自旦至晡绝饮食严持斋戒；论人之资产以四十为率取其一储以济贫者，谓之天税"。① 有的则以公议规约的形式刻载于碑。如湖南隆回县山界乡清光绪年间的《清真西寺规约碑》对清真寺的管理、经堂教育的师资、乡老的选配、寺产的经营、账目出入等，均有明确规定，如"掌教不准世袭恃势嗣位，公举远近有德政才能者，方可继位"；"寺内每逢圣节，牛肉概不准发卖，免愚顽争短论长，以滋后怪"；"寺内不准设教书馆，因房侧隘，经书两馆恐防子弟中生枝闹事，以伤仁义"；等等。②

2. 学规碑

学规碑是教育碑中的一种，其中御制学规可归入圣旨碑中，而纳入公约碑中的学规特指学校、书院、乡绅等约定的有关教育、考试等方面的规则。如北宋至和元年（1054 年）的《京兆府小学规》、陕西石泉县长阳乡道光二十八年（1848 年）的《凤阳台新设义学条规碑》等。北宋《京兆府小学规》载："生徒有过犯，并量事大小行罚。年十五以下，行扑挞之法；年十五以上，罚钱充学内公用。仍令学长上簿学官教授通押。行止逾违，盗博斗讼，不告出入，毁弃书籍，画书窗壁，损坏器物，互相往来，课试不了，戏玩喧哗。""生徒依府学规，岁时给假，各有日限。如妄求假告，及请假违限，并关报本家尊属，仍依例行罚。右事须给榜小学告示，各令知委。"③ 陕西安康石泉县长阳乡《凤阳台新设义学条规碑》则细分延师宜定章程、化海宜广、馆师宜慎、田租宜秉公经理四条内容。

---

① 余振贵等主编：《中国回族金石录》，宁夏人民出版社，2001，第 19 页。
② 余振贵等主编：《中国回族金石录》，宁夏人民出版社，2001，第 387 页。
③ 路远著：《西安碑林史》，西安出版社，1998，第 511 页。

虽然公议学规碑的存世量远不如御制学规碑多，但其内容相对丰富，尤其是各地的书院管理规则，如乾隆十三年（1748年）《岳麓书院学规碑》、嘉庆四年（1799年）《荆南书院新立规约碑》、道光十三年（1833年）广东徐闻县《贵生书院规条》、道光二十四年（1844年）山西芮城《西河书院学规碑》、咸丰十年（1860年）十月陕西澄城《重订玉泉书章程碑记》、光绪三年（1877年）台湾屏东书院《章程碑记》、光绪十五年（1889年）十月《广雅书院学规》等，与各地整齐划一的御制学规碑相比，无论在内容细节还是行文方式等方面，均有所不同。如《广雅书院学规》规定："院规：院内禁止赌博、酗酒、吸食洋烟；守法：院内诸生不得干预词讼，造言□讪，滥交比匪，恃众生事，为人作枪；正习：院内诸生不得恃才傲物，夸诞诡异，诋毁先儒，轻慢官师，忌嫉同学，党同伐异，以及嬉荒情废。以上三条，如有不遵，即行屏斥出院。"① 这些内容，因具有一定的灵活性和针对性，故较御制学规碑更能适应当地的教育发展状况和生员面貌。

3. 行规碑

行规碑以清代为多。清代时，作为手工业者、商人的自治行会组织——会馆，在工商业比较发达的城市普遍设立，行会传统的地域界限被打破，形成了较为系统、独立的行会习惯法体系。

行规碑一般经过商议、呈请备案等过程，对同业人员具有较强的约束力，甚至有些行规内容会通过官府示禁碑的形式表现。

由于行业种类繁多，行规碑可体现出不同行业的特色。工商业行会碑多讲求公平交易，以及严禁牙侩为奸及勒索滋扰等；船

---

① 谭棣华等编：《广东碑刻集》，广东高等教育出版社，2001，第38页。

帮行会碑内容多涉及禁盗抢以及避免无序竞争；手工业行会碑则偏重于对学徒的管理及对工价的规定。北京《新立皮行碑记》对学徒的要求是："有未学满徒出柜，不准用，手艺人不入行，不准用。恐其有不法之人，多出事端。因不用者，整齐而已。"①北京《老羊皮会馆匾额》载："学手艺者，徒也，以三年为满，不许重学，不许包年。谁要重学包年者，男盗女娼。……不遵行规，男盗女娼。"②

虽然行规碑内容颇显驳杂，行规违约处罚方式也多种多样，但其主体内容相对明确，诸如保护会馆公所之不动产、维护行内秩序与治安、自济自救、行业自律、禁不正当竞争以及断争议等，在众多行规碑中均有不同程度的体现。

4. 乡规民约碑

乡规民约在碑刻法律史料中所占比重较大，较之行规碑，持续的时间更长。由于乡村的治安、风尚的好坏，直接关系到社会的安定，故在中国广大的乡村，几乎每乡每村都有各自的乡规民约。明清时期，乡里的耆老、乡官、士绅将共同商议制定的乡约、村规、禁条等刻之于碑，立于闾里之间，是人们共同遵守并据以处理纠纷和确定对违反者处罚的依据。

乡约碑不仅数量多，而且涉及面广，其内容以导风化俗、除弊害，以及严禁盗窃、贼匪、赌博等为害乡里为主。另乡约碑也与其他形式的公约碑一样，也要经历公议、公立并经禀官批准、备案，最终以刻碑的形式宣示于众等过程。乡约碑还有文字质朴、赏罚具体、便于实施等特性，当然这一点也同样适合于族规碑。

---

① 彭泽益选编：《清代工商行业碑文集粹》，中州古籍出版社，1997，第 25 页。
② 彭泽益选编：《清代工商行业碑文集粹》，中州古籍出版社，1997，第 22~23 页。

5. 族规碑

在中国传统社会中，约束宗族内部成员的宗规、祠规、族约、族训、家规、家训等，可统称为族规。自宋以后，族规有愈益向庶民化发展的趋势，这不仅反映在各地的方志、族谱等文献资料中，也同样体现在碑刻史料中。族规碑在宋以后渐渐出现，明清时期达到高峰。就存世的族规数量而言，碑刻似不及文献丰富，但其内容却不乏独到之处。族规碑的内容主要包括：尊祖敬宗，严禁乱宗乱族；惩不孝，严家教；维护宗族财产；禁贼盗、偷窃、砍伐；以及禁赌禁烟等。由于族规碑中的条文，其合礼合法的内容占有绝大比重，故而具有浓郁的伦理道德色彩。这一独特的价值评判体系，使宗族法的各种强制措施，即使与国家法律略显冲突的内容，也在一定范围内具有合情合理性，而这也是族规、乡约等各种"准法律"所共同具有的特点。

（四）凭证碑

凭证碑在历代碑刻法律史料中一直占有较为稳定的份额，延续的时间也较长。从东汉的《大吉买山地记刻石》，到北京门头沟龙泉镇崇化寺北山崖明宣德九年（1424 年）《买地契约刻石》，一直到清代、民国，都未曾间断。

凭证碑中除契约碑外，还有一部分是为防患于未然的遗嘱碑或捐赠财产碑。如苏州立于景泰七年（1455 年）三月的《张氏预嘱碑》是一份行文完整的遗产"公证书"，将碑主的家世、财产来源及其身故后所有财产如何分割，作了详细说明与安排，以求在他死后亲属相安、子侄和睦。"若违吾言，以强凌弱，以富欺贫者，许亲族赍此赴官陈告，以为不孝论。"此处的"不孝"，较之《大明律》对"不孝"的界定，颇有出入。

清朝时，碑刻还成为法律认可的记事凭证。《大清律例》卷九《户律》"弃毁器物稼穑"条规定："若毁人坟茔内碑碣、石兽者，杖八十。……误毁者，但令修立，不坐罪。"法律在惩罚子孙盗卖族产时，规定确认族产的条件之一是"勒石报官"，这条规定见之于《大清律例》卷九《户律》"盗卖田宅"第六条例文，以故清代留下的族产田产碑为数不少。如《澳门康真君创建暨奠土各收支数总列碑记》刻有该庙地界址图，可起地产凭证作用。

格式碑也属凭证碑之一种，如万历十六年（1588 年）《税粮会计由票长单式样碑》。该碑系常熟县署遵抚院事，将本县田地应办税粮银米数目及原奉由票长单等镌刻于石，以令邑民遵守执行而立。碑文分三部分：一是会计税粮，载常熟全县纳税粮钱米数；二是派征长单，载各项本折银粮，验明均派后分发各区粮长大户明细；三是征粮由票，载征派银米数及散发粮户期限等。①

凭证碑中还有界碑，如田土、山林、河塘等的权属分界，以及国界、族界等类碑刻。清朝时边界纠纷不断，故界碑大量出现。如黑龙江流域的界碑是清王朝与沙俄谈判勘分东部疆界而竖立的。19 世纪后半叶，又有《中俄勘分东界牌》。在云南西双版纳傣族自治州境内勐腊县与老挝接壤的边境线上，则有 24 块清政府与法属印度支那勘界时所立界碑。"边域金石动涉国故，方闻之士必将有取于斯"，② 其重要性是不言而喻的。

---

① 江苏省博物馆编：《江苏省明清以来碑刻资料选集》，三联书店，1959，第 543～546 页。
② 张维撰：《陇右金石录》自序，林荣华校编《石刻史料新编》第 1 辑第 21 册，台湾新文丰出版公司，1982。

（五）讼案与纪事碑

讼案碑系纪事碑的一种，系记载案件发生经过、断案过程及如何处断的碑刻。因其内容丰富，数量较多，也可从纪事碑中单独分列出来。

讼案碑中，田土、山林、冢地权属以及房屋、寺产等纠纷所占比例较大，如山西有明天启年间（1621～1627 年）的《天龙寺重赎稻地碑记》，陕西安康地区则有明嘉靖四十四年（1565年）的《紫阳县民张刚虚田实契典卖他人田宅案帖碑》，以及《唐氏祠堂地产纠纷调处碑》等。青海《塔尔寺康缠地争纪事碑》则记载了一起涉关土地之争案的始末。塔尔寺从明嘉靖三十九年（1560 年）初建，到清康乾时渐成规模。此间寺僧众来源和僧众经济供给由周围的藏族六部族负担，寺内主要事务由六部族选出的"六族老者"（西纳、隆奔、尼纳、申中、修巴、祁家）决定。后塔尔寺影响波及蒙古地区，蒙古族上层开始参与寺务。此则碑文记载的就是六部族之一的西纳喇嘛与另一位喇卜尔关于康缠地土的纠纷。西纳和喇卜尔为康缠地土多年向官府控告，后西纳喇嘛提出将地土入官。因此事涉及到罕冬部族五庄置荒地开垦契约事，事关多方经济利益，利益人遂将这件案情的告官经过、争地双方向官府控告对方的理由，以及官府裁决的情况刊之于碑，作为备忘。[①]

讼案碑中，用水纠纷的内容较为突出。中国是个农业大国，水利灌溉对农业生产至关重要，有关水权划分和使用方面的争

---

① 谢佐等辑：《青海金石录》，青海人民出版社，1993，第 198～201 页。

讼，一般牵涉面广，持续的时间长，碑文所载篇幅相应也较大。如明隆庆二年（1568 年）立存山西洪洞县广胜寺的《察院定北霍渠水利碑》，记载了隆庆年间洪洞、赵城两县共用霍渠北渠之水，后因民争纷起，经巡抚山西监察御史宋纁批示，依例确定洪三、赵七分水之制并永为遵守的事情。[①] 另如雍正元年（1723 年）太原晋祠《板桥水利公案碑》、雍正八年（1730 年）的《广济、利丰两河断案碑》以及河南灵宝市大王镇西路井村道光年间（1821～1850 年）的《路井下硐渠水断结碑》、《下硐路井渠道管理断结碑》等，也均详细记载了纷争的经过及裁断方法。

有关司法审判的内容在碑刻法律史料中也颇为引人注目。在云南勐腊县易武乡有一块记载清道光十八年（1838 年）普洱府正堂黄主讯断易武茶税案的批文碑。此碑由茶税案主控人张应兆刻立，碑文分"断案记小引"和"断案批文"两部分。"断案记小引"叙述了茶税案的原由。当时因易武茶价下跌，茶税加重，张应兆、肖升堂上控，求减茶税。易武土弁非但不减茶税，反妄拿无辜刑责，张应兆等联名再控，终得普洱府正堂黄主讯断全案。主控人张应兆"恐日久仍蹈前辙"，故立碑刻文为记。碑下端阴刻断案具文，对抽收地租、酒课、上纳土署银两作了限定，同时还限定"易武土弁，因公出人夫，不得过二十名，马不得过十匹……及黑夜行走，遇有公件许用火把夫二名，马一匹"。此碑对了解昔日六大茶山采收贡茶及官商土弁间的一些纠葛及清代法规实施等，都有一定价值。[②]

在鸦片战争后的近代中国，随着中外交涉情事的增加，相关碑刻也随之出现。同治十三年（1874 年）所立《上海道为四明

---

① 左慧元编：《黄河金石录》，黄河水利出版社，1999，第 95 页。
② 征鹏等编著：《新编西双版纳风物志》，云南人民出版社，1999，第 39 页。

公所血案告示碑》和光绪四年（1878 年）所立《苏松太兵备道、上海法总领事为四明公所血案告示碑》反映了西方人在中国领土上实行领事裁判权的情况。该血案的起因是法国人欲在上海前四明公所义冢地修马路，因遭华人反对，以致在法国租界内发生华洋人斗殴事件，结果造成 7 名华人毙命，法租界房屋被焚。后法国人被迫放弃修筑马路。上海道为此案专刻告示碑称："华洋交涉事件，凡在商民，均应听候官断，不容任意滋闹。此后如再有无赖之徒，不听地方官约束，捏造谣言，煽惑众心，甚至哄闹争殴，定当尽法惩办。第本道不忍不教而诛，合再剀切晓谕。"① 该碑也反映出讼案碑与示禁碑相互融合的特征。

与法律史料有关的纪事碑，除讼案碑外，还有具有重要史料价值的纪事碑、违法纪事碑以及其他纪事碑等。

法律史料碑刻中有一类是具有重要史料价值但难以归入各类的碑刻，如战国时的《公乘得守丘石刻》，内容系为国王监管捕鱼的池囿者公乘得、看守陵墓的旧将曼，为敬告后来的贤者而刻；另有关古代国与国或民族之间关系的记事碑，如唐代宗大历元年（公元 766 年）的《南诏德化碑》，长庆三年、吐蕃彝泰九年（公元 823 年）的《唐蕃会盟碑》，大理国段素顺明政三年即北宋开宝四年（公元 971 年）的《石城会盟碑》（也称《大理段氏与三十七部会盟碑》），以及北宋崇宁元年（1102 年）的《元祐党籍碑》、元至正十三年（1353 年）的《平瑶记》等，不仅具重要法律史料价值，在政治、民族、文化史等研究领域，也具有重要意义。

违法纪事碑一般以个人名义刻立，且有一些是出自违法违规

---

① 上海博物馆图书资料室编：《上海碑刻资料选辑》，上海人民出版社，1980，第 428 页。

者之手，如四川通江瓦室塔子有咸丰三年（1853年）盗木者赵姓立碑。碑文为："自古边界，各有塌塌。有等贱人，乘机斫伐。雷姓拿获，警牌严查。合同公议，免打议罚。山钱一千，永不再伐。如蹈前辙，愿动宰杀。固立碑记，记定成化。"① 四川通江太平乡同治十年（1871年）也有盗木村民所立碑，内容为："语有之：'一草一木，物各有主。'信然。我等愚昧无知，于日前在巨公印明地界内砍伐数次，不以为戒，后被伊拿获投牌众等，众议罚立禁碑，以为后戒。我等自知理亏，故请石工垂情由于石上。但望邻境四周，以我为戒，勿若我等之。"② 陕西汉中《南郑县八角山教案碑》（光绪二十三年九月十五日）也是由受罚者自己刻立的一则"甘结"纪事碑。诸如此类的纪事碑，多为方志史册所疏忽。

　　义举、善举的行为表现在许多方面，如记述建社仓、义坟、义学及建桥修路等碑文。社仓早在隋唐时期已出现。据《隋书》卷四六《长孙平传》载：隋文帝开皇三年（公元583年），户部度支尚书孙平"奏令民间每秋家出粟麦一石已下，贫富差等，储之闾巷，以备凶年，名曰义仓"。因为义仓设于里社，故又称"社仓"。宋代时，社仓发展初具规模，明代时更为周详，并已推广到少数民族地区。云南保山隆庆四年（1570年）《永昌里社义仓记》载：

　　　　永昌，古哀牢国，视今宇内，则西南之穷壤矣。汉夷杂

---

① 张浩良编著：《绿色史料札记——巴山林木碑碣文集》，云南大学出版社，1990，第28页。
② 张浩良编著：《绿色史料札记——巴山林木碑碣文集》，云南大学出版社，1990，第32页。

耕，田无则赋，而又兼并于有力者之家。是以丰者余糜肉，而约者或不厌秕糠。且不谋朝夕，无蓄藏。徒以其土之所产，力之所攻者相与贸迁。平旦侧肩杂羑于市，乃可给晨饮。每时未及麦，豪户辄囷贮以延厚直，而不轨牟利之人愈益腾粜焉。里巷狼顾，则叫嚣踯躅鸣于官。官使吏治之，亦莫人人罪也。

……岁嘉靖甲子（1564 年），泉州崌斋王公春复以兵符驻扎其地，阅兹弊而忧之。乃取长孙平所论《义仓法》与朱子社仓之制，询谋于时有司及其父老子弟，而质成于乡大夫定泉吴君崧。乃藉民可出粟者，以户计得若干人。不旬月，募粟六千石有奇。又廉得废仓基为庾廪贮之，而一时之民命胥赖焉。①

清代，社仓制度多次受到中央政府的关注，地方官也不遗余力在各地推广落实。这些内容，在碑刻中都有不同程度的体现，如云南保山乾隆四十九年（1784 年）十一月立《拨置济贫义田碑记》，海南三亚道光二十一年（1841 年）所立《义田永照碑》。其他社会救济的碑刻还有陕西洋县华阳镇嘉庆十七年（1812 年）所立《士兵福利储金碑》，紫阳县道光七年（1827 年）立《创修同善局碑记》，旬阳县同治七年（1868 年）十一月由知县捐置的《养济院碑》，紫阳县同治八年（1869 年）所立《育婴会碑》，以及云南保山光绪七年（1881 年）所立《养济院碑记》等等。

山东济南有一块刻于乾隆四十八年（1784 年）的《太和阁

---

① 徐鸿芹点校：《隆阳碑铭石刻》，云南美术出版社，2005，第 185 页。

碑》，碑文记载了清代济南府著名中药店太和阁的经营之道及其来龙去脉：乾隆年间，太和阁药店老板去外地购药返家途中过河时，恰遇山洪暴发。恍惚中像是有神人相助，不觉中渡过大河，性命货物均无损失。回到家后，他发下乐善好施的誓言，每逢初一、十五半价售药，并要求顾客务必认准该药店字号图章。虽然它是一通纪事碑，但从法律史料的意义看，也是一块中国早期的"医药广告"碑。

有些纪事碑对示禁碑或公约碑的相关内容可起补充作用。如据北京同治四年（1865年）的《重修正乙祠整饬义园记》碑文，可了解北京银号会馆的创制及行规的实施过程。正乙祠创建于康熙朝，当时捐金购地置"土地祠义园"，雍正间增广四十亩，道光间又增地百亩，并"岁签制同人执其事，立规甚严"。同治年间，"虑义园日廓，岁久弊滋，乃议增新规，泐石于祠，以防废弛"。①

北京乾隆三十五年（1770年）五月刻立的《建立罩棚碑序》系记载河东烟行会馆修建事宜，碑文中也载明烟行行规："前有行规，人多侵犯。今郭局同立官秤一杆，准斤拾陆两。由五路烟包进京，皆按斤数交纳税银，每百斤过税银肆钱陆分。□□轻重，各循规格，不可额外多加斤两。苟不确遵，即系犯法，官罚银不等。会馆公议：每斤罚银壹钱，法不容私……"②

类似上述碑文的例证还有许多，因限于篇幅难以一一列举。不过它们却反映出一个事实，即纪事碑与公约碑或示禁碑等之间，有时并无严格的界限。而现在人为地对碑刻法律史料进行分类，主要是为研究的方便。

---

① 李华编：《明清以来北京工商会馆碑刻选编》，文物出版社，1980，第14页。
② 李华编：《明清以来北京工商会馆碑刻选编》，文物出版社，1980，第50~51页。

四 碑刻法律史料之时代演进

（一）先秦萌芽与秦汉奠基

中国现存较早的石刻文字是位于河南省三门峡的西周周召分界石，这是国内有文献可考的历史最悠久的分界碑，也可以说是具有法律效力的凭证碑的史祖。据《左传》"隐公五年"记载，周、召二公以陕（古陕州，今三门峡）为界，"自陕而东者，周公主之；自陕而西者，召公主之"。陕西即因召公所管陕州以西辖区得名。

1974 年，河北省考古工作者在平山县三汲公社搜集到一块先秦刻石，即《公乘得守丘石刻》，又称《监囿守丘刻石》。此石 1937 年出土于河北平山县南七汲村，即战国时期中山国古灵寿城址之西，约刻于战国时期中山王死后至中山国灭亡之前（公元前 310 ~ 前 296 年），内容系为国王监管捕鱼的池囿者公乘得、看守陵墓的旧将曼，为敬告后来的贤者而刻。

《监囿守丘刻石》在碑刻发展史上的重要意义不在其内容，而在于其形制。它是石刻形式从战国前期到秦统一时期发展变化的一个见证，即石料由自然天成发展到人为加工打磨；铭刻内容由简单的记事发展成为统治者用作宣传的手段或告谕后人的遗言。这寓示着中国古代石刻文字已由西周和春秋的萌芽阶段开始走向注重实用的新生期。

在笔者目前所掌握的先秦两汉 23 份碑刻史料中，计有诏书碑 3 份（《会稽刻石》、《之罘刻石》、《泰山刻石》），有关买卖契约和资产凭证的 7 碑（《周召分界石》、《杨瞳买山地记》、《莱子侯刻石》、《大吉买山地记》、《宋伯望分界刻石》、《金广延母徐氏纪产碑》、《簿书残碑》），涉及赋税内容的 4 碑（《礼器碑》、《张景碑》、《樊毅复华下民租田口算碑》、《五曹诏书残碑》），记载乡约制度的 3 碑（《三老讳字忌日碑》、《侍廷里父老僤买田约束石券》、《三老赵宽碑》），纪事 2 碑（《公乘得守丘石刻》、《秦诅楚文》），另有禁盗（《襄盗刻石》）、水规（《均水约束》）等石刻文字。

中国碑刻，从其萌生的先秦，到秦汉奠基，至渐渐完善成形的隋唐，再到宋元的初步发展阶段，都是皇室、官府颁布诏书、敕谕、条规的重要媒介形式，故秦代的 3 份诏书诏令碑，不仅在金石书法领域，即使在法律史研究领域，也同样具有开创性。

万象更新的秦帝国在诸多领域鼎故革新。在金石刻辞中，三代以"金"为贵，天子诸侯以至公卿大夫莫不琢盘铭鼎，故金石之作以"金"为多。秦则重石轻金。宋郑樵言："三代而上，惟勒鼎彝；秦人始大其制而用石鼓，始皇欲详其文而用丰碑。"①

秦始皇首开帝王刻石纪功的先例。《史记·秦始皇本纪》中记述道："二十八年（公元前 219 年），始皇东行郡县，上邹峄山（今山东邹县东南）。立石，与鲁诸儒生议，刻石颂秦德。"②此即《峄山刻石》。其后始皇上泰山，登之罘，至琅琊台，皆立

---

① （宋）郑樵撰：《通志》卷一八《金石略》序，上海人民出版社，1977。
② 《史记》卷六《秦始皇本纪》，中华书局，1959，第 242 页。

石纪功。

秦刻石除铭功纪事外，也是推行"书同文"、"罢其不与秦文合者"的实用典范。《峄山刻石》是秦篆的代表之作，其章法上的整齐化一风格与秦朝政治理想和时代精神颇为一致。秦代法制健全，秦刻石甚至也是彰明其法令制度的重要举措。《泰山刻石》声称"治道运行，诸产得宜，皆有法式"。① 《琅琊台刻石》则说："端平法度，万物之纪。""除疑定法，咸知所辟。"② 《会稽刻石》更是明确规定："饰省宣义，有子而嫁，倍死不贞。防隔内外，禁止淫佚，男女洁诚。夫为寄豭，杀之无罪，男秉义程。妻为逃嫁，子不得母，咸化廉清。"③ 后一则碑文体现出在大一统政体下，中央文化对边地民俗的强制性规范。

汉承秦制，汉代在秦重石轻金的基础上，将石刻文化推向中国碑刻发展史上的第一个高峰。虽然在汉及以后的碑石上金石并称的例子也屡见不鲜，如汉《孝女曹娥碑》曰"铭勒金石"；《玄儒先生娄寿碑》曰"绵绵日月，与金石存"；《封丘令王君碑》称"宜在金石，垂示无穷"；《北军中候郭君碑》载"勒金石，示后昆"；等等。但此时，作为一种文字载体，石的重要性已超过青铜器。朱剑心先生认为："吉金诸器盛于三代，秦汉以后，除钱币、玺印、兵符、镜鉴等小品而外，便无足甚重。三代以上，有金而无石；秦汉以下，石盛而金衰。其有纪功述事，垂示来兹者，咸在于石。"④

---

① （清）王昶著：《金石萃编》卷四《秦》，载中国国家图书馆善本金石组编《先秦秦汉魏晋南北朝石刻文献全编》（一），国家图书馆出版社，2003，第532页。

② （清）王昶著：《金石萃编》卷四《秦》，载中国国家图书馆善本金石组编《先秦秦汉魏晋南北朝石刻文献全编》（一），国家图书馆出版社，2003，第534页。

③ （明）都穆编：《金薤琳琅》卷二，载中国国家图书馆善本金石组编《先秦秦汉魏晋南北朝石刻文献全编》（二），国家图书馆出版社，2003，第301页。

④ 朱剑心著：《金石学》序文，文物出版社，1981，第4页。

刻载于汉碑上的契约凭证和赋税徭役，不仅为"垂示来兹者"，它们在汉代的社会生活中更具有现实意义。现存山东邹城的《莱子侯刻石》刻于新莽天凤三年（公元16年）二月，记莱子侯为诸子分封土地、划定地界事。《大吉买山地记》是一纪实性的石刻文字，于东汉建初元年（公元76年）刻于浙江绍兴富盛与乌石之间的跳山东坡，隶书"大吉，昆弟六人，共买山地，建初元年，（造）此冢地，直（值）三万钱"22字。虽然文字简略，但却记载了当时土地卖买的事实。

赋税徭役是历代碑刻都较偏重的内容。在碑刻发展的初始阶段，这一内容即占有较高比例。《礼器碑》又称《鲁相韩敕复颜氏并官氏繇发及修礼器碑》，刻于东汉永寿二年（公元156年）九月五日，原立于鲁县（今山东曲阜）孔庙大成殿乐庑。碑文记述鲁相韩敕修饰孔庙、制造礼器等事，并记载汉桓帝下诏，准免孔子夫人并官氏后裔差徭的内容。[①]

1966年出土于四川郫县犀浦三国墓的东汉《簿书残碑》也是一件重要的法律史料。该碑记载了地主的姓名、土地、房产、奴婢、牲畜的数目和价格。在所载20余户中，有5户有奴婢。其中有奴婢7人者1户，有奴婢5人者4户。奴婢和牲畜均标有价格，这在当时也是征收赋税的一种依据。[②]

乡约制度在中国国源远流长。1973年在河南偃师出土的东汉章帝建初二年（公元77年）《侍廷里父老僤买田约束石券》，记述了这种组织的性质和任务。在侍廷里有父老（即三老）资格的25人共同建立"父老僤"，集体购买田82亩，以供僤内成

---

① 骆承烈汇编：《石头上的儒家文献——曲阜碑文录》，齐鲁书社，2001，第19页。
② 参见谢雁翔：《四川郫县犀浦出土的东汉残碑》，《文物》1974年第4期；高文著：《汉碑集释》（修订本），河南大学出版社，1997，第265页。

员担任父老的费用。对于成员的土地使用权、继承权，以及退还、转借、假贷等也都作了相应的规定。这一乡里社会的自助组织与《刘熊碑》中所载官办和官助民办以平均更役及敛钱雇役为任务的"正弹"性质不同，而史册中却失之记载。①

现所见汉碑以东汉时期的为多。东汉树碑立传盛行与当时的崇尚厚葬风俗有关。"汉以后，天下送死者靡，多作石室、石壁、碑铭等物。"②《后汉书·光武帝纪》载建武七年（公元31年）诏云："世以厚葬为德，薄终为鄙，至于富者奢僭，贫者单财，法令不能禁，礼义不能止。"③

《禳盗刻石》也与当时的厚葬之风有关联。因为厚葬引起的必然连锁反应是盗墓，故刻石者诅咒盗墓者道："诸敢发我丘者，令绝毋户后。"④

由于东汉刻碑之风绵延不绝，所以遗存的碑版为数不少。南宋嘉定五年（1212年）刊印的娄机撰《汉隶字源》中，所载东汉碑刻300余种。近百年来的出土和发现，使东汉碑刻的存世数量又有所增加。目前散存于全国各地、经专家鉴定确认的东汉碑刻计有230余种，主要集中在山东曲阜、济宁、邹县、泰安，河南安阳、偃师、南阳，以及陕西西安碑林等。除碑刻外，刑徒砖、买地券、画像石等石刻形式，在汉代也流行一时。

（二）魏晋"碑禁"与北朝碑盛

汉以后至隋唐前存世碑刻不多，这缘于东汉末年开始的

---

① 高文著：《汉碑集释》（修订本），河南大学出版社，1997，第11～14页。
② 《宋书》卷一五《礼志二》，中华书局，1974，第407页。
③ 《后汉书》卷一下《光武帝纪》下，中华书局，1974，第51页。
④ 郭建芬等著：《碑刻造像》，山东友谊出版社，2002，第56页。

"禁碑"举措。曹操看到多年战争使天下凋敝，民生尚不能保，为死人立碑过于奢侈，便以"不惜倾无量之资财，以博建立碑碣之虚荣"为由，于建安十年（公元206年）"下令不得厚葬，又禁立碑"。①

曹操的这一禁令收到明显效果，而且竟成为魏晋南朝时通行的法令。曹操之后的曹丕亦未改禁令。魏国末年又再次下令禁碑。待到甘露二年（公元257年）时，"大将军参军太原王伦卒，伦兄俊作《表德论》，以述伦遗美，云'只畏王典，不得为铭，乃撰行事，就刊于墓阴'"。②

晋继魏祚后，武帝司马炎看到禁止立碑对遏制世家大族势力扩张有明显作用，因此沿袭曹操禁止立碑的法令。《晋令》规定："诸葬者，皆不得立祠堂、石碑、石表、石兽。"③晋武帝咸宁四年（公元278年）下诏曰："此石兽碑表，即私褒美，兴长虚伪，伤财害人，莫大于此，一禁断之。其犯者虽会赦令，皆当毁坏。"④晋安帝义熙元年（公元405年），因立碑之禁渐颓，"大臣长吏，人皆私立"，尚书祠部郎中裴松之（公元372~451年）鉴于"世立私碑，有乖事实"，建议"裁禁"。他上表指出："碑铭之作，以明示后昆，自非殊功异德，无以允应兹典。"他提出的禁碑办法是："诸欲立碑者，宜悉令言上，为朝议所许，然后听之，庶可以防遏无征，显彰茂实，使百世之下，知其不虚，则义信于仰止，道孚于来叶。"⑤然最终朝廷的决定是"又

---

① 《宋书》卷一五《礼志二》，中华书局，1974，第407页。
② 《宋书》卷一五《礼志二》，中华书局，1974，第407页。
③ （宋）李昉等纂：《太平御览》卷五九八《碑》；程树德著：《九朝律考》"晋律考"，中华书局，1963，第35页。
④ 《宋书》卷一五《礼志二》，中华书局，1974，第407页。
⑤ 《宋书》卷六四《裴松之传》，中华书局，1974，第1699页。

议禁断，于是至今”。①

　　由于晋朝屡申碑禁，除官方偶尔刻立诸如《皇帝三临辟雍碑》这样的颂功之碑，及在边陲地区偶尔有人刻石立碑如《爨宝子碑》外，② 其他地方少有立碑。流传至今的晋代地上石刻为数不多，也可间接说明晋代的禁碑令起到了一定作用。

　　南朝初期，碑禁稍有放松，厚葬之风便起。永明七年（公元489年）十月，齐武帝颁布《己丑诏》，严禁厚葬，同时再次严饬碑禁。梁朝初年又重申前朝禁立墓碑的政令，并对葬制作了明确规定：“（天监）六年（公元507年），申明葬制，凡墓不得造石人兽碑，惟听作石柱，记名位而已。”③

　　与南朝立碑处处受到约束形成鲜明对比的是北朝碑刻异常繁荣。北朝没有禁止立碑的法令，加之北朝皇帝喜爱刻石纪功，也奖励人民刻石；另北方多名山大岳，取石方便，因此竖碑刻石、摩崖题刻蔚然成风，涌现出大量具有重要史料价值的摩崖石刻及气势恢宏的佛教摩崖刻经；北朝墓志，也达到前所未有的鼎盛。

　　北朝遗存的石刻不但数量多，而且分布也较广。据现在掌握的材料来看，北碑以河南洛阳为大宗，其次是山东。流传于世的数以千计的石刻多数出自民间无名书家之手。由此也可反证，刻石立碑已不再是此前富豪权贵的专利，而是所有阶层的人都能享用的一种精神需求，是一种颇具广度的社会时尚。

① 《宋书》卷一五《礼志二》，中华书局，1974，第407页。
② 云南《爨宝子碑》刻于大亨四年四月。大亨是东晋安帝的年号，只有一年，所谓四年，实即义熙元年（公元405年），为东晋末期。
③ 《隋书》卷八《礼仪志三》，中华书局，1973，第153页。

（三）隋唐两宋碑刻的“法律化”

此一阶段碑刻史料的“法律化”体现在两个方面。一是国家对立碑之事给以明确的法律规定。唐时以刻碑方式颂辞纪事已深入人心，并得到官府的提倡，何种级别的官员立何种形式的碑，在国家法律中有明文规定。开元七年（公元719年）及开元二十五年（公元737年）所定《唐葬令》规定：“诸碑碣，其文须实录，不得滥有褒饰。五品以上立碑，螭首龟趺，趺上高不得过九尺；七品以上立碣，圭首方趺，趺上高四尺。若隐沦道素，孝义著闻，虽不仕亦立碣。石人石兽之类，三品以上六，五品以上四。”① 与此相应，法律中“护碑”的条文也开始出现。《唐律疏义》卷一八《杂律》“毁人碑碣石兽”条称：“诸毁人碑碣及石兽者，徒一年；即毁人庙主者，加一等。……误损毁者，但令修立，不坐。”

“法律化”的另一个表现是，唐宋碑刻不仅史料价值增大，如出现了一批反映当时民族关系与中外交往的重要碑刻，像《唐蕃舅甥会盟碑》、《南诏德化碑》等，而且碑中所蕴含的法律信息，较之以往，也更丰富和突出。

笔者目前所掌握的与法律有关的隋唐五代碑共23份，计寺观碑11份、凭证碑3份、感化罪人碑1份、官箴碑2份、禁盗碑1份、护林碑1份、水规碑1份、纪事碑3份。其中刻于唐开元十二年（公元723年）的《御史台精舍碑》是件难得的法制文物。碑文说明，唐朝在中央监察机构——御史台中，不仅设置

---

① 〔日〕仁井田陞著，栗劲等译：《唐令拾遗》，长春出版社，1989，第766页。

台狱，并在狱旁设置精舍，利用佛法感化囚徒，使其痛自忏悔，求佛度难。这一重要的狱政措施，反映了佛教盛行对唐代法制的影响，是研究宗教与中国古代法律制度关系的一件难得实物资料。

两宋的法律史料碑，无论数量还是内容，较之汉唐均有大幅增长。在笔者目前掌握的116份碑中，学规、学田碑等教育碑30余份（其中御制学规碑8份、学田碑14份），寺观碑28份，仅这两类就占有半数份额。

宋代是中国古代教育事业蓬勃发展的时期。宋代的学校有官学和私学之分。官学中有国子学、太学等中央官学和州县等地方官学。仁宗（1023～1063年在位）在位之初，州县学并不是很普及，"时大郡始有学，小郡犹未置"。① 庆历四年（1044年）后，范仲淹实行"庆历新政"，使州县学的数目有所增加。神宗熙宁、元丰年间（1068～1085年）王安石主持变法，在全国范围内又出现了一次新的办学高潮。与宋代教育事业快速发展相适应，宋代有关教育法规的碑刻陆续出现，如宋仁宗至和元年（1054年）的《京兆府小学规》，宋徽宗大观二年（1108年）八月的《大观圣作碑》（即《学校八行八刑碑》等，成为后世研究宋代教育法律制度的第一手资料。

宋代碑文内容的"法律化"特征除集中体现在宋代御制学规碑外，其他碑刻也能有所展现。两宋碑中还有诏书敕谕碑、官箴碑、平籴救济碑、族产族规碑、水规碑、赋税徭役碑、护林碑、慎刑碑、禁榷碑等类碑刻，其中现存陕西西安碑林的北宋天圣六年（1028年）所刻《劝慎刑文》也是受佛教的影响，似能

① （清）徐松辑：《宋会要辑稿》崇儒二之三。

看到唐《御史台精舍碑》的余续。

水规碑继在汉、唐有零星表现后，终于在两宋时有明显增加。作为传统的农业国家，用水之争出现甚早。据《汉书》卷八十九《循吏传》载：西汉宣帝时（公元前73～前49年），南阳郡太守召信臣"为民作均水约束，刻石立于田畔，以防分争"。经过千余年的发展，至宋熙宁三年（1070年）的《千仓渠水利奏立科条碑》，水利管理规则已相当完备。该碑载条规十一项，并明文规定：以上"所立条约，如州县官吏故有违犯，争夺水势，乞科违制之罪，仍许人户经转运提刑司陈诉。如稻田人户自相侵犯，不守条约，乞从违制定断"。①

古代交通规则《仪制令》在唐代已出现。宋太宗太平兴国八年（公元983年）时，曾通令各州县将《仪制令》悬木牌于通衢要道，后改为石碑，但能保存至今的已为数不多。现所能见到最早的为南宋淳熙八年（1181年）陕西略阳邑令所立《仪制令碑》和位于福建松溪县的南宋开禧元年（1205年）所立碑。前者碑文为："贱避贵，少避长，轻避重，去避来。"② 是研究中国古代交通法规的重要实物资料。

与唐碑大量保存在北方不同的是，由于战乱等原因，南方保存的宋代碑、志、摩崖题记等明显多于北方，这也说明从宋代始，中国的经济文化重心开始向南方转移。

（四）辽金元明碑文的多样性

辽金元明碑刻法律史料的多样性体现在碑文种类和数量的增

---

① 范天平编注：《豫西水碑钩沉》，陕西人民出版社，2001，第288页。
② 陈显远编著：《汉中碑石》，三秦出版社，1996，第21页。

加、行文方式的多样化以及碑文涉及面日广等方面。

辽金元法律碑刻的数量较之两宋时期又有显著增长，目前笔者掌握的数量为 230 余份，其大幅增长主要体现在寺观碑刻上，其中寺观圣旨碑 115 份，敕牒碑 6 份，护庙示禁碑 4 份，寺产执照、凭证碑 10 余份，另还有寺产讼案碑、宗教风俗碑等，也即 60% 以上的份额均归属于宗教类。

刻立于寺观中的元代圣旨碑和白话碑散布的范围较为广泛，内容多为保护佛教、道教、景教等寺观产业和减免僧道赋税差役的圣旨（或皇后懿旨、皇子令旨），碑文用汉语白话文与蒙古文书写。

元代涌现出大批白话碑是中国古代碑石文化发展史上的一个特殊现象。"元代白话碑的碑文大都是译自元代蒙古语的公牍，是一种有价值的原始史料。"[①] 碑文不加修饰地反映出一些元代社会状况，特别是有关寺院经济的状况，是研究元代宗教与《元典章》等法律实施情况的重要资料。其实白话碑并不是元朝的特例，1974 年内蒙古出土的述奚族与契丹通婚事的《大王记结亲事碑》，也以口语方式书写，故元代的白话碑有可能是在辽碑形制基础上的进一步发展。

元代有关教育、学田的碑刻所占比重也较高，几达四分之一的份额，尤其是学田碑，高达 40 余份，对把握元代学校产业的经营管理，是颇具研究价值的素材。除所占比重较大的宗教、教育碑外，尚有族规家训、水利、护林禁伐，以及官箴官规、盐课、婚姻、纪事等碑。碑刻内容虽然涉及面广，但数量却不充足，使其代表性受到一定的制约。

---

① 蔡美彪编著：《元代白话碑集录》序言，科学出版社，1955。

明朝石刻遍布于名川大山和穷乡僻壤，碑石数量较之前朝，增长速度明显加快，其中嘉靖（1522~1566 年）、万历（1573~1619 年）两朝增幅最大。碑刻所载内容，涉及典章制度、封疆定界、社会治乱、世族谱系、买地立界、乡规民约等。此时的碑刻，无论从应用的广度、存世的数目看，还是从内容和篇幅来衡量，较之以往均有很大的发展。

明代法律碑刻在各朝的大致数量和主要内容特色为：洪武（1368~1398 年）22 碑中，学规碑有 12 份，占绝对多数；永乐（1403~1424 年）8 碑中，保护宗教寺观的圣旨敕谕碑有 7 份，其中 5 份为保护清真寺；宣德（1426~1435 年）碑存世较少，目前只发现 2 碑，一为寺产买卖契约，一为分水定例；正统（1436~1449 年）碑也仅见 3 份，护寺、赋税、官箴碑各 1 份；景泰（1450~1456 年）3 碑中，2 份为较为常见的寺产契约碑，一为内容完备、形制独特的遗嘱碑；天顺（1457~1464 年）碑数不多，仅 2 份；至成化（1465~1487 年）始，碑数开始增加，有水利碑和生态环保碑各 3 份，另有学规、官箴、遗嘱、盐业管理等碑；弘治（1488~1505 年）7 碑，教育和寺产碑各 3 份，另一为牲畜管理碑；正德（1506~1521 年）10 碑中，学规碑仍保持 3 份的高比例，盐业、水利、官制、禁杀牲、风俗碑各 1 份；嘉靖（1522~1566 年）朝持续时间较长，以致出现了 60 碑的高份额，其内容以学规、学田碑为主，在 10 份以上，水利水规、护林环保、赋税徭役、凭证碑各 4 份，其他依次为禁盗贼、讼案、乡规、宗教、官箴、禁榷、冤案、驿站管理等碑；隆庆（1567~1572 年）9 碑内容分散，无突出重点；万历（1573~1619 年）是明代持续时间最长的时期，也创造了法律碑数的最高纪录——126 份，其中教育碑尤其是学田管理碑为数最多，其次为宗教碑，赋税徭役也高达 13 份，水利水规为 11 份，护林环保 6 份，吏治碑 8 份，官箴 3 份，其他尚有乡规、族产义举、禁盗贼、护商禁诈、殴伤案、山林讼案、禁止重婚早婚、禁酒等内容；天启（1621～1627 年）23 碑中的重点为宗教碑，共 9 份，其中侵蚀寺产者达 7 份，另赋税徭役 3 份，教育碑 2 份，其他尚有健讼、护林禁伐、水利、扰累工商、吏治、族产等碑；崇祯（1628～1644 年）40 碑中，赋税徭役、宗教、水利所占比例较高，分别为 9、6、5 份，宗教碑中寺产碑占一半，水利碑中，讼案碑为 2 份，教育碑依旧保持十分之一的比例，其他尚有环保护林、盐业管理、吏治、牙行及市场管理等碑。

明代法律碑多达近 340 份，其数量的显著增加，也使其内容的多样性相得益彰。在内容涉及面广的基础上，明碑也体现了重点突出的特征。如教育碑，几占明代法律碑总数的五分之一，且在明前、中、后期分布均匀，可反映出明代对教育的重视程度。明初朱元璋曾四次制订学规。据《钦定国子监志》载：明代"入国学者，通谓之监生。其教之之法，严立规条。……十五年，命礼部颁《学规》于国子监"。① 洪武八年的《学校格式碑》列生员入学定例、选官分科教授、生员习学次第、生员数额、师生廪膳、教官出身、生员入学、守令每月考验生员等内容。与宋代御制学规相比，"盖文辞不如宋大观碑远甚。是后公牍尽沿此体，大抵皆出吏胥之手，视事者无复事文学矣。而所谓圣旨，则鄙俚尤甚"。②

---

① （清）文庆、李宗昉等纂修：《钦定国子监志》卷一二《学志四·考校》，北京古籍出版社，2000，第 210 页。

② （清）吴汝沦纂：《深州风土记》卷一一《金石下》，载中国国家图书馆善本金石组编《明清石刻文献全编》（二），国家图书馆出版社，2003，第 46 页。

比宋代学规碑进一步发展的是，明代御制学规碑也强调对教官的责任追究，这在成化十五年（1480 年）的《肇庆府学卧碑》和万历六年（1578 年）八月的《敕谕儒学碑》中都有所表现，后碑还明确规定教师与各级教务、政务官员在入学、考试、举贤、请封等文教方面如有徇私舞弊情节所给予的处分规则。

位居明代法律碑刻数量之二的是宗教碑，约占六分之一的份额。明初延续元朝保护寺庙的传统，但后来则偏重于对寺产的监督、管理，此类碑在宗教碑中占大半份额。其次为赋税徭役碑，约占八分之一份额，以万历（1573～1619 年）和崇祯（1628 - 1644 年）朝所占比重最大；再次水利碑，近 30 份，内容包括水利讼案、水规及用水管理等的官府告示和乡规民约；吏治官箴碑总计 19 份，为数也不算低；环保护林内容有较大增幅，达 16 份，其目的和角度，复杂多样；涉及禁榷内容，盐业管理为 5 份，体现出国家严格管制的态势；其他如讼案、族产义举以及世风婚俗等碑文，也占一定的比例。

明碑中较有特色的如景泰七年（1456 年）三月的《张氏预嘱碑》，是解读明代财产继承制的一个范本。隆庆二年（1568 年）《苏州府示禁挟妓游山碑》碑文不长，却是明代苏州地区世风民俗的一个真实纪录："直隶苏州府为禁约事。照得虎丘山寺往昔游人喧杂，流荡淫佚，今虽禁止，恐后复开，合立石以垂永久。今后除士大夫览胜寻幽超然情境之外者，住持僧即行延入外，其有荡子挟妓携童，妇女冶容艳妆来游此山者，许诸人拿送到官，审实，妇人财物即行给赏。若住持及总保甲人等纵容不举，及日后将此石毁坏者，本府一体追究。故示。"① 万历九年

---

① 　王国平等主编：《明清以来苏州社会史碑刻集》，苏州大学出版社，1998，第 565 页。

（1571 年）十一月的《禁止童婚碑》则是明代四川婚俗的见证：
"□□军民人等知悉：今后男婚应在一十五六岁以上，方许迎娶，违者父母重责枷号。地方不呈官者，一同枷责。"① 仅此数碑，既可见明代碑刻法律史料内容之丰富与生动。

（五）清代示禁碑与公约碑等的融合趋势

清代碑刻不仅数量多，种类全，而且形式多样，是古代碑刻法律史料之集大成时期。目前笔者搜集的清代碑刻法律史料近2360 份，其数量在各朝代碑中遥遥领先。其中顺治朝（1644 ~ 1661 年）为 52 份，康熙朝（1662 ~ 1722 年）为 193 份，雍正朝（1723 ~ 1735 年）为 44 份，乾隆朝（1736 ~ 1795 年）为 376份，嘉庆朝（1796 ~ 1820 年）为 242 份，道光朝（1821 ~ 1850年）为 437 份，咸丰朝（1851 ~ 1861 年）为 135 份，同治朝（1862 ~ 1874 年）为 219 份，光绪朝（1875 ~ 1908 年）为 583份，宣统朝（1909 ~ 1911 年）为 41 份，时间不能确定者 33 份。

从清代各朝碑刻数量看，清前期与后期差别较大。清前期从顺治到康熙、雍正朝，年均碑数约为 3.14 份。其碑文内容杂驳，涉及各行各业，以除弊安民为多。从碑文可以看出此时社会治安堪忧，社会风俗呈现向恶趋势。至乾隆朝时，法律碑刻份数已超过明代总份额，年平均数也较清前期翻了近一番，新内容层出不穷，内容繁杂，尤以讼案碑的增幅最显著，水利、垦田、养殖、寺产等各类讼案碑达数十件。之后的嘉庆年间，碑数又快速提升，达到年均9.7 份，讼案、示禁和公约碑均占较高比例，而且

---

① 高文等编：《四川历代碑刻》，四川大学出版社，1990，第263 页。

三者有相互融合的趋势。道光以后，年均碑数达 14.6 份，光绪朝更高达 17%，有关社会治安的官府示禁碑和公约碑所占比重最大，这一特色在清后期一直较为突出。

清代，无论官府还是乡村百姓，都认识到刻碑的重要性。陕西安康同治三年（1864 年）十二月的《公和兴会公议条规碑》载："夫碑者，所以纪事者也。大凡事业既成，而无碑以记之，后世君子不知其事由何而始、至何而成。自铭之以碑，则当世见之而了然，后世践之亦灿然。碑之所系，诚大矣哉。"① 而官府更清楚公之于众的示禁碑所能起到的实际效用。兵部尚书兼都察院右都御史及总督广东广西等处地方军务兼理粮饷之世袭散秩大臣觉罗吉认为：广东沿海渔户弃良为匪，与沿海州县及巡检官兵"勒索陋规"和"因有种种滋扰"有密切联系，故他在在嘉庆五年（1800 年）六月六日颁刻的《制宪禁革陋规示碑》中宣称："现复严饬文武，不许需索分文，谅官兵人役，断不敢复蹈故辙，以身试法……如敢复向尔等需索陋规，白取鱼虾等事，许各渔户联名，出差一人赴辕，将何处何人需索扰累缘由，声叙呈控，以凭严拿。官则参奏，兵役提案究治，永杜后患。"觉罗吉还希望此禁令能广泛刊刻，所以碑文中特别强调："有欲将此示刻石者，许在港口等处刻石永禁。"②

广西大新县嘉庆七年（1802 年）九月六日立《太平土州五哨新旧蠲免条例碑记》，记述了土官对壮族百姓敲榨勒索的项目达 70 多条。而当时立禁碑的一个重要目的，即系为减轻民众负担。嘉庆十五年（1810 年）三月二十七日《太平土州规定五哨军民不供夫役碑》载："第碑模现在衙内，倘离于尔百姓沿途攸

---

① 张沛编著：《安康碑石》，三秦出版社，1991，第 218 页。
② 谭棣华等编：《广东碑刻集》，广东高等教育出版社，2001，第 491 页。

远，致遇衙内有公务下乡，多鬻权借势，吓压尔等沿村抬送不浅。兹本州切念民瘼，上以遵祖制之宏规，下以安百姓之手足，故再恩施行。尔村边各竖一碑，凡遇衙内往来……有再行吓压派取者……一面禀称照碑所云，明呈具报，以凭究办。"① 广西道光十二年（1832 年）十一月十八日《镇安府详定下雷土州应留应革年命名碑》载："……章程条款，刊碑存记，触目可以惊心，防微可以杜渐。法官甚严，民（岩）〔言〕可畏，岂可忽诸。嗣后务各永遵，后开各项，其应留者，官不得加添，民不准违抗；应革者，官不可复兴，民不能再添……"②

在清代官民心目中，立碑示禁甚至还是维护正常社会秩序所必不可少的一种手段，光绪三十四年（1908 年）六月泉州府正堂所立《府宪告示碑》即反映出这种价值取向。碑文详载官府处理一牵连数百乡的械斗事件的经过。文中解释为何立碑时称："天心厌乱，我泉其有豸乎！惟是法久则易弛，事久则生疏，必使惊心触目，居安思危，防患于未然，征祸于既往，是非勒石不为功。合行出垂禁。"③

从许多示禁碑文中还可以看出，清代立碑的程序渐成模式化，而这也是使其具备法律效力的必经程序。康熙五十九年（1720 年）九月《长吴二县饬禁着犯之弊碑》中有这样的文字："如详通饬，并移上江臬司三俸，通行饬令各该州县，勒石署前，以昭永禁，取碑摹送查。"④ 苏州碑刻博物馆藏康熙六十一

---

① 广西民族研究所编：《广西少数民族地区石刻碑文集》，广西人民出版社，1982，第 42 页。

② 广西民族研究所编：《广西少数民族地区石刻碑文集》，广西人民出版社，1982，第 45 页。

③ 粘良图选注、吴幼雄审校：《晋江碑刻选》，厦门大学出版社，2002，第 78～79 页。

④ 王国平等主编：《明清以来苏州社会史碑刻集》，苏州大学出版社，1998，第 566 页。

年（1722 年）十月《长洲县谕禁捕盗诈民大害碑》载："除开明府属各州县一体遵照立碑署前外，合行勒石永禁……须至碑者。"①

　　清代碑文中的法律信息，较之明代，也更加丰富、明确。如江苏吴江乾隆九年（1744 年）三月所立《震泽县奉宪禁起窃赃碑》，碑文涉及财物被盗窃后的追偿问题。碑文规定："嗣后，凡获贼供出当赃，遵照宪饬事理，赴典认明，定案详结。如果事关题请内结重案，吊起给主。倘一切外结窃案，追本免利取赎。均毋违误。须至碑者。"② 虽然这一对被盗财产就当卖后如何取赃的规定并不复杂，但从碑中行文看，此项规定曾经过江南苏州府震泽县正堂、江南苏州府正堂、江南江苏等处提刑按察使、太子太保兵部尚书署理江南江西总督印务协理河务、兵部右侍郎兼都察院右副都御史等级官吏的批转审议，碑文内容的权威性和可信度由此得以增加。

　　在清代碑刻中，《大清律例》上的各种罪名也频繁出现。如同治七年（1868 年）二月白河知县《严禁挖种城后山地及随意迁葬坟墓告示碑》载："自此次严示之后，如敢有挖种城后山地，添〔葬坟墓〕者，□□□□□□□□□□拘案，以侵城池律治罪。"③ 光绪四年（1878 年）十一月广州府正堂所刻《严禁土工毁坟盗卖示碑》载："照得闻棺见尸，罪干斩决，发冢见棺，例应绞候。法律何等森严，不容轻于尝试……凡遇远年坟墓，乏人祭扫，务当善为保护，毋得移碑毁坟，贪财盗卖，干犯

---

①　王国平等主编：《明清以来苏州社会史碑刻集》，苏州大学出版社，1998，第 571 页。
②　王国平等主编：《明清以来苏州社会史碑刻集》，苏州大学出版社，1998，第 572 页。
③　张沛编著：《安康碑石》，三秦出版社，1991，第 237 页。

死罪。"①

　　而同治七年（1868 年）间的《两江总督为严禁自尽图赖以重民命告示碑》更是详载律例条文："照得自尽人命，律无抵法。而小民愚戆，每因细故，动辄轻身……凡自尽命案，均限一个月审结。倘有耸令自尽，诬告诈赖等情，即严究主使棍徒，一并从重治罪。"文后载条文道：

　　一、子孙将祖父母、父母尸身图赖人者，杖一百，徒三年。期亲尊长杖八十，徒二年。妻将夫尸图赖人者，罪同。功缌递减一等。告官者，以诬告反坐，杖一百，流三千里，加徒役三年。因而诈取财物者，计赃准窃盗论。抢去财物者，准抢夺论。

　　一、词状止许实告实证。若陆续投词，牵连妇女及原状内无名之人，一概不准，仍从重治罪。

　　一、赴各衙门告言人罪，一经批准，即令原告投审。若无故两月不到案，即将被告证佐俱行释放，所告之事不与审理，专拿原告，治以诬告之罪。

　　一、控告人命，如有诬告情弊，照律治罪，不得听其拦息。或有误听人言，情急妄告，于未经验尸之先，尽吐实情，自愿认罪，递词求息者，果无贿和等情，照不应重律，杖八十。如有主唆，仍将教唆之人照律治罪。

　　以上均系律例明文，何等严切！本部堂院力除积弊，务挽浇风，惟有执法从事。尔等各宜猛省，慎勿自贻伊戚，徒

① 余振贵等主编：《中国回族金石录》，宁夏人民出版社，2001，第 393 页。

悔噬脐。凛遵，特示。①

此碑颁刻后，不少地方均仿照刊刻。如苏州碑刻博物馆的《吴县抄示严禁自尽图赖以重民命碑》（同治七年十月）、广东海丰县《严禁藉命讹诈以肃法纪事碑》（光绪五年）、广西《布政司禁革土司地方藉命盗案苛扰告示碑》（光绪十二年七月）等，均与上碑内容大同小异。光绪初年，台湾府各城门也曾广立此碑，现屏东县恒春镇西城门壁中、台南市南门碑林尚有保存。此外还有一些示禁碑可明显看出受此碑的影响。如海南东方县罗带区十所乡马伏波井东侧的《奉官示禁碑》（同治九年九月）规定："不得借命图赖，移尸抄抢。如有殴打冤迫，务经投村众，不然而□悬梁溺水，持刀服毒自尽得，皆轻生也，俱不得以命案论。"② 海南东方县四更区日新乡乡政府内的《奉李官立公局禁条》（光绪二十六年九月）也规定："图内凡有轻生，此不得问命，又遇著伤命，此或有模糊，须入公局辨其真假，不得妄作。如违此，合众鸣官究治。"③

在清代法律碑刻中，示禁碑较之以往占有更多的比例，几占近一半的份额，有些地区甚至更多些。以台湾地区为例，由于其开发较晚，清以前碑刻难以见到。笔者搜集到的台湾清代碑刻法律史料共计253份，按年代排列，分别是康熙2份、雍正1份、乾隆73份、嘉庆29份、道光54份、咸丰16份、同治20份、光绪53份（截至到光绪二十年日据时代之前），另年代不详的

---

① 上海博物馆图书资料室编：《上海碑刻资料选辑》，上海人民出版，1980，第445～447页。
② 谭棣华等编：《广东碑刻集》，广东高等教育出版社，2001，第1002页。
③ 谭棣华等编：《广东碑刻集》，广东高等教育出版社，2001，第1003页。

有 5 份。其内容和形式主要可分为官府示禁碑、讼案纪事碑、公约碑、凭证碑等类。其中凭证碑和公约碑所占比例较低，约为十分之一，而占绝对多数的是官府示禁碑，几近百分之七十的份额。

　　清代示禁碑以禁贼匪流民和敲诈勒索的内容最为突出。陕西安康地区地处偏僻，官府统治力量鞭长莫及，乾隆四十年（1755 年）《严拿啯匪碑》、道光九年（1829 年）《严禁匪类告示碑》、道光十一年（1831 年）《严禁匪类以靖地方碑》、道光二十一年（1841 年）《包家河严禁匪类以靖地方碑》、同治八年（1869 年）八月《芭蕉靖地方告示碑》、光绪元年（1875 年）五月《署砖坪抚民分府严拿匪类告示碑》等，是该处长期匪情严重、治安恶化的真实记录。从碑文可以看出，地方官已将禁贼匪之重任放在地主富户及保正、乡约之肩上。《芭蕉靖地方告示碑》规定："地主招佃，先查来历，实系良民，始许招住。不得贪图租稞，招留啯匪，害累地方。如有此情，与地主是问，公同禀究。"① 光绪元年（1875 年）五月所立《署砖坪抚民分府严拿匪类告示碑》也反映的同样的意图。另如同治七年（1868 年）二月白河知县《严禁挖种城后山地及随意迁葬坟墓告示碑》也表现出追究基层民众责任的倾向："附近村庄绅耆，务宜约束子弟痛改前非。倘敢再有移碑毁坟、贪财盗卖情事，但经被害之家指名赴府县控告，定严拿尽法惩办，并勒限该村绅耆按名捆送，从重惩治，决不宽贷……尔等村民，务将示碑善为保护。倘有恶棍暗中毁碑灭迹，定为附近乡村是问。其各凛遵毋违。"② 四川洪雅县嘉庆初年陈察院竖立的《禁酗酒示碑》也强调保甲的连

---

① 李启良等编著：《安康碑版钩沉》，陕西人民出版社，1998，第 224 页。
② 余振贵等主编：《中国回族金石录》，宁夏人民出版社，2001，第 393 页。

带责任。碑文规定："本院审录重囚，多因酒醉以小忿打死人命，情甚可悯。今后，军民各宜节饮保身。有酗酒者，许保甲擒拿，并酒家送官，惩治枷号。阿纵不举者，事发连坐。故示。"①

官府示禁碑将维护社会治安的责任转嫁到基层社会，而出自民间的公约碑，却将维护自身利益的希望寄托于官府。

公约碑中以禁赌、禁盗内容最为常见。在山西的乡规民约碑中，禁赌内容尤其突出。以山西运城地区为例，现存禁赌碑 27 份，其中雍正、康熙朝各 1 份，乾隆时期有 5 份，嘉庆时期 7 份，道光年间 8 份，咸丰年间 1 份，同治和光绪年间各 2 份。雍正二年（1724 年）《阖庄公立禁赌碑》的刻立，起因于 9 名生员联名呈请："近见我庄游手好闲之徒，勾引赌博，恶风尤甚。若不禁止，则邪教易入，将有日流于下而不返者矣。是故阖族公议，永行禁止。具禀本县老爷案下，乞勒石永遵，以免颓风。"碑文刻载县令的批复是："赌博乃贼盗之源，滋害无究。故本县到任之初，随出示申禁在案。今该生等公禀勒石永禁，留意桑梓，其属可嘉，准照禀行。嗣后如有怙终不悛，仍事赌博，一经拿获，除将本犯照例治罪外，仍量伊父兄家资之厚薄，议罚备赈，以戒其不教。"② 虽然此碑从碑名和程序看属乡规民约，但因为有官府之批文，同时要求对屡教不改的嗜赌之徒"照例治罪"，无疑也可起到官府示禁碑之效用。

陕西佛坪县栗子坝乡女儿坝村的《洋县正堂禁赌碑》的颁刻和上碑有类似之处。碑文载："兹据女儿坝生员苏钟灵等，以该处仍有不法之徒，违禁赌博，扰害地方等情，具禀前来，除饬差查拿外，合再示禁。"虽然生员寄希望于官府，但官府依旧把

① 高文等编：《四川历代碑刻》，四川大学出版社，1990，第 290 页。
② 王大高主编：《河东百通名碑赏析》，山西人民出版社，2002，第 399 页。

责任下放至村社："仰该地约保居民人等知悉，自示之后，务各革面洗心，勉为良善。倘敢故违，一经查获，或被告发，定予照例加等治罪，决不姑宽。该约保等，得规故纵，一并究惩。各宜凛遵毋违，特示。遵。右仰通知。咸丰元年十二月初一日告示（押）。刊碑竖女儿坝勿损。"①

其实在清代的碑刻法律史料中，无论是官府示禁碑，还是族规、乡约、行规、宗规等各种公约碑刻，都反映出官民相互依重、辅助的特色，以致清代官府示禁碑和民众公约碑，无论形式还是内容，都可轻易转换。

清代法律碑刻还有一个特点是实用性和针对性较强，即主要是为解决社会问题、化解社会矛盾。清代中期以后，赌博、盗窃、抢劫、流乞等社会治安问题日益突出，无论是官府的告示碑，还是乡规民约，抑或是国家的律法，都将禁赌、禁盗、禁流乞等作为强调的重点。而这些碑石内容，为我们全方位地了解清代的社会、经济与法律，都提供了充分翔实的素材。

清代碑刻史料中，也有不少独到的内容。如对女性违法犯禁，官府一般会将责任加之于男性家长、父兄身上。如广西宜州石别镇清潭村嘉庆四年（1799 年）八月十日《布告碑》载："据查，前村所居，皆系铺民，或习抄约纸，或开烧熬炒店，豆腐小菜，□□不守恒业，乃敢成群，假称逻禾之名，计图乘间盗剪。此等妇女，实因家长失教所至，甚属可恶。□□行出示晓谕，墟村居民及阖里绅士人等知悉：自示之后，尔等务宜家传户晓，训约妻女子，不准进入人田畲，假称逻禾为由，倘被业主拿解到案，定照白日行窃律，从重治罪。如系妇女幼童，亦断不轻

---

① 陈显远编著：《汉中碑石》，三秦出版社，1996，第 68 页。

恕。"① 同治八年（1869 年）八月《芭蕉靖地方告示碑》称：
"乡街妇女不守坤道，凡遇谷熟之时，每藉寻菜草，偷窃粮食。
倘查实拿获，与家主是问，照贼盗例治。"②

另新出现的涉外碑刻也是清朝碑刻的一个特点。当时边界纠
纷不断，故界碑大量出现。康熙二十八年（1689 年）七月二十
四日，中俄代表在《尼布楚条约》上签字。条约明确规定："此
约将以华、俄、拉丁诸文刊之于石，而置于两国边界，以作永久
界碑。"清朝谈判全权大臣索额图回国后，向皇上奏报说："应
于议定格尔必齐河诸地，立碑以垂永久，勒满汉字及鄂罗斯、喇
第讷、蒙古字于上。"皇上批准奏议，"至是，遣官立碑于界"。
这就是《五国文字界碑》。碑文规定："凡猎户人等不许越界。
如有一二小人，擅自越界捕猎偷盗者，即行擒拿，送各地方该管
官，照所犯轻重惩处。或十人，或十五人，相聚持械捕猎，杀人
抢掠者，必奏闻，即行正法，不以小故沮坏大事，仍与中国和
好，毋起争端。"③ 此界碑证实了 17 世纪中俄外兴安岭边界的合
法性。

另陕西汉中南郑县八角山教堂存有清光绪十一年（1885 年）
的《处罚教民碑》，是研究清末陕南三大教案之一的实物资料
（另两教案是光绪二十六年宁羌州燕子砭教案和光绪二十八年的
平利教案）。碑文反映出中国的外交法律关系，已从边界、通商
口岸深入到中国内地。

借助数量极多且保存基本完好的清代碑刻，我们可了解到既
保守而又不断变化的大清帝国社会生活的方方面面。中原地区经

---

①　李楚荣主编：《宜州碑刻集》，广西美术出版社，2000，第 231 页。

②　李启良等编著：《安康碑版钩沉》，陕西人民出版社，1998，第 224 页。

③　《清实录》康熙二十八年十二月丙子条。

济文化发达，碑刻的历史传承较为明显，但碑刻的内容却已发生了很多变化，如北京、南京等地的行会碑，苏、杭、沪等地的经济碑刻，反映了资本主义经济不断萌芽发展壮大的情况。而在内陆尤其是较为偏僻的地区，乡规民约碑发挥着重要作用。中原以外的周边地区或少数民族聚居区，碑刻内容又与中原地区迥然有别。

结语：明清碑刻法律史料的价值

中国古代碑刻法律史料，无论是数量还是内容，都以明清最具代表性，同时也最富有研究价值。在笔者目前所掌握的先秦至清 3120 份碑刻法律史料中，明代为 337 份，清代为 2355 份，年代不详的 40 份也以明清为主，即明清约占总数的 87%，仅清代便占总数的 75%。虽然这不是一个最终的数字，但大体可以反映明清碑刻法律史料在法律史研究中的重要意义。

从各地碑刻的存世情况看，也与碑刻法律史料的时代分布特征相契合。山西长治地区现存碑碣石刻 1635 通，大抵北朝碑碣石刻 50 余通，隋代 5 通，唐代 140 通，宋金碑刻 51 通，元明清民国碑刻共计 1346 通；① 《云南林业文化碑刻》收南宋碑 1 通，明碑 13 通，清碑 145 通，民国碑 39 通，其中清碑占总数的73.23%。②

碑刻这一时代分布不均的特点，既有碑刻自身的发展规律，如早期碑刻因遭受碑厄的程度高而损佚比例大；清代距今最近，清碑存世数量多也是自然的事情。另清代刻碑利用率高，碑刻与

---

① 董瑞山等编著：《三晋石刻总目·大同市卷》概述，山西古籍出版社，2005，第 4 页。
② 曹善寿主编：《云南林业文化碑刻》目录，德宏民族出版社，2005。

社会生活关系的密切程度，也为其他朝代所不及。

明清碑刻数量的大幅度增加与当时社会经济文化的快速发展有一定关系。如果将一个地区的碑刻按时代顺序作一番排列统计的话，不难发现凡社会安定、经济处于恢复发展阶段，刻碑数量会明显增加，反之则减少。

以陕西省南部的安康地区为例，由于其南北分别受大巴山和秦岭的阻隔，长期处于封闭状态，唐宋时对这一地区的经济发展极少关注。南宋初年此处是宋金战争的前沿阵地，元代此处改隶陕西省，在一定程度上加强了安康与关中地区的联系。明代实行"禁山"政策，不准外地流民到此定居垦殖。故直到明代中叶，安康地区依然比较落后。是故，安康地区现存隋唐至明中叶以前的碑石寥寥无几。虽然地处边远山区采辑不便及屡受自然和人为破坏是明中期以前碑刻数量少的主要原因，但经济文化远落后于关中地区则是更重要的原因。

自明中期始，安康地区开始了历史上第一次大规模的经济开发。明成化十二年（1476 年）大开山禁，数以万计的流民拥入安康地区垦殖。大批劳动力和先进的生产技术的传入，有力地促进了此处经济的发展。现存可反映当地经济、政治、文化等情况具有史料价值的碑刻，属明中后期 150 年间的已快速增加到 25 通。然而在明清之际至清初的四五十年间，安康地区因战乱影响一直未能安宁。同时，自清初至乾隆三十年（1765 年）前，汉江水灾频发，加之清政府对这一地区重武轻文，以致重蹈经济凋蔽之覆辙，是故从清初至乾隆三十年（1765 年）的 120 年间，仅有 2 通碑刻传世。

安康地区再次大规模经济开发始于乾隆中期。当时地方政府注意招抚流民和安置移民，乾隆四十七年（1782 年）批准将兴安州升为府，即是安康地区第二次大规模经济开发获得显著成效的反映。安康地区现存碑刻中，属乾隆中期后约 30 年间的有 12 通，嘉庆、道光 55 年间有 51 通，咸丰、同治 24 年间有 32 通，光绪、宣统 37 年间达 69 通。这些碑石数量的逐步递增，客观反映了安康地区第二次大规模开发以来经济文化快速发展的趋势。①

上例安康地区属经济欠发达地区，其在明清数百年间碑刻增长之频率可见一斑。而在北京、江浙等中国传统政治、经济、文化中心，明清碑刻增长的幅度较之安康更快、更大。

在数以万计的明清碑刻中，与法律相关的内容到底占多少比例？我们不妨以经济较为发达的苏州、上海、广东以及比较偏僻的陕西安康地区为例做一下统计。苏州明清碑刻约 900 通，其中涉及法律的内容占 300 通；上海明清碑刻有 245 份，涉及法律的有 60 份；广东省（包括澳门地区）近 850 块明清碑刻中，涉及法律内容的约 215 份；安康地区已搜集整理的明清碑刻 203 块，其中有 67 块涉及法律内容（另有明清佚碑 177 块未作统计）。从上述具有代表性的统计中可以看出，碑刻法律史料在明清碑刻中几占四分之一强的份额。

上述内容主要依据笔者近几年来搜集的 3120 份历代碑刻法律史料为依据。从表面上看，这个数字的得来费时几近 6 年，然而它还不是碑刻法律史料的全部。在笔者所掌握的碑刻史料中，有些省区还显薄弱，如安徽、江西、湖北等地的碑刻资料，在整理研究上还将会有较大的拓展空间。史料掌握的局限性与开拓性，决定了碑刻法律史料的整理和研究将是一个持续不断地修正与完善的过程。

---

① 张沛编著：《安康碑石》，三秦出版社，1991，第 4~5 页。

中　编

碑刻法律史料分考

五 族规碑

在中国传统社会中，约束宗族内部成员的宗规、祠规、族约、族训、家规、家训等，可统称为族规。自宋以后，族规有愈益向庶民化发展的趋势，这不仅反映在各地的方志、族谱等文献资料中，也同样体现在碑刻史料中。族规碑在宋以后渐渐出现，明清时期达到高峰。就存世的族规数量而言，碑刻似不及文献丰富，但其内容却不乏独到之处。不仅如此，碑刻族规还可与文献史料相印证，甚至可补史册之缺憾。

（一）族规碑的主要内容

1. 尊祖敬宗，严禁乱宗乱族

在许多宗族规约碑中，都着重强调设立宗祠的目的是尊祖敬宗，以及弘扬儒家礼治原则。广东《潭榄大宗尝祭碑记》（乾隆五十八年）写明："礼云：别子为祖，继别为宗。宗祠之设，所以萃本支之姓，而俎豆于不祧者也。"①《捐修建江二世大宗祠堂记》（乾隆十六年）强调："盖祠之益重也久矣。上以报宗功，

---

① 谭棣华等编：《广东碑刻集》，广东高等教育出版社，2001，第933页。

下以睦族姓。"① 陕西汉中《谭氏族规碑》（光绪十九年）也开宗明义指出建立宗祠、制定族规的意义："从垩亲亲敬长，通乎上下；犯伦灭纪，法所必惩。故庠序学校之设，明伦为重；诗书礼乐之训，孝悌为先。乡之颛蒙，未审尊卑之分，不循长幼之节，以下犯上，污辱先灵。种种恶习，殊堪切齿。今既立祠，示一本也。千枝发于斯，万派流于斯，使不申明此意，设正章程，何以为尊祖敬宗，一脉相传也哉。"②

宗祠又称祠堂，由于供奉祖宗神位，故又称家庙，是宗族的象征。而宗祠的建立也是宗族制度确立的一个重要标志。此外还有族规与族谱，也是维护宗族制度发展的要具。家谱记载了宗族内血缘的亲疏远近及其相应的服制，这是中国古代法律强调的"准五服以制罪"的基础。云南大理《李氏祠堂家谱书院义田集录碑》（万历七年）载："祠堂家谱，相为表里。古者宗法行于天下，宗族有所统一，人心有所联属，故孝弟隆而习俗美。是法既废，人各私其亲，至有视周亲若途人者。然则今日所赖，惟谱存于祠。……观吾之谱者，孝弟之心油然而生矣。情见于亲，亲见于服，服始于衰，而至于缌麻，而至于无服。无服则亲尽，亲尽则情尽，情尽则喜不庆、忧不吊。喜不庆、忧不吊，则途人也。吾所与相视如途人者，其初兄弟也。兄弟，其初一人之身也。悲夫！一人之身，今而至于途人，吾谱之所以作也。"③

如果说续族谱是为维系宗族血脉相延、加强族众的凝聚力，那么定族规的目的更多是强调维持一种秩序，这也是维系宗族发展的一个重要保证。宗族规范的内容与宗祠、族谱设立的目的具

① 谭棣华等编：《广东碑刻集》，广东高等教育出版社，2001，第932页。
② 陈显远编著：《汉中碑石》，三秦出版社，1996，第350页。
③ 段金录等主编：《大理历代名碑》，云南民族出版社，2000，第391页。

有一致性，《重建合族祖祠堂记》（嘉庆八年）载："敬所尊以及其尊之所尊，爱所亲以及其亲之所亲。源原本又脉脉相关。人不以室远而见疏，室不以人纷而异视。亲亲长长之风，虽百世无异也。我族人其长守此宗规乎！"①

制定族规者多是族长、族尊等贤达人士，也可以是"合族公议"。族规制定后要在祠堂向族人宣布公示，并要求族众遵守。陕西汉中《谭氏族规碑》（光绪十九年）即要求将所定"章程，垂之贞珉，俾后之子孙世世遵守勿替"。②

古时之所以选择在宗祠公布族规，是因为宗祠是宗族活动的中心。无论是每年的春秋两祭，还时平时商讨族内事务、裁断族内纠纷，均在祠堂中进行。故现在传世的族规碑原本大多存放于祠堂中，如山西夏县《柳氏家训记刻石》砌于该县司马温公祠壁间，广东海丰县《徐氏族规碑》存于马宫浪清村徐氏祖祠，《养子不得入宗祠以乱宗派碑》保存在深圳南头大新涌下村升平里郑氏宗祠，陕西安康《黄氏祠堂禁碑》嵌于白河县卡子乡东坝口黄氏祠堂上房前檐墙上，陕西汉中《谭氏族规碑》立于龙江乡谭家堰村谭氏祠堂（现改为小学）内，山西《蔺氏族规碑》原立于运城市上王乡上王村蔺家祠堂，山西《朱子治家格言刻石》置于榆次北六堡村贾继英家祠内，等等，不一而足。

刻立于宗祠家庙的族规碑无不将尊祖敬宗放在首位，并强调明宗支嫡庶和继嗣，以维系家族内部纵向的等级关系，及家族血缘的正统性和纯粹性。江苏《延陵义庄规条碑》规定："家谱最重宗祧。遇有乏嗣之家，先自近支后及远支。有丁入继，若远近丁单，恪遵一子两祧、三祧之例。倘因家寒，近支不肯承继者，

① 谭棣华等编：《广东碑刻集》，广东高等教育出版社，2001，第936页。
② 陈显远编著：《汉中碑石》，三秦出版社，1996，第350页。

邀族众赴庄神位前议立。如应嗣不愿嗣者，照不遵祖训，将本人除籍，亦不得以弟嗣兄，以紊昭穆。"该碑同时还强调严禁异姓继嗣："族人不得以异姓子承祧。如有违例，继立异姓子女，不准入册支给。如有将己子过继与人，破荡他人家业，后虽归宗，断不准给。"① 江苏《济阳义庄规条》（道光二十一年）也规定："族中有出继外姓及螟蛉异姓子女者，概不准入籍，亦不准支给钱米。"② 陕西汉中《谭氏族规碑》（光绪十九年）也强调："族间有乏嗣者，不准异姓乱宗。"③

所谓"异姓乱宗"，多指将妻姓家族中的晚辈以养子的名义入继族中，这对以男性血缘为中心而建立的宗族共同体，无疑是一大忌。故有的宗族就强调："族间有孀妇能守则守，不能守则嫁，不准招婿。"④

深圳郑氏宗祠中的《养子不得入宗祠以乱宗派碑》记载了因异姓入继而致宗族义愤的事例。碑文载："我族先年宗支蝇派，历无混杂。近因听妇人言，不择本家兄弟之子立继，招取外姓外乡之子归养作子，此大违律例，有玷宗族。"所谓"大违律例"，是指违背了《大清律例》中的"立嫡子违法律文"，以及"乞养异姓义子以乱宗者，杖六十"⑤ 的规定。郑氏族中长辈在宗祠进行公论，最终形成共识并立碑公示："嗣继不得外取螟蛉，以乱宗派。即外乡同姓之子，亦不得择取。如有外取者，其子孙永远不许入祠。所有产业胙肉，不能颁领。若敢持顽抗拗，

---

① 王国平等主编：《明清以来苏州社会史碑刻集》，苏州大学出版社，1998，第278页。
② 王国平等主编：《明清以来苏州社会史碑刻集》，苏州大学出版社，1998，第258页。
③ 陈显远编著：《汉中碑石》，三秦出版社，1996，第350页。
④ 陈显远编著：《汉中碑石》，三秦出版社，1996，第350页。
⑤ （清）吴坛撰，马建石等校注：《大清律例通考校注》卷八《户律·户役》"立嫡子违法"条，中国政法大学出版社，1992，第409页。

许我族合志攻讦，执规鸣官究治。"至咸丰七年（1857 年），该宗族又有类似事件发生，并将此碑砸毁。碑文记述道："有不肖子弟无子，欲取外姓螟蛉入继，将碑破碎，大逆先人之命。谁知我祖宗有灵，凡碎碑者俱皆绝嗣，遗臭万年。是于光绪十四年十月，集众公同照前规复立回原碑，以垂永鉴。"①

同样是出于尊祖敬宗的目的，一些族规碑中还严禁族人从事类似倡优、隶卒、奴婢等有辱宗族名声的贱业。江苏《济阳义庄规条》（道光二十一年）规定："族中子弟，如不孝不弟，流入匪类，或犯娼优隶卒，身为奴仆，卖女作妾，玷辱祖先者，义当出族，连妻子。"并要求："各房司事随时稽查，毋得隐匿不报。"②《延陵义庄规条》也规定："族姓中如有不孝不悌、不安本分、流入匪类、作奸犯科及为童仆婢妾，并不忍明言之事，有玷祖宗，义当摒弃，出族除籍。"③

2. 惩不孝，严家教

尊祖敬宗在族人的日常生活中体现为孝敬长辈、安分守己、服从约束等，这些内容也明确规定在族规碑中。如金皇统九年（1149 年）的《柳氏家训记刻石》首句便强调"唐柳氏自公绰以来，世以孝悌礼法为士大夫所宗。"④ 而违背"孝悌礼法"者，一般既为国法所不容，也为族规所严禁。

何为"孝"？常熟《邹氏义田记》的解释是："夫百行先孝，孝者必念念不忘祖宗，祖宗非人之本根乎？孝者必仁，仁者必敦其宗族，宗族非人之枝叶乎？"⑤ 族规碑中规定了诸多对不孝行

---

① 谭棣华等编：《广东碑刻集》，广东高等教育出版社，2001，第 194 页。
② 王国平等主编：《明清以来苏州社会史碑刻集》，苏州大学出版社，1998，第 261 页。
③ 王国平等主编：《明清以来苏州社会史碑刻集》，苏州大学出版社，1998，第 276 页。
④ 王大高主编：《河东百通名碑赏析》，山西人民出版社，2002，第 295 页。
⑤ 王国平等主编：《明清以来苏州社会史碑刻集》，苏州大学出版社，1998，第 217 页。

为的处罚措施，而打骂父母是最严重的不孝之举，故也会受到最严厉的惩罚。广东海丰县《徐氏族规碑》（乾隆四十四年）规定："打骂父母，重责二百板，议革出族，决不宽容。"如果打骂血缘关系稍疏一些的伯叔、兄长，处罚较之父母为轻："殴打伯叔，重责八十板；殴打兄长，重责四十板。不遵者禀究，决不姑宽。"① 从此碑文又可以看到，反映在律例中的"准五服以制罪"的原则，同样体现在族规碑中，即以卑犯尊者，血缘越近，处罚越重。

对于相同的罪行，不同地区的宗族所施加的处罚方式也会不尽相同。陕西汉中《谭氏族规碑》（光绪十九年）规定："族间有忤逆不孝抵触父母者，杖五百，罚香火钱贰仟文；族间有乖舛人伦、尊卑倒置者，逐出不准入庙；族间有毁骂尊长、以下犯上者，量力责罚。"② 从中我们又可以看到，对于打骂父母或忤逆不孝的行为，一般都是集体罚、经济制裁和精神惩罚于一身，并较之其他违规行为的处罚程度明显偏重。

在族规碑中所涉及的诸多"罪名"中，"不孝罪"最为常见。除上述各种忤逆父母尊长属"不孝罪"外，其他违背族规的行为，也按"不孝罪"惩治。原立于山西运城市上王乡上王村蔺家祠堂内合族公立的《蔺氏族规碑》（嘉庆二十年）议定："每岁元日，无论荤素，饭桌一张，理宜日夕，谁备谁彻，无得轻举胡为。肆行不规，议为不孝罪治。"③ 陕西汉中《谭氏族规碑》（光绪十九年）规定："凡有顽梗之徒，乖舛人伦，忤触尊长，悖亲向疏，毁骂祖先，责成族长约束；不遵教者，立即送

---

① 谭棣华等编：《广东碑刻集》，广东高等教育出版社，2001，第837页。
② 陈显远编著：《汉中碑石》，三秦出版社，1996，第350页。
③ 王大高主编：《河东百通名碑赏析》，山西人民出版社，2002，第412页。

县，以不孝治罪。"①

由此可以看出，在族规碑中，"不孝罪"的涵义较之律典对"不孝罪"的解释要宽泛许多。在《大清律例》中，"不孝罪"指"告言、咒骂祖父母、父母，夫之祖父母、父母；及祖父母、父母在别籍异财，若奉养有缺；居父母丧身自嫁娶，若作乐、释服从吉；闻祖父母、父母丧匿不举哀；诈称祖父母、父母死"。②律文中，不孝罪成立的前提是子孙对父母、祖父母的直接侵害，以及对待父母、祖父母丧事的忤逆行为。而子孙的其他忤逆行为，包括一些对家长权的侵犯，如子孙违犯教令、同居卑幼擅用财等，皆作为一般犯罪处理，而非"十恶"中的"不孝罪"。

族规将律典中的"不孝罪"给予扩大化的解释，其原因并不难理解。因为在宗族中，所有族众同源于一祖，宗族中的一切，包括宗祠、族规、族田、族坟甚至族人本身，皆为先代祖宗所创。族人破坏宗族秩序的任何行为，都被视作对祖宗意志的违背，故宗族法都以"不孝"定罪。《延陵义庄规条》载："义庄之设，实代祖宗抚养子孙之事。"③对族中贫弱进行经济救助，是基于一共同的血缘群体；同样，对违背祖宗利益的行为予以处罚，也是基于相互之间的血缘关系。

在族规中，有时消极的不作为也会构成"不孝罪"。当族与族之间发生利益冲突时，族规一般鼓励族人"捍族"，而漠视本宗族利益者即为不孝。山西《蔺氏族规碑》（嘉庆二十年）规定："不拘谁家于张、王、李、赵有事相争，别人无故欺凌，合

① 陈显远编著：《汉中碑石》，三秦出版社，1996，第350页。
② （清）吴坛撰，马建石等校注：《大清律例通考校注》卷四《名例律上》"十恶"条，中国政法大学出版社，1992，第205页。
③ 王国平等主编：《明清以来苏州社会史碑刻集》，苏州大学出版社，1998，第278页。

族照地亩起钱，不得退缩不随。若有不遵者，以不孝论，永远不许入庙。"①

族规在强调族众孝悌尊长的同时，也要求族长负起管束族众和训诫子孙的职责，否则承担连带责任。《徐氏族规碑》（乾隆四十四年）要求族众保持宗祠整洁，"不准损坏墙壁、对联、壁画等，各宜教好儿孙，违者罚油三十斤。"② 广东《巷头乡已逊陈公祠碑》（道光二十九年）规定："禁稚子入祠内污烂墙壁、椅桌等物，违者罚酒一埕，惟父兄是问。"③ 陕西安康的族规碑也规定：如有"顽梗之徒背规违条，恃强逞刁，不由族长、户首约束者，许该户首等集传祠内，无论亲疏远近、尊卑长幼，申明家法，从重责处。倘负固不服，捏控图累，除词不准外，定以不孝之罪严行自治。而户首、族长等，亦当秉公慎重，毋得徇挟私嫌，致酿事端"。④

3. 维护宗族财产

宗族财产一般指宗祠、祖坟、义学等族众共同享用的房产、地产及相关利益，因其关系到族众的切身利益，尤其是宗族各种义举能否贯彻实施，故无论是国家法令、官府告示还是族规，均限制族人对宗族财产的处分权。乾隆二十一年（1756 年）定例规定："凡子孙盗卖祖遗祀产至五十亩者，照投献、捏卖祖坟山地例，发边远充军。……其盗卖历久宗祠一间以下，杖七十，每三间加一等，罪止杖一百，徒三年。"该定例还要求，凡涉及族产的纠纷，碑石记载是是否受理的重要依据："其祠产义田令勒

---

① 王大高主编：《河东百通名碑赏析》，山西人民出版社，2001，第 412 页。
② 谭棣华等编：《广东碑刻集》，广东高等教育出版社，2001，第 838 页。
③ 谭棣华等编：《广东碑刻集》，广东高等教育出版社，2001，第 790 页。
④ 张沛编著：《安康碑石》，三秦出版社，1991，第 328 页。

石报官，或族党自立议单公据，方准按例治罪。"①

嘉庆年间《遵例勒石碑》便是遵上例而定。碑文在详述祠产来龙去脉后又载："按核国初下十六祖林兴宗户内亲供事产，土名粮则符合，修悉庙注，编成卷，以披阅灿然。并附开《大清律例》内载，凡祀产义田，令报官勒石为据。如有子孙盗卖等情，按律治罪条款于后，以鲨炯戒。"②

族规碑在保护宗族财产方面不仅效力持久，同时也注意不断更新内容。有些家族也可就某一问题不断立碑以提醒族众的注意，或针对新出现的情况而修正族规内容。浙江绍兴会稽县章氏家族在康熙三十八竿（1699 年）所立的《禁碑》中规定："嗣后，如各房有到山开掘殡葬并不肖盗砍木植柴薪者，许管山人报知各家房长公同理处。如顽梗不服，定行鸣官究治。若管坟人容隐不举及生事妄报，查出一并送究。特此公禁。"乾隆五十八年（1793 年）该家族又立《禁碑》称："统山梓木皆系坟荫，有关风水，仍照向例概不斫砍。"嘉庆十八年（1813 年）其族长又再立《禁碑》："自禁之后，界内固不得采取寸土尺枝，即称心、古澳□等山，亦毋许砍伐开掘，致生觊觎之心。倘有玩视具文，仍蹈故辙，重则呈送究治，轻则家法责惩。"道光十七年（1837 年）该家族又再立禁碑，将严禁的对象扩大至族外人士："始祖考卜葬于斯自宋迄今……今被近村居民畜牧牛羊践蹈坟茔并盗砍松枝柴薪，扰害日深，殊堪痛恨。为此邀集三宅公同议禁，演戏鸣众。如有复蹈前辙者，送官究毋悔。"③

---

① （清）吴坛撰，马建石等校注：《大清律例通考校注》卷九《户律》"盗卖田宅"条，中国政法大学出版社，1992，第 433 页。

② 谭棣华等编：《广东碑刻集》，广东高等教育出版社，2001，第 288 页。

③ （清）章贻贤辑：《会稽偁山章氏家乘》卷六《禁碑》，清光绪二十二年世德堂木刻本。

　　族规碑中也不乏关于田产的记录凭证。《创置书田碑》（嘉庆二十五年）载："本祠祭业，祖遗田园铺地原有若干，嘉庆十年开明亩数粮则，烟户土名，遵例呈请。奉周前主批准，依例勒石于祠右矣。"嘉庆二十二年（1817 年）九月八日，"复遵例开明两项田亩粮则土名，并同族规再呈。蒙县主尹批奖，准依房族所议，勒石祠内，刊入族谱，以垂不朽云"。①

　　宗族也鼓励族众的捐献行为，但要求捐助宗族的田房应清白无误，以避后患。江苏《延陵义庄规条》载："如有盈余，必须存积三年之蓄，方可增置田房绝产，勒石呈明立案。"②《济阳义庄规条》（道光二十一年）也强调："族中有捐银捐田房入庄者，不拘多寡，具见敦本睦族之谊，该呈报地方官给帖勒石，令后人知之。但欲捐田房，不得以不堪之田及刁顽佃户捐庄，亦不得将破屋坍房及刁顽租户捐庄，须将田房都图丘坪以及佃租户名，汇造细册，呈交本房司事，转报庄正，俟庄正踏明后，方准收捐，以完公产。"③从这两则碑文记载可以看出，田产凭证一般在官府均有备案，这与《大清律例》的规定也是合吻的。

　　陕西安康《唐氏祠堂地产纠纷调处碑》及《唐氏清明会护坟禁碑》则记载了有关于族遗房产、坟地的纠纷及处理情况。《唐氏清明会护坟禁碑》简述了祖坟被"忤逆之徒"于道光二年（1822 年）三月十三日偷卖与陈姓；陈姓于道光十四年（1834年）三月初六日复将坟地转卖与徐姓，徐姓又于同治四年（1865 年）四月十四日将坟地复行出卖的经过。同治五年（1866年），族众筹措资金，"将此坟地购回，抽取各卖老约并现立新

---

① 谭棣华等编：《广东碑刻集》，广东高等教育出版社，2001，第 289 页。
② 王国平等主编：《明清以来苏州社会史碑刻集》，苏州大学出版社，1998，第 276 页。
③ 王国平等主编：《明清以来苏州社会史碑刻集》，苏州大学出版社，1998，第 258 页。

契及花费账据，约交值年首人收存。刊石立界"。并立禁碑规
定："倘有初次偷卖坟地之人出头冒认，经□查□究，追原价充
公，修坟另罚。有不从者，送官究惩。如有不遵公议，开□□坟
□茔种地，□□□□，送官究治，均不容情。"①

　　地方官在处理涉及族产的案件时多会尊重宗族的意见，维护
宗族的利益。雍正五年（1727 年），浙江会稽知县万某宣布对涉
及宗族祖山产权的意见是："查担山既系章姓第一世祖坟公山，
自应永远禁约。……嗣后，凡在山毋得砍树掘泥并附近侵葬，违
者，无论本宗及异姓人等，许令章氏通族公禀本县，以凭严拿重
究，枷示不贷。切违，特示。"道光十八年（1838 年）浙江山
阴宋知县刻立的《禁止越界砍伐荫木示》仍同样维护宗族的利
益："山内荫木六千余株，恐觊觎之徒侵损盗砍……为此示。仰
该地居民及总保人等知悉：须知业各有主，毋得觊觎章琦等葬祖
坟山，越界侵占以及盗砍荫木。如敢不遵，一经章姓人等指名禀
县，定即提案究惩。总保徇隐，并干重咎。"②

4. 禁贼盗、偷窃、砍伐

　　强盗、土匪经常为害乡里，是地方的大害，也是法律惩治的
重点。以国法、圣谕为基础而制定的族规自然严禁族人为匪、为
盗或窝藏奸匪。《徐氏族规碑》（乾隆四十四年）规定："不许窝
藏奸匪盗贼，以及引带外方人氏借歇，违者责板四十，决不轻
宥。偷窃物件，经破获，除赔赃外，重责四十板，决不宽宥。"③

　　族规碑中有关禁盗的内容多与维护宗族财产有关，尤其是严
禁砍伐祠堂坟茔周围树木的禁伐碑占有相当的比重。广东五华县

---

① 张沛编著：《安康碑石》，三秦出版社，1991，第229页。
② （清）章贻贤：《会稽偶山章氏家乘》卷六《禁碑》，清光绪二十二年世德堂木刻本。
③ 谭棣华等编：《广东碑刻集》，广东高等教育出版社，2001，第837页。

《公议禁约碑》（嘉庆八年）规定："禁斫伐本祠封围树木。"[①]
广州仁化县恩村乡光绪十五年（1889年）合族绅耆共立之《禁
伐碑》首先交待了立碑的原因："近年人心不古，为私灭公者，
有等贪利之徒，或假刍而乘间鼠，或托风雪而借影徇偷，甚或窃
伐潜移，谓是他之木，盗枝存干致枯，蔽日之村，百弊丛生，十
指难屈。睹此情形，深堪痛恨。爰集众商议勒碑严禁。自后内外
人等，各宜勉戒，即是一条一枚，亦必勿剪勿伐。如有不遵约
束，敢行盗窃者，倘经捉获，或被查知，定必重罚，断不轻饶。
如敢持横抗拒，即捆呈官究治。幸各凛遵，毋违。"对于处罚措
施，碑文规定得颇为细致："盗斫该山树木者，每株罚银二大元
正；盗斫杂枝松光者，每犯罚银一大元正。如违送究，樟树加倍
处罚。"[②]

　　四川省通江地区有不少家族所立禁伐碑。如薛姓家族立
《禁碑》（乾隆年间）规定："禁止砍伐蚕林和松柏成材树木，禁
止树木萌芽之季放牧牛羊。倘有不遵，打罚重究，议祭山林。"[③]
走马坪伏氏家族合立《禁碑》（同治二年）也规定："风水树木
为先世培植，原为子孙计久远，当世保护，慎勿剪伐，以负祖宗
培植之意。……房族内有妄生事端，欲坏风水者，族众齐集禀告
祖宗，从重处治，再为议罚。"[④]向氏合族公立《禁碑》（光绪五
年）同样强调："凡属寨上与坟茔之中有所关者，虽一草一木，
不得妄自斫伐。若有持强与无知之辈斩其枝，违榜示言者，先宰
一猪，然后再议罚项。但愿戚族人等勿蹈前辙。"[⑤]

---

① 谭棣华等编：《广东碑刻集》，广东高等教育出版社，2001，第905页。
② 谭棣华等编：《广东碑刻集》，广东高等教育出版社，2001，第112页。
③ 张浩良编著：《绿色史料札记——巴山林木碑碣文集》，云南大学出版社，1990，第65页。
④ 张浩良编著：《绿色史料札记——巴山林木碑碣文集》，云南大学出版社，1990，第30页。
⑤ 张浩良编著：《绿色史料札记——巴山林木碑碣文集》，云南大学出版社，1990，第34页。

5. 禁赌禁烟

清代赌博之风日甚一日，《大清律例》中有关禁赌的条文也更换频繁，但从族规碑的记载中却可以看出，宗族社会对国家的禁赌例文了如指掌。四川会理县彰冠乡张古凉桥蔡家祠内立有一合族公立的《禁止赌博碑》（同治七年三月），碑文直截了当地说明"赌博"是违犯国法的行为："赌博之禁，律例最严。轻则杖一百，枷两月；重则徒三年，流三千。绅士照例革斥，成何面目；衙役加倍发落，须顾身家。与其事后而悔，何若先事而戒。"①

由于赌博之风在全国各地迅速蔓延，基层社会深受其害，禁赌碑在全国大部分省市均有发现。广东五华县《公议禁约》（嘉庆八年）规定："禁开场聚众赌博。"② 广东《巷头乡已逊陈公祠碑》（道光二十九年）载明："禁开场聚赌，藏宿匪类，违者革胙。"③ 有些族规碑甚至视"赌之害人，甚于水火盗贼"。四川《禁止赌博碑》详述道："窃思戒赌之条，前人之述备矣。我洛阳家风，历祖以来，断未有祖孙、父子、弟兄、叔侄同场聚赌，以败家声，至于如是。""近来我族之中，多有不肖之徒，不务根本，而贪赌博。不论祖孙、叔侄、弟兄，打牌、掷骰、摇宝、弹钱，家家有交滴之声，幼子有效尤之惨。种种丑态，难以枚举。况乎场伙一毕，则见其当器卖物也。有人则见其倾家荡产也，亦有人且见其抛妻别子，流离他乡也，亦罔不有人。赌之害人，甚于水火盗贼。"在列举赌博坏心术、伤性命、玷祖宗、失家教、荡家产、生事变、离骨肉、犯国法、遭天谴等种种恶端

---

① 高文等编：《四川历代碑刻》，四川大学出版社，1990，第316页。
② 谭棣华等编：《广东碑刻集》，广东高等教育出版社，2001，第905页。
③ 谭棣华等编：《广东碑刻集》，广东高等教育出版社，2001，第790页。

之后，拟采取的具体措施是："今与阖族约：自垂碑禁止后，倘族人仍有窝赌、邀赌、诱赌种种赌局，我祖宗定不愿有此子孙。世世族长、族正，重则要禀官，照例究治；轻则入祠，以家法从事。"①

在赌博之风愈演愈烈的同时，吸食鸦片也开始在南方流行，故广东《徐氏族规碑》（乾隆四十四年）将赌博与鸦片同禁："不许在祠内聚赌及食鸦片，违者禀官究办，决不宽纵。"②

然而终至有清一代，不仅赌博之风未能禁止，吸食鸦片的现象又逐渐向内地转移。山西榆次车辋村常家大院的《戒烟碑》（光绪三年）指出鸦片烟的四大害处，即败先人名节、促本身寿算、耗自家财产和失子孙楷模，因而提出四戒。其中最后一戒中讲到："今日之子弟即异日之父兄，苟吸烟之风一开，父兄倡之于前，子弟即效尤于后，将任其食而不相约束，于心似觉不安。将律之以家法，大示惩创，而子弟且有后言曰：夫子教我以正，夫子何未出于正也？此言一出，其何以答？"③ 由此也可看出，在鸦片战争以后，戒烟已成内地豪门富室的一大要务。

（二）从族规碑看宗族的多重功能

1. 强化伦理道德

宋代以后，在各种社会矛盾错综复杂的情况下，最高统治者视扶植宗族势力为控制乡村社会的良好途径。宋代范仲淹订立的《义庄规矩》及其后裔续订的条规，不仅在宋朝得到皇帝的批

---

① 高文等编：《四川历代碑刻》，四川大学出版社，1990，第316页。
② 谭棣华等编：《广东碑刻集》，广东高等教育出版社，2001，第837页。
③ 张晋平编著：《晋中碑刻选粹》，山西古籍出版社，2001，第472页。

准、认可，而且直接影响到明清社会。清道光二十四年（1844年）所立《邹氏义田记》载："善夫！宋范文正公之义田赡族也。文正创于苏郡，自宋迄今，效法文正踵而为之者数十家矣。"① 苏州光绪十八年（1892 年）的《留园义庄记》也明说："留园义庄之设，悉本文正规矩，不以贫富为差，而以亲疏为等。"②

从明代起，封建统治者对宗族社会订立家法族规多持肯定态度。明初，《郑氏规范》的修订者之一宋濂为朱元璋所重用。朱元璋对浦江郑氏也是优礼有加，洪武十八年（1385 年）赐封其为"江南第一家"。朱元璋还仿照宋代《吕氏乡约》内容，亲自撰写了规范子民日常行为的六条圣谕。清顺治九年（1652 年），皇帝颁布了与朱元璋圣谕内容接近的上谕六条，即"孝顺父母，恭敬长上，和睦乡里，教训子孙，各安生理，无作非为"，③ 要求臣民遵守。清康熙九年（1670 年），皇帝颁行上谕十六条，开篇即是"敦孝弟以重人伦，笃宗族以昭雍睦"。④

皇帝圣谕教导对宗族制度及族规的发展起到直接促进作用。许多宗族都将圣谕刊于家谱扉页，或刻石立碑，以使族众熟记不忘。也有的宗族通过族规对圣谕内容进行补充或细化。广东肇庆黄岗区东禺村梁氏宗族于雍正九年（1731 年）制定《男女箴规》十六条并禀明县官，"姜、戴、杨三位太爷，俱批回宣谕训族"，遂"勒石训诲"。其中《男十条》的内容为：孝顺父母，尊敬长上，和睦乡里，教训子孙，各安生理，毋作非为，勤力耕

---

① 王国平等主编：《明清以来苏州社会史碑刻集》，苏州大学出版社，1998，第 217 页。
② 王国平等主编：《明清以来苏州社会史碑刻集》，苏州大学出版社，1998，第 263 页。
③ （清）张廷玉等撰：《清朝文献通考》卷二一《职役》。
④ （清）陈梦雷编纂、蒋廷锡校订：《古今图书集成·明伦汇编·交谊典》卷二七《乡里部》。

种，早完钱粮，忍性为高，为善最乐；《女六箴》为：侍奉翁姑，尊敬丈夫，和睦婶母，闺门谨守，夜眠早起，勤俭家务。这十六条箴规俱有注解，但因字多难于勒石，故只将条目刊刻于碑。碑文要求：每逢朔望及时祭祀，在祠堂宣讲十六条内容及注解，"务得人人乐善，个个循良"。凡子孙妇女能遵守上述规范者，给予"加胙一分"的奖励。此家法条例"除勒石永远训诲外，另书六本，每房房正各执一本，早晚教训子孙。其男女箴规一本，记过一本，族正轮流收执，时节祭祀宣讲。如有善者，加胙奖赏。如过即行责罚。略轻者书于过簿，俟时节祭祀宣讲箴规家训，即令所犯之人跪于太祖案前，听讲毕然后发落"。

梁氏族规除规定相应的奖惩措施外，还规定不服族中处罚者，将受到国法的追纠："此系昭告太祖，呈明姜、戴、杨三位县主，俱蒙批准勒石宗祠在案。原非私设，皆是从轻教诲，无非欲吾族子孙孝贤，以成淳俗。自始各宜凛遵家训，入孝出悌，蹈矩循规。倘有顽抗，不遵处罚，即行送官责惩，决不询（徇）情也。"[①]

从上述内容可以看出，圣谕所宣传的伦理教化思想在族规中得到明确体现。当然影响族规伦理教化内容的，除皇帝圣谕及经皇帝认可的范氏章程外，宋代以后流行且被统治者认可的理学思想，也是一个不可忽视的重要因素。当然，宗族社会的伦理教化功能不仅体现在族规的宗旨、训条中，也同时反映在宗族社会的其他功能上。如苏州《济阳义庄规条》（道光二十一年）规定："临期到庄领米，须先尊后卑，同辈则先远后近。如不遵规约，喧嚷争先，以抗违宪禁、亵渎宗祠论。"[②] 可见，伦理道德观在

---

① 谭棣华等编：《广东碑刻集》，广东高等教育出版社，2001，第 704 页。

② 王国平等主编：《明清以来苏州社会史碑刻集》，苏州大学出版社，1998，第 258 页。

宗族的经济求助功能上也得到直接表现。

从中国法律发展的角度看，唐律以"一准乎礼"而盛名于世；自宋代开始，国家律法"重其所重，轻其所轻"的特色也日益鲜明。"轻其所轻"的一个重要体现，即将原本由国法所调整的内容转嫁到家法族规和乡规民约上，而后者所调整的范围有日趋见广的趋势，惩罚的强度也日甚一日。如果用发展的眼光来看，实际上是"礼"从汉代至唐代渐融于国法，到明清时，又杂揉于乡约族规中。至此，"礼"对中国法律的影响，可谓已达到极至。

2. 经济自助自救

宋至明清，宗族制度之所以能在许多地区快速普及和发展，与此时宗族社会对族众进行物质和精神的援助有密切关系。当时许多宗族均设有义庄义学或义田义产，以救助族中贫困老弱。按照圣谕的要求及以血缘为纽带而建立的宗族组织，严守孝悌伦常成为各族共同遵守的规范，但族人也同时意识到：尊亲与济贫缺一不可，两者是相辅相成的。《济阳义庄规条》（道光二十一年）称："义庄原为族之贫乏无依而设，凡鳏寡孤独废疾，皆所宜矜。"[①]《留园义庄记》（光绪十八年）也强调："命意立法，虽有不同，一则以济贫为义，一则以亲亲为义，并行不悖，相辅而成。"[②]《吴县陈氏义庄记》（光绪二十四年）也是同一种解释：义庄"岁收租□，除完国课及春秋祭祀外，凡族中寡孤独及废疾者皆有养，凡族中婚嫁丧葬皆有助"。[③] 一直到清末的《盛氏为留园义庄奏咨立案碑》（光绪三十三年）也还是如此强调：

① 王国平等主编：《明清以来苏州社会史碑刻集》，苏州大学出版社，1998，第258页。
② 王国平等主编：《明清以来苏州社会史碑刻集》，苏州大学出版社，1998，第263页。
③ 王国平等主编：《明清以来苏州社会史碑刻集》，苏州大学出版社，1998，第265页。

"远师宋范文正公义庄遗意，近参仁和许氏、张氏奏案成法，不论贫富，一例分给，永远遵行。"①

从宗族中对所设义田义产较为细致的实施管理条例中，我们可看出其鲜明的价值取向。山西灵石王家大院有乾隆二十八年（1763 年）刻立的《王家敦本堂规条碑》，碑文载：

　　一、年至七十有子幼弱或废疾不能奉养者，每月给钱六百文，冬给（下缺）

　　一、年至六十无妻无子不能自谋衣食者，每月给钱六百文，年至七（下缺）

　　一、年至六十有子幼弱或废疾不能奉养者，冬三月每月给钱六百（下缺）

　　一、年至五十无妻无子不能自谋衣食者，冬三月每月给钱六百文（下缺）

　　一、寡妇无子贫无所依，情愿守节者，每月给钱六百文，年至七十加（下缺）

　　一、寡妇有子幼弱家贫不能自养，每月给钱六百文，子年至十八即（下缺）

　　一、寡妇之子三岁以上，冬三春二月，每月给钱三百文，年至十五即（下缺）

　　一、孤子父母俱亡无人抚养者，每月给钱六百文，年至十五即上止（下缺）

　　一、家贫多子均未成立，如五岁至十三岁者，除二子外，余子冬三月（下缺）

① 王国平等主编：《明清以来苏州社会史碑刻集》，苏州大学出版社，1998，第 264 页。

　　一、废疾不能自食其力，贫无所依，每月给钱六百文，年至七十加棉（下缺）

　　一、父至单传，家贫年至三十不能娶者，恐绝宗祠，助银十二两，兄弟（下缺）

　　一、贫不能殓者，五十以上者，助殓银三两，葬银二两。五十以下者，殓（下缺）。[①]

　　这些体现了宗族社会尊老爱幼恤贫抚弱的救济宗旨，以及受族众欢迎、增强宗族凝聚力的细微具体的措施，是官府无暇也是无力顾及的。

　　当然，宗族实施救助活动的对象是贫弱，同时也要求被接济和资助的人遵守族规和国法，否则将会取消被救助的资格。常熟《邹氏隆志堂义庄规条》（道光、咸丰年间）规定："族中有田产者不给。稍有资本经营者不给。有亲房照应者不给。出外者不给。此外不孝不悌、赌博、健讼、酗酒、无赖并僧道、屠户、壮年游惰、荡费祖基及为不可言事、自取困穷者，概不准给。后或改革，族人公保，一体支给。"[②]

　　为了使其救济功能落到实处，宗族一般严立规条，设庄正、庄副等专人经营管理，并采取各种监督措施，力保族中公益财产不致被族内或族外人侵夺。广东《梁氏族规碑记》（雍正九年）设想的方案是："内要推出一人，以为数母，设流水簿一个，银钱俱交所管，出入俱要登记，不得私瞒盗用。如有买田支用，要说知总理，验明封皮，然后开拆。倘封号不同，那移作弊者，即用照数行罚。每年清明祭祀后，即将一年收支、本利、本仓、出

① 张晋平编著：《晋中碑刻选粹》，山西古籍出版社，2001，第311页。
② 王国平等主编：《明清以来苏州社会史碑刻集》，苏州大学出版社，1998，第232页。

仓谷数，算明标出，送总理核过，然后贴于祠堂，俾众观察。倘开列糊涂，总理不行稽查，必系同弊，均应倍罚。""倘有与数母通同作弊者，查出照赃倍罚。"①

江苏《延陵义庄规条》中采取的管理方法是："庄中租米银钱出入易启弊端，庄正、庄副各宜秉公办事，不可丝毫沾染。倘庄副或有侵亏，庄正催追归款如不敷，罚庄正自行赔补。倘庄正侵亏，敦仁堂各房催追归款。设使族人请给月米及各项费不应给而滥给，或徇情私给，即查庄正、庄副何人经手，应于酬金内扣除归款。"②

有些义庄规条还强调，义庄经营管理者只接受族众或相应机构的监督，其他人即使是族中尊长也不得染指，以免弊端。《奉常熟县正堂史饬立祭田碑记》（乾隆三十二年）规定：祭田事务有专人负责，五支公同经管，"不得以尊卑势位□议争执"。③江苏《延陵义庄规条》也载明："族中虽有尊长，不得侵扰干预。即司事、庄正有不公之处，族众告知敦仁堂理断。"④

为了保证宗族社会的经济救助功能发挥持久及义庄财产不受侵犯，宗族多会借助官府的力量予以保障。《盛氏为留园义庄奏咨立案碑》（光绪三十三年）直言："田房产业，既归义庄，若不呈明立案，难保不日久弊生。"⑤陕西安康《唐氏宗祠自叙碑》（光绪十五年）则规定："义谷积存民间，例不准书差过问，致滋需索。每于催收察验之时，该管首士只许按计路途，酌给口

① 谭棣华等编：《广东碑刻集》，广东高等教育出版社，2001，第702页。
② 王国平等主编：《明清以来苏州社会史碑刻集》，苏州大学出版社，1998，第280页。
③ 王国平等主编：《明清以来苏州社会史碑刻集》，苏州大学出版社，1998，第282页。
④ 王国平等主编：《明清以来苏州社会史碑刻集》，苏州大学出版社，1998，第279页。
⑤ 王国平等主编：《明清以来苏州社会史碑刻集》，苏州大学出版社，1998，第263页。

食，不准书役勒索规费。违者即着首士指名禀究。"①

　　由于宗族社会基于血缘、亲缘所施予的经济救助能切实解决族中贫弱人户的具体困难，使族众有了经济和精神上的支撑，这不仅增加了宗族社会的凝聚力，同时也化解了许多社会矛盾，而这也是宗族社会能得到统治者认可的一个重要原因。

3. 基层行政管理

　　明清时，负责处理县以下基层社会民间田土口角纠纷的应是乡绅耆老，但实际上宗族有时也代行乡里组织的司法职责。在中国古代社会，乡里制度与宗族家庭制度就如一对孪生兄弟，血脉相连，难解难分。而宗族组织与里甲、保甲的关系也是错综复杂。有的地区一甲的人户全部或基本属于同一宗族，如广东南海县沙丸堡十图十甲，甲内 78 户，均是蒲氏家族的后裔。② 雍正年间，为了推行保甲制，特规定："地方有堡子、村庄，聚族满百人以上，保甲不能编查，选族中有品望者立为族正，若有匪类，令其举报。倘徇情容隐，照保甲一体治罪。"③ 有的同姓聚居之地不设保甲，而以族正代行保甲长的职责。即使在保甲与宗族组织并存的地方，保甲长或由巨户大族首领充当，或由其指派，在履行职务的过程中，也会直接受宗族的影响。在此背景下，不少家法族规和乡规民约便有重合的可能。

　　江苏《吴县陈氏义庄记》规定："族有争讼，不得越义庄而径诉官司。"④ 广东肇庆梁氏族规则赋予族长更大的权力："众举族正一人以辅佐族长，专司教训之权，加胙一分。族内如有事到

---

①　李启良等编著：《安康碑版钩沉》，陕西人民出版社，1998，第250页。

②　《南海甘蔗乡蒲氏族谱》，转引自刘志伟《清代广东地区图甲制中的"总户"与"子户"》，《中国社会经济史研究》1991年第2期。

③　（清）张廷玉等撰：《清朝文献通考》卷二三《职役三》。

④　王国平等主编：《明清以来苏州社会史碑刻集》，苏州大学出版社，1998，第265页。

投，若不孝、不悌、赌博等大事，即要在祠堂公处；如小故，俟时节祀祖，或朔望，然后公处。"①

由族长调解族内纠纷及惩处族人违法犯规行为的作法，也得到官府的认可。因为由族长解决族内人纠纷，具有乡里社会及州县官府所不具备的优势。陕西安康汉阴抚民分府对涧池王氏后裔增补族规的批示上即写明："不思祀典与宪典并重，家法与国法两惟，与其远鸣官府，何若近咨党正。"② 清朝巡抚陈宏谋曾谈到族长解决族人矛盾的优势时说：族长、房长"奉有官法以纠察族内之子弟，名分既有一定，休戚原自相关，比之异姓之乡约、保甲自然便于觉察，易于约束"。③ 确实，由于族内人相互了解实情，房长、族正"临以祖宗，教其子孙，其势甚近，其情较切。以视法堂之威刑，官衙之劝戒，更有大事化小，小事化无之实效"。④ 也即由族长来化解族内纷争，可以大大减轻州县官的工作压力。

当然，"和乡党以息争讼"、"训子弟以禁非为，息争讼以便良善"⑤ 也是康熙圣谕提出的要求，宗族也自然会把相关内容定在族规中。故《蔺氏族规碑》（嘉庆二十年）要求族人"莫入州衙与县衙，劝君勤俭作生涯"。⑥ 被许多宗族遵从的《朱伯庐治家格言》中的"居家戒争讼，讼则终凶"⑦ 的处世方针，也自然

---

① 谭棣华等编：《广东碑刻集》，广东高等教育出版社，2001，第702页。
② 张沛编著：《安康碑石》，三秦出版社，1991，第329页。
③ （清）陈宏谋撰：《选举族正族约檄》，载（清）贺长龄、魏源辑《皇朝经世文编》卷五八《礼政五》。
④ （清）陈宏谋：《寄杨朴园景素书》，载（清）贺长龄、魏源辑《皇朝经世文编》卷五八《礼政五》。
⑤ （清）陈梦雷编纂、蒋廷锡校订：《古今图书集成·明伦汇编·交谊典》卷二七《乡里部》。
⑥ 王大高主编：《河东百通名碑赏析》，山西人民出版社，2002，第412页。
⑦ 王大高主编：《河东百通名碑赏析》，山西人民出版社，2002，第304页。

体现在族规碑中。

宗族社会所承担的基层行政功能，除解纠纷外，也将原本由里甲承担的催收赋税钱粮的任务承担下来。在族规中，要求族众完赋税、交钱粮的文字屡见不鲜。而早在宋代的范氏《义庄规矩》就强调"禁抗欠钱粮"。[①] 受其影响，李氏《家训十戒》之一即为"早完钱粮"；[②]《延陵义庄规条》也明确完国赋与济族众的关系道："义庄田房租息，理宜先完国课，再计支销。"[③]

4. 维持乡村治安

面对清中期礼教日衰、风俗日下的社会状况，许多宗族倍感不安。广东海康县茂莲宗祠《敦俗碑》（咸丰九年）描述当时社会的现状是：

自道光年来，习俗迥异，狡诈迭生，礼教既衰，偷窃竞起。前经族老联呈请示，议立禁约明条，开列在簿。各皆父戒其子，兄勉其弟，蒸蒸然颇循上古之遗风焉。不料近几年间，世风了以日下，人心更见不齐。非藐尊长以横行，即玩官法而妄为。或借端而逞恐吓，抑为利而滋侵讹；或开场而局赌，抑放头而吞□；或抖券以冒占，抑□捕券而强夺；或昼而盗蒔业，抑黑夜而割稻谷；或窝贼以行窃，抑接赃以售私；或移尸而嫁害，抑撞命而吓财；或舞弄以构是非，抑□诳而成棍骗。种种恶习，令人发指。生等目击地方如此疮痍，民情如此浇薄，意欲悉除旧染，免坠顽暴迷途，悔革前非，同归荡平觉路，则黎民得有归厚之日，要莫外于象魏悬

① （宋）范仲淹、范纯仁撰：《范文正公忠宣公全集·义庄规矩》，清宣统二年邹福保刻本。
② 张晋平编著：《晋中碑刻选粹》，山西古籍出版社，2001，第499页。
③ 王国平等主编：《明清以来苏州社会史碑刻集》，苏州大学出版社，1998，第276页。

书所感□矣。势迫联名录词，万恳廉恩，俯顺舆情，准即给示勒石严禁，以端风俗。[①]

面对地方"疮痍"遍布，宗族社会也力求从实际出发，补国法之不足。广东海康孔姓宗族认为国法与族规的目的是一致的："切朝廷设法，所以惩治奸宄，而乡党立禁，即以锄嚣凌也。"并开出如下禁约"药方"：

一、族内子侄，各要孝顺双亲，恭兄友弟。

一、禁居族殴辱尊长，欺孤凌少，乱伦背义，自作自尊。

一、禁出外酗酒滋事，逞凶争斗，招惹是非。

一、禁开窝煎煮鸦片私卖，引诱子弟。

一、禁开场聚赌。

一、禁盗取田稻、园中薯芋物业。

一、禁玄武二山四围村烟火，大小树木竹丛，盗行砍伐。

一、禁窝隐窃匪，接藏赃物。

一、禁窝接盗窃莳稻、芋豆、瓜菜等物。

一、禁本村来龙坡葬墓，凿伤气脉风水。

一、禁本村四周坡草，以及沟□土围各堤苦芦竹木，不准残削。

一、禁盗窃牛猪家物。

一、禁觊觎孤寡，抖诬索诈。

---

①　谭棣华等编：《广东碑刻集》，广东高等教育出版社，2001，第552页。

一、禁冒移丐尸，讹索乡愚。

一、禁挟嫌划撞，装伤栽陷吓讹。

一、禁男女口角争论，持悉逞强，登门拼命，诈伤索财。

一、禁倚势肆横强夺强占。

一、禁子侄外出助势，随帮附邻，诬命搜抢，藉端恐吓。①

这些敦俗禁约措施也得到官府的认可。官府批示曰："示谕该村附近诸色人等知悉：尔等嗣后务须各安正业，耕种营生，切勿游手好闲，为匪作奸，致干罪戾。倘再不知悛改前非，及不听该父兄约束，或盗窃邻乡资财、田野禾稻、甘蔗、杂粮、竹木、花生等类者，许各该村绅耆，合保严拿，捆送赴案，以凭照例惩究，决不姑宽。"②

从上述诸禁中可看出族规碑的内容涉及面之广，甚至与许多以规范乡村生活为主的乡规民约碑相差无几。由于宗族与乡里社会面临着相同的社会问题，族规与乡约也自然而然地合而为一，如陕西省安康市景家乡《景家公议十条规款碑》（同治元年十月）便是一例。该碑规定："境内有忤逆不孝、悖伦犯上，即行合力捆绑，送官究处；境内有嗜酒撒风、打街骂巷，轻则罚以荆条，重则捆绑送案；境内店户，毋许窝盗贼家口，因伴侣游民以害地方，违者指名报案。……"③ 这则乡规碑已揭去蒙在以血缘为纽带而建立的宗族社会上的"温情"面纱，凡同姓违法犯规

---

① 谭棣华等编：《广东碑刻集》，广东高等教育出版社，2001，第553～554页。
② 谭棣华等编：《广东碑刻集》，广东高等教育出版社，2001，第553页。
③ 张沛编著：《安康碑石》，三秦出版社，1991，第216页。

者将被直接捆绑送官。这是因为这些同姓聚族而居的地方经过世代繁衍，人们之间的血缘关系已日渐淡薄。加上各种社会问题日渐突出而导致"民风不古"，族规的惩罚性和针对面，也就日益加重和扩大。

其实，宗族负有维护基层社会治安的权责早在雍正初年便已确认。雍正五年（1727 年）定例规定："地方有堡子、村庄，聚族满百人以上，保甲不能编查，选族中有品望者立为族正，若有匪类，令其举报。倘徇情容隐，照保甲一体治罪。"①国家法律确认宗族机构与保甲组织在维持地方、举报匪类方面的同等责任，并授予族长各项治安权力，表明国家政权对族权的正式承认。

由于宗族组织分布面广、数量庞大，因而对社会的稳定和发展便具有举足轻重的作用。清代时，"天下直省各郡国，各得是数百族，落落参错县邑间"。②康熙、雍正年间，江苏、浙江、安徽及山东等地，各姓宗族纷纷置产立规，并不断通过宗族子弟科举入试等途径提高其社会地位。至乾隆二十九年（1764 年），江西巡抚辅德巡查本省建有宗祠的宗族，同姓合建的祠堂有 89 个，州县村镇各姓所建分祠竟多达 8994 个。③嘉庆以后，州县衙门批准宗族规约的事例日益增多，说明统治者已注意加强与宗族的联系和对宗族的控制。而通过借助刻载于碑的宗族规约，我们也可以了解到，官府是如何通过族权，将统治的触角伸向民间。

其实从当时的社会实际生活看，宗族社会所具有的上述诸多

---

① （清）吴坛撰，马建石等校注：《大清律例通考校注》卷二五《刑律·盗贼下》"盗贼窝主"条，中国政法大学出版社，1992，第 762 页。
② （清）魏源撰：《庐江章氏义庄记》，载《魏源集》下册，中华书局，1976，第 503 页。
③ （清）辅德撰：《复奏查办江西祠宇疏》，载（清）琴川居士辑《皇清奉议》卷五五，民国北京国史馆排印本，第 7 页。

功能，有些是州县政府无力顾及的，也是保甲等乡里基层组织所无法取代的。更重要的是，反映了宗族社会诸多功能的族规还具有鲜明的合礼合法成分，它们自然会得到官府的认可。宗族势力在清代迅速成为一种民间社会中或基层社会中的重要力量，也是自然而然的事情。

（三）族规的效力及其与律法的关系

1. 族规的效力

族规碑的法律效力可以从官府给予的批示上显示出来。清嘉庆以后，许多宗族都将所订的家法族规上呈给地方官府，如《留园义庄记》（光绪十八年）载："一切庄规各册，仍照前章，呈请奏咨立案，并将田房契据盖用官印，不得擅买擅卖，以垂永久而杜侵废。"① 而地方官员通常是有求必应，对族规作出认可的批示。宗族一般也将官府批准的族规连同官府批文刊刻于碑，公之于众。同治五年（1866 年）十二月，陕西安康涧池王氏建修宗祠时将十一条祠规呈报政府核准，并与汉阴抚民分府的批示共同勒石奉行。同治七年（1868 年），王氏又续补祠规五条禀请抚宪。光绪二十六年（1900 年）五月，涧池王氏后裔又将十六条族规呈递官府，汉阴抚民分府又一次用告示的形式对族规加以认可，并公告族众称："嗣后遇有顽梗之徒背规违条，恃强逞刁，不由族长、户首约束者，许该户首等集传祠内，无论亲疏远近、尊卑长幼，申明家法，从重责处。倘负固不服，捏控图累，除词不准外，定以不孝之罪严行惩治。而户首、族长等，亦当秉

① 王国平等主编：《明清以来苏州社会史碑刻集》，苏州大学出版社，1998，第263页。

公慎重，毋得徇挟私嫌，致酿事端。泐诸贞珉，各宜凛遵。切切特示。右仰通知。……实贴王氏宗祠勿损。"①

族规的法律效力还体现在它的惩罚措施及其能否贯彻实施上。族规中的惩罚方式多种多样，既有警戒、羞辱类的罚跪、笞责、枷号，也有经济惩罚性的如革胙、罚戏、罚酒、罚银、罚油、罚刻碑等，还有精神性的处罚如除名、不许入祠、驱逐、咒诅等，以及对身体的处罚如责板，或捆绑送官按国家律法惩处，直至剥夺族人的生命。

一般，一通族规禁令碑上会写有数种处罚方式，如广东《徐氏族规碑》计有罚戏二本、责板三十、罚油三十斤、禀官等处罚方式；广东巷头乡《陈公祠碑》中有革胙、罚银二两、罚酒一埕等的规定。在族规碑所列举的诸多惩罚形式中，议罚最为常见。《蔺氏族规碑》（嘉庆二十年）规定："户内子弟，若有奸盗之事被人拿获，别人责罚不算，族人若知，拿入祖庙，贫者罚棍五十，富者罚银十两，入庙公用。"②

此外，革胙、鸣官、出族等惩罚方式出现的频率也较高。革胙或不得分胙，即剥夺违犯族规国法者领取祭品或享受义田资助的资格。乾隆四十三年（1778 年）四月《青阳蔡家公订规条》写明："不许先葬者恃强阻当后葬之人伤后塞前事端。倘不遵规条者，先行闻众公革，不许分胙，仍会同前程族房闻官究治。"③

"重则呈送究治，轻则家法责惩"是族规碑中较为常见的文字。四川《禁止赌博碑》规定："自垂碑禁止后，倘族人仍有窝赌、邀赌、诱赌种种赌局，我祖宗定不愿有此子孙。世世族长、

---

① 张沛编著：《安康碑石》，三秦出版社，1991，第 324 ~ 328 页。
② 王大高主编：《河东百通名碑赏析》，山西人民出版社，20012，第 412 页。
③ 粘良图选注、吴幼雄审校：《晋江碑刻选》，厦门大学出版社，2002，第 67 页。

族正，重则要禀官，照例究治；轻则入祠，以家法从事。"①

出族或不许入祠对族人是较为严厉的惩罚措施，一般是针对不孝或乱伦行为。《延陵义庄规条》规定：对"有玷祖宗"之人，"义当摒弃，出族除籍"。②广东海丰县徐氏祖祠《族规碑》（乾隆四十四年）规定："奸淫族内妇女，集合三大房立即捆缚沉海。倘伊父母不肯，族长、族正及各房长联名禀官究拟，并将犯者本家革出，不许入祠，决不宽宥。"③

此外，咒诅也是族规中一种较常见的惩罚方式，但一般是针对外族人十。④四川通江渐波乡香庐山保兴寺李姓家族合立《禁碑》（道光二十四年）规定："斯前有禁约，今有禁碑……倘日后有无耻绝嗣之徒，勾引木商，卜散流言，而存此念者，连同木商与好利等辈，自领□经十部，子孙男女尽害白癞，万代不得昌荣。"四川通江走马坪伏氏家族合立的《禁碑》（同治二年）也写明："真心保护风水者，祖宗默佑，世代荣昌。若萌售卖者，神明殛之，祖宗不佑，宗祧覆。"⑤

尽管族规中的惩罚方式较多，而且均能照规实施，但对违规者的处罚，一般是轻重有别、主次相兼。有的违规者不仅要受皮肉之苦，还要面临经济制裁，同时也要背负一定的精神负担。

但由于族人之间多少具有血缘、亲缘关系，其实施处罚，多强调以预防为主、惩诫为辅、寓教于罚。族规所定内容一般只对日后发生的违规行为有效，对之前的违规行为不具溯及既往的效

---

① 高文等编：《四川历代碑刻》，四川大学出版社，1990，第316页。
② 王国平等主编：《明清以来苏州社会史碑刻集》，第276页。
③ 谭棣华等编：《广东碑刻集》，第837、838页。
④ 张浩良编著：《绿色史料札记——巴山林木碑碣文集》，云南大学出版社，1990，第26页。
⑤ 张浩良编著：《绿色史料札记——巴山林木碑碣文集》，云南大学出版社，1990，第30页。

力。故碑文中凡要求族众严格遵守的内容，常见"嗣后"、"日后"、"如仍将"、"倘有"等预白说明，禁碑结尾多有"无论亲疏远近，轻则议罚，重则经官。那时无怪言之不先，永为戒规"① 等字样。如福建永安天宝岩自然保护区中萧宗榜族长所立《禁伐碑》（同治三年）规定："日后亲友等人切宜自爱，切勿盗砍。如仍将荫木盗砍者，定必送官究治，决不宽恕。勿谓宪之不早，谨此布。"四川蒲江高桥乡七村姚姓所立《禁伐碑》（同治五年）规定："狮子树乙株，该树五房人等所管，永不砍伐。诚恐后人不知，故勒于碑。"②

其实碑文所定各种处罚条款，也是对族众的一种宣传教育。族规不仅规定了对违反者的议罚措施，同时也声明：只要改过自新并得到族众的认可，处罚也会取消。江苏《延陵义庄规条》载："义庄系合族之公，岂一人所得私争。苟不以廉耻为重，藐视祖宗成法，即应注册除籍，请米者勿给，勿请米者不准与祭。如三年后改悔自新，经族众保请，仍给。"③ 常熟《邹氏隆志堂义庄规条》也规定：凡"不孝不悌、赌博、健讼、酗酒、无赖并僧道、屠户、壮年游惰、荡费祖基及为不可言事、自取困穷者，概不准给"月米，"后或改革，族人公保，一体支给"。④

2. 族规与律法的关系

中国封建社会的法律是国家制定法与地方习惯法并存的"二元法律结构"。国家制定法通常表现为中央和地方政府制定

---

① 张浩良编著：《绿色史料札记——巴山林木碑碣文集》，云南大学出版社，1990，第68页。
② 倪根金：《明清护林碑知见录》，载《农业考古》1997年第1期，第184页。
③ 王国平等主编：《明清以来苏州社会史碑刻集》，苏州大学出版社，1998，第280页。
④ 王国平等主编：《明清以来苏州社会史碑刻集》，苏州大学出版社，1998，第232页。

的律令条例；而地方习惯法则体现为乡约、族规、家法、行约及宗教性的规章等。值得注意的是，无论是以稳定性著称的国家制定法，还是以形式多样为特色地方习惯法，其相互之间多有衔接或关联，这在宗族规约中体现得尤其明显。

合礼合法是族规碑的共同要求。法律规定严禁同姓相婚，族规碑也视同姓相婚为乱宗行为。天津天穆清真大寺（北大寺）有一方《戒除族内通婚》（光绪三十一年）石碑，而造立此碑的目的是因为穆氏家族内部联姻现象屡见不鲜。碑文称："至于婚配，同姓并不结亲，向遵例禁。乃近来，无知之徒罔知法律，竟有穆姓同姓为婚之举，殊属野蛮之至。"为避免此种"乱宗裔而败风俗"的行为再度发生及穆氏族人再"蹈干禁乱婚之恶习"，特规定："如再有违训乱婚等事，或经绅等禀明，或别经发觉，伏乃准行按律惩办，决不姑宽。"此项禁令还特向官府申明，官府批示称："自示之后，凡有穆氏族人务须按字起名，以明宗派，免致干禁乱婚。倘敢故犯，准由同族人等指名控究，按律惩办，以垂伦纪基。各凛遵毋违。特示。"①

族规内容合于律法不难理解，这是族规得以延续并具有效力的一重要保障。至于族规内容与国家法律相"冲突"的情况，也偶有所见。国法讲究亲属相互容隐，判罪处罚考虑尊卑亲等。而对违反族规者，宗族法律强调："无论亲疏远近，轻则议罚，重则经官。"②对知情不报的直系亲属，特别是包庇子孙的祖父、父亲，一并予以惩罚。即便是长房嫡子、嫡孙，触犯了家法族规，也不能减免处罚。广东五华县棉羊区棉洋乡刘氏宗祠的《公议禁约》（嘉庆八年）规定："大宗祠为奉先重地，务应整

---

① 余振贵等主编：《中国回族金石录》，宁夏人民出版社，2001，第653页。
② 张浩良编著：《绿色史料札记——巴山林木碑碣文集》，云南大学出版社，1990，第68页。

洁，庶足以诚敬。倘敢亵慢，照规公罚，毋得瞻徇。"凡违反宗祠所立规约者："犯者，祀香人宜立即告知族正，会集族内绅耆，罚钱三千文归众。如祀香人徇隐，即依所罚之款并罚祀香人。如香人已告知族正，族正瞻徇，置若罔闻者，即依所罚之款并罚族正。有不遵罚者，不许入祠。"①

还有国法中有株连三族九族的规定，在宗族社会中，株连的范围则尽可能缩小，强调"罪责自负"或最小范围的株连。如驱逐出境、禁入祠堂、谱牒除名及罚停月米等处罚，仅株连到妻子父母，并不累及其他亲属。江苏《延陵义庄规条》规定：对"有玷祖宗"之人，"义当摒弃，出族除籍。出族者，及其妻女子孙。除籍者，只除本身之籍"。② 广东茂莲宗祠《敦俗碑》（咸丰九年）载："出外招惹是非，惟累及房亲，与族众无涉。"③

当然，族规中反对容隐与株连的规定表面上看与融会儒家思想的国法似略有"冲突"，但并不能说族规较之国法更具公正性。族规施加于族众的某些较为严酷的惩诫性措施，乃是不得已而为之，"相传执为成例，此非故意苛求，只为维风俗而化奸党，蒸蒸然复诸上古之休风焉"。④

综观族规碑中的条文规定，合礼合法的内容占有绝大比重，与国家法律的冲突所占不多。由于族规具有浓郁的伦理道德色彩，这一独特的价值评判体系，使宗族法的各种强制措施，甚至是与国家法律略有"冲突"的内容，也在一定范围内具有合情合理性，而这也是族规、乡约及告示等各种"准法律"所共同具有的特点。

---

① 谭棣华等编：《广东碑刻集》，广东高等教育出版社，2001，第905～905页。
② 王国平等主编：《明清以来苏州社会史碑刻集》，苏州大学出版社，1998，第278页。
③ 谭棣华等编：《广东碑刻集》，广东高等教育出版社，2001，第554页。
④ 谭棣华等编：《广东碑刻集》，广东高等教育出版社，2001，第554页。

六 乡约碑

在以往的中国古代政治法律制度研究中，对基层社会的法律制度一直关注不够。其原因，主要是由于中国最基层的乡村，因其地域分布广、所处零散，以及其非属一级独立的行政机构，因而缺乏制度上的规范和法律上的建树，以致在长期的历史演变中，一些在乡村社会中习以为常的制度或概念，呈现出一种复杂性和包溶性，"乡约"便是典型的一例。

（一）乡约的三种涵义

1. 乡村社会教育制度

陕西省安康地区岚皋县有一块清代刻立的《公置义田碑》（同治四年三月），碑文对乡约的含义有这样一段表述："尝考朱子增损蓝田《吕氏乡约》。吕氏者，宋时贤士，德艺素为人所敬信。所谓乡约者，士未入官，未能兼善天下，而化导乡里，实性分内事，因与乡人约誓，共勉为善，庶不至枉生也。其纲有四，曰德业相劝、过失相规、礼俗相交、患难相恤也。各有条目，善恶皆书于籍，以定赏罚。一时父勉其子，兄勉其弟，温恭慈惠，乡里间雍雍如也，何风之淳欤。"①

从这段碑刻史料可以知道，"乡约"是由民间士绅为"化导乡里"而自发性设立的组织。北宋神宗熙宁九年（1076 年），陕西蓝田的吕大临和吕大防兄弟创立了《吕氏乡约》。史载：吕大防与"大忠及弟大临同居，相切磋论道考礼，冠昏丧祭一本于古，关中言《礼》学者推吕氏。尝为《乡约》曰：'凡同约者，德业相劝，过失相规，礼俗相交，患难相恤。有善则书于籍，有过若违约者亦书之，三犯而行罚，不悛者绝之。'"②

《吕氏乡约》对后世乡约制度乃至整个乡里制度都有很大影响。明清时，这种由宋代士绅为纯风易俗而创建的乡约制度得到了中央统治阶层的认可，进而成为一种在乡村社会广泛推行的"广教化而厚风俗"的社会教育制度。

明代乡约的主要内容集中表现在皇帝根据时势需要所发布的"榜文"上。至清代，钦颁圣谕则成为地方官推行地方教化的主要内容和指导原则。顺治十六年（1659 年）规定：凡直省州县、乡村巨堡、土司地方，设立讲约处所，拣选老成者一人，以为约正；再择朴实谨守者三四人，以为直月。每月朔望，齐集百姓，宣讲《钦颁六谕》。之后康熙曾在《上谕十六条》中较为系统地阐明了自己的乡里教化理想。雍正时更重视乡约教育，于雍正二年（1724 年）将万言《圣谕广训》颁布全国。雍正七年（1729 年）又要求对全国各地执行乡约的情况进行全面检查，不得有遗漏。史载："雍正间，城、村俱设约正、值月宣讲圣谕，设约

---

① 张沛编著：《安康碑石》，三秦出版社，1991，第 221 页。
② 《宋史》卷三四〇《吕大防传》，中华书局，1977，第 10844 页。

讲三名，村落报充不一。"①

　　宣讲圣谕是为了广教化而厚风俗，这对乡里建设无疑是非常重要的。这一教育制度能否贯彻实施，一个关键问题是乡村能否配备推行这一制度的合适人选，故清初对乡约之约正的选用非常重视。黄六鸿说："讲乡约，必择年高有德为众所服者为之约讲。……一村自有村长，一族自有族尊，即村长、族尊为之约讲，而自举其副焉。……但乡城所举约讲正、副，以及村长、族尊，仍须按乡、城开报花名，投送州县，州县点验，果堪膺选，方任以约讲之事。"② 由文中可看出，在清代，负责推行乡约制度的约讲有一套较严格的任职程序。虽然他们是由公众推举产生，但却直接为官府所掌控，甚至还要由官府加以任免。其任职的基本条件是，德行与声誉良好，堪为乡里之表率。

　　此时，乡约已由宋代的民间自发性组织演变为一种由中央政府倡导并在地方大力推行的的城乡教育制度。在台湾正式并入清朝版图不久，乡约制度也马上引入实施。史载，康熙二十五年（1686 年）二月二十四日奉巡抚部院金宪牌："……台湾既入版图，若不讲诗书、明礼义，何以正人心而善风俗也？……除观风月课以励士习并颁行'乡约'以导民志外，所有一府三县应照内地事例，建立文庙四座，以崇先圣；旁置衙斋四所，以作讲堂。"③

　　乾隆时，因社会风气的变化和犯罪现象增多，乡约教育的范围有所扩大。针对斗殴等违法犯罪行为频发的现实，乾隆元年

---

① （清）林葆元等修、申正扬等纂：《石门县志》卷四《食贡志·户口》，清同治四年刊本。
② （清）黄六鸿撰：《福惠全书》卷二五《教养部》。
③ （清）周昌撰：《详请开科考试文》，载（清）高拱乾纂修《台湾府志》卷一〇《艺文志》，中华书局，1985，第 1024 页。

（1736年）规定：在宣讲《圣谕广训》后，还须"摘所犯律条，刊布晓谕"。乾隆五年（1740年）又要求各直省督抚将斗杀、奸盗等"各地方风俗所易犯、法律所必惩者"写成告示，"转饬各乡，于每月朔望读《广训》后宣讲，使之家喻户晓，戒惧常存"。① 乾隆十一年（1746年）又要求：各省督抚应将有关孝弟、忠信、礼义、廉耻、扶尊抑卑、正名定分等事，择其明白浅近之词，刊刻告示，每年分发所属府州县卫，于大小乡村，遍行布贴。并转饬各乡约正、值月朔望宣讲。② 乾隆四十三年（1778年）又再次要求各地方官督促乡约，宣讲有关斗殴、奸盗等百姓最易犯者，使乡里互相劝勉，共臻无刑之治。

　　客观地说，乡约教育制度的建立是符合中国古代国情和社会实际的。由于"州县官有钱谷刑名之责，不能远赴四乡，而四乡之民亦有农桑商贾之务，不能远赴治城，故每乡宜设一讲约所，或合乡共讲"；"每讲读毕，约讲与在事人及首领、绅衿、长老各举某人行某孝行，某弟作某善事，拯救某人患难，周恤某人贫苦，或妇人女子某为节、某为烈，俱要实迹，公同开载劝善簿内"。"如某人行某忤逆不孝，某人行某悖乱不悌，作某恶事，欺凌某人，强占某人财物，及奸宄不法事，俱要实迹，公开开载惧恶簿内。"③ 在乡村社会，公开进行劝善惩恶的宣讲教育，对化导乡村风俗，维护社会之稳定，都有重要意义。

　　乾隆以后，乡约教育依旧施实。"嘉庆四年，谕各省地方有司，每逢朔望，有传集人民宣讲圣谕广训之事。如果膺民牧者，

---

① 《清会典事例》卷三九八《礼部·风教》。
② 《夏津县志续编》卷五《典礼志》，载孟昭贵主编《夏津县志》（古本集注），天津人民出版社，2001，第793～794页。
③ （清）黄六鸿撰：《福惠全书》卷二五《教养部》。

能教以大义，于国家设立科条，摘其大端，剀切宣示，俾闾听之民知所领悟。则不但循谨善良，闻而忻慕；即桀骜不训之徒，亦当知所敛戢。"①

清朝皇帝屡次三番地强调乡约教育制度的重要性，实际上是秉承了中国自唐律便已确定的"德礼为政教之本，刑罚为政教之用"的观点，看重德礼教化在乡村社会的实际作用。因为乡村社会的风俗与治安良善与否，确实是关系到国家能否稳定的大事。但这同时也反映了问题的虽一方面，即乡村教育制度经常在实行一段时间后便流于形式，甚至被地方官视为具文。所以嘉庆皇帝强调："地方大小官员，有教育斯民之责，岂可视为迂阔，置之不讲？嗣后不但宣讲圣谕广训，当明切讲论，即公堂听狱、赴乡劝农时，皆可随时训导，启其颛蒙。庶默化潜销可渐收移风易俗之效。毋得视为具文，虚奕故事。"②

虽然嘉庆帝对这一制度曾寄以厚望，但"视为具文，虚奕故事"恰恰是清代中期以后乡约教育有名无实的症结所在。其实早在乾隆时，乡约教育已露衰势。乡约"朔望宣讲，止属具文，口耳传述，未能领会"。嘉庆皇帝后来也不得不承认："近来各省地方官积习因循，能守法奉职已不可多得，至于教化一事，则置焉不讲。"乡约宣讲，"举行者盖已寥寥，况实能导民于善，更化易民俗者乎？"③ 在乡约教育流于形式的同时，乡村社会的犯罪现象却日益增多。在清代社会，乡约教育制度实行之好坏，确实与违法犯罪现象之减增成正比关系。

---

① 《夏津县志续编》卷五《典礼志》，载孟昭贵主编《夏津县志》（古本集注），天津人民出版社，2001，第793～794页。

② 《夏津县志续编》卷五《典礼志》，载孟昭贵主编《夏津县志》（古本集注），天津人民出版社，2001，第793～794页。

③ 《清会典事例》卷三九八《礼部·风教·讲约二》。

对于中国乡村社会而言，如果说明代是偏重于保甲安民，那么清代更看重的是乡约教育。尤其是经过清初的广泛宣讲，乡约制度已深入民心，以致在官民心目中，乡约即是一种教化方式，同时也指乡约教育之推行者。而在清中期以后乡约教育有名无实，乡约又被更多地赋予了另一层含义——"乡官"，一种乡中小吏的代名词，而其职责也随着乡约制度最初的教化乡里而扩至究治安、解纠纷甚至还承担了一些杂役。

2. 乡官

陕西澄城有咸丰四年（1854 年）九月刻立的《乡约公直同议碑》。从碑的名称上可以看出"乡约"是与公直并列的乡官之名。其碑文为："乡约、公直同议。因为人心不古，风俗偷薄，今阖村人等演名戏一台，一正风俗，所罚条规，开列于后。"①以下是 9 条惩罚规则。由此可以确知，文中提到的"所罚条规"是出自"乡约、公直"等乡官之手，也即"乡约"除上文所表述的乡村教育制度的含义外，也可意指乡官。这一含义在明清文献资料和碑刻史料中都有不同程度的反映。文献如《清史稿》记载康熙时直隶灵寿知县陆陇其"行乡约，察保甲"。②此处乡约与保甲是并列的概念。

碑刻中记载的例子更多。陕西岚皋县跃进乡双河口原双丰桥头立有道光三十年（1850 年）九月刻立的四块组碑，碑文写道："当该乡保，必须刚方正直，协力办公。合乡无论大小事件，有人经投，稽查的确，邀众理质，是非剖明，忠心解释，不能受贿，□公偏禀。如有此情，公同禀革究惩。凡乡约一役，旧业新

---

① 王西平等编著：《澄城碑石》，三秦出版社，2001，第 187 页。
② 《清史稿》卷二六五《陆陇其传》，中华书局，1977，第 9935 页。

置，照议每届三年，各粮户轮流充当。如推委者，公同禀验。"①
借助这一段文字中，我们可以探讨有关乡约之来历、职责及其选
举等问题。

（1）乡约之来历。碑文中提到的"乡保"，应是乡约和保正
两种乡官的合称，他们最基本的条件是"刚直公正"。其实乡
约、保正作为乡官的名称早在明代已出现，而且与明代在乡村普
遍设立保甲制度有一定关联。明代吕坤曾言："守令之政，自以
乡约、保甲为先。"② 在明代的乡里制度中，乡约是掌管教化的
乡官，其职责与西周的乡老、战国秦时的五老、秦汉时的三老颇
相类似。除了乡约，明代还有负责征收赋税的里甲、维护乡里社
会安宁的保甲以及可裁决民讼的耆老士绅，顾炎武曾评价明太祖
朱元璋"损益千古之制"，使乡村"里有长，甲有保，乡有约，
宽有老，俾互相纠正"。③ 这种健全乡里制度的作法，对维护国
家长治久安，可谓是一种明智之举。

明代散布在各地的乡约组织，一般是依照乡村原编保甲，相
近者组为一约。约设约正、约副，有的请家居官员主持，有的从
德高望重者中推选。清代，各地普遍设立乡约是遵从官府之意，
而且与乡约教育制度的推行不可截然分开，这在上述文字中已有
交待。

（2）乡约之职责。乡约之职责在不同时期是不一样的。明
初，乡约的职责是教化乡里，但到清朝时，乡约的职责不断扩
大。乾隆五年（1740年）规定："举充乡集耆者，免其徭役。"
其目的是为了使乡约之约正等能专心于劝导地方。除此之外，

---

① 张沛编著：《安康碑石》，三秦出版社，1991，第177页。
② （明）吕坤撰：《实政录》卷五。
③ （清）顾炎武撰：《天下郡国利病书》卷四六《山西二·风俗》。

"乡集耆如能劝化地方、息争安分，并无倚势偏徇被控情事，并实力稽查奸匪著有成效者，一年由地方官给予花红，三年送给匾额，五年详请大宪优加奖励"。"倘因熟识衙门，藉此包揽钱粮词讼及插身帮讼情事，除立即斥退外，仍照例究办"。① 这段文字反映出，乾隆时期，乡约除原有的教化乡里的职责外，还将明代本由保甲负责的稽查奸匪、维护乡里社会安宁，以及由耆老士绅承担的裁决民讼的职责也一并抱揽过来。

劝化地方、教化乡里是乡约最本分、原始的职责，这也是乡约教育制度设立的初衷。而息争安分原为明代耆老士绅的职掌。朱元章在洪武三十一年（1398 年）三月十九日颁行的《教民榜文》中强调："今出令昭示天下，民间户婚、田土、斗殴相争一切小事，须要经由本里老人里甲断决，若系奸盗、诈伪、人命衙事，方许赴官陈告。是令出后，官吏敢有紊乱者入以极刑，民人改有紊乱者家迁化外。前已条例昭示，尔户部再行申明。"② 明初的这条榜文，因曾广泛昭示，严格执行，成为乡里社会普通认同的法则。

但由于乡里制度并非是一级正式的行政建制，因而出现某些乡官的角色或设或废，或者某一乡官身兼二职或三职，从而造成乡官在称谓和职责设置上的混乱和无序。而对此，后人似也不应过于苛求。

清代时的情况就是如此。此时乡官已不像明初时各有分管，而是乡约身兼多职。以为推行乡约教育制度而选出的保正为例，他们多是乡村中年高德劭之人，很自然地担负起在明代便负有的"急争安民"的职责。从清代碑文可以看出，清代乡约与明代里

---

① （清）王凤生撰：《约正劝惩条约》，载（清）徐栋辑《保甲书》卷二《成规下》。
② 杨一凡著：《洪武法律典籍考证》，法律出版社，1992，第155～156页。

老关系密切，职责相近，负有决争断、理是非的使命。凡是民间细故，必须先投告乡约，这也是乡民到州县衙门告状前的一个必经程序。

以陕西安康地区的碑刻为例。道光二十一年（1841 年）包家河乡《严禁匪类以靖地方碑》载："刁棍滋事，不即投鸣乡保理论，私自竟往县（以下字漫漶），令行议罚。"① 道光三十年（1850 年）岚皋县双丰桥组碑规定："阖境无论口角钱债、大小事件，知情莫过于乡里，必须先经投乡保绅粮理质，不服者方许控告。如不遵者，以原作被，公同处罚、禀惩。"② 同治元年（1862 年）十月《景家公议十条规款碑》宣称："境中有事，不鸣乡保传场质理、私告野状者，原告自□衙门，被告无涉。"③ 同治三年（1864 年）十二月宁陕县《公和兴会公议条规碑》载："境内既有乡保，原为与人理论是非。凡有不公之事，即当投鸣，理质了息，各安生理。如理质实不能已，致讼可也。"④ 同治八年（1869 年）紫阳县《芭蕉靖地方告示碑》规定："户婚田土等项即有争兢，先宜投鸣公人理质。如果不能了局，方可呈控。"⑤ 同治十一年（1872 年）六月石泉县《公选约保禁娼禁赌碑》表明："绅粮、当佃人等，无论鼠牙雀角之争，须投鸣约保理论，不得私讼。倘不守规，众等呈禀。"⑥ 光绪元年（1875 年）五月旬阳县的《庙子垭铺公议乡规碑》也宣称："庙子垭铺前立十六牌头，有事先和，不能和即送乡保，皆不得假公

① 李启良等编著：《安康碑版钩沉》，陕西人民出版社，1998，第 218 页。
② 张沛编著：《安康碑石》，三秦出版社，1991，第 183 页。
③ 张沛编著：《安康碑石》，三秦出版社，1991，第 216 页。
④ 张沛编著：《安康碑石》，三秦出版社，1991，第 218 页。
⑤ 李启良等编著：《安康碑版钩沉》，陕西人民出版社，1998，第 224 页。
⑥ 李启良等编著：《安康碑版钩沉》，陕西人民出版社，1998，第 229 页。

济私。"①

上述陕西安康地区自道光到光绪年间的乡村禁约碑刻，都不断强调几近相同的内容，可以证明乡约的"息争安分"职责已被乡村视为理所当然，并在一个地区内盛行不衰。

除"息争安分"外，乡约的另一个重要职责是稽查奸匪。乡约教化乡里和保甲安民在明代应当是两个并行不悖的系统，而在清朝，两者已渐有合并的趋势，这从"乡保"这一清代通行的名称上即可体现。清中期以后，乡约的地位、权限明显高于保正。如陕西宁陕县皇冠乡兴隆村一公议条规碑称："乡保原为剖断曲直，务要择其谙练公正明白者。议定乡约每年身工钱三十二千文，保正身工钱八千文。"② 由于乡约和保正的身份、职责不一样，故待遇也不相同，而乡约的待遇高出保正四倍，保正屈从于乡约的态势应是显而易见的。

在一些碑文中，还能具体反映乡约在乡中稽查奸匪方面所能做的实际工作。如道光十六年（1836 年）《合村乡约公直同议禁条碑》载："自今以往，各戒偷窃，共趋醇穆。倘有犯者，决不容情，宝钟一响，捉者不管。若有强梗不遵者，乡约、公直送官究治，盘费照粮均摊。"③ 光绪元年（1875 年）由绅耆里民乡保同立之《庙子垭铺公议乡规碑》也写明："无耻之徒，倘诱良民子弟赌钱者，牌头查明，以报乡保。"④

在前文中提到的乾隆五年（1740 年）曾规定乡约不能"包揽钱粮词讼"，这条规定也应是文有所指。随着乡约所担负的职

① 张沛编著：《安康碑石》，三秦出版社，1991，第 254 页。
② 张沛编著：《安康碑石》，三秦出版社，1991，第 218 页。
③ 王西平等编著：《澄城碑石》，三秦出版社，2001，第 167 页。
④ 张沛编著：《安康碑石》，三秦出版社，1991，第 254 页。

责越来越多，而衙门吏役对其盘剥有增无减，以致原本为公举之乡约已被绅粮视为畏途；另一方面，一些心术品性不正的乡约也会借助位居地方衙门和乡村社会媒介的特殊地位，上蒙下骗，为害乡里。云南大理《永平县杉木和乡革除陋规碑》（光绪九年四月）便记载了这样的事例。

碑文首先提到该地在"乡约"之外特增设"街约"的缘由："窃惟杉阳一隅，内有花户、烟户之别。烟户居乡，共为八排之众。花户居街，则又另为一排。其间之不同者，以花户之民寄迹客户大半，本地居民其数不过三五十户。古辈以街场之地，乃客商往来之区，难免不无滋事等弊。特于八排乡约之外，另设街约一名，以为在街场中弹压争端之意。"虽然乡约原本立意很好，然而由于"回逆反乱，古规尽迁"，乡约几成杂役。"乡约则勒令供以夫马柴草，街约则压逼供以街头长夫，新红蜡烛、笔墨纸张、锅缸水桶等物。大凡充当街约、乡约之役，屡屡倾家荡产。十余载内，逃亡大半。"在地方安定后，乡约、街约又相继复设。但由于充当者良莠不齐，有些乡约甚至继续向乡街民众派纳已被裁撤之"街头长夫，及新红蜡烛等"以为"润身"，成为地方之害。"缘有已当街约者，借此润身，官处渐有折算银钱等弊。纵如是受累，弗敢控告。"后经绅民恳请，地方官发出告示，要求地方官吏以后"不得仍前滥派新红纸笔等物，并不准包当街约。如有故违，许该绅等禀明，即行差提究惩，决不姑贷"。[①]

（3）乡约之选任。道光三十年（1850 年）立于陕西岚皋县的双丰桥组碑提出乡约"每届三年，各粮户轮流充当"，且不得

---

① 段金录等主编：《大理历代名碑》，云南民族出版社，2000，第 599～600 页。

推委。这和清初规定的公举乡约的作法明显不同。乡约从公举变为轮流充当，可以反映出乡官的地位和人们对乡官的态度发生了改变。虽然明清两代对乡里组织领袖选任的条件较为严格，要求德才兼备、财势并重、声名俱佳，然而到清朝中后期，这些规定已成具文，担任乡里组织领袖者不少是地痞无赖。导致这一现象的原因，与清后期滥征索民不无关系。

陕西安康地区的乡约在道光年间所面临的窘境是较具代表性和有说服力的事例："梁家庄乡约一保，上及腰竹岭，下及半边街，地广辽阔，人□□户，公事□集，□□□□，向例无论粮之大小索之。门当之至，有垫赔受累者，有倾家荡产者，有受吏役之鞭挞挫辱者，□□未有良法以调剂人□□□，方之仰□，若有□□之难；官之耳目，畏若探汤之险。始而当之维艰，继则推之更□。"① 这种情况在光绪时期的云南大理表现得更为严重："大凡充当街约、乡约之役，屡屡倾家荡产。十余载内，逃亡大半。"②

随着乡约职责的改变或扩大，即由掌管教化到警诫乡里、裁判是非，甚至还要征敛赋役，乡官在乡里社会已失去了荣誉的光环，而成为务实的杂役甚至是任官衙胥吏任意差遣的贱役。人们视乡约为畏途，避之唯恐不及，不少地方迫不得已采取由粮户轮流充当的做法，正像上文所举安康地区道光三十年（1850 年）所立碑刻中规定的那样。然而弊病随之出现。立于陕西宁陕县皇冠乡的《共置产业公举乡约碑》（清道光六年）强调："尝思朝廷设立官府，官府设立乡保，法至良也，责匪轻矣。因贤愚人等

---

① 《永发乡约田地碑》，载张沛编著《安康碑石》，三秦出版社，1991，第 164 页。
② 《永平县杉木和乡革除陋规碑》，载段金录等主编《大理历代名碑》，云南民族出版社，2000，第 599 页，

贫富不同，虽各粮户轮流充当，多致受累。"解决的办法应当是"劝令诸粮户量力捐次，共置产业，公举乡约"。[1] 同治三年（1864 年）十二月安康《公和兴会公议条规碑》也是如是主张：自道光十六年（1836 年），"本境乡保由粮户轮次推当，其间人有智愚贤不肖之异，家有厚薄羡不足之殊；有克充此役者，有不克充此役者。公事往往多误，粮户往往受累"。于是"置买周治其干沟地土一契如数，乡保身工，实为有著"。[2]

"共置产业，公举乡约"的作法在安康地区一直延用至同治、光绪年间。如同治十一年（1872 年）六月石泉县《公选约保禁娼禁赌碑》规定："盖闻朝廷有官长，而乡里亦有约保，以杜患害，肃静地方。……迨后约保凭众公选公举，不得轮流充当。庶乎上不误差谕，下可杜患害。""境内约保必须公选公举，不得以情钻充，每年给身工钱廿四千文整，冬季交清。"[3]

而光绪二年（1876 年）四月镇坪县下茅坝《公议乡约辛赀碑》则将乡约由轮流改为公举的原委表述得更为清晰："我下茅坝境内，虽属遐荒，而民中岂无秀顽。其有力者，或无才以任公；而有才者，又无力以办事。及至屡年议举，人皆逶谢。若是者，则一乡之事，又推谁任也？因兹阖乡绅粮，会同集议，爰举有才无力以代无才有力，特捐有力无才以供无力有才，岂不两全其美，共乐均平之治也哉！于咸丰十年始创此举，老粮已捐，积金六十千，无论充请何人，每年将余剩以为辛赀。昔举固美，今何从新。因近来乡事甚繁，任非一人能当，兼添新粮捐项，除点卯用费、兵借外，余金五十千，合新捐旧捐共积金一百一十千，

① 张沛编著：《安康碑石》，三秦出版社，1991，第 135 页。
② 张沛编著：《安康碑石》，三秦出版社，1991，第 218 页。
③ 李启良等编著：《安康碑版钩沉》，陕西人民出版社，1998，第 229 页。

其余利〔可〕足二人辛赍。今故举二人协充。"以下列有捐户四十余人姓名及捐钱数量。①

由于公举的乡约在经济上有报酬，而这种报酬来自乡民公置公举，故乡民便对乡约拥有了制约、惩罚甚至罢免的权力。如道光元年（1821 年）三月二十七日《合村公议禁条》载："吃酒放风，乡约、公直量罚；奉公直、乡约不到，处事不平，众人议罚。"② 同治八年（1869 年）八月紫阳县《芭蕉靖地方告示碑》也规定："该地乡约，值年造册，着议公人充当，牌头、甲长不得照旧誊册。设有漏户招留咽匪，系乡约造册不清，公同禀究。"③

3. 乡规民约

乡约同时也是乡规民约的缩略语。乡（村）作为最基层的行政单位，在中国已延续了 2000 多年。乡村治安、风尚的好坏，直接关系到社会的安定。明清时期，乡里的耆老、乡官、士绅将共同商议制定的乡约、村规、禁条等刻之于碑，立于间里之间，是人们同遵守并据以处理纠纷和确定对违反者处罚的依据。

在数以千计的明清碑刻中，乡规民约碑占有相当的比重。在中国广大的乡村，几乎每乡每村都有各自的乡规民约，仅山西运城地区即有《饬立社规约言》（康熙）、《合村公议禁止诸条碑》（乾隆）、《公议立例碑记》、《村规民约碑》、《村规碑》、《合村公议村规碑》（道光）、《村规碑》（咸丰）及《公议新立禁条款式碑》等。

乡约碑不仅数量多，而且内容丰富。如山西运城地区的

---

① 张沛编著：《安康碑石》，三秦出版社，1991，第 261 页。

② 王西平等编著：《澄城碑石》，三秦出版社，2001，第 167 页。

③ 李启良等编著：《安康碑版钩沉》，陕西人民出版社，1998，第 229 页。

《三社振风励俗恪守碑》（乾隆二十七年五月）载：

南登坂村三社公议振风励俗禀官立法恪守碑。合村每年共举公直九名，协同总长督一村人等。循规蹈矩，不得荡检逾闲，守礼安顺，罔敢干律犯法。凡有不孝不弟大干律例者，举报在案，听主发（沼）〔诏〕。其余赌博为贼盗根源，其议：见者，即罚银一两；开场卖饭者，亦罚银一两五钱。举一切盗人田禾、砍伐树木，亦分别轻重有罚。如不愿受，具报具主案下究治。照议□行。人无大小，个个安耕。凿之，常时无冬夏，家家鲜玩愒之虞。如此地方虑静，风俗淳美，讵不少有补于朝廷，推化县主至治也哉。为遵。伏祈老爷亲问批发，勒诸贞石，以垂永远。赐进士出身文林郎知垣曲县事加三级纪录五次汤老爷准行。本庄邑庠生员石士奇撰文并书丹。[①]

又如陕西省安康地区东镇乡黑牛沟竖有一块《公议禁碑》（光绪三十年七月），碑额上刻有"大团公议"四字。碑文分为两部分，前者为序："上松树铺来远里黑油沟为除害安良以正风俗事。缘我境地属高山，贫苦已极，所有出产，唯有五谷山货等物，概可营生。无奈世风不古，民习日偷，藐视王章，罔知责耻。常窝藏匪类，以赌博为生，甚至狗党胡行，为盗为贼。呜呼！世道流污，何至如是耶？若不实力整顿，则偷风日炽，为害无底。所以众等公议，一草一木，各有所主，不准越畔相侵。故严立数禁，刊刻于后。倘有无耻之徒，故犯此禁，若被拿获，无

---

① 王大高主编：《河东百通名碑赏析》，山西人民出版社，2002，第402页。

论皇亲国戚，送公重惩，决不容情。自禁以后，伏愿四乡人等，一体凛遵，庶可隆圣王之教化，挽自下之颓风也已。"序文下紧接着是六条禁约："一禁，红黑签匪，人得而诛，我境商议，不准屯留。一禁，野凹孤山，人户不繁，盗贼逞志，拿获送官。一禁，山货等物，五谷竹木，各有所主，不能乱拿。一禁，赌博之人，拿获重惩，窝赌之家，房屋充公。一禁，拿获盗贼，受贿不禀，若被查明，与贼无别。一禁，本境远乡，赌盗众匪，知禁犯禁，公议不容。以上六条，白日查获，赏钱四百；黑夜拿获，赏钱八百。送信者赏钱四百，决不食言。"①

以上两通全文载录的碑刻是中国明清时期较有代表性的乡约碑。在中国广大乡村，类似这样的碑刻还有许多。通览全文，我们会发现它们传递了这样几个重要的信息：一是乡约是经公议公立并经禀官批准、备案最终以刻碑等形式宣示于众的规条；其内容以导风化俗、除弊害、严禁盗窃、贼匪、赌博等为害乡里为主；三是具有文字质朴、赏罚具体、便于实施等特性。当然符合这些特点的除乡约外，还包括家法族规、行业规约、寺庙规约及学规等，严格说来这些内容也应包括在广义的乡规民约中。但由于涉及这些方面的碑刻资料较为丰富，笔者已分别予以单独论述，故本文以下所述专指狭义的乡规民约。

（二）乡约是与律例并行的地方习惯法

明清时期，全国大部分地区都制定有乡约，这一点不仅体现在碑刻史料中，在文献资料中也能得到反映。本文在此所要强调

---

① 张沛编著：《安康碑石》，三秦出版社，1991，第347页。

的是，乡约是一种与律例并行的法律形式。也有人认为乡约是一种与制定法相对应的习惯法，但其实这远远没有揭示出乡约的全部内涵与特性。透过碑刻中所记载的大量史料，我们有必要对乡规民约进行重新剖析和认识。

1."约"的含义

在中国古代社会，乡规民约中的"规"和"约"均具有法律的含义。以"约"为例，它可指约束，如《论语·子罕》载："夫子循循然善诱人，博我以文，约我以礼。""约法"既指以法令相约束，也指预先规定须共同遵守的条文。如《周礼·秋官》载："司约掌邦国及万民之约剂，治神之约为上，治民之约次之。"① 又如《韩诗外传》所载："鲍叔荐管仲曰：臣所不如管夷吾者五……制礼约法于四方，臣弗如也。"② 汉高祖刘邦的"约法三章"更是人所共知的例子。另汉代南阳太守召信臣"为民作均水约束，刻石立于田畔，以防分争"，③ 也显现出其规范作用。

以上"约"字，有时可指立法的程序，有时又指具有法律效力的规条。然而无论是程序的含义还是内容的表示，"约"已被赋予了公平性和强制性的法律效力。

就中国古人的思维而言，乡约的存在如同国家律法一样是天经地义的。在广西的碑刻中，我们可以反复见到这样的描述："朝廷有例条，民间有律法"；④ "窃维天下荡荡，非法律弗能以奠邦国。而邦国平平，无王章不足以治闾阎。然乡邻鏊鞯，岂无

---

① （汉）郑玄注、（唐）贾公彦疏：《周礼注疏》卷三六。
② （汉）韩婴著：《诗外传》卷一〇，载《钦定四库全书·经部三》。
③ 《汉书》卷八九《召信臣传》，中华书局，1962，第3642页。
④ 《龙脊永禁贼盗碑》（道光二年），载广西民族研究所编《广西少数民族地区石刻碑文集》，广西人民出版社，1982，第156页。

规条，焉有宁静者乎！条规一设，良有以也"；① "周公置礼，孔子造书，官有律条，民有禁约，万物咸兴。"②

　　山西运城娘娘庙村之《村规碑》（咸丰九年）也规定："从来朝廷之上有法制，即有禁令，而乡党之间有劝勉，岂无箴规。但恐箴规之无以悚人听闻也。于是合村公议首人数名，严立禁条数项，以整一乡风化。而又恐岁月永远，纸契难存，因勒诸贞珉，以垂不朽云。"③

　　对于乡民而言，乡规民约本身就是法律或法律形式的一种。不仅乡民如此看，地方官吏也持相同的看法。陕西安康紫阳县《芭蕉靖地方告示碑》（同治八年）载："照得里党不可无规条，尤朝廷不可无法律。无法律莫由振四海之颓风，无条规何一洗一乡之敝俗。"④

　　在清代，中国地方官吏及普通乡民将乡约视同国家律法，应当说这正是中国宗法等级社会或者说是"家天下"这一社会状态所导致的必然结果。国有律，乡有约，族有规，家有法。由宗法等级制度所构造的社会的每一个层面，都有相应的法令规章。虽然每个层面都可以各行其"是"，但由于贯通各个层面的精神和原则是一致的，故不会导致各个层面的冲突。甚至，作为国家律法基础或底层的乡约，还会将国家律法所强调的精神和原则，尽可能地发扬光大，深入民心。

---

① 《龙脊乡规碑》（道光二十九年），载广西民族研究所编《广西少数民族地区石刻碑文集》，广西人民出版社，1982，第153页。

② 《禁约碑》（光绪二十三年），载广西民族研究所编《广西少数民族地区石刻碑文集》，广西人民出版社，1982，第126页。

③ 王大高主编：《河东百通名碑赏析》，山西人民出版社，2002，第417页。

④ 李启良等编著：《安康碑版钩沉》，陕西人民出版社，1998，第224页。

2. 乡约精神与国家律法一致

（1）维护纲常礼教。乡约是由乡绅耆老代表村民为保护其共同利益而联名制定的。乡民并非都是愚夫盲妇。作为封建社会最广大的基础，他们是封建礼法所承载的对象。对于乡民而言，乡规民约本身即是道德规范，也是法令规条。

中华法系的一个明显特色就是礼法融合，乡约也是如此，它融道德规范与法律内容于一体。在云南省洱源县有明正德十四年（1519 年）刻立的《洗心泉诫碑》，其中所规定的 48 条诫律中既有"不可混杂男女，不可兄弟计利"等儒家伦理道德的说教，也包涵"不可为盗，不可为寇为巫，不可集聚赌博"等律例所严禁的内容。[1]

清朝时，康熙颁布的上谕十六条不仅是实行乡约教育制度时需要反复宣讲的内容，同时也是乡村制定乡约时所奉行的基本准则。这十六条是："敦孝弟以生人伦，笃宗族以昭雍睦，和乡党以息争讼，重桑农以足衣食，尚节俭以惜财用，隆学校以端士习，黜异端以崇正学，讲法律以儆愚顽，明礼让以厚风俗，务本业以定民志，训子弟以禁非为，息诬告以全良举，诫窝逃以免株连，完钱粮以省催科，联保甲以弥盗贼，解仇仇以重身命。"[2]

上谕十六条的内容涉及乡村生活的方方面面，统治者想通过对乡里社会化风导俗，进而达到一种理想的"礼治"状态。而这些内容也同样体现在乡约中。云南云龙县长新乡的《乡规民约碑记》（道光十七年）便将上谕的内容贯彻于现实中："古之良民，方里之内，出入相友，守望相助，疾病相扶，亲睦之风，昭昭于古。余里之境，能不法古风而遵守乎？况我朝圣谕，上亦

---

[1] 云南省洱源县志编纂委员会编：《洱源县志》，云南人民出版社，1996，第 667 页。
[2] 《清圣祖实录》卷三四。

有联保甲以弭盗贼，和乡党以息争讼，训子弟以禁非为，息诬告以全善良，讲律法以惊愚玩，笃宗族以昭雍睦等数条，无非因上帝好生，凡民之俊秀愚顽使之各务本业，而不失亲睦之风，得优游于太平之世也矣乎！兹余里一近边夷，二邻杂处，不能受累。爰是乡村绅耆，协力同心，公议乡规，永存勒石。"①

然而欲达到"礼治"之状态，没有"法治"的保障也是不行的，乡村社会也同样明白这个道理。广东湛江地区徐闻县迈陈下村的《禁革陋规碑》（光绪四年）如是说道："盖朝廷有律令之条，乡党有禁约之法。禁约者约人心浇漓以归和厚者也。"②山西运城之《村规碑》也同样强调："合村公议首人数名，严立禁条数项，以整一乡风化。"③

不仅如此，乡约也同样体现了"失礼之禁著在刑书"及先礼后刑、礼为之防的礼刑辩证关系。陕西安康《合村乡约公直同议禁条碑》（道光十六年）说："尝思世之盛也，上重睦渊任恤之教，下有礼义廉耻之风。迨其后人心不古，风俗日偷，而弭盗之方，遂不得不严矣。吾郡旧有赏善罚恶条，特以罚轻易犯，人多玩之，用是同议更新焉。"④而陕西汉阴县道光三十年（1850 年）所立《会修清野大纲碑》的表述更为直白明确："闻之礼禁于未然，法惩于已然。与其惩于已然后，曷若禁于未然前也。粤稽道光初年，我境父老乡绅恒虑贱越礼犯法，特思合境立禁以免惩。"⑤ 这些碑文已将设立乡约的意图表达得再清楚不过了。

---

① 段金录等主编：《大理历代名碑》，云南民族出版社，2000，第 537 页。

② 谭棣华等编：《广东碑刻集》，广东高等教育出版社，2001，第 510 页。

③ 王大高主编：《河东百通名碑赏析》，山西人民出版社，2002，第 417 页。

④ 王西平等编著：《澄城碑石》，三秦出版社，2001，第 167 页。

⑤ 李启良等编著：《安康碑版钩沉》，陕西人民出版社，1998，第 222 页。

（2）禁不孝，严家教。在中国封建律法中，不孝为十恶重罪，而在乡约中，不孝悖伦同样是严惩对象。陕西安康旬阳县的《庙子垭铺公议乡规碑》（光绪元年五月）载："人生孝弟为重，倘为子不孝，为弟不恭者，送官定罪。"① 陕西安康《景家公议十条规款碑》（同治元年十月）规定："内有忤逆不孝、悖伦犯上，即行合力捆绑，送官究处。"②

在乡村社会，将不孝行为扩大理解为不孝罪的事例很常见。广西兴安县的《禁约碑》（光绪二十三年）即是如此："顺妻逆母，忤逆不孝，地方以不孝之罪治究。"③

与律法相同，在遵从尊长的同时，乡约也要求家长、族长切实行使管教的制责，一旦家族内有人犯禁违禁，男性尊长要承担连带或主要责任。云南大理云龙县长新乡之《乡规民约碑》（道光十七年六月）载明："窝藏远客匪类，违害地方，如有查获，过失归族长。""乡间子弟，父兄各宜严禁非为，以归正路。如不严禁，罪归父兄。"④ 在道光十五年（1835 年）的《乡规碑记》中，我们还可以看到，在乡村社会，女性的地位比较低下，甚至女人的过错，也由男人来承担责任："铁甲场村虽僻处偏隅，男人非不良也，总由出外日多，乡规未议，屡行不义。……今众姓会议，同为盛世良民，各戒妻女，须知物各有主，不许仍蹈前辙。一犯乡规，当即协同乡地搜寻失物。男人虽不在家，预为禀官存案。至男人回归，禀请差提究治。"⑤ 同治八年（1869

① 张沛编著：《安康碑石》，三秦出版社，1991，第 254 页。
② 张沛编著：《安康碑石》，三秦出版社，1991，第 216 页。
③ 广西民族研究所编：《广西少数民族地区石刻碑文集》，广西人民出版社，1982，第 126 页。
④ 段金录等主编：《大理历代名碑》，云南民族出版社，2000，第 540～541 页。
⑤ 段金录等主编：《大理历代名碑》，云南民族出版社，2000，第 537 页。

年）陕西安康紫阳县《芭蕉靖地方告示碑》也同样规定："乡街妇女不守坤道，凡遇谷熟之时，每藉寻菜草，偷窃粮食。倘查实拿获，与家主是问，照贼盗例治。"①

（3）禁赌禁盗。在乡约碑中，涉及最多的是社会治安问题，而其中最突出的又是赌博和盗窃。

赌博在康熙时已经流行，乾隆时期，虽然社会经济文化有了很大发展，但民风不淳，斗殴、赌博成为主要的社会问题。不仅京师赌场遍布，在乡村也聚赌成风。有的赌场专设赌局，诱人上当，而赌博又诱发许多社会问题，如争讼、偷盗等。故赌博在一些乡约碑石中被称为"万恶之首"。《景家公议十条规款碑》规定："赌博乃朝廷首禁，若不戒除，良民何以资生。嗣后倘有犯赌者，立拿送案。"②现嵌于陕西安康岚皋县跃进乡的《双丰桥组碑》中也强调严赌博："赌博乃朝廷首禁，如斗鸡、玩蟋蟀、盆鹌鹑、圈盒子、宝弹钱宝、纸牌骨牌、掷骰摇摊，此皆赌具。我境四民，能守分安常，即为良民。若犯赌博，国法难容。轻则杖枷，重则徒流。况南山一带，罪加一等，可不慎之戒之。""为父兄者，欲禁子弟之赌博，必先正己，痛改前非。自议之后，如父兄犯赌，照子弟犯赌更加一等，凭公处罚。不遵者，亦公同送官。"③这种对父兄加重处罚的作法，虽未见诸文献，但此碑所云似不是凭空无据。

赌博与盗贼互为因果，因而律法和乡约均强调在禁赌的同时也严惩盗贼。安康《芭蕉靖地方告示碑》（同治八年八月）表明："贼盗出于赌博，无论绅粮花户，或设局窝赌，勾引良

---

① 李启良等编著：《安康碑版钩沉》，陕西人民出版社，1998，第224页。
② 张沛编著：《安康碑石》，三秦出版社，1991，第216页。
③ 张沛编著：《安康碑石》，三秦出版社，1991，第180页。

民子弟，招留会匪棍徒，拿获赌据（具）禀案者，照例严惩不贷。"① 安康石泉县《公选约保禁娼禁赌碑》（同治十一年六月）载："境内不得招娼窝赌，窝留红黑签匪。倘有窝留，查出禀官究治。"②

中国封建法律自从战国李悝《法经》起便确定了重惩盗贼的原则，同时历朝法律对盗贼、窝匪等均予以严惩，乡约也秉承了封建律法的一贯作法，同时禁盗还成为大多数官方告示碑中的核心问题。

在乡约碑中，在读到有关对盗窃赌博等违法行为的处罚之前，还可以看到古代乡村社会对这些违法行为的理解或定义。如云南大理长新乡《乡规民约碑记》载："大粮未熟乱采，拿获者，定以盗论。"③ 陕西安康平利县《牛王沟公议禁盗碑》（光绪二十二年）也写明："盖闻物非己有而窃取者，谓之盗。盗也者，不必穿窬之谓也。……拿贼之人不得栽赃贿利、挟隙报仇。如有等弊，以反坐论罪。"④

乡约不仅规定对于窝赌窝盗的行为予以重惩，对于知情不告者，也要给予相应惩罚。山西运城《合村公议禁止诸条碑》（乾隆四十一年）强调："见盗诸物不言者，一理同罚。"⑤ 安康旬阳县《庙子垭铺公议乡规碑》（光绪元年五月）也明确规定："窝藏贼、盗、赌、匪者送官，知之而不报者亦送官。"⑥

一般而言，对于民间细故或一般的违法行为，乡村社会可通

---

① 张沛编著：《安康碑石》，三秦出版社，1991，第224页。
② 张沛编著：《安康碑石》，三秦出版社，1991，第229页。
③ 段金录等主编：《大理历代名碑》，云南民族出版社，2000，第537页。
④ 张沛编著：《安康碑石》，三秦出版社，1991，第314页。
⑤ 王大高主编：《河东百通名碑赏析》，山西人民出版社，2002，第405页。
⑥ 张沛编著：《安康碑石》，三秦出版社，1991，第254页。

过议罚等方式自行处理，但对盗贼窝匪等刑事犯罪，乡约要求将罪犯捆绑送官。陕西安康市包家河乡《严禁匪类以靖地方碑》（道光二十一年）规定："铺店不许招留外来匪棍，窝藏赌博，查出捆绑送官。"①《景家公议十条规款碑》（同治元年十月）写明："有游僧野道、流棍恶丐在境强化估付及红签黑匪日抢夜劫者，立捕送案。"②

对盗、贼、赌等严重危及乡村社会治安的行为，有时乡民会采取一些极端的作法，但因为有乡约碑的事先告白预警，一般是会免于制裁的。广西兴安县一乡约碑载："国家命民，民依国法。现用炮火、石头、刀、棍，紧防贼（塗）〔徒〕小人。谁若为盗，众等提拿，不分生死。生者吊打公罚，死者要盗家房族安葬。……如有盗家父母吞烟、割颈、自缢、自伤夺害，地方人不准。如有此者，众等将贼逐，送官究治。出罪入罪，依律例办。众等将贼割耳挖目，预白。"③ 文中提出"将贼等割耳挖目"，虽从此碑文中看不出乡约是否经过官府认可，但文中有"国家命民，民依国法"、"出罪入罪，依律例办"这样的行文，可知订约者当不是"法盲"，同时他们也应该知道越法行事的后果。

我们再看另一个例子。陕西安康宁陕县皇冠乡兴村太平桥的《公和兴会公议条规碑》（同治三年）明确记载："境内如有不法之徒白昼黑夜持械枪夺者，登时鸣团，遵示格杀勿论。其小偷窃事犯，不得擅行杀害。"④ 此处，乡约对律法精神的把握，确是恰到好处。

---

① 李启良等编著：《安康碑版钩沉》，陕西人民出版社，1998，第218页。
② 李启良等编著：《安康碑版钩沉》，陕西人民出版社，1998，第216页。
③ 广西民族研究所编：《广西少数民族地区石刻碑文集》，广西人民出版社，1982，第126页。
④ 张沛编著：《安康碑石》，三秦出版社，1991，第218页。

（4）禁妄讼、刁讼。律法和乡约中均有严禁妄讼、刁讼的规定。《石泉知县整饬风化告示碑》（道光五年）反映了清中期陕西乡村社会的一些面貌："案〔据〕中池河绅士、粮户、乡保等禀称，近来人心不古，□〔各〕乡保肆行告状兴讼。"① 针对此种情况，乡村社会设想出一些应对之举。如有的乡约规定，对于妻女兴讼者，要对男性予以处罚。道光三十年（1850 年）陕西安康《双丰桥组碑》载："阖境无论粮当花户，不振纲常，一遇事件，纵容妻女出首理质兴讼。倘及如斯，坐落夫主，家族认处认罚。如不遵者，公同禀惩。""境内烟户有负债者，倘有夫妇姑媳自相口角，气忿系项，不得藉图骗于放债之家。如有此情，罪归反坐。若不遵者，公同禀究。"② 云南大理长新乡《乡规民约碑记》还载："恃强滋事，无故讼狱者，定以乡规和彼理论。"③

3. 乡约与村政自治

如果说上一个问题是强调乡约与律法的一致性，那么这个问题便是突出两者的不同，而也正因为它们所起的作用不同，乡约才有其存在的合理性和必要性。

道光十六年（1836 年）广西《万承土州冯庄坛岜两村乡规碑》载："尝闻国有法而乡有规，盖国法明而后善良安，亦乡规立而后盗窃息，是乡规者亦国法之一助也。"④ 据此可以不无夸张地说，正因乡约的内容弥补了律例远离人们现实生活的不足，故而它在乡村社会中才具有举足轻重的作用。

---

① 张沛编著：《安康碑石》，三秦出版社，1991，第 132 页。
② 张沛编著：《安康碑石》，三秦出版社，1991，第 183 页。
③ 段金录等主编：《大理历代名碑》，云南民族出版社，2000，第 537 页。
④ 广西民族研究所编：《广西少数民族地区石刻碑文集》，广西人民出版社，1982，第 51 页。

　　乡约是一种民间自治性规范,遍布中国城乡及偏远闭塞的地区。道光十七年（1837 年）云南大理云龙县长新乡《乡规民约碑记》明确表示:"从来朝庭之立法,所以惩不善而警无良;乡之议规,正以从古风而敦习尚。"① 国法在全国各地是统一的,而乡规民约却显示出各自为政的特点,即各地多根据不同的社会背景、针对不同的需要订立相应的村规民约。其篇幅,少则数十字,多者则长达万字。在碑文中,一般都会交待为何要制定乡约并立碑,据此,我们了解到明清时期各自为"政"的乡约的内容主要体现在以下方面:

　　（1）正风俗、除弊害。许多地区之所以要制定刻立乡约、禁规碑,一个重要原因是"人心不古"。如广东湛江地区徐闻县迈陈区迈陈下村光绪四年（1878 年）所刻《禁革陋规碑》交待道:"我迈陈村自晚近以来,人心不古,村中子弟每相率为非,或成群聚赌,或私行盗窃。所有田园物产,以及家内财物被其盗窃,往往有之。揆厥由来,总因父兄之教不先,故子弟之卒不仅游手好闲,不务产业,至于如此。缘此父老忧之,欲挽颓风,以成善俗,乃合众相与约议勒碑。"② 广东仁化县光绪十五年（1889 年）所刻《严禁本村后山树木碑记》也是如此表述:"近年人心不古,为私灭公者,有等贪利之徒,或假刍而乘间鼠,或托风雪而借影徇偷,甚或窃伐潜移,谓是他之木,盗枝存干致枯,蔽日之村,百弊丛生,十指难屈。"③

　　在乡村或市镇竖立的乡约碑多是因地制宜、有的放矢,以期解决实际问题。如云南大理云龙县长新乡所立《乡规民约碑记》

---

① 段金录等主编:《大理历代名碑》,云南民族出版社,2000,第537页。
② 谭棣华等编:《广东碑刻集》,广东高等教育出版社,2001,第510页。
③ 谭棣华等编:《广东碑刻集》,广东高等教育出版社,2001,第112页。

对二婚财礼作出明确规定："二婚财礼，准定十一二两之数，不得贪心倍取。"① 而广东汕头澄海县博物馆有一光绪二十七年（1901 年）所立《遏制奢风告示碑》又是针对当地男女亲家送礼无度。碑文载："我澄虽滨海之区，夙称邹鲁，凡大小礼数，毫无奢华。迩因习俗相沿，风遂一变，无端浪费，谬为礼文。目前最甚者，莫如姻戚馈遗一事。考城厢内外，以至大小村落，无论富家贫户，一女嫁出，则父母首数年必破探正送节等费，逐年又必以四季食物挑送婿家应酬，多则为荣，少则为辱。即或家贫无力，也得百计经营。礼岂如斯，徒耗财多事而已。今本城五社绅众，深痛此弊，公议停止，于本月廿四日演戏于此尊神庙前，声告明诚，并俾大小各村落有所传闻。唯恐代远年深，无知者或仍蹈弊，固将缘由条约，一并勒石，以杜后来。"② 陕西安康的《双丰桥组碑》则对当地的淫乱之风痛加斥责并严禁："淫乱为众恶之首罪，尤为朝廷之大禁。凡我境男女人等，不许游手好闲、朝暮淫乱为事。与其有夫有子，当为夫、子顾其脸面；无夫无子，亦宜为己身存其名节。奈有等无职之男女，暗藏奸心，或图〔夫〕于弊命，或拐恋于他乡，是乃伤俗莫甚于淫乱，人命实出乎奸情。种种情弊，擢发难数。自今议后，境内男女，各怀廉耻，悉遵公议。如有不遵，以致故犯，公同送案，照律究惩。"③

乡约不仅要正风俗，也要除一方之弊害。在土广民众之乡村，每乡每村虽有共同面临的问题，但在不同时期有些弊害的轻重缓急并非一成不变。广西龙脊乡在道光年间所面临的难题是：

---

① 段金录等主编：《大理历代名碑》，云南民族出版社，2000，第 537 页。
② 谭棣华等编：《广东碑刻集》，广东高等教育出版社，2001，第 296 页。
③ 张沛编著：《安康碑石》，三秦出版社，1991，第 177 页。

"有饕餮不法之徒，类于梼杌，竟将禁约毁弛，仍前踵弊，非惟得陇而欲望蜀。男则贪淫好窃，女则爱鹜轻鸡，猖獗不已，滋扰乡村。"① 陕西省平利县在道光初年的困境是："我丰口坝土薄人稠，朝不谋夕，安植菜麦，以图来春，而不仁者纵放六畜，践害一空，居民无不切齿。兼以往来僧道，虚冒三乘，确敲诈乡愚。乞丐、么儿，明索暗捞。山居独户，任其肆行。即此一端，大伤风化。"② 而陕西安康地区在道光三十年（1850 年）时面对的灾民问题较为突出："每岁常有湖广灾民，或数百数十，男妇蜂拥来境，口称要吃大户。我等合乡分文口粮不给。如强估，即逐离出境，毋任羁延，致乱地方。如不遵者，公同送官处治。"③ 面对种种问题，各地乡约碑均规定了切实可行的补救之法，如"自立碑之后，凡我同人，至公无私，各宜安分守己，不得肆意妄行，排难释纷，秉公处理，勿得贿唆，徇情私息。当惧三尺之法，可免三木之刑。"④

如果我们关注一下乡约禁碑竖立的地方，也会有所启发。凡是具有较鲜明自治性规范的乡约碑，许多都刻立在封建政权势力难以到达的地区，或比较独立分散的村寨，也即封建统治力量历来比较薄弱的地方。像光绪元年（1875 年）《署砖坪抚民分府严拿匪类告示碑》所云："照得厅属南连川楚，东达襄江，地尽四面崇山，民皆五方杂外，以致良莠不齐，匪徒混迹。近闻西路大道河一带，有等不法奸民，勾引外来匪类，溷迹乡村，希图渔

---

① 广西民族研究所编：《广西少数民族地区石刻碑文集》，广西人民出版社，1982，第 153 页。

② 张沛编著：《安康碑石》，三秦出版社，1991，第 125 页。

③ 张沛编著：《安康碑石》，三秦出版社，1991，第 177 页。

④ 广西民族研究所编：《广西少数民族地区石刻碑文集》，广西人民出版社，1982，第 153 页。

利。或引诱良家子弟酗酒赌博，或诈向乡村愚夫强借估讹，甚至昼覆夜出，拦路谋财，结党成群，任情强抢。种种不法，大为居民之害。"然而"以地方辽阔，官之耳目难周"，于是一方面由官府发布告示，严加饬戒；另一方面，不得不通过乡保绅耆以保障地方为名，出面制订各种乡民规约，或刊立各种"禁碑"。① 这些乡民规约和各种"禁碑"，与国家律法相辅相成，成为维护封建统治的重要工具。

由于官府力量难于顾及，乡约强调各乡村一旦遇到匪徒盗贼等的侵袭，一定要团结相助。如道光十七年（1837年）大理《乡规民约碑记》所载："遇村里失贼，牛角为号，各家自备盘费，相帮访迹捕盗，不得坐视失主。"② 山西运城的乡约碑也强调："一村中凡有事故，鸣钟议话。如鸣钟三次而首人有不到者，即自罚银一钱。"③

（2）禁砍伐。福建建瓯穆墩村《里外两墩禁约碑记》（光绪三十二年三月）载："现有无耻之徒损人利己，不顾吾村之利坏，徒贪一己之有益，或扶利而盗砍，或恃强而敢伐，众等不忍坐视，不得已严申禁约。俾强者不得恃势横行，弱者不至缄口畏缩……自禁之后，父戒其子，兄警其弟，切毋自咎前辙，以致后悔难申。倘有逢者，众等公罚，决不循情。谨此公禁。"④

在各地的禁砍伐林木乡约碑中，可以集中体现违背乡约而所施以处罚的多样性。如四川通江诺江镇一禁碑规定：将喂养骡马在"荒山地上践踏树木茨草"而被人告发，"定行拿案严惩，枷

---

① 张沛编著：《安康碑石》，三秦出版社，1991，第251~252页。
② 段金录等主编：《大理历代名碑》，云南民族出版社，2000，第537页。
③ 王大高主编：《河东百通名碑赏析》，山西人民出版社，2002，第417页。
④ 建瓯市林业委员会编：《建瓯林业志》，鹭江出版社，1995，第553页。

号示众"。① 四川通江平昌鹅坪道光二十二年（1842 年）护树碑文称："有人折毁树木，叫他子孙不得昌荣。"② 陕西陇县咸丰四年（1854 年）众村合立禁碑规定："一禁偷人五谷，二禁拔人麻禾，三禁割人苜蓿，四禁伐人树株，五禁牲口践食田禾。每年各庄议一巡查之人，轮流看顾，但见犯此五禁者，无论男妇，罚戴铁项圈一个，上挂铁牌一面，以羞辱之，令其悔过自新。徇私纵放者，亦应以铁圈罚戴。"③

（3）禁流丐。清政府对无业游民的管理非常严格，对乞丐要实行编甲。然而清中后期，流丐四处扰民已成为城乡社会的一大公害。陕西安康《丰口坝公议条规碑》开宗明义指出是"公议严禁六畜僧道乞丐么儿窝藏匪类赌博等以固地方事"而设立。④ 道光二十九年（1849 年）《龙脊乡规碑》描述道："游手乞食强讨生面之辈，夜间勿许乱入社庙亭宿，秽污神圣。或三五成群，必致行蛮。凡遇婚丧之事，多食不厌，酗酒放恣，扰乱乡人。"最后村民约定的处罚方法是："鸣同送官。如有蹒跚瞽目者，即便打发勿责。"⑤《石泉知县整饬风化告示碑》采取的措施是："丐食人止许年老、残废，以及妇女、幼孩，每人听主家酌给米面。如遇冠婚丧祭，静候正席后，每□□□听便，不得肆行多索。其少年、壮丁，不许乞讨。无论平时及冠婚丧祭，俱不许壮丁三五成群，结〔夥〕□□。""冠婚丧祭，不许年少壮丁装

---

① 张浩良编著：《绿色史料札记——巴山林木碑碣文集》，云南大学出版社，1990，第 26 页。

② 张浩良编著：《绿色史料札记——巴山林木碑碣文集》，云南大学出版社，1990，第 50 页。

③ 《农业考古》1997 年第 1 期，第 182 页。

④ 张沛编著：《安康碑石》，三秦出版社，1991，第 125 页。

⑤ 广西民族研究所编：《广西少数民族地区石刻碑文集》，广西人民出版社，1982，第 154 页。

水烟、唱道情及地方棍徒招留赌博。违者，该乡保立即禀究。"①

当然具有自治性特色的乡约内容还有很多，如安康地区的《双丰桥组碑》强调禁诈扰："窃案缉差倘倚官势下乡，四处讹索，嘱及盗诬攀良善等情，公同禀案究治。"② 此外还有禁溺婴、禁早婚、禁酗酒等的规定。因限于篇幅，而不能一一展开。

乡约在明清社会的普遍存在有一定的原因。自宋代以后，国家立法"重其所重，轻其所轻"的趋势愈加明显，明清时已将各种轻微违法犯罪的处理权下放到乡村，而乡村正是通过乡规民约而处理各种民间细故，而且力求做到预先告白，有规可依。同时也由于地方县衙中为数不多的公职人员难以管理广土众民，而朝廷也不鼓励县级官员直接到乡村中活动，如明太祖朱元璋在《大诰续编》中颁布过限制县官下乡扰民的命令，但县级以下的乡村社会并未因统治者的鞭长莫及而失去秩序，这不能不归功于乡村社会通过乡约而实现的村政自治。

4. 乡约的强制性与公平性

欲使乡约的规定不流于形式，乡民们在乡约中设立了名目繁多的违约处罚措施。这些处罚与中国封建刑罚体系中的笞杖徒流死没有太多的关联，在较大程度上显示了其"自治性"的特点。较为通行的处罚包括打死打伤不究、捆绑送官、驱逐、议罚（罚银、罚物、罚酒席、罚戏、体罚）及各种耻辱性处罚等方式。如安康市包家河乡《严禁匪类以靖地方碑》（道光二十一年）便规定了鸣众处罚、逐出境外、捆绑送官及议罚等多种方式。③ 这些处罚方式轻重有别，相互配合，体现了乡村社会所特

---

① 张沛编著：《安康碑石》，三秦出版社，1991，第132页。
② 张沛编著：《安康碑石》，三秦出版社，1991，第177页。
③ 李启良等编著：《安康碑版钩沉》，陕西人民出版社，1998，第218页。

有的"违法必惩"、"罪有应得"等较为朴素的法律意识。

（1）杀死打伤不究。按法律的规定，杀人者要偿命或受到一定的处罚，而有的乡约针对当地偷盗行为较为猖獗，为重点打击此类违法行为，特规定杀死不究。广西龙脊《众立乡约碑》（道光二年）称："秋收成熟之日，各田各土各园，不许乱进乱偷。如有乱偷，炮火石头打死，预白莫怪，无罪。""众等将贼割耳挖目，预白。"① 陕西安康平利县洛河街《丰口坝公议条规碑》（道光四年）也有内容相近的规定："获纵放六畜者，同公处罚，不从，杀死不究。"② 安康《镇坪抚民分县严禁牲匪赌窃告示碑》（道光九年）也宣称："夜行或则手执灯笼火把，扬歌唱曲，一呼即应，否则枪炮刺伤者，毋得异言。"③

虽然现在还没有发现是否有像"炮火石头打死"乱偷者等而不予追究的确实证据，但将类似的条文刻之于碑，立于醒目的地方，其警示震慑作用是不可低估的。

（2）送官究治。凡是违背乡约同时也触犯国法的，乡民一般会采取联名或当众捆绑送官究治的作法。如山西运城《寺北村整饬村风碑》载："宰杀耕牛、贩卖人口、牧放牛羊、开场窝赌、砍伐树木、偷盗田禾、窝藏盗贼、吃酒行凶，凡一切匪类不法之徒，依律禁止。若有不遵者，合巷送官重究，决不宽贷。"④ 广东徐闻县《禁革陋规碑》载："行窃家财六畜等项，业经捕获，或被访闻，合众联名送官究治。"⑤

① 广西民族研究所编：《广西少数民族地区石刻碑文集》，广西人民出版社，2002，第126页。
② 张沛编著：《安康碑石》，三秦出版社，1991，第125页。
③ 张沛编著：《安康碑石》，三秦出版社，1991，第140页。
④ 王大高主编：《河东百通名碑赏析》，山西人民出版社，2002，第421页。
⑤ 谭棣华等编：《广东碑刻集》，广东高等教育出版社，2002，第510页。

对乡里社会来说，送官究治所惩治的对象主要还是盗、贼、赌及窝藏匪类者。对于一般违法行为但不服从乡约制裁或情节较严重，也可送官究治。广东乳源县《封山育林禁约山界碑》载："若有犯禁，一列照簿公罚。强硬不服者，送官究治，决不容情。"① 广东仁化县《严禁本村后山树木碑记》规定："如有不遵约束，敢行盗窃者，倘经捉获，或被查知，定必重罚，断不轻饶。如敢持横抗拒，即捆呈官究治，幸各凛遵，毋违。"② 陕西同治元年（1862 年）十月《景家公议十条规款碑》载："境中百谷菜果，黎民藉以为天。倘有偷窃践害者，小则罚还，大则送案；境中竹木柴草枸皮等项，物各有主。倘有逞刁妄取者，凭公处罚，大则送案。"③

对将要送官究治的罪犯，有时家属为之求情，乡民也并非完全不顾念乡情，如广西《龙脊永禁贼盗碑》（道光二年正月十八日）便记载了这样的事例："众等候拿齐各名党贼，送官究治。因各贼之亲房哀求各自戒禁，以后再不敢为匪，情愿书立犯约，交与众等收据，倘后不遵，仍有为非，任由众等将我等家门房族一并送官领罪。……尤恐后来不严，又有一种子弟，贪玩好□，投师入夥，是以录刊贼盗姓名，竖碑为记，永远禁除可也。"碑文最后还强调一句："众议：如敢剔破碑文字迹者，必是贼等，向贼等，另镌。"④ 而这或许是此碑能流传至今的一个原因。

碑文中的"合众联名"，以及"小则罚还，大则送案"，均是为强调这一处罚的强制性和公平性。乡民虽看不到官府会对

---

① 谭棣华等编：《广东碑刻集》，广东高等教育出版社，2002，第 149 页。
② 谭棣华等编：《广东碑刻集》，广东高等教育出版社，2002，第 112 页。
③ 张沛编著：《安康碑石》，三秦出版社，1991，第 216 页。
④ 广西民族研究所编：《广西少数民族地区石刻碑文集》，广西人民出版社，2002，第 156 页。

违法犯禁者施以何种处罚，但他们均知道官府依据律法所施加的惩罚肯定会重于乡村社会所施予的。据此也可以推测，乡村社会对自己所拥有的权限是清楚的，也即乡村社会不能越权行官府之事。

从这些规定内容我们还可以推断出，乡约与律典两者之间存在着衔接关系，而且它们各有侧重。乡约的主要作用是处理民间细故，而这部分内容正是律典所缺失的。对律典中已有的严惩盗贼、赌博等内容，乡约将其处分权拱手相让。从碑文中可看出，乡约从来没有想取代律法，而只是强调律法之精神，或补充律法中所没有的内容。

（3）议罚。议罚是乡约中适用最广泛的一种处罚方式，所占比例也最大，其中既有罚银，也有罚物，而且有罚有赏。山西运城《千秋鉴乡约碑》（乾隆四十五年）载："一禁酗酒打架，窝娼诱赌，犯者罚银十两。二禁砍伐树木，盗割苜蓿，犯者罚银五两。三禁放羊害人，并及牛马，犯者罚银十两。四禁偷秋麦，不论男妇，犯者罚银五两。五禁偷摘果木，不论长幼，犯者罚银三两。共五项，拿获者，三七分金。"① 广西道光十六年（1836年）两村同立之《乡规碑》规定："一、偷家牛马并仓鱼塘，罚乡规钱四千文，送官钱叁千六百文。一、偷杂粮、棉花、鸡犬猪，罚乡规钱二千文。一、窝藏赌贼、偷田禾，罚乡规钱三千文。一、偷布衣服、开水坝并菜果一切，轻重俱系族长公议。一、偷外境经鸣坡长者，即罚。不论何人拿得贼赃者，奉花红钱壹千贰百文。"② 山西孟县藏山三村合立《严禁山林条约》（清道

---

① 王大高主编：《河东百通名碑赏析》，山西人民出版社，2002，第407页。
② 广西民族研究所编：《广西少数民族地区石刻碑文集》，广西人民出版社，1982，第51～52页。

光八年）规定："如有偷掘山中一小松柏树者，罚钱二千文；有折毁山中一林木者，罚钱三千文；有驱牛羊践履其中者，罚钱一千六百文。若有见事执之来告于庙者，定赏钱八百文，不少吝。如有卖放者与犯厉禁者，一例而罚。"[1]

碑文中也常见钱、物合并而罚的规定，如山西隰县谙下村《禁山碑记》（咸丰元年）规定："纵火焚烧林木者罚钱十千文、猪一只。"[2] 四川通江光绪五年（1879 年）合族公立护林木碑上，刻有"违榜示言者，先宰一猪，然后再议罚项"[3]之文。

此外，置酒罚戏也是乡间一种较常见的处罚方式，道光三十年（1850 年）九月《双丰桥组碑》载："每岁秋收，五谷瓜菜成熟之际，有无耻之辈偷窃被获者，拟其轻重，置酒罚戏，赔（脏）〔赃〕出境。如不遵者，公同送官。捉贼之人，赏钱四百文。若知情徇隐者，与贼同罪。"[4]

广东汕头澄海县博物馆有一乾隆五十九年（1794 年）所立《外砂五乡守关乡约碑》，规定了六条五乡严禁的内容，并规定"违者罚戏一台，知情报众赏银二百文"。[5] 道光元年（1821 年）三月二十七日《合村公议禁条》载："自春至五月底，窖内收水，罚名戏一台。"[6] 此为涉及乡村水权的处罚规定。

以罚戏而取代罚银，在一定程度上说更符合中国乡村传统。实际上这种作法可将经济惩罚和教育意义结合在一起，而且还能联络乡情，在惩罚的同时，也给乡民提供了娱乐，可以说是一举

---

① 山西省史志研究院编：《山西通志·林业志》彩图，中华书局，1992。
② 山西省史志研究院编：《山西通志·林业志》，中华书局，1992，第 128 页。
③ 张浩良著：《绿色史料札记——巴山林木碑碣文集》，云南大学出版社，1990，第 34 页。
④ 张沛编著：《安康碑石》，三秦出版社，1991，第 184 页。
⑤ 谭棣华等编：《广东碑刻集》，广东高等教育出版社，2001，第 286 页。
⑥ 王西平等编著：《澄城碑石》，三秦出版社，2001，第 167 页，

多得。

与法律规定不同的是，乡约不仅规定处罚，同时也有罚外有赏的规定。在前面所引述的碑文中，有罚有赏的规条屡见不鲜。另如"村中如有开场聚赌者，一经拿获，商家及对赌者，罚钱一千六百文；抽头于本者，罚千一千文。闲人拿获者，赏钱四百文，皆以赌家取出，不遵者并送官究治"。① 光绪十五年（1889年）广东仁化县《严禁本村后山树木碑记》写明："议该山树木，有能知盗斫人姓名，即报知。敢证者，赏给花红银一大元正。当场捉获盗砍人送交绅耆者，赏花红银二大元正。"②

令人稍觉不可思议的是，有的乡约中不仅规定对损害他人利益者给予处罚，甚至损害自己的利益，也会受到处罚。"猪羊入地食人田苗者，每一头罚银二钱；即骡马驴牛食人田苗者，每一头罚银五钱。且于每年冬，村人不许引羊，即自己羊食自己麦，亦任首人议罚。"③

还有与律典所强调的矜老恤幼原则有所不同的是，乡约规定的处罚是男女老幼一视同仁。道光十七年（1837年）大理云龙县长新乡的《乡规民约碑记》有言："以上所议乡规数条，俱系有益，原无害于本里乡村。倘村里男女老幼人等所犯此规者，不论大小轻重，各村议定罚银五两，以为充公。临时不得抗傲此规，勿谓言之不先也。因此，永垂勒石碑记。"④

由此我们可看出，乡约所关注的是乡村的整体利益而非个人之得失。其实我们从其他碑文，如安康地区东镇乡黑牛沟的

---

① 谭棣华等编：《广东碑刻集》，广东高等教育出版社，2001，第510页。
② 谭棣华等编：《广东碑刻集》，广东高等教育出版社，2001，第112页。
③ 王大高主编：《河东百通名碑赏析》，山西人民出版社，2002，第417页。
④ 段金录等主编：《大理历代名碑》，云南民族出版社，2000，第537页。

《公议禁碑》上"倘有无耻之徒，故犯此禁，若被拿获，无论皇亲国戚，送公重惩，决不容情"①的规定，便可推想立乡约碑的实际意义。为了维护乡约的权威性和恒久性，乡村社会在对违禁行为实施处罚时，一般都会坚持一视同仁。

但乡约中的议罚也讲究区别对待，如区分贫富并确定不同的处罚标准。陕西汉中同治十二年（1873年）《金洋堰禁止砍树捕鱼碑》载："嗣后富者捕鱼，罚钱拾串文；贫者捕鱼，送案究治。"②

乡约中对初犯和贯犯的处罚也不尽相同。光绪二十年（1894年）《义宁县上北团禁约碑》载："偷牛拿获，初犯经里处罚，重则送官究治"；"偷鸡鸭鹅犬，拿获者，本村里处罚，惯盗送官"；"偷山内芋头豆麦，拿获者，初犯本处处罚，如不遵者送官"。③

乡约中还有视违禁行为之情节轻重或发生在白天还是黑夜而给与不同的处罚。道光十六年（1836年）《合村乡约公直同议禁条碑》载："偷割苜蓿者，昼罚钱一千五百文，夜罚钱三千文；偷折树木者罚钱五百文；偷采苜蓿者罚钱一百文；盗五谷者，昼罚钱两千文，夜罚钱四千文；盗瓜果者，昼罚钱两千文，夜罚钱四千文；偷放骡马者罚钱一千文；偷放牛驴者罚钱五百文；偷放猪羊者，昼罚钱二百文，夜罚钱四百文。"④光绪四年（1878年）《禁革陋规碑》载："男妇偷窃田园物产，夜更拿获，

①　张沛编著：《安康碑石》，三秦出版社，1991，第347页。
②　陈显远编著：《汉中碑石》，三秦出版社，1996，第78页。
③　广西民族研究所编：《广西少数民族地区石刻碑文集》，广西人民出版社，1982，第158页。
④　王西平等编著：《澄城碑石》，三秦出版社，2001，第167页。

每名罚钱一千文，日间每名罚钱五百文，不遵者送官究治。"①

此外，在乡约中还可见到其他处罚方式。安康《景家公议十条规款碑》载："境内有嗜酒撒风、打街骂巷，轻则罚以荆条，重则捆绑送案。"②

5. 乡约的合法程序

与国家律典自上而下地颁布、实施的过程正好相反，乡规民约是自下而上制定的。在碑刻中，"同议禁条，晓谕乡村"③ 的文字时常见到。乡约有点类似现在人民代表提出的议案，也是自下而上提出的。在议案未被正式通过或采纳前，并不具有什么法律效力；但如果经过审查、讨论、通过等程序后，便具有了法律效力。乡约也是如此。乡约虽不能像《大清律例》一样需要得到皇帝的亲自批准，但确是按照皇帝的谕旨，并得到了州县长官的认可。州县官是乡民的父母官，得到他们的认可，这种自治性的规范便具有了法律效力。乡约的制定过程一般经历以下几道程序：

（1）公议。乡约碑有乡立、村立、姓立及合族公立等多种形式。尽管内容详略或表达方式各有不同，但文中类似"爰集众商议勒碑严禁"、"合族绅耆仝立"、"集众商议"、"集绅粮公议"等的字句却比比皆是。如陕西安康洋县智果寺《成立保甲联防碑》（道光二十年三月）系"智果寺前社后社暨黄郑二村白庙村绅耆老民乡地人等立石"。④ 陕西汉中西乡县《禁止砍树捕鱼碑》（同治十二年六月初六日）也明确表示："乃有不法之徒，

---

① 谭棣华等编：《广东碑刻集》，广东高等教育出版社，2001，第510页。
② 张沛编著：《安康碑石》，三秦出版社，1991，第216页。
③ 《会修清野大纲碑》，载李启良等编著《安康碑版钩沉》，陕西人民出版社，1998，第222页。
④ 陈显远编著：《汉中碑石》，三秦出版社，1996，第62页。

入山窃伐……兹集绅粮公议，拿获窃伐之人，凭众处理。"① 有的碑还写明直接参与立约者的姓氏，如"罗、尧、钟、谢、陈、林、李、黄、巫、朱、张、赖、邓、刘、禤、余、孙、许、叶、鲁、廖……人等，思得案结如山，会同立禁"。②

一般而言，参与立约的人越多，其所代表的利益越广，像同治十一年（1872 年）六月石泉县《公选约保禁娼禁赌碑》是由绅粮 90 余人共同商议确立的，而广州地区番禺县沙湾镇的《四姓公禁碑》（光绪十一年五月）仅由土、何、黎、李四姓所立。碑文为："我乡主仆之分最严。凡奴仆赎身者，例应远迁异地。如在本乡居住，其子孙冠婚、丧祭、屋制、服饰，仍要守奴仆之分，永远不得创立大小祠宇。倘不遵约束，我乡绅士切勿赡徇容庇，并许乡人投首，即著更保驱逐。"③

（2）官府认可。经众姓公议的乡约是否具有法律效力，官府认可或经官备案是一重要依据。这不仅是个程序问题，更重要的是，乡民希望其所立禁约具有权威性和恒久性。获得权威性最便捷的方法是将众姓或绅耆公议之禁条禀报官府，以求得地方政府的支持和保障。经过这道程序，乡约便具有了地方文告的效力。如山西运城有魏姓 9 人于雍正二年（1724 年）公立的《禁赌碑》，便将乡约制定的程序作了一概要的交待："近见我庄游手好闲之徒，勾引赌博，恶风尤甚。若不禁止，则邪教易入，将有日流于下而不返者矣。是故阖族公议，永行禁止。具禀本县老爷案下，乞勒石永遵，以免颓风。蒙批：赌博乃贼盗之源，滋害无穷。故本县到任之初，随出示申禁在案。今该生等公禀勒石永

① 陈显远编著：《汉中碑石》，三秦出版社，1996，第 78 页。
② 谭棣华等编：《广东碑刻集》，广东高等教育出版社，2001，第 151 页。
③ 谭棣华等编：《广东碑刻集》，广东高等教育出版社，2001，第 74 页。

禁，留意桑梓，甚属可嘉，准照禀行。……固勒石以垂不朽云。"①

文中出现的"勒石永禁"、"勒石以垂不朽"，即是禁碑具有权威性的凭证，同时也是欲使禁约永行不衰的一可行作法。

我们还可以发现，明清社会的大量官府告示碑，也是应乡民绅耆的反复呈请而刻立的。如同治八年（1869年）安康紫阳县芭蕉乡众绅粮同立的《地方告示碑》，其额题为"正示堂"。碑文为："钦加同知衔署紫阳县正堂孔，为出示刊碑永垂远久以靖地方事。照得里党不可无规条，尤朝廷不可无法律。无法律莫由振四海之颓风，无条规何一洗一乡之敝俗。居功琚朝桢、监生张瑞友、职员姜道富、职员胡洪珍等有鉴于兹，议规十条，禀恳示禁，真言言金玉，堪为斯乡程式。为此示。仰该地诸色人等，将所禀十条刊石立碑，永远遵行。倘敢故违，禀案拘究，决不宽恕。特此示知。"②

（3）宣示告知。乡约经官府认可后，还要向公众宣示告知。其实立碑本身也是一种宣示程序。广东汕头澄海县博物馆所藏《遏制奢风告示碑》文载："今本城五社绅众，深痛此弊，公议停止，于本月廿四日演戏于此尊神庙前，声告明诚，并俾大小各村落有所传闻。唯恐代远年深，无知者或仍踵弊，固将缘由条约，一并勒石，以杜后来。"③

为使乡约内容为众所周知，许多地方都以"演戏立碑"的方式广为宣传。安康市包家河乡《严禁匪类以靖地方碑》也有"会同公议，恳禀县主赏准虎头牌张挂场前，并演戏立碑，（以

---

① 王大高主编：《河东百通名碑赏析》，山西人民出版社，2002，第399页。
② 李启良等编著：《安康碑版钩沉》，陕西人民出版社，1998，第224页。
③ 谭棣华等编：《广东碑刻集》，广东高等教育出版社，2001，第296页。

下字漫漶），人人遵法，切勿视为儿戏"[1] 的记载。

此外，乡约的存在，对生活单调的乡村社会也是一件可喜可贺的事情。而乡民采取别具一格的"演戏立碑"，在演戏娱乐的同时，使乡民知法守规，并将规约像古代铭之钟鼎一样刻之于碑石，其涵义也颇为深长。应该说，乡民对乡约碑寄予了厚望，而将这种愿望化为现实的基础，便是官府之保证。

由此可知，具有法律效力、强调村政自治的乡约，从公议到备案再到公开宣示，每道程序都是缺一不可的。虽然乡约的行文风格不像律例那样严谨、文字朴实无华，但其赏罚分明，求真务实，颇为适宜于中国乡村的实际情况。

从上述分析可以看出，无论从明清官吏或乡民对乡约的理解，还是其原则、内容和强制性，抑或是其公议、备案及宣示的程序，以及其弥补律例不足的自治性特色，都证实乡约基本符合了中国古代法律的要件。在此，我们还是要强调，不要用现代人对法律的理解而推断古代的法律。中国封建法典所拥有的诸种特性，应该说乡约也大体具备了。

我们还可以用反证法来看待乡约在社会中的实际作用。如果明清社会仅有律例而无乡约，那么整个社会是否会处于一种有序的状态？如果省去乡约仅就《大清律例》而研究清代社会的法律实施，是否完整和全面？虽然我们现在不可能百分之百地了解古代法律的实际运作情况，但毫无疑问的是，将国家自上而下颁定之律例与乡村自下而上、自主性制定的乡约结合起来，才能更全面、准确考量明清两代法律制定与实施的真实状况。

综之，作为一种社会教育制度的"乡约"和作为乡官的

---

[1]　李启良等编著：《安康碑版钩沉》，陕西人民出版社，1998，第218页。

"乡约"以及作为乡规民约的"乡约",这三者是不可截然分开的。其间的关系或许可以这样表述:由于乡约教育制度在明清时期乡村社会的普及和盛行,使原本仅以推行教化为职责的乡约地位上升,权责日重。乡约与绅民粮户共同制定化风俗、除弊端的村政自治性"乡约",实际也是乡约教育制度、乡村教化的一项重要内容。三者循环往复,构成了明清看似复杂而实际有密切联系的"乡约"体系。碑刻史料有补于中国古代法律之研究,"乡约"便是一最好的例证。

七　会馆与行规碑

（一）行会与会馆

会馆是我国封建社会时期的手工业者、商人的自治行会组织，盛于明末清初。会馆的前身是"行"。"行"是唐、宋、元三代商人组织的称谓，起源于六朝和隋代。明清时，由"行"演变而来的会馆因增加了地缘性的内容，而担负起新的社会使命。

会馆、公所的地缘性明显地表现在同乡人之间联系与帮衬上。会馆建筑一般由同乡会员集资而成，属于共同财产。如道光十二年（1832年）刻《泉漳会馆兴修碑记》载："会馆者，集邑人而立公所也。"[1] 光绪三十二年（1906年）《重建沪南钱业公所碑》载："公所之设，所以浚商智、联商情也。"[2] 其设立的目的，主要是沟通商情讯息与联络同乡、增进同乡同域业者的竞争力与凝聚力，抵制官府勒索、恶霸欺压及他行竞争，同时也顾及行业自律和内部管理。此外，对同乡人生活上的关照和精神慰

---

① 彭泽益选编：《清代工商行业碑文集粹》，中州古籍出版社，1997，第91~92页。
② 彭泽益选编：《清代工商行业碑文集粹》，中州古籍出版社，1997，第86页。

藉，也是会馆存在的重要基础。共谋福利，解决同乡间的纠纷，照顾客居异地的孤寡老人，购置义冢墓地妥善安葬客死异地同乡商友，举办各种救灾捐款义举，以至设立义学或资助品学兼优学生升学等，这种种举措与"福利"，都使会馆对生活于异乡的同乡人具有强大的诱惑力。

明清时期的会馆以苏州和北京最具代表性。苏州的会馆、公所最早出现于明万历中叶，至清乾隆时发展至鼎盛。苏州碑刻博物馆所藏数百份工商经济碑刻，多为各地商人、作坊主在苏州建立会馆时所立，也有一些是地方官府所立。各会馆、公所的商人来自全国各地，经营着苏州几乎所有的手工业和商业行铺。从碑文可以看出，当时苏州有染布、丝织、刺绣等 30 多个手工业作坊，而商业行铺则有布、皮货、绸缎、米、洋货、珠宝玉器等 50 多个。为了使自己的商品在竞争中立于不败之地，各地作坊主、手工业主、商人便联合同业、同乡、同行，各自筹资建立会馆、公所。乾隆年间，杭州丝绸商集 7200 两白银筹建"钱塘会馆"，在丝绸同行中显赫一时。康熙至乾隆年间，潮州会馆在苏州的产业急剧增加。据《潮州会馆记》碑文，从康熙四十七年（1708 年）至以后的 68 年中，仅在吴县所置房屋即达 18 处，所置产业合计银 30665 两。其中一些产业的立据，由苏州会馆主管董事马登云"呈明江苏臬宪秦批仰吴县立案"，并根据苏州潮州会馆规条，所置祭业一概详镌于石，以为凭据。①

清乾隆、嘉庆年间，也是各省在北京兴建会馆最多、规模最大的时期。三年一度的开科考试，使天下举子云集北京，而各省县在京的官员和客商也积极购置房产，以安置同乡举人。史籍中

---

① 彭泽益选编：《清代工商行业碑文集粹》，中州古籍出版社，1997，第 153～154 页。

有"各省争建会馆，甚至大县亦建一馆"的记述。① 北京的会馆虽是因科举而兴，却也因工商业的发展而壮大。据道光十八年（1838 年）北京《颜料行会馆碑记》载："维夫诸货之有行也，所以为收发客装；诸行之有会馆也，所以为论评市价。京师称天下首善地，货行会馆之多，不啻什佰倍于天下各外省；且正阳、崇文、宣武门三门外，货行会馆之多，又不啻什佰倍于京师各门外。"②

京师正阳门外打磨厂《临汾乡祠公会碑》颇能说明商业会馆的性质及其在京师这样商业日趋繁荣之地存在的必要性。其碑文为：

> 夫协力同心，商贾具兴隆之象；向章旧例，规矩循制作之原。凡晋省商人，在京开设纸张、颜料、干果、烟行各号等，夙敦乡谊，共守成规，同在临汾乡祠公会，默叨神贶，保护平安。光绪八年十二月间，有牙行六吉、六合、广豫三店，突兴讹赖之举。凡各行由津办买运京之货，每件欲打用银二钱。众行未依，伊即在宛平县将纸行星记、洪吉、源吉、敬记四号先行控告，未经讯结。九年二月间，适有鲁琪光侍御条陈场务，向有牙行藉差派累情事。随奉上谕，永行禁止。四月间，有干果行之永顺义、颜料行之全升李、烟行之德泰厚等，在大兴县将牙行呈控。五月内，经大〔兴〕、宛〔平〕两县会讯断结。谕令纸张众行等，各守旧章，并不准牙行妄生枝节。须颁发告示，各持为凭。此皆仰荷鸿慈，化逆为顺。凡我同人，无不实深感戴。自今以往，倘牙

---

① （清）汪启淑：《水曹清暇录》卷一〇。
② 彭泽益选编：《清代工商行业碑文集粹》，中州古籍出版社，1997，第 28 页。

行再生事端，或崇文门税务另行讹诈，除私事不理外，凡涉同行公事，一行出首，众行俱宜帮助资力，不可借端推诿，致失和气。使相友相助，不起半点之风波；同泽同胞，永固万年之生业。神灵广远，爰敬勒石，附志上谕并告示，以垂不朽云尔。①

从上述碑文不难看出昔日商贾与牙行之间错综复杂的关系，也可看出商业会馆存在的合理性。光绪十四年（1888 年）《上海县为鲜果业起造公所告示碑》则反映了上海各行业设立会馆公所的普遍性：

　　缘鲜果种目甚多，近在江浙各属，远至天津、烟台，以及闽粤等省，产处不一。曩者贩运维艰，行商坐贾，寥寥数家。迨通商以后，轮船往来，较为便捷，各路果商云集，行号亦渐加增，生意骤形繁盛。溯查沪市大小各业，未有不专立公所，妥整行规，倡办义举，以敦同谊。无如鲜果一业，向未设立公所，其应整顿行规事宜，以及孤商远客遇有病亡失所者，虽经量力勉为，终不克尽善美，以垂久远。……②

由于同乡会馆、商帮会馆在工商业比较发达的城市普遍设立，行会传统的地域界限被打破，并逐渐形成了相对系统、独立的行业习惯法体系。

---

① 彭泽益选编：《清代工商行业碑文集粹》，中州古籍出版社，1997，第 54～55 页。
② 彭泽益选编：《清代工商行业碑文集粹》，中州古籍出版社，1997，第 77 页。

（二）会馆与行规碑之主要内容

会馆碑的主要内容包括：城市乡镇中同乡会馆、同乡公所、同业公会等成立的缘由及过程，同业公会的行规、业规，各业按照运销货物总数抽取厘金的数额比例，修缮公有建筑的经费来源，公会董事名单和财产情况，以及行会与官府的关系、与牙行的斗争乃至与工人罢工的约定等。会馆碑中与法律相关者，主要表现在以下几个方面：

1. 保护会馆产业及功能

房产与田业对会馆、公所的存在与发展，正如同寺产对于寺观、学田对于学校，其重要性不言而喻。会馆产业主要由祭产、田业、房屋等项组成，对其权属证明的碑刻，一般以官府告示碑的形式颁刻出现，立碑最主要的目的是防患于未然，防止产业遭盗卖或流失。如康熙二十二年（1683 年）四月北京元宁缎行《建元宁会馆记》载："京都为万国朝宗之地，通计天下各郡不逮穷陬僻壤，皆义建有会馆，俾群乡之人客至如归。……古云：创始难，守成不易。会兹馆者，切勿忍作私宅，生侵占攘夺之心。亦勿视作公家，起推诿卸事之念。时时防杜，事事护持，久冠与岁月与长，兴隆等江流并茂，庶不没创馆之苦志也夫。"①嘉庆十三年（1808 年）四月《吴县示禁保护玉器业祀产碑》将立碑之缘由记载得更为详细：

> 特授江南苏州府吴县正堂加十级纪录□次石，为请示勒

---

① 彭泽益选编：《清代工商行业碑文集粹》，中州古籍出版社，1997，第 53 页。

碑等事。据徐承德、叶士贤、许洪章、谢兆奎、赵德增、邱廷滢、朱集贤、杨金爵、□□□□□等住居台治穿珠巷天库前地方，玉器生理。缘该地有周宣灵王庙，灵应异常，各家均沐宁谧。因向来庙产不敷祭祀，兼之殿宇岁修无□，□□神休，爰集同志，各捐己资，凭中置买雷春熙名下市房一所，用时价银壹佰零肆两，坐落宣灵王庙贴间壁，朝西门面出入。身等□□□□□为敬神起见，未便立契专执，恐滋弊端，故仍将雷春熙所置原契换归，即于契后令雷春熙添载绝卖，永为庙产缘由，各书花押。第□□□□，亦属未妥，谨将契据存案注销，并求给示，勒石庙旁，以昭久远，庶修葺有赖，祭祀无亏。叩念敬神善举，恩准销契存案，给示勒石。等情。到县。据此，除批准立案卖契附券外，合行勒石碑示禁。为此示。仰该地方及居民人等知悉：所有徐承德等承买雷春熙房屋，听凭归入周宣灵王庙，□□□修葺，以昭诚敬。如有地匪棍徒藉端阻挠，以及冒称原主希图滋扰，或有人捏以废契盗卖者，许即随时禀县，以凭拿究。俱各凛遵勿违。□□。须至碑者。[1]

作为玉器业祀产的周宣灵王庙产的保护示禁碑，不止上述一份，在道光年间，又接连颁刻两份。道光三年（1823 年）九月二十一日《吴县为周宣灵王庙产印契立案保护碑》载：

特调江南苏州府吴县正堂加十级纪录十次万，为陈明捐置庙产等事。据周宣灵王庙内皂司事赵士龙、沈星祈、陶正

① 王国平等主编：《明清以来苏州社会史碑刻集》，苏州大学出版社，1998，第 531 页。

芳、董万兴、赵鸿盛、吴瑞堂、李涵文、王锦龙等禀称：身等住居宪治，在于周宣灵王庙中玉器生理，仰叨神佑，眷属咸宁。是以身等虔心集充庙内皂班，以壮神威。惟恐祭祀不敷，殿宇岁修缺乏，故各自（损）〔捐〕资，用价元银一百六十两，置得戈牧云绝卖北正二图周王庙弄内朝西门面出入，计上下楼房六间三披，书立绝契，业已循例投税。因是房年久坍损，故身等复捐洋二百元，现已倩匠改造楼房四间两披。但身等公置此产，原为敬神起见，若竟将契专执，将来日久，难免无盗卖盗押情弊。辗转思维，欲冀久远归于庙中收息修葺，必求宪恩将契立案标注，庶见真诚而杜后虞。为亟粘呈印契，环叩备案，将契注销附券，并求给示晓谕，将产归入庙中收息，俾垂永久。等情。到县。据此，除将呈到印契附券，产归周宣灵王庙中永远收息立案外，合行出示晓谕。为此示。仰该司事及地方庙邻人等知悉：自示之后，如有不肖之徒，将房私行盗卖盗押及侵蚀租息情弊，许该司事指名禀县，以凭提究。地方容隐，察出并处。各宜凛遵毋违。特示。遵。①

道光三年（1823 年）十一月二十六日又颁刻一同名碑，刻载"绝契"置买与庙相隔房产的事宜，同样也是为防"不肖之徒将房私行盗卖、盗押"②等弊。类似的碑文还有不少，如道光十一年（1831 年）五月《上海县为泉漳会馆地产不准盗卖告示碑》载：

---

① 王国平等主编：《明清以来苏州社会史碑刻集》，苏州大学出版社，1998，第 533 ~ 534 页。
② 王国平等主编：《明清以来苏州社会史碑刻集》，苏州大学出版社，1998，第 535 页。

……历年久远，经理馆务之人，纷纷更易，遂致所置业产各契，全行散失，所存何处，无从追溯。现在泉、漳两郡来上贸易人数众多，良莠不齐，难保无从中觊觎，藏匿原契，私行盗卖情弊，不可不预为防范。今公议将会馆所置房屋田地，查照底簿照录清册，呈案备考。理合会同两郡客帮联名呈乞，俯念福建泉漳会馆业产各契散失无存，叩赐给示勒石，永为会馆香火公产，不准盗卖，一概作为废纸，不得借词争执，以杜后患。①

诸多防患于未然的会产保护碑并不是凭空设想，因为在现实中，会馆产业盗卖流失的事情时有所见。光绪七年（1881 年）《苏州府为嘉大会馆义冢勘定界址禁止盗卖侵占碑》便记载了这样的事例：

特调江南苏州府正堂加十级纪录十次毕，为给示勒石永禁事。奉署布政司许批：原籍嘉应州大埔县监生蓝锦峰、刘耀椿，民人戴其勋、范森甫、邱玉书、蓝九韶，馆丁吴宝元，呈控盛兆霖等灭界掘棺一案，请给示勒石永禁，并求饬县给发印契执守，划正粮赋，按年完纳，等情。奉批：此案前经委员陈令志铨履勘，明确提讯断经，饬令各守疆界，新立碑石，并将盛氏所立先贤字样碑石及盛碑之不在本界者一并掘除，以免溷淆在案。迄今四月之久，何以尚未遵办？据呈前情，仰苏州府作速饬令委员陈令督押两造遵照前断，更

---

① 彭泽益选编：《清代工商行业碑文集粹》，中州古籍出版社，1997，第91页。

立碑石，并由府给示勒石永禁。一面札饬吴县，将该义冢应完坟粮照旧划正，均毋再任延宕，切切，抄粘附，等因。到府。奉此，除遵批札饬委员陈令督押两造遵照前断，更立碑石，并行吴县照旧划正粮赋外，合就给示勒石永禁。为此示。仰该图经保坟丁及诸色人等知悉：所有嘉大会馆义冢，现经委员丈步，清出界址，更立碑石。饬县核明确数，照旧划正坟粮，立户办赋。该馆董等务须永远遵守，毋许再有盗卖插葬侵占情事。如敢故违，许即指禀严拿究办，决不姑宽。经保坟丁徇纵滋弊，察出一并重惩，其各凛遵毋违。特示。①

而同治二年（1863 年）七月《苏松太兵备道为赎回法人强占之地永为潮州会馆产业告示碑》则涉及了一起会馆产业的涉外纠纷。碑文记道：

　　……乾隆四十八年，潮属海、澄、饶三邑绅商，捐资契买洋行街地基公造会馆一所……百余年来，神人永赖。突于同治元年四月间，法国火轮公司行声称，洋行街为奉准租买地界，谕令领价。商等因业为公产，不敢擅卖，呈请前道宪照会谕止。迨至本年，迫卖日甚。商等无奈，乃集现在上海贸易海、澄、饶三邑人等商议，辗转挪款，倍价赎回会馆基地，并照壁前门埕地基，可以保全庙宇不致拆毁。另又赎回左手照壁前巷路一条，由街直通黄浦，可为会馆出入之路。合会馆并左手巷路，共量出地基壹亩柒分柒厘壹毫，共备纹

①　王国平等主编：《明清以来苏州社会史碑刻集》，苏州大学出版社，1998，第 328 页。

银捌千两，交火轮公司行收讫。公司行商出立卖契一纸附执。其公栈地基两间，该地一亩有奇，权割与法商管业。其会馆并巷路地基，四至俱竖界碑为据。兹因上洋为外国通商地方，诚恐日久，事多更变，谨将备价赎回海、澄、饶万世丰会馆地基亩数银两，呈请申详抚宪达部存案，并乞出示严禁。日后无论中外人等，不得再生枝节，借词侵占。……①

除对不动产的保护示禁外，官府示禁碑和会馆商议的行业规条碑还强调对会馆内动产，如工料、家具等的妥善保管，不准个人私自外借馆内公物，同时也规定禁外人借住会馆，以保障会馆的各项使用功能及维护会馆的正常运转。如光绪九年（1883 年）八月一日《吴长元三县示禁保护重设面业公所碑》规定："陈竹亭等集资在于元一图宫巷内复设面业公所，供奉关圣大帝，择日兴工，毋许地匪棍徒窃料妨工，以及藉端滋扰，并同业歇伙硬宿情事。如敢抗违，许即指名禀县，以凭提案究办。地保徇隐，察出责惩。其各凛遵毋违。"② 光绪十年（1884 年）《上海县为洋货公所振华堂议立规条告示碑》也公开声明："公所乃敬神议事之所，毋许闲人借住，并不准暂为留宿。至公用器具物件，亦不准私自借出。如有容情违议，察出重罚。"③ 广东广宁县嘉庆六年（1801 年）《公正馆规条碑记》则明确规定对违规行为的处罚标准：

一、在馆内窝藏聚赌者罚银十一两正。

① 彭泽益选编：《清代工商行业碑文集粹》，中州古籍出版社，1997，第 94～95 页。
② 王国平等主编：《明清以来苏州社会史碑刻集》，苏州大学出版社，1998，第 537 页。
③ 彭泽益选编：《清代工商行业碑文集粹》，中州古籍出版社，1997，第 68 页。

一、在馆整木及工作者罚银一十大元。

一、在馆内堆积杂物者罚银一十大元。

一、借去馆内杂物，遗失者要照式赔回。

一、借馆内杂物不问自取，查出者拟罚。

一、碑上店名，日后归隐，承铺者不得铲毁，只可改部不改碑，如违拟罚。①

会馆建成后一般会举行一些庆祝仪式，因担心闲杂人员滋扰，也会呈请官府示禁予以保护，而这也关乎会馆的运转使用功能在未来是否得以持续。光绪十九年（1893 年）《上海县为沪北钱业会馆落成不得作践告示碑》便因此而立：

> ……沪北钱业会馆一所，业已竣工。兹于八月内涓吉落成，祀神演戏。诚恐观看人多，拥挤喧扰，甚或作践地方，毁坏窗壁铁栏。以及江湖卖艺之流，牌骰赌博之类，或在门前空地聚众喧哗，碍路滋事。环求给示申禁，并请责成地保随时弹压驱逐等情。……为此示。仰诸色人等一体知悉：该钱业会馆，现因工竣祀神，尔等进出观看，不得任意作践。倘有江湖卖艺人等碍路滋事，及摆摊赌博，该地保随时分别驱逐查拿，毋稍玩徇，致干并处。遵凛毋违！切切特示。②

2. 行业自助

具备行业自助的功能是会馆公所在清代得以大行其道的重要因素。苏州碑刻博物馆藏有不少清代会馆公所的善举碑，有助于

---

① 谭棣华等编：《广东碑刻集》，广东高等教育出版社，2001，第716页。

② 彭泽益选编：《清代工商行业碑文集粹》，中州古籍出版社，1997，第85页。

我们了解清代行业自助的内幕。如道光二十四年（1844 年）二月四日《吴江县示禁保护胡寿康等善举碑》载：

> ……查职监胡寿康等慕义设局，捐济同业，事属善举。其各店消货捐厘，仍由浙庄按数扣交公局，亦属至公，自应一体勒石遵守，以垂久远，合行给示勒石。为此示。仰各地保及绸缎同业以及消紬各庄人等知悉：所有职监胡寿康等经置房屋作为公局，捐厘助济绸业中失业贫苦、身后无备及异籍不能回乡，捐资助棺，酌给盘费，置地设冢等善事，自当永远恪遵。如有地匪人等藉端滋扰，以及年轻尚可有为不应周恤之人，妄思资助，向局混索，许即指名禀候拿究。地保徇纵，察出并惩。①

行业自助的对象不仅是因为同业的关系，更主要的是基于同籍同乡的情谊。而身在异域他乡的艰难，也使具有地域乡情特色的会馆公所，为在异地谋生的手工业及工商业者，撑开了颇具温情色彩的保护伞。道光二十五年（1845 年）九月七日《长洲县示谕保护水炉公所碑》载：

> 水炉公所司事王有源、俞士胜、陈秉孝、钱廷荣、邵全寿、刘纪煜禀称：身等原籍溧水等邑，在苏开张水灶为业。缘异乡投苏帮伙甚多，适有疾病身故，以及患病无力医调者，亦复不少。身等店业资本微细，毫无移措，目睹伤心。前经同业吴培基等公议捐资设立公所，以备棺殓之费，并设

---

①　王国平等主编：《明清以来苏州社会史碑刻集》，苏州大学出版社，1998，第 298 页。

义冢，俾可葬埋，得免尸骸暴露。如有亲族在苏，将棺领回，其盘费一切，悉由公所给发……如有同业店伙不安本分，勾串外来匪徒以及地恶人等藉端索扰，酗酒滋事，阻挠善举，许该司事指名禀县；以凭提究，决不姑宽。各宜凛遵毋违。特示。遵。①

　　苏州善举碑尤以同治、光绪年间的最多，如同治九年（1870年）十二月四日《苏州府示谕保护裘业楚宝堂公所善举碑》、同治十一年（1872年）八月二十四日《苏州府示禁保护绚章公所善举碑》、同治十三年（1874年）二月的《苏州府示谕保护麻油业聚善堂善举碑》、光绪十五年（1889年）十一月十日《吴县示禁保护琢玉业宝珠公所黄祝山善举碑》、光绪十七年（1891年）七月五日《长洲县示禁保护衣业云章公所善举碑》、光绪十七年（1891年）十二月十九日《元和县示谕保护牛王庙粉业公所善举碑》、光绪二十年（1894年）八月八日《吴长元三县示禁保护漆作业善举碑》、光绪二十一年（1895年）十月二十一日《长洲县示禁保护茧绸业敦仁堂公所善举碑》、光绪二十八年（1902年）十一月三日《苏州府示谕保护面业公所善举碑》、光绪三十三年（1907年）十月十九日《吴长元三县示谕保护水木作梓义公所善举碑》等，所述内容，与道光年间的碑文大同小异，但碑文却较集中反映出人数日多的工商从业者所面临的较为普遍的社会问题，如"皮货一业，不过

---

① 王国平等主编：《明清以来苏州社会史碑刻集》，苏州大学出版社，1998，第306～307页。

半年生理，同业伙友，年老失业以及故后寡孤无靠者甚多"；①
"硃腊碰笺纸业，帮伙类多异乡人氏，或年老患病，无资医药，
无所栖止；或身后棺殓无备，寄厝无地"；② 在苏州的溧水、绍
兴等籍贯的麻油"同业帮伙以及挑担之辈，俱系贫苦孑身，年
迈力衰，有病无力，谋糊又乏栖止，情实可悯"；③ 等等。而会
馆主动承担起对同乡业者的养老、助贫、解困等社会责任，无形
中减轻了官府的压力，其做法自然也会得到官府的认可和支持，
故官府出具的保护善举示禁碑中，多强调"毋许地匪及役人等
无端□□□□。如敢故违，许即指禀拿究。地保徇纵，察出并
惩"。④《苏州府示谕保护麻油业聚善堂善举碑》也同样强调行业
自助系为官方认可的行为："黄廷熊等会集同业，凑资置买吴邑
护龙街任姓房地起造房屋，作为办善公所，系周恤同业起见。凡
帮伙老病，送入公所医药。设遇病故，给棺埋葬，待属领归，量
给路费，事属义举。务各遵守旧章，妥为经理，勿稍懈弛。如有
不肖之徒勾串匪人，阻挠滋扰，许该董事指禀拿究。地保徇纵，
并惩不贷。其各凛遵毋违。"⑤ 光绪十七年（1891 年）《长洲县
示禁保护农业云章公所善举碑》也规定："现在举人曹宝书等汇
集同业公议，自本年七月初一日起重整前章，循办留养年老、孤
寡、病故、无依等善举，责任司董司年司月认真办理，如有徇私
违章，以及地匪棍徒藉端滋扰，许即指名禀县，以凭提究。地保

① 《苏州府示谕保护裘业楚宝堂公所善举碑》，载王国平等主编《明清以来苏州社会史碑刻
集》，苏州大学出版社，1998，第 304 页。
② 《苏州府示禁保护绚章公所善举碑》，载王国平等主编《明清以来苏州社会史碑刻集》，
苏州大学出版社，1998，第 325 页。
③ 王国平等主编：《明清以来苏州社会史碑刻集》，苏州大学出版社，1998，第 294 页。
④ 王国平等主编：《明清以来苏州社会史碑刻集》，苏州大学出版社，1998，第 325 页。
⑤ 王国平等主编：《明清以来苏州社会史碑刻集》，苏州大学出版社，1998，第 295 页。

徇纵，察出并处。其各凛遵毋违。"①《元和县示谕保护牛王庙粉业公所善举碑》亦明确规定："自示之后，如有脚夫、地棍勾串游兵散勇，乘间滋扰，窃料妨工，以及藉端把持，阻碍善举情事，许即指名禀县，以凭提究。地保徇庇，察出并惩。"②

行业组织所承担起的社会责任，无论对行业发展还是对社会稳定来说，都是一举两得的事情。光绪十一年（1885 年）三月刻立的北京《老羊皮会馆碑》也道出了行业自助的社会原因："古今并无人兴心立行会，修祖师财神庙。至今光绪八年正月间，有无赖匪徒，在京都皮局门口讹诈钱文若干。因此公议，积钱立会。又有行中无依之人，恐伊因贫为匪，每局出钱若干不等。俟钱文积足，今买地修庙修房屋。如行中有无依靠好人，令伊居住，并有周济，庶不致因贫为匪。行内有不法之人，即行公举，事出情愿，各无含糊。"③

一般行业救助仅限于入会或交纳会资者。嘉庆二十四年（1819 年）十一月十二日《苏州如意会重立新规碑》载："凡入吾业者，须出上会银贰拾两零伍钱正入庙注簿存贮，以待修葺庙宇、创建鸠工之费。"④ 有些行规碑也会规定一些例外情况，并依据施救对象人品良善与否作为施救的依据。如《正乙祠公议条规》规定："……人有患难，理宜相恤，事逢横逆，更当相扶，庶不负公建斯祠之盛举耳。今公议，自作召祸，及不入斯会者，不在议内。""本行乡亲，有孤苦伶仃、妻离子散者，访其为人，平素忠厚，或受人诬害，必得亲族赴诉会中。吾行捐助，

① 王国平等主编：《明清以来苏州社会史碑刻集》，苏州大学出版社，1998，第 303 页。
② 王国平等主编：《明清以来苏州社会史碑刻集》，苏州大学出版社，1998，第 287 页。
③ 彭泽益选编：《清代工商行业碑文集粹》，中州古籍出版社，1997，第 20～21 页。
④ 王国平等主编：《明清以来苏州社会史碑刻集》，苏州大学出版社，1998，第 323 页。

使归故乡，或安其所，勿致流落。此吾行之要务也。如酗酒好赌者，不入此例。"① 对于义冢使用，雍正十一年（1733 年）五月《重定正乙祠公议条规》也有一些限制性条款，其中一条便是："银行立此义园，事属万难。原为本行物故者安厝以免暴露之惨。俱从中或有外行，系银行父子兄弟者，并在号居住病故者，许本人通知会首照议入园。助钱五百文存众。如有冒认兄弟，及捏称亲友，在号居住入园者，察出罚银五两。"②

3. 行业自律

如果说行业自助自救是会馆、公所等行业组织生存及快速发展的基础，那么行业自律也是行业组织维系或巩固的必要保证。前文提到应会馆要求而由官府出具的保护会馆产业及其正常运转的示禁碑主要是针对行外或社会闲杂人员，而行业自律则主要是针对行业内部的人员。

行业间的自我管理，主要依据行业规则。行业规则的确立，则主要随社会经济之发展而不断斟酌完善。同治十年（1871 年）《上海县为油麻业遵照公议定章加银告示碑》称："油麻一业，咸丰六年以前，未立行规，并无司事。时因店业常稀，生意未广。"③ 光绪十三年（1887 年）三月北京《老羊皮会馆匾额碑》也同样提到咸丰年间开始的社会变化："自咸丰年间，人等不遵行规，羊皮价资频更，殊属有舛旧例矣。"④

涉及行业自我管理内容的碑刻在各地都有所见，如山西壶关县有乾隆二十九年（1764 年）《窑场口磁器手工艺禁外传碑》、

---

① 彭泽益选编：《清代工商行业碑文集粹》，中州古籍出版社，1997，第 35～36 页。
② 彭泽益选编：《清代工商行业碑文集粹》，中州古籍出版社，1997，第 39 页。
③ 彭泽益选编：《清代工商行业碑文集粹》，中州古籍出版社，1997，第 75 页。
④ 彭泽益选编：《清代工商行业碑文集粹》，中州古籍出版社，1997，第 22～23 页。

广东肇庆市有乾隆四十二年（1777 年）《磁器铁锅缸瓦铺永禁碑记》、广东顺德县有光绪二十九年（1903 年）所立《禁设机器丝厂碑记》、陕西紫阳县有光绪三十四年（1908 年）《严禁奸商漆油掺假碑》等，其中既有关于会馆产业管理内容的，也有涉及经营的。前者如光绪二十九年（1903 年）七月北京《玉行规约》规定：

一、本馆各院房间，招徕住户，按月收租，不得任其拖欠。并查该住户等，倘在客留匪人等情，立即逐出，收房另租。

一、馆内不准招聚赌博，并不准闲人往来逗留。倘有此等情事，惟本馆长班同各住户是问。……

一、会首办理各项公事，倘有徇私，同行人知觉者，即行更换。……

一、每逢祀神届期，必须虔诚恭敬，大众等不得任意嬉笑。违者罚香百束。会首等犯之，罚香加倍。[①]

北京《新立皮行碑记》则关涉严禁盗买盗卖的行业规则。碑文规定：

一、有行中见贼偷盗去生熟皮章货物，本行人不准买。如有买者，公议量力罚款。不依规矩者，公举伊贼同谋。

一、有看见本行人买贼偷、失丢皮章货物，于行中会馆总管言明。会中送银二两，做为薪水。[②]

---

① 彭泽益选编：《清代工商行业碑文集粹》，中州古籍出版社，1997，第 33 页。
② 彭泽益选编：《清代工商行业碑文集粹》，中州古籍出版社，1997，第 24 页。

　　行业自律的内容还多涉及维护行业信誉，如严禁缺斤短两或偷逃税款等。乾隆三十五年（1770 年）五月北京河东烟行《建立罩棚碑序》规定："前有行规，人多侵犯。今郭局同立官秤一杆，准斤拾陆两。凡五路烟包进京，皆按斤数，交纳税银。每百斤过税银肆钱陆分。□□轻重，各循规格，不可额外多加斤两。苟不确遵，即系犯法，官罚银不算。会馆公议，每罚银壹钱，法不容私。恐众不听，勒碑□□□示久远，永志不朽也云夫。"①

　　不少会馆、行会碑都载明公议规约及处罚措施，如原立于北京崇文区东兴隆街路的嘉庆二十二年（1817 年）《重建药行公馆碑记》，即详载当时公认之规条：

　　　　一议：众首事按月（输）〔轮〕值，每逢初一日，上、下首事齐到会馆交代银钱，毋得迟延。如午刻不到，罚银二两。……

　　　　一议：看馆人、众首事公请公辞，勿得徇私。束修工食每月给钱二十千。……

　　　　一议：馆内不许赌钱、酗酒等事，违议罚。……

　　　　一议：圣诞演戏之日，轮值首事悉心办理。如值月首事不到，罚银二两。……②

　　同业人员如有违反行规行为，多由董事主持会议按行规议罚。处罚的方式多种多样。以罚款为例，数额不一，从"罚钱二吊"到"罚银千两入公"不等，也有罚酒席、罚唱戏，以及体罚者。碑文中所见处罚方式，多几种并用。如光绪十年

---

① 彭泽益选编：《清代工商行业碑文集粹》，中州古籍出版社，1997，第 49 页。
② 彭泽益选编：《清代工商行业碑文集粹》，中州古籍出版社，1997，第 26 ~ 27 页。

（1885 年）的《靛行规约》明确规定："今将罚约列后，如犯罚约者，在行馆神前跪叩，高香一封，罚钱九十千文，以备办酒席三桌公用；罚戏一天，请开行大家在戏园恭候。罚香银廿五两，存行馆以备祀神、修理行馆使用。"①

诅咒的处罚方式也见诸于行规碑中。光绪十三年（1887 年）北京《老羊皮会馆匾额碑》载："学手艺者，徒也，以三年为满，不许重学，不许包年。谁要重学包年者，男盗女娼。……不遵行规，男盗女娼。"② 当然在行会中，最为严重的处罚是开除行籍、永不得入行。

4. 行业争讼裁决

对于同业之间发生纠纷之后的处理方式，一般是先由行头解决，不服由会馆、公所董事裁决，再不服方诉官。康熙六十年（1721 年）北京《正乙祠公议条规碑》载："行中有事，必须告请当年会首。若事关重大，实系不公不法，值年会首出知单，传请通行到馆公评。勿得以强欺弱，恃富凌贫。务要公道，使两边输服。倘有挟私党恶、假公左袒，其偏袒之人，罚戏敬神。"③ 光绪十年（1884 年）《上海县为洋货公所振华堂议立规条告示碑》系因业内公产权属发生争执后，经官府审断及同行重立规则后而刻载为凭："去秋突有旧董钟山玉，贫穷无赖，串同董德诰，谓公所系伊等己产，强行盘踞，多端诈扰。不得已求请押逐，复敢〔滋讼〕不休，幸蒙断结详销在案。……兹会同议具规条八则。"以后"同业中遇有公事，该司月当出知单，邀集各号执事，于公所内会商。倘有饰词不到者，议罚。公所内如有从

① 彭泽益选编：《清代工商行业碑文集粹》，中州古籍出版社，1997，第 19 页。
② 彭泽益选编：《清代工商行业碑文集粹》，中州古籍出版社，1997，第 23 页。
③ 彭泽益选编：《清代工商行业碑文集粹》，中州古籍出版社，1997，第 35～36 页。

前未了之事，概归原经手之董事理楚，与同业无涉。①

正如上述碑文所载，不少行业内部及行业之间的纷争需要经官府审断才能了结，如光绪十六年（1890 年）《上海县为旧花业公议章程谕示碑》载：

> ……案据蔡长发等与黄懋记等互控，争管清芬堂旧花公所，业经裴前县讯明。蔡长发等系专做旧花，黄懋记等系半做旧花，断将清芬堂专归蔡长发等经营。嗣据黄懋记等以司董陈秋浦等经收房租，不办公事，且无帐目缮清等情，控经裴前县复断新旧花业轮当，未结。本县莅任，又据蔡长发等以被串冒夺，黄懋记等以曾输公捐，控争各到县。据经饬提两造集讯明确，当以蔡长发等十一家旧花是其专业；黄懋记等七家旧花是其兼业。清芬堂向为旧花公所，兵燹前系戴兰斋当司年，兵燹后系黄惕若、张洪兴、张合兴、潘万隆、陈隆发、黄载亭当司年，均系专业旧花，从未有新花兼业之人当过司年。裴前县原断清芬堂应归专业旧花者经管，最为平允。自应断令将清芬堂仍照向章，归专业旧花者经营。今年酌派同业中较殷实之陈建勋接管，年终即于旧花专业十一家内拈阄充当。惟黄懋记等七家既系兼业旧花，且据称前有五家输过庙捐，谕令陈建勋等于每年敬神之期，准兼业者一体入所拈香。并着遵照堂谕，缮就章程，呈候给示晓谕，借免争执，而息讼端。取具两造遵结附卷各在案。兹据蔡长发等拟就章程，呈请给示勒石遵守前来。除批示外，合开章程，给示勒石晓谕。……嗣后务须各照堂断及后开章程，恪守遵

---

① 彭泽益选编：《清代工商行业碑文集粹》，中州古籍出版社，1997，第 66～68 页。

办，以垂久远，而联友谊。公所创业维艰，毋再争执营私，是为至要。……

计开章程十条：

……

一、闭歇改业或兼业及不入行者，一概不准干预公所事宜。……

一、充当司年，如有擅将公款暗济私囊，或冒开费用，以至帐目不符者，察出公同理斥。以后不得临当司年，以重公项，而端人品。……①

行业之间的争讼有时带有明显的帮派和地域之见，如光绪三十四年（1808 年）《上海县为京帮珠玉业借用苏帮公所贸易告示碑》就记载了上海玉器业中南京帮与苏州帮之争纷。碑文为：

……苏、京珠玉业，前因公所兴学一事，各起冲突，将城内侯家浜汇市公所暂行封闭。由前道饬令，各延公正人，并举董事代表从中调整停，久悬未结。现经本道特传苏、京两帮，各举代表来辕集讯，秉公斟酌。谕令苏帮将旧时贸易公所借与京帮，一应开销，归京帮自理。装修物件，不得更动遗失，一切循照向章。苏帮及各帮，仍可照常进行交易，并摆设摊位。如遇敬神会议等事，仍归公用，京帮毋得抗拒。……如苏帮、京帮再有为难之处，即由陈宗浩、哈麟等禀明道县，听候察核饬遵，不准再有争执。当堂取具两造遵结附卷。并据苏帮代表陈宗浩、杨德铭面禀，公所本是议事

---

①　彭泽益选编：《清代工商行业碑文集粹》，中州古籍出版社，1997，第 70～71 页。

之地，既遵谕权借与京帮暂时贸易，不能听其久假不归，拟俟稍宽时日，京帮应觅地方，另行贸易，留出公所，为各帮议事之用。所禀不为无理，应定为暂借五年，京帮各人应从速措办地方，为将来乔迁之地。倘逾期久据，禀道勒迁。搬出之日，所有修理及添置各物，不得向苏帮索回。……案既断结，该公所应即启门照常交易，以安生业，毋得抗违，并建墙生事，致干提究。……①

宣统元年（1909年）所立《上海道为苏州珠玉帮新建市场禁止滋扰告示碑》再次提到苏州帮与南京帮之间的恩怨。碑文称：

　　……据上海珠玉业职商陈宗浩（以下人名略）等禀称：窃上海老北门内珠玉业公所，本系同治十一年间由苏帮沈时丰等发起措资建造。南京帮缠讼多年，幸荷于光绪三十四年九月十七日，传苏、京两帮代表当堂断结，面谕各立市场。……一年以来，商等竭力筹措，凑集洋二万六千二百元，即就公所对面购得旧屋连地壹亩五分，建设市场，专为苏州各帮珠玉业贸易之所。……为此示。仰地甲诸色人等知悉：须知该处市场，系苏州珠玉各帮筹款建设，专为该帮贸易之所，不许京帮入内摆摊，以免纠葛。倘有无赖棍徒借端滋扰，准即就近禀局，禁阻驱逐，各宜遵照毋违。②

应该说，清末手工业、工商业者之间纷争的增多是近代中国

---

① 彭泽益选编：《清代工商行业碑文集粹》，中州古籍出版社，1997，第79～80页。
② 彭泽益选编：《清代工商行业碑文集粹》，中州古籍出版社，1997，第80～81页。

工商业发展速度加快、行业之间竞争加剧的信号。而前文所述的行业自助自救、自律自裁等措施，虽在很大程度上避免和化解了一些社会矛盾和行业纷争，然而随着工商业者参与社会程度以及对社会经济发展影响力的提高，出现跨地域、跨行业的争端在所难免。此时，借助官府的裁断，或建立更高级别的如跨地域或全国性的行业组织并由其来出面调停争端，已是大势所趋。

（三）会馆与行规碑之特色

1. 程序上的合法性

会馆与行规碑的刻立一般经过商议、呈请备案等过程。康熙六十年（1721年）七月北京《正乙祠公议条规碑》在序言中声明："盖闻官有议，乡有约，家有训，虽大小不同，其义一也。"[①] 由于行规碑和会馆财产保护碑刻牵涉到不同人的利益，为确保碑文刻载内容具有公信力，一般会争取官府的支持。如同治七年（1868年）八月《上海县为鲁班殿事宜归官匠朱炳石经管告示碑》载："前缘同业敬奉之鲁班殿，倾圮须修，并因重议行规，当经公同〔妥议〕胪列规条，呈蒙叶升宪核明，所议各条，尚属妥恰可行，给示勒石永遵。讵碑石甫经镌刊，即遭悔议，好讼之蔡昌言捏情妄控，业奉宪天秦镜高悬，俯顺舆情，鲁班殿经管事宜，断令身等公举，呈请给发示谕，并蒙差吊蔡昌言处单契、木印、行单、刻板、帐簿等件在案。兹身等遵邀在治各匠妥商，仍照前议刊碑规条遵守。"[②] 光绪十八年（1892年）七月《上海县为乌木公所重整旧规谕示碑》也强调对官府的依重

---

① 彭泽益选编：《清代工商行业碑文集粹》，中州古籍出版社，1997，第35页。
② 彭泽益选编：《清代工商行业碑文集粹》，中州古籍出版社，1997，第61页。

并请求官府给予核准："沪地五方杂处，深恐游手好闲以及棍徒滋扰，呈明旧所遗规，环叩恩施给示勒石，俾垂久远。"①

有的会馆会针对情况的变化，一立再立行会碑，并交待设规立碑的过程。如《正乙祠公议条规碑》立于康熙六十年（1721年）七月，雍正十一年（1733年）五月重新制定，道光二十七年（1847年）六月又有《正乙祠新议条规碑》。嘉庆二十四年（1819年）十一月《苏州如意会重立新规碑》记载其行规更定的情况称："盖闻工艺虽多，必当立规谨守。行业甚广，自然定例恪遵。吾如意会虽则向有旧规，前因日久废弛，条例紊乱，于乾隆二年奉织造部堂海刊碑定例。今又年远，仍复不遵规例，恐蹈前辙之弊，不得不整立规条。今又嘉庆丁丑年，重整新规。"②

光绪三年（1877年）上海《靛业公所碑记》也是针对新出现的情况而设立。碑文称：

> 上海之有靛业久矣。然道、咸年间，市犹未盛，迄同治以来，各口靛青会萃于此。而操斯业者，亦人才崛起，此公所之所由作也。……习闻乡先辈论及乍浦靛业，莫盛于乾、嘉时。当其草创经营，规模未具，每有垄断竞争之事。幸有负才望者，出而创建鄞江会馆，设规矩，定章程，勒碑示信，主宾咸帖然悦服，市由是兴。其他兰溪、富阳亦莫不各有会馆。虽立法不同，而所以信商垂远，则一也。③

道光二十九年（1849年）北京《猪行公议条规碑》系因同

①　彭泽益选编：《清代工商行业碑文集粹》，中州古籍出版社，1997，第62页。
②　王国平等主编：《明清以来苏州社会史碑刻集》，苏州大学出版社，1998，第323页。
③　彭泽益选编：《清代工商行业碑文集粹》，中州古籍出版社，1997，第78页。

行人违背旧约而再立新约以示警。碑文称："凡设立猪店者，曾有议规。原议年例，凡我同行之人，每年公财神献戏一天。新开猪店者，在财神圣前献戏一天，设筵请客，同行之人方许上市生理。此议之后，俱各遵守，并无异说。近年北张羊王两家，开张之时，并未献戏请我同行。此皆年远日久，议规未申，以故废饬。今同行公议，重整行规，以申旧制。"① 也正因为刻载于碑的行规经过公议等程序，且一视同仁，故在该行业中具有较强有公信力。

2. 行业特色鲜明

会馆行业碑的内容细致全面，几乎涉及到商业生产与经济活动的方方面面。从碑刻角度而言，在手工业、商业、金融、典当等行业，又形成较为鲜明的特色。

当业又称典当业、当铺业，是收取抵押品从中放高利贷的一种行业。明代中期，北京的典当业经营者多为安徽籍人，到明末清初，经营者几乎全部为山西人。到19世纪末，北京城乡约有当铺200余家。一些碑文也真实记录了北京典当业的盛衰演变，如宣统元年（1909年）春所立《重修思豫堂增设公益会记》载："昔年典当隆盛，权子母而通有无，都人士每乐道之。咸丰间以纸钞故，而典业衰，堂遂为局外所有，后起者几不知为公产，殊令人感慨系之矣。"②

光绪三十年（1904年）十二月《典业公所公议章程十则碑》是行规碑中行业特色较突出的一个。碑文涉及公所集会议事程序、经费管理、收当起息规则、同业共济、避免恶性竞争以及租界内洋货典当规则等诸多内容：

---

① 彭泽益选编：《清代工商行业碑文集粹》，中州古籍出版社，1997，第34页。
② 彭泽益选编：《清代工商行业碑文集粹》，中州古籍出版社，1997，第46页。

……

一、向来典质洋牌照衣牌减短十文，有时衣牌任意上下，视钱市正价相去悬殊，典牌势难依照，不妨以卡钱洋厘核准，独自增减，即以司年次序，分作司月轮报。倘司月者有失觉察，即由同业关照。凡更换洋牌，必得凭此报条，庶无参差之误。质业洋牌，办须一律，不得或异。

一、宪颁通行定章，收当货件，按月二分起息。连闰十六月，宽限两月，以十八月为满，各同业务皆遵守。如有私自改章，查出公同议罚。

一、收当物件，照部例原系值十当五，省颁新章金银七八成收当。沪市向来金银首饰早经值十当八，与新章已无不合。即衣件亦照售价值十当八居多。此原因质押林立，此弃彼取，不得已而至此。然当价过昂，实属血资有碍。嗣后同业收当，总以值十当八为率。其有自愿贱当者，不在此例。

一、凡城乡各典，倘有被痞棍欺诈情事，关碍大局者，务宜推诚助理，毋相观望。应需使费钱洋，同业公贴一半。若事由自召，概不与闻。

一、上海典铺星罗棋布，已遍城乡。倘再有新创之典，必须同业集议，基址离老典左右前后一百间外，方可互相具保，以营造尺一丈四尺为一间，一百四十丈为一百间。如在一百四十丈以内，非但同业不能具保，须要联名禀官禁止，以免有碍发存公款。所有费用，公同酌派，受害者应多出一份。

一、沪市向有质铺，除有力之家领帖改当外，其余各质前在息借案内。摊认借款，业经报官，奉上宪饬，俟有力后改当。以后无论城乡，如有违章续开质铺情事，应由附近当铺通知司年，同业公同禀官押闭，不能徇隐。

一、捐项原案典业除月捐外，不再加捐。或遇有官府商劝，万无可辞，由典六质四摊派。

一、租界以外各典，专守本榜章程；租界以内各典，兼守工部局租界章程。查工部局定章，凡专为洋人所用物件，不得收当。有违章程，事觉到官，除所用讼费同业概不与闻外，从严议罚，以充公所经费。再：钟表等物，虽非专为洋人所用，但租界各典，前已有案，概不收当。嗣后仍宜凛遵。若所收系应当物件，遇有意外辗转涉讼等事，有关大局，同业应公商，合力协助讼费。

以上十条，禀官立案，勒碑于公所厅前。①

上引典当业行规碑内容详细，操作性强，专业特色鲜明。而金银、珠宝、玉器业的行规碑则讲究以诚信为本，严禁假冒伪劣。光绪三十二年（1906 年）苏州《银楼业安怀公所议定简章》规定："如有以低货假冒，或影射他家牌号，混蒙销售易兑者，最足诬坏名誉，扰害营谋。一经查悉，轻则酌罚，重则禀官请究。"② 宣统二年（1910 年）《上海县为珠玉业禁售赝品告示碑》虽是以官府告示的形式颁刻，但却是基于珠玉业商户的呈请，同时也反映了珠玉业以"信实"为本的行业特色。碑文载：

据珠玉业职董陈宗浩等禀称：窃职业新汇市公所成立以来，珠宝玉器各商入市贸易者，莫不以信实为主。故定章不论珠宝翠玉，凡属赝品，概不准携入销售，致为本汇市名誉

①　彭泽益选编：《清代工商行业碑文集粹》，中州古籍出版社，1997，第 89～90 页。
②　彭泽益选编：《清代工商行业碑文集粹》，中州古籍出版社，1997，第 117 页。

之累。惟是近年以来，各国制造日精，于珠宝翡翠仿真之物，层出不穷，销流甚广。深恐牟利之徒不守定章，潜将此等伪货，在本汇市混销欺骗，以图私利而害公益。职等为维持本汇市名誉起见，禀请鉴核，准予立案，给示严禁，以安商业。等情到县。据此。查赝货乱真，本属有干禁令。据称近来珠宝翡翠仿真之物，层出不穷，欺骗牟利，实属有坏市规。除批示外，合行出示严禁。为此示。仰珠玉阆业店商东、伙、掮客一应人等知悉：自示之后，务各将真正珠玉入市销售，以保信用。如有牟利之徒，不顾大局，再将珠宝翡翠赝物入市混售，欺骗牟利，一经查出，或被告发，定行提案，从严究办，决不宽贷。其各凛遵毋违！切切特示。遵。宣统贰年捌月十三日示。发苏帮珠玉业新汇市。①

手工业行会的行规一般偏重于对学徒的管理及对工价的确定。同治七年（1868 年）《上海县为水木业同行议定规条告示碑》载明"计抄规条八则"，其中第二、四、五、八条内容为：

一议、上海五方杂处，各匠难以分帮，今议不论上海、宁绍，各□□归新殿，一律不□□□□□□争执。

一议、水木匠工价，每日钱壹百文，学徒八十文，各加酒钱□文，饭钱□□文。惟包饭业已米贱，减至贰佰二十文。设□米昂，随议酌加，城厢内外一律不准克扣。其雕镂石工价略有增减，亦照旧给发。

一议、常年遵循旧规定期，各匠及学徒满师者，均

---

① 彭泽益选编：《清代工商行业碑文集粹》，中州古籍出版社，1997，第 81～82 页。

□□□□□□□俾以便稽查。如有在外向同业索扰，假公济私者，禀究。

　　一议、如有无赖私刻行单，在外撞骗者，□□公同禀送究治。①

北京《新立皮行碑记》对学徒的要求是："有未学满徒出柜，不准用；手艺人不入行，不准用。恐其有不法之人，多出事端。因不用者，整齐而已。"② 光绪十八年（1892年）七月《上海县为乌木公所重整旧规谕示碑》规定："店作收徒卜工，其司徒不得在外称工，私自发做，以及调工。各宜自重，遵守旧章，以免争执。"③

北京《靴鞋行财神会碑文》虽立于民国三年（1914年），但碑文内容却记载了清末工匠要求增加工资并多次举行罢工的事例：

　　盖闻勒铭叙事，所以昭久远之规；镌石留芳，所以著始终之迹。考我行自前清咸丰年间，当十大钱流通市面，银价日昂，因之，缝、尚、切、圈、排五行工人，每年借此增价，则各号受其累者固已久矣。后经商君瑛约会同行人等，设立靴鞋行财神会，为行中会议公事之所。当时在会者二十余家，不在会者约有百家。然缝、尚者每增价时，必先要求在会者，如不允则罢工；其不在会者，做活如故。至在会者，恐生意之停滞，不得不俯允其增；而不在会者，随亦一

---

① 彭泽益选编：《清代工商行业碑文集粹》，中州古籍出版社，1997，第60~61页。
② 彭泽益选编：《清代工商行业碑文集粹》，中州古籍出版社，1997，第24页。
③ 彭泽益选编：《清代工商行业碑文集粹》，中州古籍出版社，1997，第63页。

律增之。缝、尚者既如此，而切、圈、排三行之工价，亦遂因此而增焉。所以后开之新号，皆不欲入会也。至光绪八年，缝、尚工人又有齐行罢工之举。本行绅商傅君养园，见此情形，不忍坐视，以为屡受工人之挟制，不能不设法维持。因与会中各号商议，分为四路，外东、外西、内东、内西，即分往不在会之各号，婉言劝导，以明利害相关之故。且言：愿入会者，请（与）〔于〕二十八日，在天福堂面商一切。至日，各号毕集，幸皆踊跃从公；其不在会者，由是而尽入会矣。前后共计一百二十余家。至于议论增价之事，公同商酌，务筹以对待之方。……且公推……四人，联名在中城司控告合美会。夫合美会者，即缝、尚工人所立之会也。旋蒙批准，差传到案。两造各执一词，一求增价，一求减价，奉城宪当堂公断，不增不减，俱照原价开工做活。如合美会人不遵本司官□派，准各号另觅工人做活。且又出示晓谕，各号另觅工人，不许合美会人拦阻。乃合美会人不服堂断，又在提督衙门及顺天府大、宛两县等衙门控告，犹冀推翻前案，以遂其贪利之心。而各署均不受理，俱将案卷送交中城察院归案讯办，则合美会首事之人，至此方无可如何矣。此案自三月起，至九月底止，半年之久。……自息讼而后，二十二年之久，未起争端，皆赖前此维持之义也。……本会同人等，念往事之维艰，恐前功之渐泯，爰勒诸石，昭示来兹。①

其实从明清手工业行会碑中可以看出，随着经济和社会的发

---

① 彭泽益选编：《清代工商行业碑文集粹》，中州古籍出版社，1997，第15～16页。

展，某些议禁规约内容，已由原来的主要限制同行间的竞争，逐渐转向对付帮工组织及其同盟罢工。如江苏镇江市城西小门街拖板桥小学是清代镇江瓦木工匠行会组织机构的所在地。根据现存光绪二十九年（1903 年）闰五月和光绪三十二年（1906 年）六月所刻两碑的碑文，可知因物价上涨，瓦木工匠为了保障自己的生活，要求照米价张落付给工资，但遭雇主拒绝，瓦木工匠们遂在工地上聚众停工。经瓦木公所出面调停，并议定条规，为瓦木工匠及徒工分别增加工钱，由丹徒县止堂立碑止式作出规定，今后工资照米价涨落付给，瓦木工匠不得再滋事，以此约束瓦木工匠。

工商业行会碑以讲求公平交易为特色。此外，严禁牙侩为奸及禁勒索滋扰，也是其中的主要内容。清代时，牙侩为奸为害甚广。乾隆四十四年（1781 年）六月《河东烟行会馆碑》载："岁己亥，其首事诸公告余曰：去年易州烟庄牙侩为奸，行中不通交易者，几乎经年。"[1] 道光十五年（1835 年）北京《新建靛行会馆碑记》也载："我行坊铺从无取牙用之说，原因水□□靛各分自置客卖之有别耳。自乾隆庚戌，有外牙索诈滋扰，诬控成讼之由。"[2] 光绪二年（1876 年）七月所刻《炉圣庵碑》则针对相应弊端而做出明确规定："嗣后买卖铅锡铜斤，务各遵照定例，以安商业。毋许霸开总行抽收牙用，致滋事端。倘有不肖之徒，霸持□夺，扰累商民，私立行规等弊，或被人首告，或经本院访闻，定行从严惩办，决不宽贷。"[3] 光绪三年（1877 年）二月所立《炉圣庵碑》又再次载明：

①　彭泽益选编：《清代工商行业碑文集粹》，中州古籍出版社，1997，第 50 页。
②　彭泽益选编：《清代工商行业碑文集粹》，中州古籍出版社，1997，第 17 页。
③　彭泽益选编：《清代工商行业碑文集粹》，中州古籍出版社，1997，第 4 页。

窃谓裕国课而安商业，道贵并权，假公令以济私图，法难姑贷。我铜锡铜行商贩人等，在京交易者不啻千万，向来购买铜斤，只在崇文门外税务司处纳税。除到税务司纳税外，并无吏胥扰累，牙税抽用，是以商民得安其业，工匠得谋其生。……乃于光绪二年正月间，突有宝丰大炉厂单锡朋，攒买牙帖，冒充经纪，添设重税。彼时单锡朋曾邀我行同众面议，凡铅锡铜斤，无论或买或卖，具按三分抽用。贫资者，指头微利，所获几何？奉于官者，原有定例，抽于牙者，向无此规。其时诸行友未遽应允。越数日，而督粮厅陈公出示晓谕，令铅锡铜斤一体纳用。传闻之下，众志惊惶，致都中铜局一概闭门歇业者，数月有余。于是大铎村铜铺牛银林激于公愤，呈控都察院唐大人案下。经京畿道监察御史齐、刘二位大人讯明情由，札交南城都察院五大人秉公办理。王玉芝、牛银林、冯永贞情愿咨部大人公断，随集人证。伊公称认私添牙用。古□□□□明情弊，单锡朋将牙帖缴销，我行一律开门。又蒙出示晓谕，铅锡铜斤务各遵照定例，毋许霸开总行，抽收牙用，致滋事端云云。此尤彰明较著者也。事定之日，诸行友请捐资勒石，以垂久远。①

至于船帮的行规碑，内容多涉及禁盗抢以及避免无序竞争。道光十三年（1833 年）紫阳知县所立之《严禁近滩小船水夫故意踏淹商船借机抢捞货物告示碑》及道光二十二年（1842 年）《禁匪徒乘机抢取客货告示碑》同竖于陕西安康汉王城泗王庙内。汉王城为清代中期以来汉江沿岸重要商埠之一，泗王庙系该

---

① 彭泽益选编：《清代工商行业碑文集粹》，中州古籍出版社，1997，第 4～5 页。

埠船帮会馆所在地。此二碑详载当时汉江航运中的诸种弊端及相应处治条规。道光七年（1827 年）《上海县西帮商行集议规条碑》则是为避免同业间的无序竞争而刻立。碑文载：

> 计开商行等集议规条：
>
> 一议、各号凭行写船，随时面定水力，揽票内注明月日，钤盖本船图记，并经手人姓名，各无退悔。如有反悔，各罚银贰百两。如无图记，不许交易。银串照市划一，不许申上就下，致有两相退俄唇舌。倘不照议，查出，罚船号经手者神戏各一台。其船仍归原号定放。……
>
> 一议、一船两写，系船与经手者通同歧混，公议各罚银壹百两。……再税行不收对同，不许发票放船，以便清理号账。如未收对同放船者，罚银壹百两充公。①

在明清两代，某些行业，尤其是行业中举办的祭祀活动，一般对女性是持排斥态度的，这一点也体现在行规碑中。如康熙六十年（1721 年）七月立《正乙祠公议条规碑》载："公建斯祠，乃吾敬神之地，非庄园宴会之所也。如外行之人，不得借赁演戏。即本行庆喜设席，器皿不无伤损。议有香资一两，作修补之费。但妇女不得在堂上起坐饮宴，恐慢神渎圣也。犯者罚银五两。"② 某些会馆所建的义冢，也讲究男女有别。雍正十一年（1733 年）五月新定《正乙祠公议条规碑》规定："冢地分为三段，编成天、地、人三号，挨次排葬，不许拣择另立，亦不得间断参差。违议者罚银五两。每柩议地宽五尺。如有多占者罚银二

---

① 彭泽益选编：《清代工商行业碑文集粹》，中州古籍出版社，1997，第 99～100 页。
② 彭泽益选编：《清代工商行业碑文集粹》，中州古籍出版社，1997，第 36 页。

两。倘有必要另立者，须明当年会首议。地既分天、地、人三号，其人字号议归妇女厝葬，庶不致男女混杂，存殁均安。亦必照议挨次排葬，毋得间断参差。如违，罚银三两。"①

随着商品经济发展与市场扩大的冲击，至清末民初，许多具有行业特色的官府示禁和公约碑已逐渐失去了昔日的约束力。幸存下来的石刻法律碑文，则成为后世研究法律与社会发展的历史凭证。

---

① 彭泽益选编：《清代工商行业碑文集粹》，中州古籍出版社，1997，第37~38 页。

八　教育与学规碑

（一）古代教育碑刻存世简况

在中国古代教育发展史上，刻石立碑具有重要的功用。碑刻或载学校创建之经过及重修之盛举，或刻捐钱款、置学田之善事，或铭规章制度等学规。举凡与学校发展关系密切的内容，无不载之于碑石。

在古代地方志有关儒学的记载中，多写有立碑之方位及碑名。如雍正年间编纂的山西《朔平府志》对县学的描述是："明伦堂五间，文庙正殿后。东西斋间，博文约礼。中奉世祖章皇帝颁示《生员卧碑》、圣祖仁皇帝《御制训士子文》、《程子四箴》、文武题名匾。"① 与志文记载相应，古代教育碑刻确实多立于孔庙、学宫、府学及书院等处。

在明清时，各府县文庙中最常见的是御制学规碑。如山西河津县文庙、安邑文庙均曾立有宋徽宗御书的《大观圣作之碑》（也称《八行取士碑》）。山西临晋县文庙有洪武十五年（1382年）的明太祖御制《卧碑》，运城文庙有明正德四年（1509年）

---

① 右玉县志办公室编：《旧志辑录》卷二《建置志》，山西人民出版社，1999，第29页。

的《敕谕提学教条碑》，绛县文庙大成殿有正德五年（1510 年）五月刻立的《敕谕提学教条碑》。陕西城固县文庙也曾立有万历六年（1578 年）的《敕谕儒学碑》，汉阴儒学原有顺治九年（1652 年）的《儒学卧碑》，汉中府文庙原嵌有顺治九年（1652 年）二月的《卧碑》。广东肇庆学宫则有成化十五年（1479 年）的《肇庆府学卧碑》，以及康熙四十八年（1709 年）的《重建肇庆府儒学碑记》，等等。

现江苏无锡县学旧址尚存有古碑刻 70 余块，内容包括圣旨、学规、进士题名、学宫修建、学田记等类别。又如北京东城区府学胡同小学的前身是明清顺天府学。该校在改扩建过程中，挖出 12 块明清石碑。根据碑文得知：顺天府学起源于元末明初，其原址是报恩寺，但寺庙尚未建成，明兵已攻克大都，而当时朱元璋曾下令军队一律不准进入孔庙。报恩寺僧人在仓皇中将一座木制的孔子像立于殿中，称报恩寺就是孔庙，从而躲过了一场浩劫。军队走后，僧人不得不把这座寺庙改为孔庙，称大兴县学。1421 年永乐皇帝迁都北京，大兴县学改名为顺天府学，此后一直沿用。

除府县官学外，属于私学的古代书院教育系统在宋以后也留下不少教育碑刻。白鹿洞书院现存宋代至民国初年的碑刻 157 通，摩崖题刻 57 方，内容包括白鹿洞书院修复记、教规、学田记等，较重要者如明《汪太守馆例十二条、约禁十一条碑》。湖南岳麓书院有乾隆十三年（1748 年）《岳麓书院学规碑》、乾隆十九年至二十二年（1754~1757 年）的《六有箴碑》，以及嘉庆二十二年（1817 年）的《岳麓书院文昌祭田碑记》、《文昌阁祭田契券碑》、《公议祭田佃规租谷章程碑》等。另江西鹅湖书院有明《赋复祀记》，江西白鹭洲书院有清《罗太守馆规十三条》；陕西平利县五峰书院立有顺治九年（1652 年）的《五峰书院碑》，及嘉庆十五年（1810 年）刻立的顺治九年（1652 年）钦颁《儒学卧碑》；广东海康县浚元书院有乾隆十二年（1747年）的《海康义学记》、嘉庆二十四年（1819 年）的《翁氏乐捐碑》、道光五年（1825 年）的《浚元书院膏火碑》；山西芮城县有道光二十四年（1844 年）的《西河书院学规记》等。

　　另一些著名碑林中也汇集不少教育碑刻，不过这些碑刻多是从他处迁徙而来。在西安碑林收藏的 6 块金代碑刻中，有关教育者就占了 4 块，分别为正隆二年（1157 年）的《重修府学记》、明昌五年（1194 年）的《瞻学舍地清册》、泰和三年（1203年）的《京兆府学教授题名记》及正大二年（1225 年）的《重修储学教养碑》。另西安碑林还有刻于元至元六年（1340 年）的《瞻学田记》、明太祖洪武十五年（1382 年）的《赡学田颂》等碑。江苏镇江焦山碑林则有刻于元祐四年（1317 年）的《镇江路儒学复田碑记》、元至治三年（1323 年）的《镇江路儒学增租记碑》及同治四年（1865 年）九月的《永禁胥役门丁不准住在考棚示》等。

　　上述林林总总的教育碑刻，从不同侧面记录和反映了中国古代教育的发展状况，为研究我国古代教育史及教育法律之发展，提供了大量宝贵的素材。

（二）古代教育碑刻之分类

　　就目前所见的古代教育碑刻，依其内容可分为纪事碑、石经碑、进士题名碑及学规碑等。

1. 纪事碑（学田碑）

现所知我国存世最早的有关兴教办学的碑刻是西晋《大晋皇帝三临辟雍碑》，刻于咸宁四年（公元278年）十月二十日，1931年3月出土于河南洛阳东郊西晋太学遗址。洛阳太学始创于东汉建武五年（公元29年），位于汉魏洛阳城开阳门外。当时学生多至3万余人。到了西晋时，太学生依然"万有余人"。从碑文内容看，司马炎在前后4年的时间内，曾三临辟雍（太学）巡视，考察学生的"德行"、"通艺"并进行赏赐。皇太子司马衷也曾两次来到这里视察。

这块碑之所以重要，不仅因为它最早记载了帝王视察学校之事，也不仅因为晋碑之难得一见，而在于此碑碑阴刻有行政学官太常、散骑，教职人员以及学员的郡籍、姓名等多达400余人。据碑文可知，当时在学官中选择才高望重的博士1人，称为"博士祭酒"，负责太学的教务工作。整个太学工作归"太常"总管。教师设博士、助教、主事、司成等职。学生分礼生、弟子、门人、散生、寄生等。门人是太学的预备生，弟子则是入学三年且能通一经者。碑阴所记学官、学生的郡籍，对于考察学生的来源及分布情况是极珍贵的资料。

教育纪事碑中以建学、修学庙等内容为多，如仅云南保山即有明正统十一年（1446年）《金齿新建庙学记》、《新建金齿学宫记》，嘉靖十五年（1536年）《保山县儒学记略》，嘉靖二十六年（1547年）《永昌射圃记》，乾隆五十七年（1792年）《移建永保书院碑记》，以及嘉庆元年（1796年）《永保书院田亩碑记》、道光三年（1823年）《永保书院碑记》、道光十一年（1831年）《永昌府学记》、光绪十年（1884年）《隆江义塾永垂碑记》、光绪十二年（1886年）《新捐隆江义塾修金田记》等等。其他各地，也均有相当数目的纪事碑。另修建试院的纪事碑在各地也不少见。

此外学田碑也是纪事碑中的一个重要内容。学田是我国封建社会学校教育的经济支柱。设学田以赡学的制度始于北宋，并随着宋代教育制度的普及而不断发展，并一直延续至清朝。学田碑多刻立于州府县学及书院等教育机构内，碑文兼具纪事与凭证双重目的。在传统的方志和金石著录中，学田碑多被收录，以至宋至清朝的学田碑，无论实物和还是文献，保存量均较大，如《吴郡金石目》即载有宋代绍兴四年（1134 年）四月的《平江府学田记》、庆元二年（1196 年）正月的《吴学义廪规约》、嘉定庚辰（1221 年）腊月的《平江府添助学田记》、绍定元年（1228 年）十月的《给复学田省札》、绍定二年（1229 年）八月的《吴学复田记》，《福建通志》卷九载有南宋陈一新撰《赡学田碑》，等等。元、明、清的学田碑，数目较之宋代又有明显增加。碑文对学田的经营管理，其来源以及租佃纠纷，甚至被侵吞、湮没等事项，都有所记录。由于学田是学校赖以存在的主要物质条件，因此，对学田的研究不仅有助于了解古代教育经费来源与管理以及学校的发展状况，同时也是把脉宋代以后土地制度发展演变的一批珍贵资料。

2. 石经碑

石经是中国古代刻于石碑、摩崖上的儒家经籍和佛、道经典。中国历史上有 7 次大规模的刻儒经活动。首次刊刻的是《熹平石经》。东汉桓、灵之际，诸经博士试甲乙科时竞争激烈，有人甚至以行贿法而改易经籍以合其私文。熹平四年（公元 175 年），今文学家蔡邕、李巡等人主持订正经籍文字，经灵帝许可，刊于碑石。至光和六年（公元 183 年），记有 46 碑的《熹平石经》刻成，立于太学讲堂东侧，内容包括《鲁诗》、《尚书》、《周易》、《仪礼》、《春秋》、《公羊传》、《论语》7 种经文。《后汉书》卷六十《蔡邕传》载："及碑始立，其观视及摹写者，车乘日千余两（辆），填塞街陌。"然而东汉末年，董卓毁洛阳宫庙，太学荒废，石经遭破坏。现石经残片保存在西安碑林和上海博物馆等处。

魏文帝黄初元年（公元 220 年）复立太学于洛阳，正始二年（公元 241 年）又立《正始石经》于太学讲堂西侧。此为历史上第二次刊刻儒经。第三次刊刻的是《开成石经》，始于唐文宗太和四年（公元 830 年），是我国古代七次所刻石经中保存最完好的一部，今存西安碑林。此外还有五代后蜀孟昶于广政年间（公元 938～965 年）刻立的《广政石经》（也称《蜀石经》，北宋嘉祐二年（1057 年）刊于汴梁太学的《嘉祐石经》，以及南宋《高宗御书石经》和清《乾隆石经》等。

自汉武帝时儒家被奉为正统后，作为儒家经典之一《孝经》便在石经中占有重要地位。除上述所刻石经包括《孝经》外，还有单独刻立的众多孝经碑。唐玄宗李隆基曾两次亲笔御注《孝经》，并命人于天宝四年（公元 745 年）刻成石碑。宋代曾 4 次刊刻《孝经》碑，分别为北宋仁宗时（1023～1063 年）的《嘉祐石经》、南宋高宗（1127～1162 年在位）御书《真草孝经碑》，以及南宋孝宗时（1163～1189 年）刻于重庆大足县的北山石窟的《古文孝经》和原立于绍兴府学、由谢景初书写的《孝经碑》。虽然这些石刻经典与法律史研究关系不是很大，但对于经学、学术史等研究，却弥足珍贵。

3. 进士题名碑

始于隋炀帝大业三年（公元 607 年）的科举取士制度经唐

及以后历代的不断发展，成为古代一项非常重要的选拔人才的方式。随着科举日益重要和影响越来越广，关于科举的碑刻不断涌现。历代所立的与科举有关的碑刻除记载科举考试考场发展历史的贡院碑外，大量的便是镌刻"金榜题名"的进士题名碑。

进士题名碑始自唐代韦肇在"进士及第"后把自己的名字题写于长安慈恩寺大雁塔之上。自此，后人相传效仿，留下大量的进士题名碑。如河南嵩山中岳庙存有宋、金四状元碑。而现存历代进士题名碑数量最多的是北京孔庙。

北京孔庙中原有元代题名碑 9 块，但其中 6 块被明代磨去字迹刻上当朝进士姓名，现仅有元碑 3 块。明朝初年的进士题名碑立在当时的都城南京；在北京孔庙中，则有自永乐十四年（1416 年）起至崇祯十六年（1643 年）止的进士题名碑共 77块。北京孔庙中的清代进士题名碑数量最多，庙内存有自顺治三年（1646 年）至光绪三十年（1901 年）止的清进士题名碑 118块。题名碑上所刻数万进士姓名、籍贯和名次等，是研究我国科举制度的重要实物资料。

4. 学规碑

学规碑与法律史的关系最为密切。属于教育立法的学规碑集中出现在我国古代教育事业蓬勃发展的宋朝。宋代的学校有官学和私学之分。官学中有国子学、太学等中央官学和州县等地方官学。仁宗（1023～1063 年在位）在位之初，州县学并不是很普及，"时大郡始有学，小郡犹未置"。① 庆历四年（1044 年）后，范仲淹实行"庆历新政"，使州县学的数目有所增加。神宗熙宁、元丰年间（1068～1085 年）王安石主持变法，在全国范围

----

① （清）徐松辑：《宋会要辑稿》崇儒二之三。

内又出现了一次新的办学高潮。与宋代教育事业快速发展相适应，宋代有关教育法规的碑刻陆续出现，如宋仁宗至和元年（1054 年）的《京兆府小学规》，宋徽宗大观二年（1108 年）八月的《大观圣作碑》（即《学校八行八刑碑》）等。《京兆府小学规》载："生徒有过犯，并量事大小行罚。年十五以下，行扑挞之法；年十五以上，罚钱充学内公用。仍令学长上簿学官教授通押。行止逾违，盗博斗讼，不告出入，毁弃书籍，画书窗壁，损坏器物，互相往来，课试不了，戏玩喧哗。""生徒依府学规，岁时给假，各有日限。如妄求假告，及请假违限，并关报本家尊属，仍依例行罚。右事须给榜小学告示，各令知委。"①这些碑文为后世研究宋代教育法律制度的第一手资料。

　　明、清时期，与教育法相关的碑刻的数量逐渐增加。明初朱元璋对学校教育颇为重视，曾四次制订监规，并刻碑于国子监明伦堂左侧。据《钦定国子监志》载：明代"入国学者，通谓之监生。其教之之法，严立规条。……十五年，命礼部颁《学规》于国子监"。②

　　清初曾仿明制定教育法规——《卧碑》。据《钦定国子监志》载，世祖章皇帝颁布御制晓示生员卧碑，满、汉文各一石，顺治元年（1644 年）二月立，在太学门外之左，南向。③顺治九年（1652 年）曾通令各省、府、厅、州、县儒学和书院，将此法规刊碑卧于门口，使学生出入即见，熟读牢记，遵守不怠。由于当时各地广为刻立，此碑成为存世量最大的清代法律碑刻。

　　除中央政府统一颁布的教育法规外，各书院、学校也会制定

① 路远著：《西安碑林史》，西安出版社，1998，第 511 页。
② （清）文庆等纂修：《钦定国子监志》卷三六《考校》。
③ （清）文庆等纂修：《钦定国子监志》卷四七《金石二·御碑》。

相应的规章条例，以适应各地教育发展之状况，弥补国家教育立法之不足，如北宋至和元年（1054 年）所立《京兆府小学规》以及明清时期的书院学规碑等。

（三）宋代"三舍"、"八行"取士法

神宗熙宁、元丰年间（1068～1085 年）王安石主持变法，开始实施学校考选的"三舍法"。三舍指外舍、内舍和上舍。北宋的学制是县学学制 1 年，每学年正式考试 1 次。经州学审核，合格者可入州学外舍，称"岁升"。州学学制 3 年，外舍生学习 1 年，经公试合格者升入内舍。再一年，合格者升入上舍。每隔 3 年，上舍生考试，合格者选送入"辟雍"，即太学外舍。熙宁（1068～1077 年）以后，太学也推行三舍法，要求更严。升级升学的条件除了考试符合要求外，还必须品行好，不触犯学规，否则将留级或开除。

崇宁元年（1102 年）八月，"蔡京等言，请天下诸县皆置学"。[①] 随着官学普及到县，强调学校考选的"三舍法"也随之在全国各州县推广，并一度代替科举，成为取士的主要途径。一般要升入内舍和上舍很不容易，当然其待遇也很具有诱惑性。崇宁三年（1104 年），"始定诸路增养县学弟子员，大县五十人，中县四十人，小县三十人。凡州县学生曾经公、私试者复其身，内舍免户役，上舍仍免借借如官户法"。[②]

在推行三舍取士法的基础上，宋徽宗于大观元年（1107 年）又下诏推行"八行"取士法。该年九月十八日，资正殿学士郑

---

① （清）徐松辑：《宋会要辑稿》崇儒二之九。
② 《宋史》卷一五七《选举三》，中华书局，1977，第 3663 页。

居正"奏乞以御笔八行诏旨摹刻于石，立于宫学，次及太学、辟雍、天下郡邑"。此即当时遍布于全国各郡县官学的《大观圣作碑》。历经数百年风雨沧桑，原碑多数已亡佚、损毁。据清孙星衍《寰宇访碑录》载，此碑有河南偃师、山东临朐、菏泽、城武、诸城、泰安、新泰、陕西兴平、江苏句容凡9种。另陕西淳化、高陵、临潼和河南临颍，有内容完全相同的4种。据《山左金石记》载，在山西还有3种，一在襄垣，一在盂县，一在繁峙，但均已漫漶。现在，西安碑林、山东、山西、河北等地仍完好地保存有此碑。

根据《大观圣作碑》的记载，当时推行"八行"取士法的目的主要是为弥补科举制一味重考试成绩而忽视道德修养的不足。碑文开宗明义指出："学以善风俗，明人伦，而人材所自出也。今有教养之法，而未有善俗、明伦之制，殆未足以兼明天下。孔子曰：'其为人也孝悌，而好犯上者鲜矣。不好犯上而好作乱者，未之有也。'盖设学校，置师儒，所以敦教悌。孝悌兴，则人伦明。人伦明，则风俗厚而人材成，刑罚措。朕考成周之隆，教万民而宾兴以六德六行，否则，威之以不孝不悌之刑。此已立法，保任孝、悌、姻、睦、任、恤、忠、和之士。去古绵邈，士非里选。习尚科举，不孝不悌，有时而容。故任官临政，趋利犯义，诋讪贪污，无不为者。此官非其人，士不素养故也。"

接着，碑文提出要在学校教育中推行孝、悌、睦、姻、任、恤、忠、和八种德行的具体措施："诸士有善父母为孝，善兄弟为悌，善内亲为睦，善外亲为姻，善于朋友为任，仁于州里为恤，知君臣之义为忠，达义利之分为和。"凡具备此"八行"者，由耆邻保伍、县、州等逐层审核推荐，可随时免试进入太学上舍。当然，此八种品行也有高低上下之别："诸八行，孝、悌、忠、和为上，睦、姻为中，任、恤为下。""诸士有全备上四行，或不全一行，而兼中等二行，为州学上舍上等之选。不全上二行，而兼中等一行，或不全上三行，而兼中二行者，为上舍中等之选。不全上三行，而兼中一行或兼下行者，为上舍下等之选。全有中二行，或有中等一行，而兼下一行者，为内舍之选。余为外舍之选。诸士以八行中三舍之选者，上舍贡入内舍；在州学半年，不犯第二等罚，升为上舍；外舍一年，不犯第三等罚升为内舍，仍准上法。诸士以八行中上舍之选，而被贡入太学者，上等在学半年。不犯第三等罚，司成以下考验行实闻奏，依太学贡士释褐法。中等依太学中等法，待殿试。下等依太学下等法。诸士以八行中选在州县，若太学皆免试，补为诸生之首，选充职事，及诸斋长谕。诸士以八行考试为上舍上等，其家依官户法。中下等免户，下支移折变借，借身丁，内舍免支移身丁。"

碑文不仅规定了士子具备八种品行或其中之一者所应给予的优待，同时也明确规定了违反"八行"所致的不孝、不悌、不睦、不姻、不任、不恤、不忠、不和等"八刑"及其相应的惩罚措施："诸谋反、谋叛、谋大逆，子孙及大不恭，诋讪宗庙，指斥乘舆，为不忠之刑。恶逆、诅骂，告言祖父母、父母，别籍异财，供养有缺，居丧作乐自娶，释服匿哀，为不孝之刑。不恭其兄，不友其弟，姊妹叔嫂相犯罪杖，为不悌之刑。杀人、略人、放火、强奸、强盗，若窃盗杖及不道，为不和之刑。谋杀及卖略缌麻以上亲，殴告大功以上尊长、小功尊属若内乱，为不睦之刑。诅骂告言外祖父母与外姻有服亲、同母异父亲，若妻之尊属相犯至徒，违律为婚，停妻娶妻，若无罪出妻，为不姻之刑。殴受业师，犯同学友至徒，应相隐而辄告言，为不任之刑。诈欺取财罪杖，告属耆邻保伍有所规求避免，或告事不干己，为不恤之刑。诸犯八刑，县令、佐州、知通以其事目书于籍，报学，应有入学按籍检会施行。诸士有犯不忠、不孝、不悌、不和，终身不齿，不得入学。不睦十年，不姻八年，不任五年，不恤三年，能改过自新不犯罪而有二行之实，耆邻保伍申县，县令佐审察听入学。在学一年又不犯第三等罚，听齿于诸生之列。"①

从上述碑文可以看出，儒家的封建礼教标准——孝、悌、睦、姻、任、恤、忠、和八行成为当时选士、入学、取才、升官、降职的标准。由于它是由皇帝亲自颁布的封建教育方针和校规，且一度在全国实施，对北宋及明清的学校教育和科举取士制度，均产生重要影响。

（四）明清御制学规碑的主要内容

教育碑在明代碑法律史料总数所占份量较重，约有五分之一的份额，且在明代前、中、后期分布均匀，可反映出明代对教育的重视程度。明代初期学规碑所占比重最高。在笔者搜集的洪武（1368～1398 年）22 碑中，学规碑高达 12 份。弘治（1488～1505 年）7 碑，教育碑为 3 份；正德（1506～1521 年）10 碑中，学规碑仍保持 3 份的高比例；嘉靖（1522～1566 年）朝持续时间较长，以致出现了 60 碑的高份额，学规、学田碑在 10 份以上；万历（1573～1619 年）是明代持续时间最长的王朝，也创造了碑数的最高纪录——126 份，其中教育碑 22 份，涉及学田管理便占有其中的 15 份。到天启（1621～1627 年）、崇祯

---

① 李慧、曹发展注考：《咸阳碑刻》下册，三秦出版社，2003，第 493～494 页；王大高主编：《河东百通名碑赏析》，山西人民出版社，2002，第 55～56 页。

（1628～1644 年）朝，教育碑在诸多形式的法律碑刻中，还保持着十分之一的比例。

在一些地方志中，均可以看到明初学规碑的身影。如王树枏等纂（民国）《新城县志》卷十六《金石二》中，载有洪武八年（1375 年）所立《学校格式碑》，碑文系洪武二年（1369年）十月二十五日发布。清吴汝沦纂（同治）《深州风土记》卷十一《金石下》中也载有洪武八年（1375 年）《学校格式碑》。尚希宾纂（民国）《威县志》卷十八《金石志》和潘鸣凤编《昆山见存石刻录》（民国二十三年铅印本）卷三，均载有洪武十年（1377 年）所立《学校格式碑》。

清代御制学规碑以顺治九年《卧碑》影响最大，一直到光绪朝，有些地方还在刊刻此碑。与明代御制学规碑的一个相同之处是，清初国家强调对生员和教官管理的双管齐下。清朝一方面给生员以种种优待，另一方面严密控制生员的言行和思想。顺治九年的《卧碑》曾颁刻全国各官学，强调"学为忠臣清官"的宗旨及各条行为规则，其中最主要的内容是："生员不可干求官长，交结势要，希图进身。""军民一切利病，不许生员上书陈言。如有一言建白，以违制论，黜革治罪。生员不许纠党多人，立盟结社，把持官府，武断乡曲。所作文字，不许妄行刊刻，违者听提调官治罪。""生员当爱身忍性。凡有司官衙门，不可轻入。即有切己之事，止许家人代告，不许干预他人词讼，他人亦不许牵连生员作证。"① 相似内容，早在明碑中即有规定。如万历六年（1578 年）《敕谕儒学碑》载："我圣祖立卧碑，天下利

_____

① 陈显远编著：《汉中碑石》，三秦出版社，1996，第 193 页。另张沛编著《安康碑石》，三秦出版社，1991，第 110 页；（清）文庆等纂修《钦定国子监志》卷首，均载有上述文字。

病，诸人皆许直言，惟生员不许。今后生员务遵明禁，除本身切己事情，许家人抱告有司，众公审问，倘有冤抑，即为昭雪。其事不干己□，便出入衙门，陈说民情，言论官员贤否者，许该管有司申呈提学官以行止有亏革退。若纠众拉帮，聚至十人以上，骂詈浪〔言〕，肆行无理，为首者照例问遣。其余不分人数多少，全行黜退。"①

从上述碑刻中，反映出明清御制学规碑的主要内容如下：

1. 端士习、立品行

明清御制学规碑在宋代学规碑基础上内容更加充实完善。洪武八年（1375 年）的《学校格式碑》列生员入学定例、选官分科教授、生员习学次第、生员数额、师生廪膳、教官出身、生员入学、守令每月考验生员等内容。但与宋代御制学规碑相比，"盖文辞不如宋大观碑远甚。是后公牍尽沿此体，大抵皆出吏胥之手，视事者无复事文学矣。而所谓圣旨，则鄙俚尤甚"。②

明万历六年（1578 年）八月初一的《敕谕儒学碑》强调对生员的教化："孝弟谦让，乃士子立身大节。生员中有敦本尚实，行谊著闻者，虽文艺稍劣，亦必量加奖进，以励颓俗。若有平日不务学业，嘱托公事，以捏造歌谣，兴灭词讼，及败伦伤化，过恶彰著者，体访得实，不必品其文艺，即行革退。不许徇情姑息，亦不许轻信有司，教官开送，致被□□中伤，误及善类。"③

端士习、立品行不仅是明代御制学规对生员的要求，同时更

① 陈显远编著：《汉中碑石》，三秦出版社，1996，第 168 页。
② （清）吴汝沦纂：《深州风土记》卷一一《金石下》，载中国国家图书馆善本金石组编《明清石刻文献全编》（二），国家图书馆出版社，2003，第 464 页。
③ 陈显远编著：《汉中碑石》，三秦出版社，1996，第 168～170 页。

要求教官以身作则，并切实负起督导、教育生员的责任。成化十五年（1480 年）《肇庆府学卧碑》对何为称职的提调官作了明确要求："提调正官，务在常加考较。其有敦厚勤敏，抚以进学；懈怠不律，愚顽狡诈，以罪斥去。使在学者，皆为良善，斯为称职矣。"① 万历六年（1578 年）的《敕谕儒学碑》不仅规定对违纪学生如何处理，同时也明确规定教师与各级教务、政务官员以及社会蠹虫在入学、考试、举贤、请封等文教方面如有徇私舞弊的情节所给予的处分规则。据碑文可知，《敕谕儒学碑》立碑的原因系"近年以来，法纪渐隳，士习窥惰，以致教化壅于上，风俗敝于下"。为了整风救弊，万历帝首先对提学官寄予厚望："各提学官督率教官生儒，务将平日所习经书义理，着实讲求，躬行实践，以需他日之用。不许别创书院，串聚徒党，及号招地方游食无行之徒，空谈废业，因而启奔兢之门，开请托之路。违者，提学官听巡按御史劾奏，游士人等拿问解发。""提学官奉敕专督学校，不许借事枉道奔趋巡按官干求荐举。各抚、按二司□，亦不许假伊职掌行事。若有不由□□□考取，径自行文给与生儒□□□□革退，□□□衙门告诉复学者，即将本生问罪革黜。若提学官有行止不端、怠玩职务者，许巡按御史指实劾奏。""提学官还要所属，凡有贪污□□军民不法重情，及教官干犯行非者，原系宪刑，理当拿问。但不许接受民词侵官滋事。其生员犯罪或事须对理者，听该管衙门提问，不许护短曲庇，致令有所倚恃，抗拒公法。"②

与明代重视学规教育立法相似，满清建立之初，也视教育为立国之本。清顺治九年（1652 年）的《卧碑》所提出的教育目

---

① 谭棣华等编：《广东碑刻集》，广东高等教育出版社，2001，第 635 页。
② 陈显远编著：《汉中碑石》，三秦出版社，1996，第 168～170 页。

标是：“朝廷建立学校，选取生员，免其丁粮，厚以廪膳，设学院、学道、学官以教之，各衙门官以礼相待，全要养成贤才，以供朝廷之用。诸生皆当上报国恩，下立人品。”“生员立志，当学为忠臣清官。书史所载忠清事迹，务须互相讲究，凡利国爱民之事，更宜留心。生员居心忠厚正直，读书方有实用，出仕必作良吏。若心术邪刻，读书必无成就，为官必取祸患。行害人之事者，往往自杀其身，常宜思省。”①

康熙四十一年（1702 年）所定《御制训饬士子文碑》则针对“比年士习未端，儒效罕著，虽因内外臣工奉行，未能尽善，亦由尔诸生积锢已久，猝难改易”的现状，康熙皇帝“特亲制训言，再加警饬”，并对诸生提出了明确的要求：“从来学者先立品行，次及文学，学术事功源委有叙。尔诸生幼闻庭训，长列宫墙，朝夕诵读，宁无讲究？必也躬修实践，砥砺廉隅。敦孝顺以事亲，秉忠贞以立志。穷经考业，勿杂荒诞之谈。取友亲师，悉化骄盈之气。文章归于醇雅，毋事浮华。轨度式于规绳，最防荡轶。子衿佻达，自昔所讥。苟行止有亏，虽读书何益？若夫宅心弗淑，行为多愆，或蜚语流言胁制官长，或隐粮包讼出入公门，或唆拨奸猾欺孤凌弱，或招呼朋类结社邀盟，乃如之人名教不容，乡党勿齿，纵幸脱襕朴滥窃章缝，返之于衷宁无愧乎？况乡会科名乃抡才大典，关系尤钜。士子果有实学，何患困不逢年？顾乃标榜虚名，暗通声气，夤缘诡遇，罔顾身家；又或改窜乡贯，希图进取，嚣凌腾沸，网利营私，种种弊端深可痛恨。”②

清初与明代学规碑另一个相同之处是，强调对生员和教官管理的双管齐下。清代教官的职责相对而言更加广泛，其对生员的

---

①　陈显远编著：《汉中碑石》，三秦出版社，1996，第 192～193 页。

②　孟昭贵主编：《夏津县志》（古本集注），天津人民出版社，2001，第 191 页。

监控措施也愈加严厉。据清代《礼部则例》的规定，教官还负有朔望宣讲圣谕以及讲解刑律的职责。"朔望宣讲，传集诸生于明伦堂，恭诵圣祖仁皇帝御制《训饬士子文》、御制万言《广训》、世宗宪皇帝御制《朋党论》，及卧碑各条。""讲解刑律。季考月课之次日，教官将律内开载刑名钱谷、关系紧要者，与诸生详为讲解。"① 这种严师重教的做法一直到清末的碑刻中均有体现。

2. 生员的"特权"

按明清法律和学规规定，生员一般享受朝廷发给的生活费即廪膳，并优免丁粮、差役。据《大明会典》载，明代学校的生员免户内差徭二丁。② 万历六年（1578 年）八月初一刻立的《敕谕儒学碑》规定："生员之家，依照洪武年间例，除本身外，户内优免二年差役。"③ 虽然生员有免交丁粮的优待，但其家族之粮赋并没有因此减免。顺治十八年（1661 年）题准："凡绅衿、贡监在地方抗粮不纳，并伊兄弟亲戚宗族包揽串通，倚势不完，及废绅黜衿抗粮不纳者，严拿解京，送刑部照悖旨例从重治罪。"④

根据明清的学规，生员只受教官和学政的约束，地方官可以监督但无权责罚生员。生员如有过错，地方官应向教官汇报，会同官学教官及学政发落，不得擅自惩治。如犯重大罪行，也须先报学政革去生员资格，然后依法治罪。如顺治十年（1653 年）规定："生员犯小事者，府州县行教官责惩；犯大事者，申学政

---

① 《钦定礼部则例》卷五六《仪制清吏司·教育事例》。
② 参见《大明会典》卷七八《学校》。
③ 陈显远编著：《汉中碑石》，三秦出版社，1996，第 169 页。
④ （清）童槐等撰：《钦定学政全书》卷七《整饬士习》。

黜革，然后定罪。如地方官擅责生员，该学政究参。"① 这一措施表明朝廷对生员的重视和礼遇："生员关系取士大典，若有司视同齐民挞责，殊非恤士之意。今后如果犯事情重，地方官先报学政，俟黜革后，治以应得之罪。若词讼小事，发学责惩。"②

乾隆元年（1736 年）再次重申这一原则，并确定了地方官会同教官在学校惩治生员的程序："生员所犯有应戒饬者，地方官会同教官，将事由具详学臣，酌断批准，然后照例在明伦堂扑责。如有不行申详学臣，不会同教官，而任意呵斥、擅自饬责者，听学臣查参，以违例处分。学臣亦不得袒庇生员，违公批断。"③

嘉庆五年（1800 年）进一步加重对擅自处罚生员者的处罚："向例生员应戒饬者，地方官会同教官在明伦堂扑责。如擅自叱责，照违令公罪律，罚俸九个月。今酌议加重。嗣后应戒饬之生员，地方官擅自叱责者，降二级留任。因而致死者，降二级调用。系故勘致死，照律治罪。"④

从上述自顺治、乾隆、嘉庆乃至同治年间的规定可以看出，清朝对于禁止地方官员擅自责惩生员的禁令可谓三令五申，格外认真，但也从反面说明，各地仍不时有违规的现象发生。以台湾为例，道光四年（1824 年）、五年（1825 年）的《奉宪禁各衙胥役勒索绅衿班数碑记》载："刑杖、什差，胆敢于公堂之间，肆行酷索，俨如正供关税，律所难宽。不惟不屑温语、谀词恳请，解囊惠赏，且视投案之贫富而分别派定额数，以待其央求议

---

① （清）童璜等撰：《钦定学政全书》卷三一《约束生监》。
② （清）童璜等撰：《钦定学政全书》卷三二《优恤士子》。
③ （清）童璜等撰：《钦定学政全书》卷四三《约束生监》。
④ （清）童璜等撰：《钦定学政全书》卷四三《约束生监》。

减，而许否尚听主裁。寒士有分文莫措者，秽语以辱之，扭扯以凌之。有不能忍受而反之以恶声，则遭其扯破衣服、互相斗殴者亦有之……夫士有三等：上士洁清自好，不履公庭；下士则有不守卧碑，致受其辱，孽由自作，夫何足惜？所惜夫不得已而讼之中士，官自不得而辱之，而此种刑杖、什差，竟辱之也……台地差役威灵，诗书绝灭！"

以上是碑文中所交待的示禁缘由，而官府的批示显得颇为折衷："绅士人等不知自爱，干预词讼，匍匐公庭，其凌辱之加，固由自取。然铺堂等项名目，久干例禁。该胥役等何得明目张胆，任意勒索，殊属不法。仰台湾府通行厅、县，一体出示严禁，毋再稍任私索滋事，致干未便。"①

相同的内容也同样也体现在大陆的碑刻中。同治五年（1866 年）《洋县正堂为民除弊碑》载："大乱之后，恶差不知法纪，竟有殴打生员，实属玷辱斯文，大干刑律。以后差役，如有不安本分，与生员殴打情事，即照例禀官，从重惩办。"②

此外，学规碑中对有关考试选材等内容亦有规定，并侧重保护生员的利益。万历六年（1578 年）《敕谕儒学碑》称："廪膳增广，旧有定额，迨后增置附学，各邑冒滥居多。今后岁考，务要严加校阅。如有荒疏庸茸不堪作□者，即行黜退，不许姑息；有捏造谣言思逞报复者，访实拿问，照例问遣。童生必择三场俱通者。如收入学，大府不得过二十人，大州县不得过十五人。如地方乏才，即四五名亦不为少。若乡宦势豪干托不遂，暗行中伤

---

① 台湾银行经济研究室编：《台湾南部碑文集成》，林荣华校编《石刻史料新编》第 3 辑第 19 册，台湾新文丰出版公司，1986，第 457～458 页。

② 陈显远编著：《汉中碑石》，三秦出版社，1996，第 301～302 页。

者，许径自奏闻处治。"① 学规碑中甚至还强调教官不得勒索师生见面礼。"督抚、学政随时察核，如有违者，照借师生名色私相馈送例革职。"②

3. 禁生员干预地方事务

清朝一方面给生员以种种优待，另一方面又通过学规和各项禁令，严密控制生员的言行和思想。顺治八年（1651）题准："生员若纠众扛帮，聚至十人以上，骂詈官长，肆行无理，为首者照例问遣，其余不分人数多少，尽行黜革。"③ 顺治九年（1652 年），清朝将卧碑颁布全国各官学，强调"学为忠臣清官"的宗旨及各条行为规则，其中最主要的内容是："生员不可干求官长，交结势要，希图进身。""军民一切利病，不许生员上书陈言。如有一言建白，以违制论，黜革治罪。"④ 此外还规定生员不许纠党多人，立盟结社，把持官府，武断乡曲。所作文字，不许妄行刊刻，违者听提调官治罪。生员包揽词讼钱粮也是干预地方事务的一重要表现。成化十五年（1480 年）《肇庆府学卧碑》对当时生员所存在的问题描述道："近年以来，诸府州县生员父母，有失家教之方，不以尊师学业为重，保身惜行为先，方知行文之意，眇视师长，把持有司，恣行私事。少有不从，即以虚词径赴京师，以惑圣听。或又暗地教唆他人为词者有之。似此之徒，纵使学成文章后，将何用？况为人必不久同人世，何也？盖先根杀身之祸于身，岂有长生善终之道？所以不得其善终者，事不为己。而讦人过失，代人报仇，排隐有司，此志一行，不止

---

① 陈显远编著：《汉中碑石》，三秦出版社，1996，第 168 页。
② 《钦定礼部则例》卷五六《仪制清吏司·教育事例》。
③ （清）童璜等撰：《钦定学政全书》卷七《整饬士习》。
④ 陈显远编著：《汉中碑石》，三秦出版社，1996，第 193 页。

于杀身，未知止也。"为此，卧碑对学生提出的要求是：

> 一、今后府州县学生员，若有大事干于家己者，许父母兄弟侄，具状入官辨别。若非大事，含情忍性，毋轻至公门。
>
> ……
>
> 一、民间凡有冤抑，干于自己及官吏，卖富差贫、重科厚敛、巧取民财等事，许受害之人将实情自下而上陈告，毋得越诉。非干自己者，不许及假以建言为由，坐家实封者。前件如已依法陈告，当该府州县布政司、按察司不为受理，及听断不公，仍前冤枉，方许赴京伸诉。
>
> 一、江西、两浙、江东人民，多有事不干己代人陈告者。今后如有此等之人，治以重罪。若果邻近亲戚人民全家被人残害，无人申诉者，方许。
>
> 一、各处断发充军及安置人数，不许建言。其卫所官员，毋得容许。
>
> 一、若十恶之事，有干朝政，实亦可验者，许诸人密窃赴京面奏。
>
> 一、前件事理，仰一一讲解遵守。如有不遵，并以违制论。

此碑文内容原是以榜文形式下文至各地，同时要求"榜文到日，所在有司，即便命匠，置立卧碑，依式镌勒于石，永为遵守。右榜谕众通知"。①

---

① 谭棣华等编：《广东碑刻集》，广东高等教育出版社，2001，第 636～637 页。

　　万历六年（1578 年）八月初一的《敕谕儒学碑》仍重申上述内容："我圣祖立卧碑，天下利病，诸人皆许直言，惟生员不许。今后生员务遵明禁，除本身切己事情，许家人抱告有司，众公审问，倘有冤抑，即为昭雪。其事不干己口，便出入衙门，陈说民情，言论官员贤否者，许该管有司申呈提学官以行止有亏革退。若纠众拉帮，聚至十人以上，骂詈浪〔言〕，肆行无理，为首者照例问遣。其余不分人数多少，全行黜退。"①

　　到清代时，限制生员参与诉讼的规定更加严格。有些生员利用懂法律的有利条件，出入衙门，参与诉讼，谋取私利。甚至以此为契机，勾结官员，议论朝政，故政府尽力设法限制生员参与诉讼的机会。顺治八年（1651 年）确定设立生员出入衙门登记制度。顺治九年（1652 年）《卧碑》称："生员当爱身忍性。凡有司官衙门，不可轻入。即有切己之事，止许家人代告，不许干预他人词讼，他人亦不许牵连生员作证。"②

　　雍正五年（1727 年）把这一规定扩展到监生。另官学直接掌握生员诉讼情况，也是限制其行为的重要方式之一。雍正六年（1728 年）议准："生员有切己之事，赴州县告理者，先将呈词赴学挂号，该学用一戳记，州县官验明收阅。倘有恃符健讼，重则斥革，轻则以劣行咨部。"③

　　雍正七年（1729 年）又议准：生员贡监如有下列罪恶，将罪加一等予以严惩。"生监中有串通窃盗、窝顿牛马、代写词状、阴为讼师、诱人卖妻、作媒图利者，将本身加常人一等治

<hr>

① 陈显远编著：《汉中碑石》，三秦出版社，1996，第 168 页。
② 陈显远编著：《汉中碑石》，三秦出版社，1996，第 193 页。
③ （清）童璜等撰：《钦定学政全书》卷三一《约束生监》。

罪。"① 乾隆元年（1736 年）严定贡监生员包揽钱粮例予以规
范："生员包揽钱粮，侵收入己者，照例黜革，仍按赃定拟。
系八十两以上，照不应为而为之律，杖八十，革去衣顶；如不
及八十两以上，仍照揽纳税粮杖六十之例，定拟收赎。"② 总
之，清朝力图通过这些严厉的定例，禁止生员利用自己能说会
写的条件，在乡间包揽词讼和钱粮税收事务，为害乡里，谋取
不义之财。

然而上述各种严厉规定，并未达到统治者的预期目的。嘉庆
十年（1806 年）十一月所刻《谕禁生监勒索漕规碑》，刻载吴
江县知县王廷瑄亏缺仓库银米以及生监王云九等勒索漕规一案，
共牵涉生监多达三百余人：

王廷瑄挪移亏缺数万，皆因刁生劣监等在仓吵闹勒索陋
规所致。今审讯确实，所有附和得规计赃较轻之吴景修等三
百十四名，均经部议照该督所拟饬提责处。生监皆读书人，
今以此一案而罪犯责处者至三百余名之多，阅之殊不惬意。
但该生监身列胶庠，不守卧碑，辄敢持符寻衅，挟官长吵闹
漕仓，强索规费，此直无赖棍徒之所为，岂复尚成士类！朕
闻各省劣衿往往出入公门，干预非分，以收漕一节，把持地
方官之短，而江苏为尤甚。各该州县或平日与其交结，遂其
取求，欲壑既盈，而遇不肖官吏，实有图利营私等事，亦复
袒庇不言，徒使乡里小民暗□削。设稍不遂意，则遇事辄生
枝节。每届开征时，捱交丑米，藉端滋事，动即以浮收漕粮
列名上控。其实家无担石，无非包揽交收视为利□等恶习，

① （清）童璜等撰：《钦定学政全书》卷七《整饬士习》。
② 《钦定礼部则例》卷五七《生员事例》。

大坏名教。今吴江一县，分得漕规生监已有三百余人，其余郡县可想而知。朕培养士子至优且渥，原望其束身自爱，键户读书，□劝化闾里，愚民知所观法，方不愧四民之道。乃荡检逾闲至于此极，尚腼然厕身士林乎！所有吴景修等三百十四名，朕即概加扑责，亦□取，但欲养其廉耻，此次姑免责处，予以自新之路。嗣后着铁保、汪志伊会同莫晋督饬该教官等严切教导，随时管束，务使该生监等痛□□非，安分守法。如遇收漕时，该州县果有浮收入己行事，自应据劾实参。倘该生监等不知悛改，仍蹈故辙，或此外习劣绅衿，有把持漕务□陋规等事，砌词控告，审属子虚者，一经查出，即当奏明，从严治罪，决不宽贷，不仅扑作教刑，士子自不惜廉耻，朕亦不能废法博誉。总之，□为风化所关，待之优，正以责之厚。朕嘉惠士子，然于□等败类，亦断不肯稍事姑容，必欲挽回积习而后已。该生监等俱各凛遵训谕，立□刑，慎勿听之藐藐，自蹈罪愆，致诒后悔。特此通谕知□□此。①

尽管此案引起轩然大波，但有清一代，无论中央还是地方，依旧重视对御制学规的颁刻和推行，直至晚清依然如此。陕西汉中留坝县张良庙中同治五年（1866 年）所刻《洋县正堂为民除弊碑》载："例有名条，生员不得干预事，旁人亦不得诬牵生员作证。生员如有要事，许遣家人代告。"② 御制学规的影响力，由此可见一斑。

---

① 王国平等主编：《明清以来苏州社会史碑刻集》，苏州大学出版社，1998，第 593 页。
② 陈显远编著：《汉中碑石》，三秦出版社，1996，第 302 页。

（五）学田碑的内容和特点

学田制度是宋代发展地方教育的一项重要创举。神宗熙宁四年（1071 年），"诏置京东西、河东北、陕西五路学，以陆佃等为诸州学官。……他路州、军，命近日选荐京朝官有学问可为人师者，堂除逐路官，令兼所任州教授。州给田十顷为学粮，仍置小学教授"。[①] 此项政令使诸州普设学田，解决了多年来州县学校经费不济的问题。由于有学田作为学校的物质保证，宋代的郡县儒学迅速发展起来。到南宋时期，学田数量不断扩大，很多州县学田达数千亩之多。如开禧二年（1206 年）十月《吴学续置田记碑》载平江府学陆续典买到的一批学田，较为明确记录田价、卖主、田亩方位、典买时间的有以下四契：

　　一契，嘉泰四年七月内，用钱一千五百单八贯五百五十文（九十九陌），买到……苗田共一十七段，计一百三十六亩三角一十四步……已上田共上租米一百二十三石一斗。

　　一契，嘉泰四年七月内，用钱一千六十三贯三百七十五文（九十九陌），买到……苗田计八十六亩五十六步八分四厘。……已上田共上租米七十七石九斗六升（系一百三十合斗）……

　　一契，嘉泰四年七月初三日，用钱九百七十五贯二百四十文（九十九陌），买到……田地一百二十三亩一角一十四步六分一厘，共上租米八十一石二斗七升。……

---

① （元）马端临撰：《文献通考》卷四六《学校考七》。

一契，嘉泰四年七月内，用钱一百一十九贯文（九十九陌），买到……苗田二段，计有七亩一角，上租米七石。……①

到元代时，学田制度已非常普及。"自京都至于郡邑，莫不有学，而学莫不有田，皆为奉祭祀廪师生设也。"② 元贞元年（1295 年）九月十五日《学校拨田地诏书碑》载："其无学田去处，量拨荒闲地土给赡生徒，所司常与存恤，钦此。"③ 当时学田多以租佃的方式来经营，所收钱粮，主要用于学校"春秋二丁、朔望祭税及师生廪膳，贫寒病老之士为众所尊敬者，月支米粮，优恤赡养。庙宇损坏，随即修完，作养后进，严加训诲"。虽然元政府明确规定"其赡学地土产业及贡士庄，诸人毋得侵夺"，④ 但在从元代大量的学田记、学田碑中，可以看到侵夺学田的事情却屡有发生。

"恐埋没钱粮"而立石碑为凭是自宋元以来一种较为普遍的作法。元至大四年（1311 年）三月《吴学粮田续记》载近 40 项学田来源及租佃数额，其中有寺僧舍卖、学官置买，以及官府划拨的没官田、互争田、挨究田、取受田、置买田、荡成田等，其中以没官田的项数最多。没官的缘由或因触犯刑律，或因田主身死后无人继承。⑤

---

① 《江苏金石记》卷一四，转引自朱瑞熙《宋代土地价格研究》，载《中华文史论丛》2006 年第 2 期。

② 刘培桂编著：《孟子林庙历代石刻集》，齐鲁书社，2005，第 63 页。

③ 缪荃孙等纂：《江苏省通志稿·金石十九》，载中国国家图书馆善本金石组编《辽金元石刻文献全编》（二），国家图书馆出版社，2003，第 23 页。

④ 《元典章》卷三一《学校》；《山右石刻丛编》卷二十七《元》，载中国国家图书馆善本金石组编《辽金元石刻文献全编》（一），国家图书馆出版社，2003，第 342 页。

⑤ 缪荃孙等纂：《江苏省通志稿·金石十九》，载中国国家图书馆善本金石组编《辽金元石刻文献全编》（二），国家图书馆出版社，2003，第 49～55 页。

从碑记中可以看出，元代官吏富绅捐田办学者不乏其例，如至治元年（1321 年）《西湖书院增置田碑》载："西湖古无书院，自至元丙戌（1286 年）徐廉使改旧璧庠为之，创建之初，恒产缺然。越二年，松江瞿运使尝一再助田，合四百伍拾三亩肆拾陆步，岁得米壹佰叁拾石，院中经费浩瀚。"① 但另一方面，碑文中所见寺僧、豪民侵吞学田的现象也不乏枚举，并给学校发展造成了严重后果。至元五年（1268 年）《扬州路学田记》载："维扬郡学田九万一百九十亩，比岁政驰，或为豪民冒种，或妄言沦入江水，或以硗瘠易其膏腴，岁入不足，士始失所养矣。"② "学校荒凉，租额耗损，士有养之名，而无养之实者也。"③ 不少学校由于学田被侵等原因，"众散而去，弦歌之音不闻久矣"。④ 即使元代最受重视的孔孟之乡，学田流失的情况也在所难免："泰定丙寅（1326 年），宣圣五十四代孙孔君思本来为山长。君课讲之暇，召典者稽核学资。若田租之数，悉名存实亡，率为豪右之所假贷，洎黠民之所逋负。"⑤

元代学田流失的原因多种多样。至顺四年（1334 年）所刻《府学附地经界碑》分析其原因道："《大元通制》内一款，学校田土本以养士修学，今学官职吏或卖作荒闲，减额收租，或与豪家，转令扑佃兼并。"⑥ 还有"中间瘠以易肥，远以易近，诬熟

① （清）阮元撰：《两浙金石志》卷十五，载中国国家图书馆善本金石组编《辽金元石刻文献全编》（二），国家图书馆出版社，2003，第 355 页。
② 缪荃孙等纂：《江苏省通志稿·金石二十二·元》，载中国国家图书馆善本金石组编《辽金元石刻文献全编》（二），国家图书馆出版社，2003，第 116 页。
③ （清）阮元撰：《两浙金石志》卷一四，载中国国家图书馆善本金石组编《辽金元石刻文献全编》（二），国家图书馆出版社，2003，第 329 页。
④ （元）陆文圭撰：《墙东类稿》卷七《吴县学田记》，光绪武进盛氏思惠斋刻本。
⑤ 刘培桂编著：《孟子林庙历代石刻集》，齐鲁书社，2005，第 62 页。
⑥ 缪荃孙等纂：《江苏省通志稿·金石一九·元》，载中国国家图书馆善本金石组编《辽金元石刻文献全编》（二），国家图书馆出版社，2003，第 101～104 页。

为荒，匿有为无，岁老月深，口磨籍毁，佃仆蒙蔽，互相为奸，翻覆簸弄，无所考证"。① 至元三十年（1293 年），为了保证潮州学宫后日修缮能正常进行，肃政廉访使张处恭特意"置潮阳田一庄，每岁收粒四百石，以助供给"。但由于专管租输之人在账簿上做手脚，以致到大德六年（1302 年），学田收入几乎化为乌有。为此，提举张思敬采取严厉措施，惩治了中饱私囊者，并专门在学宫内竖碑撰记，把学田亩数、租额等勒诸碑阴，以期杜绝贪污学田租谷的事情再度发生。②

　　元代还有不少以"复田"、"复租"等为名的碑刻记载了有关学田的争讼决断及辗转反复，如至元三十一年（1294 年）《嘉兴路儒学正礼堂基地本末碑》、大德八年（1308 年）《嘉兴路学田复租碑》、元统三年（1335 年）《庆元路儒学涂田碑》、至正二年（1342 年）《缙云县学复田碑》等。延祐四年（1317年）所刻《镇江路儒学复田碑记》详载学田从"私货于豪民"至复归官田的曲折过程。③ 另如常州路学有学田二十六顷，"久为僧会豪家所夺，求直有司，十年不能决"。④ 至顺三年（1335年）十一月所刻《泾阳县学田记》也提到"屡讼于有司"。⑤ 至正二年（1342 年）《缙云县学复田碑》则载："缙云为栝属邑，又晦庵先生过化之地，故其士风为尤盛。然士众而产薄，学廪弗恒给。至宋嘉定中，侍郎魏公豹文、左司朱公元龙、参知政事何

①　（清）阮元撰：《两浙金石志》卷一四，载中国国家图书馆善本金石组编《辽金元石刻文献全编》（二），国家图书馆出版社，2003，第 329 页。

②　（元）张思敬：《修文庙新田记》，载《三阳志》卷一二。

③　缪荃孙等纂：《江苏省通志稿·金石十九》，载中国国家图书馆善本金石组编《辽金元石刻文献全编》（二），国家图书馆出版社，2003，第 65～71 页。

④　（清）于琨修、陈玉璂纂：《康熙常州府志》卷三六，光绪二十年刻本。

⑤　（清）王昶撰：《金石萃编未刻稿》卷中，载中国国家图书馆善本金石组编《辽金元石刻文献全编》（二），国家图书馆出版社，2003，第 675 页。

公澹、知县赵公崇绚，虑其有教而无养也，相与营度，得田为亩者四百，而山之为原者四。原皆周垣里许著之籍。我皇元之制，凡土田之隶于学者，咸给以养士，而侵夺者有禁。独兹学之田陷于普化浮屠者六之一，而山则尽为豪民所据。职教者讼之县若郡，累数十载莫克。"①

应该说，学田被侵吞、侵占，是元代土地兼并实况的一个缩影。元朝统治者竭力保护封建土地制度，不仅蒙古贵族广占田地，寺院及汉族地主也大行兼并之实。先是农民的私田，继而是学田等官田，都相继成为权右豪贵的鲸吞目标，学校教育也因此而大受挫折。

宋、元学田均属于官田。至明清时，学校有官立和私立之分。官办学校如府、州、县办儒学的学田属官田，书院、塾学等民办或官督民办的田产属民田。但无论是官田还是民田，学田一般都禁止转让和典卖。学校不仅通过自身强化规则的办法防止学田的转移、流失，而且通过向当地官府呈报立案的办法，防止私自串捏盗卖。对于来自民间的捐赠和买卖，一旦"化私为公"，不论对该田原持有人还是其子孙，均不再享有管理权、处分权等。对于原卖者，须在卖地契约上写明该地自卖之后，听从买主立界、围堑、更佃，永远管业，各亲族不得再有异说之辞。很多学校还要将土地的亩数、坐址、四至、租额等有关资料立碑刻石，以防侵没。如新化学田，"不拘一处，零星散漫，稽查已极难周，况日久生弊，尤恐各佃户不无以李代桃、指鹿为马之事，议以田畔概竖石碑，丘大者每丘一碑，丘小而毗连成段者，每段一碑，庶几彰彰耳目，不敢为冥冥之堕。或时事变迁，而访询故

---

① （清）李遇孙撰：《栝苍金石志》卷十一，载中国国家图书馆善本金石组编《辽金元石刻文献全编》（二），国家图书馆出版社，2003，第1042页。

老遗民，犹能历指其处，可藉以清查复额，亦筹前虑后之一法也"。① 又如《岳麓书院文昌祭田碑记》系山长袁名曜于嘉庆二十二年（1817 年）七月立石，是岳麓书院学田来源和租田管理方面的原始资料，可以反映清代学田管理情况之一斑。其碑文为：

> 立契扫卖田塘、山场、屋宇基地、荒山、围山竹木、禾场、粪凼等项，僧素文得权上乘，慈恺等三房人商议，今因移业就业，愿将祖遗关分地名梧桐嘴三斗冲荒熟水田陆石，其田不计坵数，粮载善邑七都岳字区册名僧雨松户下，完纳粮米玖升伍合正，饷银贰钱玖分。庄屋一栋，厢厦杂屋、槽门楼、枕窗格、包皮门片俱全，屋后菜园一只，周围壕堤竹木成林，田边大树二株，私塘三口。其田南抵简姓田为界，西抵学田为界，东抵自山为界，北抵荷叶塘为界。屋后山一岸骑仑分水为界，又东岸围山一岸松树成林，东抵罗姓山骑仑分水为界，南抵简姓山有壕堤为界，北抵罗姓山有壕堤为界。又南岸山一岸松树成林，齐奎星楼有壕堤为界。以上等项概行出售，尽问亲房人等，俱称不受。央请中人胡文学、刘良春等说合岳麓书院肄业生监禀，请掌教袁公捐银两买置文昌阁祭田。当得时值九五色价银壹千零陆拾伍俩正，系僧素文等亲手领足，未少分厘，毫无外费。其田山当日扞割明白，凡荒熟田亩及荒地余坪，无论已载未载，并无互混及重行典当谋勒准折等情。自卖之后，倘有不清，出笔僧理落不与书院相干，今欲有凭，立此绝卖契一纸，并老契兑约合约

付书院，永远收执为据。

计批山内坟茔，各坟主不得越界进葬，并不得藉坟砍伐。又生基拾肆个，只准买主安厝一棺，不得砍伐。嘉庆丁丑年八月十八日僧素文得权上乘慈恺川石㐲境，立笔酌定祭田佃约稿。

立佃约某人今佃到岳麓书院文昌阁祭田陆石，地名三斗冲，水塘三口，独管独荫。每年议纳府斛租谷肆拾壹石，秋收送至书院上仓，外无杂项供给。凭引进出，备佃规九五色钱平银壹佰陆拾两正。倘租谷不清，即逐佃户出庄，将佃规银两照时价扣除。或遇大旱，请凭门堂夫、四斋斋夫眼同收割，将所收之谷作三股分开，以一股作租谷送仓，佃户应得二股。小旱不得藉口减租。其山场围山荒山皆佃户蓄禁取用，不得任人偷树进葬。各塘基务须佃户每年修筑完固，随时收水。如或疏漏，亦不得求减租谷。如佃户不种，将原色银两退还。住屋一所，正屋厦屋厢房槽门共九间，屋内桁椽、楼栿、门片俱全，日后佃户出庄稍有损坏，照时价扣赔。其田亩正饷粮米册名七都岳字一区文昌阁户下。每年秋收，佃户承领租谷贰石伍斗完纳粮饷，倘漏完，系佃户赔缴，所收每年串票，退田之日交出。又每年二月初三日，祭牛一牵，亦系佃户先年承领，扣存租谷贰石伍斗买牛喂养。候祭祀，先一日宰杀爛洗听用，祭后全牛皮肉退交佃户发卖。以上承完粮饷，买杀牛牲共扣谷伍石，只送叁拾陆古租谷上仓。自佃之后，如有漏完粮饷贻误祭牛及为非作歹等事，任书院送究。此据。

公议祭田佃规租谷章程：

议佃规银壹佰陆拾两，租谷肆拾壹担，除每年以租谷伍担交佃户折完粮饷及先年买办祭牛外，余谷叁拾陆担，每年八月丁祭后一日送仓，交门堂夫车收封锁，定于次年正月二十五日，随市价贵贱发粜，不得先期后期，以贰拾两尽数作二月初三日祭祀费用，余银随多少酌量修饰圣庙、文昌阁、奎光阁等处，或添补祭器灯采，不必余留致滋烦琐。其佃规，租谷数目原系通计丰歉酌定，不贵不贱，永定章程。此后如遇小旱，不得听佃户逞习求减，田价稍贵亦不得加银加租，庶佃户可图久远，不致纷更，此议。

上述碑文内容可谓细致周到，当是书院学田经营数十上百年经验积累所致。另如广东肇庆乾隆十年（1745 年）三月《奉宪批行高要河源官塱批佃租银内拨留六十两为府县两学添置会田修茸学宫碑记》也系为防患于未然："……奉前宪批允，仍饬丈明田塘各税，议定章程，详请勒碑，永远遵守……天时之旱潦靡常，岁租不无以藉口为赢缩。若不预定章程，将来恐有凶岁取盈之讼。"① 陕西安康石泉县长阳乡《凤阳台新设义学条规碑》（道光二十八年）对于义学租田的管理作出如下规定："不许原捐业主经手。其佃户即与义学另具租约，填明田亩、坐落、丘数、租斗数目，如佃户逞刁抗欠，许禀官究追。至经理田租首士，必须公举，众人不得私相授受。且每节后，开列账目，即在义学同众人清算，开销若干，存余若干。倘秋成尚远，馆师不能枵腹课读，该首士如有垫送，许于租内归还，但不得加息，以杜侵蚀之渐。"②

从碑文中可以看出，明清学田管理较之宋元有了长足的进

---

① 谭棣华等编：《广东碑刻集》，广东高等教育出版社，2001，第 643 页。
② 张沛编著：《安康碑石》，三秦出版社，1991，第 167 页。

展，尤其是清朝，由于学田收支管理较之以往更加规范和严格，各学钱粮收入基本做到了专收、专管、专用，有效地解决了官学和私学的教育经费问题，为社会教育的扩大以及文化的发展，提供了较稳定的物质保障。

（六）教育碑刻中的其他法律信息

1. 尊孔重教

自汉以后的 2000 余年中，尊孔重教成为历朝各代遵循的一项重要教育规则。各级官府不仅对生员给予特殊的礼遇，对生员学习的主要场所——学宫、文庙等，也给予特殊的保护和尊重。西安碑林所藏元至元十三年（1276 年）十二月《府学公据》碑规定："宣圣庙，国家岁时致祭，诸儒月朔释奠，宜恒令洒扫修洁。今后禁约：诸官员、使臣、军马，无得于庙宇内安下或聚集，理问词讼，及亵渎饮宴；管工匠官不得于其中营造，违者治罪。管内凡有书院，亦不得令诸人骚扰，使臣安下。钦此。"①

社会风气的好坏与学校建置及教育内容关系密切，这一点早在北宋景祐二年（1035 年）《永兴军中书札子》碑中即有体现。碑文称："户部侍郎知河阳军范雍奏：臣昨知永兴军，体量得前资，寄住官员颇多，子弟辈不务肯构，唯恣嘲谑轻薄，斗诔词讼。自来累有条约，与诸处不同，有过犯情理重者，并奏听敕裁，然终难悛革。盖由别无学校励业之所，是致轻悍成风。臣到任后，奏乞建置府学，兼赐得九经书，差官主掌，每日讲授。据本府分析，即今见有本府及诸州修业进士一百三十七人在学，关

---

① （清）王昶撰：《金石萃编未刻稿》卷上，载中国国家图书馆善本金石组编《明清石刻文献全编》（二），国家图书馆出版社，2003，第 633 页。

中风俗稍变，颇益文理。见是，权节度掌书记陈谕管勾，欲乞特降敕，令指挥下本府管勾官员，令常切遵守所立规绳，不得堕废。候敕旨。右奉圣旨，依奏。札府永兴军准此者。"①

作为中国古代儒家思想的诞生地，山东曲阜和邹城等地保存了不少涉及孔孟的奏疏、诏敕、榜牒等公文碑刻，主要记述历代对孔子、孟子的封谥，封建帝王赐给孔子嫡裔的特权，官府拨赐的祭田、庙户，以及对孔孟后裔的优免等。如汉永寿二年（公元156年）的《韩敕造孔庙礼器碑》载汉桓帝下诏准免孔子夫人并官氏后裔差徭的规定；北宋元丰六年（1083年）的《尚书省牒》，刊刻了追封孟子为邹国公的奏疏和圣旨；元泰定四年（1327年）的《皇帝圣旨·摽拨孟庙祭田公凭》，刊刻了为孟庙拨祭田三十顷的奏议、圣旨，以及记述祭田方位、地界、标志等的公凭；元大德元年（1297年）、延祐元年（1314年）的两道圣旨，及明洪武八年（1375年）的《邹县帖·孔孟子孙皆免差发税粮圣旨》，记载了元、明朝廷对孟子后裔的优免；清嘉庆十九年（1814年）《复沛县祭田碑》则重申当年朝廷赐给孔府祭田的数目，并示准孔府可到江苏沛县去查找迷失的祭田；嘉庆二十二年（1817年）《重立免差徭碑》也明确了孔府贵族所享有的种种特权。山东曲阜颜庙乐亭内西侧立有元大德十一年（1307年）所刻《保护颜庙圣旨禁约碑》。碑文写道："孔子之道，垂宪万世，有国家者所当崇奉。曲阜林庙，上都、大都，诸路府、州、县、邑庙学、书院，照依世祖皇帝圣旨禁约。诸官员使臣军马，毋得于内安下，或聚集理问词讼，亵渎饮宴，工役造作，收贮官物。其瞻学地土产业及贡士庄田诸人，毋得侵

---

① 路远著：《西安碑林史》，西安出版社，1998，第509页。

夺。……如有违犯之人，严行治罪。须至榜者，右榜晓谕。"①

由于孔孟在中国古代的特殊地位，其后裔不仅享有各种政治、经济特权，在文化上，也拥有相应的特权。在山东曲阜孔府之南的的考棚内，雍正元年（1723 年）《曲阜考院碑》记载着清时有关科考的一些规定：附近的邹、滕、峄等十一县每县各占一个名额，而曲阜一县则占三个名额。即县内除一般学子以外，孔氏后裔及专为孔、颜、曾、孟四氏子弟兴办的"四氏学"各享一份特权。② 在山东邹城孟庙，有一立于乾隆五十九年（1794 年）的《孟传松等冒考四氏　案碑》，正可与曲阜考院碑的内容相印证。碑文称：

> 蒙提督学院示据，提调四氏学详会审宁阳冒考一案。向来孔、颜、曾、孟子孙之在大谱者，准入四氏学考，其余支谱，只在原籍应试。曲阜及郓城、广东皆同此例。今查孟传松等支谱既非大谱所载，自应仍归宁阳应试。至孟传松等指观礼为说，查当日观礼大典，自应派大宗之人，其派宁阳小支，原属权宜，道审何得引此为据？且彼等分支已久。本朝以来，入学在宁阳者必多，今孟传松等若入四氏学，其父兄之在宁阳者，将父子异学乎？抑皆归四氏乎？又孟氏小支，不仅宁阳一族，孔、颜、曾支谱尤多，若闻风而来，何以区别？非所以亢大宗而清学校也。凡此种种不合，碍难收考。仰即关移宁阳县查照立案，所有此次考试四氏之处，该提调即行扣除可也。特示。③

---

① 骆承烈汇编：《石头上的儒家文献——曲阜碑文录》，齐鲁书社，2001，第 252 页。
② 骆承烈汇编：《石头上的儒家文献——曲阜碑文录》前言，齐鲁书社，2001，第 5 页。
③ 刘培桂编著：《孟子林庙历代石刻集》，齐鲁书社，2005，第 389 页。

虽然此碑篇幅不是很长，但除反映尊孔重教这一主题外，还涉及考试特权和对特权的限制问题。如果说此碑所涉及的对象还有相对的局限性，那么下面的内容涉及的地区和人群则更为广泛。

2. 考试禁碑

有关教育的示禁碑主要集中在考试方面。诈冒籍贯在清代是一普遍现象："两京各省廪膳科贡，皆有定额。近来有等奸徒，利他处人才寡少，往往诈冒籍贯，投充入学。及有诡写两名，随处告考，或假捏士夫子弟，希图进取；或原系倡优隶卒之家，及曾经犯罪问革，变易姓名，援纳粟纳马等例，侥幸出身，殊坏士习，访出严行拿问革黜。若教官纳贿容隐，生员扶同保结者，一体治罪革罢。"① 台湾嘉义县乾隆二十年（1755 年）三月的《严禁冒籍应考条例碑记》也反映了同样的情况。碑文强调："就地抢才，普天通例；冒籍顶考，功令森严。雍正五年（1727 年）特颁谕旨：'凡前冒进兹泮者，改归原籍。嗣后必生长台地及眷室有凭者，方得与试。'……于甲戌春，金禀县主徐批：'查定例：入籍三十年有庐墓、眷、产者，方准考试。台地土着者少，流寓者多，冒籍之弊，致难稽查。'"碑中例出的清查厘剔之标准是："过继最易给□，嗣后以娶妻为入籍已定者，准与试。新娶限□年，户册可凭，为入籍已定，方得与试。内地搬眷限□年，户册可凭，为入籍已定，方得与试……"②

诈冒籍贯的现象主要缘于各地教育水平不一，以及各地报考人数多寡不均。此外，各地还有不少有关入学资格的限制规定。

---

① 陈显远编著：《汉中碑石》，三秦出版社，1996，第 169 页。
② 台湾银行经济研究室编：《台湾南部碑文集成》，林荣华校编《石刻史料新编》第 3 辑第 19 册，台湾新文丰出版公司，1986，第 384 页。

如广东湛江地区徐闻县文化馆存《贵生书院规条》（道光十三年三月十三日）强调："书院甄别生监正课一十五名，童生正课三十名，附课以人数多寡酌取，不能定额。若系优娼隶座冒籍者，不得入考。"① 当然对入学考试的限制措施，各地规定不尽相同，尤其是边远地区，甚或有些特殊规定。如广西光绪十六年（1890 年）三月《凌云禁革考试陋规碑》记载："□□隶卒，例禁捐考。边地情形不同，或实有其父确是巨匪，亦可阻其子弟考试。若□□已故，即准其一律考试，以开盖愆之路也。"②

广东信宜县镇隆镇八坊文明拱卫起凤书院的《示勒碑》（光绪十六年五月），明文严禁考试贿卖的恶弊。碑文为：

钦加同知衔特受信宜县正堂教，奉钦命署理广东巡抚印务布政司游，为出示勒碑，永禁贿卖案首事。照得考试为国家谕才大典，乃府厅州县，竟有贿卖案首情事，屈抑真才，败坏士习，莫此为甚。夫十载寒窗，饱尝辛苦，一旦怀瑾握瑜，出而应试，方欲以千人辟易之雄才，为一鸣惊人之盛举。案首一经贿卖，文章无价，钱臭通膺鼎独在王前，真才转居庐后，不特当局自隅而泣，即旁观亦扼腕而嗟。且行贿者，独不思府县试乃士子发轫之始，初基不慎，万事皆堕，又安望其异日出身如民，文为清白吏，武膺干城选耶？至地方官忝居民上，有培植人才之责，又转移风化之权，乃积司相沿，几同常例。甚至本官纳贿，而同城之教职、巡典、武弁，以至本署之朋友、家丁，有挟而求，卖得前十名者，卖

① 谭棣华等编：《广东碑刻集》，广东高等教育出版社，2001，第 504 页。
② 广西民族研究所编：《广西少数民族地区石刻碑文集》，广西人民出版社，1982，第 122～123 页。

得二十名三十名者。以朝廷求贤之典，为若辈渔利之方，不大堪恨耶！本署县密访各属，力除积弊，固为乏人，而随俗浮沉者亦复不少。合行出示，并在各属贡院勒碑，剀切晓谕，永远禁止。为此示。仰阖省文武童生知悉：尔等家世相承，预当父诏其子，师勉其弟，文专业诗书，武娴习弓马，莫存□进之心，常懔怀刑之戒，为之上者。尤其临时无苟见利，必思勤校阅，以拔真才，厉廉隅以端士习。倘仍寡廉鲜耻，贿赂公行，一经访问，或被禀讦，定将定考官从重参办。该童等治以受同科之罪，仍后谘请学院。嗣后遇有文理不符之案首，立予扣除，发交有司严行查讯，分别究办，以昭核实。其各凛遵，毋违。特示。①

　　由于各地经济发展不平衡，碑文中涉及教育考试的内容不尽一致。在经济较发达的地区出现了"考试贿卖"的情状，但在一些经济贫困地区，考生却面临交不起考费的难题。四川省高县庆符镇中心小学内一道光十六年（1836 年）八月二十八日《德政碑》系阖县生童为感谢县令限定考试收费而立。庆符镇中心小学校址在清代是庆符县的考棚（即考场），于道光十六年（1836 年）建成。碑文载："我邑卷结规费每卷给钱贰百四十文由来久矣。近因卷价太昂，县属童生半属寒微，所以应试者少。今生童具禀县主毓公台前，恳请改照旧规以示鼓励。蒙县主体恤寒儒，悬碑晓示，着减每年给钱贰百四十文……嗣后无论县府院试，每套卷结应遵示给钱二百四十文。仰体县主作育人才之至意，即复试卷仍照贰百四十文给予，不得短少，有违恩示。为此

---

① 谭棣华等编：《广东碑刻集》，广东高等教育出版社，2001，第 619 页。

勒石永竖考棚，以垂久远。"①

这一规定，让许多贫寒子弟又有机会参加考试，确为当地官员的一大"德政"。而有的地方却出现了学官藉端勒索考生的"恶弊"。据民国《续平度县志》载，咸丰初年山东平度发生了新秀才"闹事"事件。"新生入学取结，例有陋规。新生因学官勒索苛虐"，入学署请愿，莱州"知府王鸿烈驰至，捕数人，弊于狱"。嗣后，经富绅捐资取息，充岁、科两试新进秀才入学陋规，问题总算解决。为避免类似事情再度发生，同时也为了助困济贫，久任平度知州的吉灿升，又"捐廉京钱六千缗，为州属士子乡会试路费"。光绪六年（1880 年）六月《吉灿升捐廉助士子乡会试路费碑》对所捐资金本钱的存放、利息的使用，以及发放路费的对象、数额、时间、手续等事项，都作了明确规定，并制定了防范杜绝学官和继任州官"徇隐通挪"、"借词动支"等弊的措施。②

此种情况并非仅限于山东一地。据光绪十六年（1890 年）三月《凌云禁革考试陋规碑》记载："□□县陋规，童生考试有暖籍、冷籍之分，竟至有志父兄，初次送子弟读书，多以冷□□廪保勒索，殊属不成事理，今后永行禁止。如有仍以冷籍勒索者，许禀究。""□城陋习，凡系构讼及与人有隙，即藉端阻考，此弊并多出于生监。考试大事，何得□此妄为。以后或被查出，或经告发，均照诬告例惩办。"③ 可见，借考试而勒索，在清末并非是个别现象。

---

① 载 2005 年 4 月 1 日《四川日报》。
② 吴绍田主编：《源远流长的东莱文明——平度历史碑刻研究》，山东人民出版社，2004，第 46 页。
③ 广西民族研究所编：《广西少数民族地区石刻碑文集》，广西人民出版社，1982，第 122 ~ 123 页。

3. 公议学规与保护义学

虽然公议学规碑的存世量远不如御制学规碑多，但其内容相对丰富，尤其是各地的书院管理规则，如乾隆十三年（1740年）《岳麓书院学规碑》、道光十三年（1833年）广东徐闻县《贵生书院规条》、道光二十四年（1844年）山西芮城《西河书院学规碑》、嘉庆四年（1799年）《荆南书院新立规约碑》、咸丰十年（1860年）十月陕西澄城《重订玉泉书章程碑记》、光绪三年（1877年）台湾屏东书院《章程碑记》、光绪十五年（1889年）十月《广雅书院学规》等，与各地整齐划一的御制学规碑相比，无论内容细节还是行文方式等方面，均有所不同，更能适应当地的教育发展状况。如陕西安康石泉县长阳乡《凤阳台新设义学条规碑》（道光二十八年）分延师宜定章程、化海宜广、馆师宜慎、田租宜秉公经理四条。光绪十五年（1889年）《广雅书院学规》规定："院规：院内禁止赌博、酗酒、吸食洋烟；守法：院内诸生不得干预词讼，造言□讪，滥交比匪，恃众生事，为人作枪；正习：院内诸生不得恃才傲物，夸诞诡异，诋毁先儒，轻慢官师，忌嫉同学，党同伐异，以及嬉荒情废。以上三条，如有不遵，即行屏斥出院。"① 这些内容，因具有一定的灵活性和针对性，故较御制学规碑更能适应当地的教育发展状况。

义学原是宗族为穷苦子弟而设的教育机构，清朝把它变为由国家提倡、由地方官或士民资助的为贫寒子弟和少数民族子弟而设立的学校。康熙四十一年（1702年）首次在京城崇文门外设立义学，康熙五十二年（1713年）进一步将义学推广至全国。"各省府州县，令多立义学，延请名师，聚集孤寒生童，励志读

---

① 谭棣华等编：《广东碑刻集》，广东高等教育出版社，2001，第38页。

书。"① 雍正元年（1723 年）又通令各省，将现任官员自立的生祠改为义学。虽然朝廷所设的义学数量不多，但却有很大的倡导和示范作用。在其影响下，地方官用公款或捐俸建立了大量义学，各地乡绅、百姓也集资办学，形成基本覆盖全国城乡的义学网。以宁波地区为例，仅道光年间（1821～1850 年），就出现了《凤湖义学记》、《柳汀义学记》、《黄岳义学记》、《椿荫义学记》、《徐氏义学记》、《施氏崇本堂义学记》、《启文义学记》、《蔡氏义学记》、《球山义学记》、《柳汀义学碑记》等十数碑记，义塾碑也同样不在少数。

创办义学的目的，首先考虑的是风化地方，减少争斗犯罪，保持地方的稳定。如周凯（1779～1838 年）自 1822 年任湖北襄阳知府期间，设义学数百。他在倡设义学时说：当地民情剽悍，命案迭起，或以小忿白刃相加，或因田土纠众互杀。究其因，"盖由于乡村蒙馆太少，义学不设，自幼未尝读书，不受师长之熏陶，不闻圣贤之大道，以致为血卸所拘，陷于法而不自知"。为此他提倡各地皆设义学，"以教子弟，以正风俗"。②

陕西安康石泉县长阳乡《凤阳台新设义学条规碑》（道光二十八年）第一条强调："设立义学，原为教训子弟，并非以馆谷作人情，地方官亦不得荐人主讲。惟每岁于开馆之时，须禀明今岁经馆延请某士，蒙馆延请某士，以便稽查。"第二条主要强调教学内容："课诗课文，须定有日期，并令馆师将存心立品、居家治事之道随时指点，切加劝戒。至于童蒙，则课读而外，必训以拜、跪、坐、立之礼仪，孝、弟、兼、耻之大端。每逢朔望，馆师率领各徒以次序立，拜谒至圣，次拜馆师，次令各徒交相拜

① 《清会典事例》卷三九六《学校·各省义学》。
② （清）周凯撰：《劝谕襄阳士民设立义学告示》，《内自讼斋杂刻》第 3 册，周氏家刻本。

揖，毕，将圣谕广训明白讲解。令各学徒环立听讲，〔并〕许该耆老民人齐集听讲。"①

在商品经济发展较快的苏州一带，义学教育受到更多的关注。嘉庆二十年（1815 年）三月二十四日所刻《吴县永禁滋扰义学碑》规定："恐有无知之徒作践滋事，环叩给示勒碑永禁，以垂永远。……如有贫民子弟，听其负笈入学，毋许无知棍徒作践滋扰，有妨善举。如敢故违者，许即指禀本县，以凭提究。该地方倘敢徇庇藉扰，察出并究。均各凛遵毋违。特示。"②

清朝末年，各地会馆兴办小学也蔚成风气，地方政府一般均明示予以保护。光绪二十六年（1900 年）陕西汉中南郑县《新设圣水寺义学碑》载有十六规条，其中有"子弟争斗无常，愚妇禁入书室，倘敢故为渎亵，即以其子弟逐出"；"择师训诲子弟，教约必须严明。纵徒酗酒豪赌，其罪当咎先生"等的规定。③ 光绪三十二年（1906 年）六月二十八日《苏州府给示保护石作业开办小学碑》强调："该监生等现拟修葺公所，附设蒙小学堂，并办理各项善举，系为培植子弟，保卫同业起见。自示之后，如有闲杂人等及地痞流氓闯入滋闹，藉端阻挠情事，许即指名禀候本府提案究办，决不宽贷。其各懔遵。"④ 光绪三十二年（1906 年）七月十四日《苏州府示谕保护绣货业锦文公所设立小学碑》也同样规定："开办伊始，公所地处金阊，五方杂处，良莠不齐，诚恐无耻之徒，或因学额已满，或因身家不清，应行□□，或因学生不服教习训责，而其父兄来堂非礼喧

---

① 张沛编著：《安康碑石》，三秦出版社，1991，第 167 页。
② 王国平等主编：《明清以来苏州社会史碑刻集》，苏州大学出版社，1998，第 348 页。
③ 陈显远编著：《汉中碑石》，三秦出版社，1996，第 88、360 页。
④ 王国平等主编：《明清以来苏州社会史碑刻集》，苏州大学出版社，1998，第 337 页。

扰。……尔等须知学堂为造就人才之地，如有痞棍人等擅入喧
哗，及有任意阻扰情事，许由该董指名禀候提究。地保容隐，察
出并惩不贷。其各凛遵毋违。特示。"① 宣统元年（1909 年）七
月十六日《长洲县示谕保护裕才初等小学碑》内容也大同小异：
"诚恐附近居民无知误会，或有痞棍人等藉端阻扰，禀乞给示晓
谕，并饬该图地保随时照料，以利工作，而维学务。"②

　　从碑文可以看出，至清末时，民间兴办义学的积极性较之以
往更高，而官府对义学的的重视和保护力度，也在不断加强，学
校教育所被赋予的改良社会风气的功能，已被社会普遍认同。

---

① 王国平等主编：《明清以来苏州社会史碑刻集》，苏州大学出版社，1998，第 338 页。
② 王国平等主编：《明清以来苏州社会史碑刻集》，苏州大学出版社，1998，第 339 页。

九 清代台湾碑刻法律史料

台湾清代碑刻法律史料中，最具特色的是其内容丰富的示禁碑，以及示禁碑多刻立于庙宇的形式特点。这一内容和形式上的显著特征，不仅反映了移民在一个新环境中生存发展的客观需求，也将一个快速发展的移民社会从初始到形成规模时的各种法律与社会问题，显露无遗。

（一）台湾碑刻整理研究简况

早期台湾碑刻的录载是与修志工作结合在一起的。早在道光十年（1830 年）修《彰化县志》时，已收入古碑二十通。"迨清季台湾建省，始有纂修《台湾通志》之举，各地纷纷造成采访册。光绪二十年编修之《云林采访册》，沙连堡所收碑碣有六。""日据初，对于新附土地人民不得不加以研究，乃成立临时台湾惯习调查会，于资料之搜集整理研究，殆不遗余力，竟成庞大报告书，碑碣当然在其对象之例。"① 1910 年完成的调查报告书中的《台湾私法附录参考书》第一卷（上）载有"主冢示

---

① 刘枝万著：《台湾中部碑文集成》第 1 章《概说》，林荣华校编《石刻史料新编》第 3 辑第 18 册，台湾新文丰出版公司，1986，（下略）第 196 ~ 197 页。

禁碑"，1911 年完成的《台湾私法附录参考书》第一卷（下）则载有《民番分争水利示禁碑》、《五福圳告示碑》、《五福圳结状谕示碑》、《东势角圳谕示碑》、《留养局碑文》等 6 通。另 1916 年日本人杉山靖宪所编《台湾名胜旧迹》也收有 13 碑。

虽然台湾清代碑刻的调查工作起步较早，但局限性也非常明显。一是录载的碑刻数量有限，远未反映台湾清代碑刻的实际分布情况。像完成于 1910 和 1911 年的碑刻调查，"由于该会性质上，似有偏重土地水利社会事业关系之嫌"，而且"数据来源除抄袭先人旧记外，似少亲睹原碑，以致错误失实在所难免"。①

20 世纪 40 年代的台湾碑碣调查工作与二三十年前相比，显得较为扎实。1936 年 6 月，台北帝国大学（后改名为台湾大学）文政部史学科内成立台湾史料调查室，师生 17 人在一年时间内先后进行田野调查 18 次，得拓本 120 余件，史料照片 600 多帧。虽然成绩显著，但仍有一定的局限性。"当时调查线路仅限于铁路附近主要城市，未能深入乡村，搜集地域未得普遍，且为时短促，工作过于勉强，摹拓技术较差，致有字迹模糊不精，甚至未及亲睹全碑而只拓已残断片，间亦有纸张不足匆促作罢者。"②

20 世纪六七十年代，台湾碑刻的调查和整理工作向全面、深入和细致的方向发展，不仅有地域性的碑文汇辑成果，如由台湾银行经济研究室 1962 年 9 月编印出版的《台湾中部碑文集成》，及 1966 年 3 月的《台湾南部碑文集成》；也有断代的碑文集粹，如《明清台湾碑碣选集》；更有专题性的碑文汇编，如《台湾教育碑记》等。

---

① 刘枝万著：《台湾中部碑文集成》第 1 章《概说》，第 197 页。
② 刘枝万著：《台湾中部碑文集成》第 1 章《概说》，第 198 页。

　　至近一二十年，台湾地区的历代碑碣调查整理工作在原有的基础上又取得一些新的成绩。为保存台湾文化始料，自20世纪80年代起，台湾"国立中央图书馆"台湾分馆与成功大学合作进行"采拓整理台湾地区现存碑碣计划"，并陆续出版了《台湾地区现存碑碣图志》之《台南市篇》、《澎湖县篇》、《嘉义县市篇》、《台南县篇》、《高雄市高雄县篇》、《屏东县、台东县篇》、《云林、南投县篇》、《彰化县篇》、《台中县市、花莲县篇》等等。与以前出版的碑文汇集不同的是，此系列碑文图书的年代跨度较长，断限上起明郑，下含日据时期（1895～1945年），截至1981年，其内容包括碑记、示谕、城池门额、摩崖石刻、建筑图碑等。

　　尽管台湾的古碑文集纳成果较为丰富，为研究、利用台湾清代碑刻史料提供了极大的方便，但不足之处也相对明显，即各书对碑刻内容的分类，缺乏统一和协调，基本是"各持己见"。如《台湾南部碑文集成》分为记、示谕和其他三类：记，凡记叙文属之；示谕，凡官宪示禁及谕告、执照之类属之；其他，各种捐题及不属以上二类者属之。① 其中与法律关系最密切者为"示谕"部分。《屏东县古碑拓帖文集》将碑碣内容，"依其性质分为建筑、禁令、人物、教化、约项等五类"。② 其中与法律关系最密切的为禁令、教化和约项。《台湾中部碑文集成》则将碑文分成城市官署、田赋租粮、抚番界址、学宫书院、庙祠寺观、养济冢井、埤圳水利、道路津梁、颂德旌节、风俗胜迹等十类，③

---

① 黄典权撰：《台湾南部碑文集成》弁言，林荣华校编《石刻史料新编》第3辑第19册，台湾新文丰出版公司，1986。（下略）

② 李芳廉撰：《屏东县古碑拓帖文集》弁言，林荣华校编《石刻史料新编》第3辑第20册，台湾新文丰出版公司，1986。（下略）

③ 刘枝万著：《台湾中部碑文集成》第1章《概说》，第206页。

涉及法律者以其中的田赋租粮、抚番界址、埤圳水利为主。

造成台湾碑刻分类难于达成一致，既有碑文内容混杂、涉及面多的客观原因，也受之于编者的专业背景和操作可行性的影响。况且对于史料研究人员来说，碑石分类这一仁者见仁的问题，相较于碑刻信息采集是否全面，即古碑刻立的时间、地点、起因、内容、针对人群以及刻立者的身份等这些客观要素是否周全，其家并不是很重要的事情。

以上是百余年来台湾碑刻资料搜集整理工作之概貌。就碑刻法律史料而言，台湾银行经济研究室在1963年编辑的《台湾私法物权编》便收录有部分碑文，如乾隆二十六年（1761年）九月的《奉宪示给圳界碑》、嘉庆七年（1802年）十月的《义冢护卫示禁碑记》、嘉庆二十年（1815年）五月的《奉宪封禁古令埔碑》、道光七年（1827年）五月的《严禁破埤害课示告碑记》，以及光绪十八年（1829年）五月的《埤南天后宫置产碑记》等。虽然数据有限，却可以反映出在台湾的私法物权研究领域中，专家学者并没有忽视碑刻法律史料的存在。但相对于台湾史研究这门"显学"而言，对台湾碑刻法律史料的研究和利用还是显得相对冷清。笔者以此为题，也意在引起人们对台湾碑刻史料的关注，因为仅从台湾碑刻史料，便能反映出中国清代法制情况之一斑。

（二）清代台湾碑刻法律史料概貌

反映台湾法律问题的碑刻，以清代为主。笔者从台湾出版的石刻史料中厘出台湾碑刻法律史料共计253份，按年代排列，分别是康熙2份、雍正1份、乾隆73份、嘉庆29份、道光54份、咸丰 16 份、同治 20 份、光绪 53 份（截至到光绪二十年日据时代之前），另年代不清的有 5 份。

　　从形式上看，台湾清代碑刻法律史料具有时代集中、区域差异大、一碑多立、迁移比例高等特点，当然这个特点并不局限于法律碑文，应当是台湾清代碑刻的一个总体特征。

1. 时代特征：道光和光绪年间碑刻平均数量多

　　时代集中是指台湾碑刻集中分布在从清乾隆到光绪时期（截至到光绪二十年日据时代之前）的 160 年间，乾隆以前的碑刻法律史料很少。台湾的许多碑文集也以收录此段为主。如《屏东县古碑拓帖文集》"所录之碑碣，其断代时期系自清乾隆起，迄清末光绪为止，日据时期以后之碑碣未予收入"。[①] 其他古碑文集也多以光绪日据时代开始为截止，但起始时间有的会提前一些，如《台南古碑志》"收录碑碣的范围，乃以本县行政区域内为限；其断代，起自郑明时代，至清光绪廿一年为止"。[②]《台湾中部碑文集成》所著录之碑碣，"其分布之区域限于台湾中部之一市三县（台中市、台中县、彰化县、南投县），而断代则到清季沦日时为止"。[③]《台湾南部碑文集成》"区域包括台湾南部之云林、嘉义、台南、高雄、屏东、澎湖各县及台南、高雄两市。……断代始于季明，而终于清光绪乙未（1895 年）"。[④]但从诸碑文中可以看出，台湾清乾隆以前具有文献史料价值的碑石，数量非常有限。

　　按乾隆到光绪持续时间和碑刻数量之比来看，道光和光绪的

---

① 李芳廉撰：《屏东县古碑拓帖文集》弁言。
② 吴新荣纂：《台南古碑志》凡例，林荣华校编《石刻史料新编》第 3 辑第 20 册，台湾新文丰出版公司，1986。（下略）
③ 刘枝万著：《台湾中部碑文集成》凡例。
④ 台湾银行经济研究室编：《台湾南部碑文集成》弁言。

法律碑文相对更多一些。道光时期平均每年为1.8份，光绪时增到平均每年2.65份，而乾隆年间平均每年是1.21份，嘉庆年间为1.16分，咸丰年间为1.45份，同治年间为1.53份。但乾隆年间除第一个十年碑数较少外，其他五个十年也相对整齐，分别是3、13、16、11、16、14份。

以台湾南部高雄县市和台湾中部碑文为例，每一阶段的数量与笔者已整理出来的法律碑文的数量排列结果具有明显的一致性，同样以道光和光绪年为最多。请见表9-1、9-2：

表9-1①

	雍正	乾隆	嘉庆	道光	咸丰	同治	光绪	清代
碑数（份）	3	13	10	29	8	7	17	2

表9-2②

	康熙	雍正	乾隆	嘉庆	道光	咸丰	同治	光绪	清代
碑数（份）	6	1	25	23	34	6	10	28	4

道光时期碑刻数量的明显增长，与此时台湾的开发热潮有关。正如20世纪初关口正隆在《台中地方移住民史》所述："道光至光绪七十四年间，全受外部刺激，承堕眠初醒，系真正开发时代。故本地方亦蒸蒸日上，各堡到初形成市街，开凿道路，架设桥梁。南起自猫罗溪西山麓，东至东势角偏隅，所见现存古碑，莫不冠以道光两字。"③

---

① 参阅何培夫主编：《台湾地区现存碑碣图志：高雄市、高雄县篇》凡例，台北市"国立中央图书馆"台湾分馆，1995。（下略）

② 刘枝万著：《台湾中部碑文集成》第1章《概说》，第206页。

③ 〔日〕关口正隆著：《台中地方移住民史》，1904手抄影印本，台湾大学图书馆藏。引自刘枝万著：《台湾中部碑文集成》第1章《概说》，第206页。

2. 地域特征：碑刻由南向北推进、西多东少

台湾清代碑刻的数量不仅时段性特征明显，而且地域分布特征也比较鲜明。清政府在台湾设立行政机构始于康熙二十三年（1684 年）。当年清政府决定在台湾设一府三县，即台湾府和台湾、诸罗（后更名为嘉义）和凤山县。雍正元年（1723 年），增设彰化县。嘉庆十六年（1811 年），清政府为加强对台湾东北部的行政管理，设立了噶玛兰厅（后更名为宜兰）。至光绪十四年（1888 年）台湾建省后，其府县设置情况是：台湾府，辖台湾县、彰化县、云林县、苗栗县、埔里社厅；台北府，辖淡水县、新竹县、宜兰县、基隆厅、南雅厅；台南府，辖安平县、凤山县、嘉义县、恒春县、澎湖厅。此外还有台东直隶州。

随着对台湾开发的先后，台湾清代碑刻呈现由南向北推进、西多东少的地域特征。"乾隆、嘉庆年间之碑碣，分布于开发较早之里港、东港、万丹、车城、枋寮、屏东市及内埔，其中尤以里港为最多，且本县现存古碑中历史最悠久之合境平安及义渡碑均在该乡；道光、咸丰年间之碑碣，以屏东市及万丹为最多；同治、光绪年间之碑碣，则以竹田及屏东市为最多。"①

台南是台湾清代碑刻分布最多的地区。"南县自古具有西临海滨、汉番杂居、南北要道、开发最早等特性，因此，有关建置及示禁碑碣众多。"②《台湾南部碑文集成》所涉及地区包括云林、嘉义、台南、高雄、屏东、澎湖各县及台南、高雄两市，共载碑 506 件，"计约三十七万字。里边出自南市的资料就超过半

① 李芳廉撰：《屏东县古碑拓帖文集》弁言。
② 吴新荣纂：《台南古碑志》前言。

数"。①《台南古碑志》所收录碑碣为 112 份，"仅次于台南市，却占全省的第二位"。②

如果把目光聚焦至台湾中部地区，其碑刻的分布也呈由南往北递减的态势。请见表 9-3：③

表 9-3

地　区	彰化县	南投县	台中县	台中市	总　计
碑数（份）	67	31	32	8	138

其中台中市地域较狭，开发较晚，碑刻数量自然最少。"此种情形，正可以反映清治时此地人文迹象之发达由南而北之程序。当时彰化地方系台湾中部之政治中枢，汉人开发为期最早，从而建碑多起。台中地方开发较晚，碑数次之，南投地方最晚，碑数最少。"④

再从台湾明清碑碣的总体分布情况看，也可显现出其地域分布不均衡的端倪。见表 9-4。⑤

表 9-4 系按台湾碑文集成的通行编排法而制成。碑碣总计为 327 份。其中台湾北部 7 市县为 35 份，中部 4 市县为 75 份，南部 8 市县为 217 份，东部仅 2 份。相对来说，南部所占面积最大，开发最早，其中仅台南市和台南县即达 112 份，占南部地区碑碣数量的二分之一及台湾岛的三分之一强。从台湾中部往北部，也呈递减的趋势。至台湾东部的台东、花莲二县，

① 黄典权撰：《台南市南门碑林图志》弁言，林荣华校编《石刻史料新编》第 3 辑第 20 册，台湾新文丰出版公司，1986。（下略）
② 吴新荣纂：《台南古碑志》编后记。
③ 刘枝万著：《台湾中部碑文集成》第 1 章《概说》，第 206 页。
④ 刘枝万著：《台湾中部碑文集成》第 1 章《概说》，第 206 页。
⑤ 据黄耀东编《明清台湾碑碣选集》目录统计，林荣华校编《石刻史料新编》第 3 辑第 18 册，台湾新文丰出版公司，1986。（下略）

表 9 - 4

台湾北部 35（份）							台湾中部 75（份）				台湾南部 217（份）								台湾东部 2（份）	
地名																				
基隆市	台北市	台北县	宜兰县	桃园县	新竹县	苗栗县	台中市	台中县	南投县	彰化县	云林县	嘉义县	台南市	台南县	高雄市	高雄县	屏东县	澎湖县	花莲县	台东县
碑数 6	8	3	5	2	6	5	4	13	17	41	3	17	79	33	24	20	38	3	1	18

遗碑寥寥，所占比重微乎其微。如果对照台湾地图，还可以发现，凡碑碣较多的县市，均位于台湾岛的西部。故整个台湾碑碣的分布，南强北弱、西多东寡的态势极其明显。

3. 一碑多立，集中于寺庙、衙署和港口

清代台湾碑刻常见同一碑文在同时分立于各处的现象，如道光二十一年（1841 年）五月台湾知县阎炘出示的《严禁恶丐强乞吵扰勒示碑记》在台南便多处刻立；道光二十八年（1848 年）的《守城兵役勒索示禁碑记》系针对守城兵丁勒索情事而示禁，在台湾府城现存的三座城门——大东门、大南门、小西门，均有此碑存立。义渡碑在道光年间也曾多处刻立。淡水厅同知娄云于道光十七年（1837 年）在大甲溪、房里溪、中港溪与碱水港等处设义渡并于各渡头勒碑，现大甲溪和房里溪两碑依旧存世。

现存数最多的碑是福建巡抚丁日昌光绪二年（1876 年）巡察台湾时出示的禁令。如《买补仓粮示禁碑》见于台湾中部者凡 9 份，分别在台南市大南门碑林（后移台南市历史馆）、台南县下营乡茅港村观音亭、台南县盐水镇街内月津大桥北侧、台南县后壁乡嘉董村泰安宫山川门左侧、高雄县凤山市曹公路曹公祠前、彰化县北斗镇奠安宫前、新竹县新竹市图书馆内、彰化县鹿港镇中山路民宅及台中县清水镇营运所。另《严禁自尽图赖示告碑记》当时在台湾也广为勒示，如台湾府城门、凤山县北门、新竹县西门等都曾立过此碑。台湾府知府周懋琦曾将此道禁令以《周知府陋习示禁碑》为名在台南县广为刊刻，现在台南县仁德乡太子村明直宫（太子庙）、归仁乡南保村北极殿、关庙乡下山村关帝庙还均有保存。

台湾也有不同时代在同一地方连续刻立一碑者，如道光二十年（1840年）的《锢婢积习示禁碑记》系台湾兵备道姚莹制定章程后转饬辖属，文末要求台湾各府署衙门外皆当立此碑，台湾知县阎炘遵示行事。至光绪十五年（1889）六月，台南府安平县知县范克承又将《严禁锢婢不嫁碑记》重新刻立。现在在台南市南门碑林和台南市立历史馆，均可见到光绪年间的禁碑。

一碑多立的现象在道光和光绪年间最为突出，这也是造成这两个阶段碑刻数量明显增加的一个重要原因。一碑多立者，都是关乎社会治安和吏治的官府示禁，这也是道光和光绪年间台湾最主要的社会问题。

上述这些禁碑多刻立于宫祠观庙、港口溪岸、书院路桥等处。将适用于一地的法规禁令铭刻于碑并立于官衙门口或通衢闹市，是中国明清时期较为普遍的作法，这在与台湾隔海相望的福建和广东地区也不例外。但在台湾，刻碑之地却以庙宇为主，台湾庙宇甚至取代官衙成为成为官府示禁碑最集中的地方。庙宇中的碑刻不仅关乎庙产、公议规约等内容，如彰化县鹿港镇妈祖庙新祖宫有乾隆五十七年（1792年）四月所刻《天后宫田产记碑》，台南市中区民权路北极殿（大上帝庙）有道光十八年（1838年）四月和五月刻立的《大上帝庙四条街桐山营公众合约》，台南县新营镇铁线里通济宫有嘉庆十四年（1809年）刻

《通济宫置租立业碑记》，台东县台东镇仁爱里天后宫有光绪十八年（1892 年）五月刻《埤南天后宫置产碑记》，屏东县竹田乡西势村忠义庙有光绪二十年（1894 年）立《忠义亭申禁碑》等，而且还有大量的与该庙本身无太大关系的官府示禁碑，其内容多是维护社会治安或解决社会问题的，如光绪初年台湾府知府周懋琦出示的《严禁藉尸吓诈示告碑记》现存 4 石均在庙宇。府衙门前也是清代台湾碑刻较多的地方，但相较而言，府衙门前的示禁碑远不如庙宇中的示禁碑数量多、内容丰富。

　　而针对特定人群的示谕碑，一般会刻立在特定场所，如涉及生员利弊、学规等教育碑刻，多刻立文庙和书院，如道光初年的《奉宪禁各衙胥役勒索绅衿班数碑记》原勒于旧台湾府奎楼书院和高雄县凤山镇凤仪书院；清代大陆最为常见的御制学规——《卧碑》，立于彰化县彰化市文庙内及高雄县内门乡和台南市孔子庙明伦堂内。另刻立于城门、港口、街市的示禁碑，内容均具较强的针对性，多为禁兵弁、差役勒索或恶风劣俗等情事，如光绪二年（1876 年）七月《严禁自尽图赖碑记》系由福建巡抚丁日昌为严禁愚民听唆自尽、诬告图赖，以重视民命的告示，当时勒石台湾府各地城门，及屏东县、凤山县、新竹县等处的城门。而刻立在田畔、村头、溪边的示禁碑，专指性更强，或是田土交易凭证，或是讼事裁决的纪事等。反过来看，对碑石原始地点的确认，也有助于对碑文内容和性质进行评判。

4. 损佚比例高，迁移比重大

　　台湾清代碑刻，距今时间越长，佚失损毁率越高。目前所知已佚失的台湾清代法律碑刻，属乾隆年间的有《留养局碑记》、《汉文罗马字派拨累番示禁残碑》、《民番分争水利示禁碑》、《严禁恶丐强索泼扰碑记》、《奉宪示禁碑记》、《严禁觊觎饷埕示告

碑记》，其中最后一碑原立于嘉义县布袋镇同安里大众庙，1959
年失窃。属嘉庆年间的有《东势角圳谕示碑》、《二层行溪义渡
碑记》、《严禁不容奸人碑》；属道光年间的有《示禁碑记》、
《不准私自霸占渔利示禁碑》、《圳长争执示禁碑》；咸丰年间的
有《船户公约》；光绪年间的有《严禁自尽图赖示告碑记》、《五
福圳结状谕示碑》等等。其中乾隆年间的碑刻损失最为惨重。

　　以下表 9－5、9－6 反映的是台湾中部不同年代存碑和佚碑
的数目以及佚碑和存碑的比例关系。[①]

表 9－5

	康熙	雍正	乾隆	嘉庆	道光	咸丰	同治	光绪	无年月
现存（份）	0	1	19	15	28	6	8	21	4
已佚（份）	6	0	6	8	7	0	2	7	0

表 9－6

	总数（份）	现存（份）	已佚（份）	佚碑所占百分比（%）
彰化县	67	49	18	26.86
南投县	31	24	7	22.58
台中县	32	24	8	25
台中市	8	5	3	37.5
总　计	138	102	36	26

　　从表中可以看出，台湾中部的康熙古碑是"全军覆没"，嘉
庆年间古碑佚失率超过了一半。从中部的三县一市来看，佚失古
碑约占总碑数的四分之一。

　　与大陆碑刻一样，台湾碑刻也普遍存在从原刻立地方迁徙到

　　[①]　据刘枝万著《台湾中部碑文集成》第 1 章《概说》第 206 页统计。

其他地方的情况。如乾隆十七年（1752 年）九月的《番仔田派拨累番示禁残碑》，原立于台南县官田乡隆田村，现存台北省立博物馆。乾隆三十年（1765 年）二月的《圳道示禁碑》，原位于南投县名间乡浊水村浊水溪畔，1953 年发现后移建于附近同源圳头。嘉庆二十一年（1816 年）十一月的《台湾县温奉宪示禁碑》原在台南市西区水仙宫左近佛头港，日据时移存大南门碑林。道光二年（1822 年）十月的《修造老古石街路头碑记》，原在台南市赤嵌楼畔，1978 年移台南市南门碑林。道光四年（1824 年）的《奉宪禁各衙胥役勒索绅衿班数碑记》，原勒旧台湾府奎楼书院（今台南市中区中正路东段路中），日据时移奎楼于今中区文昌里，1954 年移台南市立历史馆小碑林，1978 年移台南市南门碑林。道光十年（1830 年）二月的《海东书院膏伙经费捐输碑记》，原勒台湾府海东书院，日据时移存台南市南门碑林。道光二十五年（1845 年）二月的《坟地盗葬示禁碑》，原立于台南市东区石头坑（雍正间李氏聚星亭故址），现存台南市立历史馆。原立于苗栗县三湾乡大河村的《经谢理打马众番界址碑》，也是在日治时期移立台北国立台湾博物馆前小碑林……

　　其中迁移比较集中的时期是日据时期，主要是将散立各处的碑刻集中于碑林或博物馆、历史馆。台湾最有名的碑林要数位于台南市台湾府城大南门右畔的南门碑林，这也是台湾地区规模最大的碑林。1945 年台湾光复后，南门碑林曾一度被违章建筑霸占，1978 年台南市政府整建大南门并修葺碑林，又特从赤嵌楼移来 15 通石碑，使南门碑林碑石总数达 61 件，其中属于法律史料的碑刻达 27 件。另台北二二八和平公园也有 8 块古碑。它们原本散居各处，1985 年被集中陈列于此，命名为"台北碑林"。

与法律有关者如《奉宪示禁私挖煤炭者立毙碑》、《奉宪分府曾批断东南势田园归番管业界碑》等。台南市历史馆也集中了不少法律碑刻，如光绪二年（1876 年）二月的《买补仓粮示禁碑》、光绪十一年（1885 年）九月的《天后宫禁筑草寮碑记》；台北市台湾省立博物馆则有光绪十一年（1885 年）的《客路须知碑》等。

虽然这些从各地集中来的碑刻为学者的研究提供了很大便利，也使许多散落荒野的古碑得到妥善保护，但从社会史的角度看，这种集中保护的做法使碑刻与其原生环境相脱离，尤其是具有重要法律史料价值的地方示禁碑，也因迁徙而减弱其所具有的特定地域和人群针对性的特征。这不能不说是一个重大的遗憾。

（三）清代台湾法律碑刻的主要内容

从笔者目前所掌握的约 250 份台湾清代碑刻法律史料分析，其内容和形式主要可分为官府示禁碑、讼案纪事碑、公约碑、凭证碑等类。

1. 凭证碑与公约碑

清代台湾土地、房屋等买卖转移受制于《大清律例》，而碑刻则是法律认可的记事凭证。《大清律例》"弃毁器物稼穑"条规定："若毁人坟茔内碑碣、石兽者，杖八十。……误毁者，但令修立，不坐罪。"[①] 法律在惩罚子孙盗卖族产时，规定确认族

---

① （清）吴坛撰，马建石等校注：《大清律例通考校注》卷九《户律》，中国政法大学出版社，1992，第 440 页。

产的条件之一是"勒石报官",① 是故台湾清代族产、田产来源、凭证碑为数不少。

台湾嘉义县水上乡柳林村有光绪十七年（1891年）《苦竹寺庙田碑记》载明一宗田土买卖、租赋转移、捐赠寺庙、遗契作废的事情，碑文写明："批明上手印契遗失，日后取出，不得行用。"②

台湾清代凭证碑中比较有代表性的，如台东县台东镇仁爱里天后宫光绪十八年（1892年）五月所刻《埤南天后宫置产碑记》，共载有9份田土买卖契约。从碑文显示出，其买卖程序完备，卖田原因也交待清晰："因负债无着，需银急用，情愿将各本名开垦成熟之田，招人承买。先招伯叔兄弟，继招庄中耆老、左右乡邻，均无人承受。嗣托中人问到碑南天后宫欲置祀产，因凭中商议，时置田价每甲四十、五十、六十元不等，计卖契七〔九〕张，共田亩一十五甲零零点六毫二丝二忽，共应得田六八洋银七百四十元。当即凭中将田亩四界、丘数、大小踏勘分明，点验指卖。是日银入卖主，契交买主，银契两清，均无蒂欠。至以上所买之田，并无重当重典情事。如有来历不明，仍由中人与卖主理清，不与买主干涉。自卖之后，田听买主批佃收租管业，推收过割，纳粮当差，卖主永无异说。恐口无凭，立此杜卖契，并原田丈单一并交执为据。"③

凭证碑多是为确证房屋、林地、庙宇等权属以及防范被人侵占而刻立的。台湾高雄市左营区兴隆寺内康熙年间的《开山碑

---

① （清）吴坛撰、马建石等校注：《大清律例通考校注》卷九《户律·田宅》"盗卖田宅"第6条例文，中国政法大学出版社，1992，第433页。
② 台湾银行经济研究室编：《台湾南部碑文集成》，第745页。
③ 台湾银行经济研究室编：《台湾南部碑文集成》，第757～761页。

记》（《禁盗香灯碑》），碑文在确定其资产来源后，又阐明其立碑原因："恐后来不守法之徒子孙再盗典贪利盗卖，亦未可定，立石于寺中，布告一方云尔。"①

台南县麻豆镇有乾隆十六年（1751年）的《慈济宫缘业碑志》，系庄众为"防范贪徒混占、冒禀注册升科"②而立。道光四年（1824年）三月的《万春宫庙产碑》立于台中市圣母庙万春宫墙外，系监生郑乡云等将公置田地捐舍各庙以作祭祀之费，因担心日久僧人滥开契据或私典私卖以废祀业，遂呈请官府立碑，彰化县正堂李振青出示晓谕，以望周围各堡各村庄人等悉知。③

也有不少凭证碑系房屋、林地等权属凭证因年久或因战乱而至原档遗失，担心被人侵占，而刻碑为凭。道光七年（1827年）正月的《示禁碑记》系由凤山县知县杜绍祁据兴隆里城内廪生郑某、生员张某及耆民吴某等数人恳请而颁示。文中提到武庙香灯草山权属已定，且在官府有所备案。"因蔡逆作乱，案卷焚□无存。现城池重建，敢恳仁宪出示告□，使知恪遵以垂永远。"④光绪十三年（1887年）十月《兴安宫公业碑》也是基于类似的的原因而刻立。⑤

乡规民约、行规及宗教规等公约碑在台湾清代碑刻中所占的比例并不是很高，但涉及内容却显驳杂。如立于今高雄县路竹乡竹沪村太子宫的《竹沪元帅爷庙禁约碑记》系嘉庆十八年（1813年）竹沪乡耆老庄众等重建元帅庙后，为防争占、杜争端

---

① 黄耀东编：《明清台湾碑碣选集》，第493页。
② 吴新荣纂：《台南古碑志》，第263页。
③ 刘枝万著：《台湾中部古碑文集成》，第258页。
④ 何培夫主编：《台湾地区现存碑碣图志：高雄市·高雄县篇》，第319页。
⑤ 刘枝万著：《台湾中部古碑文集成》第317页。

而立。该碑规定禁止耕种社后廊沟及庙边塘地，禁止在庙窟及桥边挖取沙泥，保护车路，不许堆积粪泥等。"倘有因犯庄规，决然鸣鼓而攻。小则罚戏示惩，大则送官究治。不得挟嫌诬害，亦不得徇情纵宽。"① 屏东书院设于嘉庆年间，经陆续营置，渐初具规模。另如光绪三年（1877 年）屏东书院的《章程碑记》，系为使祭祀考课等"得以永远举行"，诸同人公议出管理规条。②

光绪五年（1879 年）的《永济义渡碑记》有两块，一在南投县名间乡浊水庄妈祖庙福兴宫前，另一在社寮土地祠前左，两碑隔浊水溪相呼应。义渡系民众协同劝捐，碑文除载所捐银两之事外，也列有议定章程，内容涉及渡船规则和赔偿责任等，如舟子不循规矩，随时改换他人；过客当自谨慎，不可自坠水中诬赖舟子；急除碍船之石，船若碍破，舟子造赔；等等。③

光绪十四年（1888 年）十一月《禁截水路碑记》（《水路疏通禁绝碑》）系佳里兴庄绅耆等为"不许截流而渔"同立公约。④ 台湾屏东县竹田乡西势村忠义庙光绪二十年（1894 年）的《忠义亭申禁碑》系"演戏申禁"，如有人"倘敢故违"禁约，"不论何人，要公罚银一百员为修亭之费"。⑤

行业公约中比较有代表性的是《防火章程碑记》和《船户公约》等。其中《防火章程碑记》系台南市武庙六条街、禾寮港街等耆老、街首针对道光二十年（1840 年）四月郡街失火一事，而公同约议的防患于未然的规约十条，经台湾知县阎炘首肯后，于道光二十一年（1841 年）勒碑晓示。其内容涉及城市管

---

① 何培夫主编：《台湾地区现存碑碣图志：高雄市·高雄县篇》，第 53 页。
② 李芳廉编：《屏东县古碑拓帖文集》，第 347 页。
③ 刘枝万著：《台湾中部古碑文集成》，第 306、353 页。
④ 吴新荣纂：《台南古碑志》，第 254 页。
⑤ 李芳廉编：《屏东县古碑拓帖文集》，第 357 页。

理、社会治安及紧急状态下的应急举措。其中有两条规定了准予"格杀勿论"。一是遭遇火灾时"倘敢三五成群，拥众持械，逞强抢运，准予格杀，照律勿论"。另一是"夜间,. 无论何项人等，如遇有私行放火之犯，即鸣众追拿解究；倘敢逞凶拒伤捕人，亦准格杀勿论"。①

咸丰九年（1859 年）的《船户公约》系由经常出入于打狗港（今高雄港）的下郊船户协商公议制定的。公约规定：今后凡下郊诸船只到港，若遇风帆不顺，尚在港外，"我同人有先到港内者，务须驾驶三板向导"，或"借竹筏自撑向导"，不许袖手旁观，并规定了相关费用的均摊办法。"负约者，公认罚戏一台、灯彩一付，以儆将来。"②

上述凭证碑和公约碑在台湾清代碑刻法律史料中所占比例较低，约为十分之一的份额，而占绝对多数的是官府示禁碑，它们所反映的问题，更能代表台湾清代法制之实况。

2. 示禁碑

在台湾清代法律碑刻中，官府示禁碑所占比重最大，几近百分之六七十的份额，而且其涉及面广。其示禁内容多是带有一定普遍性的社会问题，如私抽勒索、征收锢弊、游民恶丐为非，以及如何解决移民与原住民的利益冲突、移民社会的公私权益之争等。示禁碑中最主要的内容是关涉社会治安的。在清代，兵丁、差役、恶吏、游丐的敲诈勒索是台湾最严重的社会问题，此类碑文所占比例也最高，而且在台湾南部地区，此类社会问题尤为严重，从乾隆到光绪年间，均有官府针对此事颁刻的告示或示禁

① "国立成大"历史系等编：《台南市南门碑林图志》，林荣华校编《石刻史料新编》第3辑第20册，台湾新文丰出版公司，1986（下略），第105页。

② 黄耀东编：《明清台湾碑碣选集》，第45页。

碑，并立于人员往来较多的庙宇、官府、港口、通衢等处，以期示禁内容能广为周知传布。

（1）禁私抽勒索。台湾为一个海岛，港口管理关乎其发展之命脉。乾隆十年（1745年）《严禁藉端苛索大舡船只勒石碑记》、乾隆五十三年（1788年）十一月《台澎兵备道谕告碑》、乾隆五十五年（1790年）二月《鹿港示禁碑》、嘉庆元年（1796年）四月《严禁海口陋规碑记》、嘉庆十七年（1812年）九月《恩宪大人示谕碑记》、同治六年（1867年）五月《严禁勒索以肃口务示告碑》（《严禁汛口私抽勒索碑记》）等，内容主要是禁兵丁勒索船户的安民告示。

刻于台南市西区神农街水仙宫左壁的《严禁海口陋规碑记》道出台湾港口"陋规"之一斑："照得南北海口，林逆未经滋事以前，百弊丛生，闻有贴差、指配等项陋规名目；自奉公中堂福奏办之后，除文口纸张饭食番银五员、武口三员之外，一切陋规，永行禁革。"然福建水师提督兼管台澎总兵哈当阿却在嘉庆元年（1796年）查出："鹿耳门文武守口丁役，于正月内复有得受春彩礼名目。虽讯系各船户因新正到口，自愿致送，并非勒索，亦非常规，但恐日久弊生，难保无复启陋规之渐，不可不惩办示儆。除将得受春彩礼之丁役枷示外，合再出示严禁。"①

移民回乡探亲时，在关津隘口常受兵丁差役的刁难勒索，粤籍移民遂告到官府，请求示禁。乾隆五十三年（1788年）和五十五年（1790年），台澎兵备道万钟杰颁发告示："仰各口书人等知悉：嗣后凡有粤民回籍，赴厅填给照单，无论士庶人等，不得留难指索规礼。倘有玩惕经胥，敢于示禁之后复萌故智，需索

---

① 台湾银行经济研究室编：《台湾南部碑文集成》，第433～434页。

病民，一经查出或被告发，定即严行拿究，按法重治，决不宽纵。"①

从碑文看，其管理和惩处措施还是相当严格的。从后来的碑文看，这一措施也落到实效。不过在五六十年之后的高雄，贪索陋规又有死灰复燃之事。为此官府颁刻《严禁勒索以肃口务示告碑》称："汛口书差均系在官人役，自应奉公守法，何敢私抽勒索，大干例禁……此示之后，再敢苛索勒抽，一经查出或被告发，即从严究办，决不姑宽。该绅民等亦不得夹带违禁货物，致干查究。"②

清代，农耕仍是台湾经济发展的重要依托。从事垦辟的业主、垦民等却不幸成为吏胥敲诈的对象。乾隆十五年（1750 年）的《严禁征收锢弊示告碑》系台湾府正堂方邦基颁示。碑文写道："照得一切正杂钱粮，丝毫皆系民脂，难容稍有多取。讵台地经承、差役人等，每月逆取陋规，以及多收肥己、互相弊混，最为民累。"而佃民受吏胥百般敲诈也刻骨铭心："台邑十九里二庄佃民，征完各项钱粮，多受弊累，民不堪命。"故期望官府的示禁措施能行之有效并行之久远，遂呈请官府同意将示禁刻碑。示禁的内容非常详细，如"完粟每石还小钱二文，违即禀究"；"仓笨定例，完粟每石，还银一分"；"凡纳粮饷串粟，定例每张还小钱五文，违即禀究"；"票耗随正供收饷，不许另取串钱外，其余正杂钱粮，均照正供之例，每票取小钱五文以为纸张笔墨之费，不得再有多索"；等等。③

①　《台澎兵备道谕告碑》，载台湾银行经济研究室编《台湾南部碑文集成》，第 421 页；《鹿港示禁碑》，载刘枝万著《台湾中部古碑文集成》，第 231 页。
②　黄耀东编：《明清台湾碑碣选集》，第 47 页。
③　"国立成大"历史系等编：《台南市南门碑林图志》，第 25 页。

　　征收固弊尚好清理，而手握清丈之权的吏胥差役对垦民的肆意勒索，则禁之颇难："蠹栲社棍朋结为奸，或唆番指佃占垦，或差禀村哑请丈请勘，每票人手勒索多金，稍拂其欲，锁禁拷打，追民典产卖业，惨胜人命贼情。赴控又生波而作涌，陷害千般，小民膏血几何，难供无穷之海欲。"对此种恶弊，官府也曾出重拳给予严打："差禀一项，久干例禁，台地经大加征创、小民流离甫定之后，整顿初严，岂容若辈肆无忌惮，仍有勒索讹诈之事，此风断不可长。"然而此种情事在乾隆后期颇为普遍。福建巡抚徐嗣曾也承认："本部院到台已久，半载每阅呈词，控告差役索诈者十之三四，"可见此恶习已成为严重的社会问题，官府的打击力度也因而加强。乾隆五十三年（1788年）十二月刻立的《奉宪严禁差役勒索讹诈碑记》在列出示禁内容后，并对差役予以警告称："倘敢视为具文，致蹈前辙，一经察出或别经告发，惟有先将该管官立挂弹章，将该役等杖（弊）〔毙〕一二昭惩，断不稍有姑容。"①

　　要对衙蠹恶吏施以"立毙杖下"惩罚的还有福建巡抚丁日昌于光绪二年（1876年）颁示的《买补仓粮示禁碑》。碑文载："本部察访闻台湾府属各县，往往藉买补为名，苛派业户承办，县中并未给价，递年就田匀摊，分上下忙，折价完纳。甚因收不足数，减折列抵交代。病国殃民，深堪发指。"②因此出示严禁。由于这种弊端广泛存在于台湾府属各县，因此当时曾广立示禁碑，以致此碑成为台湾现存数量最多的清代碑刻，现在台南市历史馆、台南县下营乡茅港村观音亭、台南县盐水镇街内月津大桥北侧、台南县后壁乡嘉董村泰安宫、高雄县凤山市曹公祠、彰化

---

① 黄耀东编：《明清台湾碑碣选集》，第167页。
② 黄耀东编：《明清台湾碑碣选集》，第321页。

县北斗镇奠安宫、新竹县新竹市图书馆、彰化县鹿港镇中山路民宅、台中县清水镇营运所等，均可见到此碑。

台湾禁勒索的示禁碑以乾隆朝为数最多，尤其是乾隆后期和光绪朝，台湾吏治腐败已成有目共睹之事。连横《台湾通史》循吏传载 34 人，以康熙朝最多，为 13 人；之后的雍正朝为 4 人，乾隆、嘉庆、道光三朝各 5 人，同治朝 2 人。连横说："台自设官后，二百数十年矣，而旧志所传循吏，不过十数人，贪鄙之伦，踵相接也。呜呼！非治之难，而所以治者实难。"①

虽然清代吏治腐败是个普遍的现象，但在台湾，这一现象更显突出，这与清廷为鼓励官员赴台任职而制订的一些特殊奖励办法有一定关系。康熙三十年（1691 年）下谕：台湾各官自道员以下、教职以上，"三年俸满即升"。② 康熙三十三年（1694 年）吏部题准，"台湾各官，均令遴选调补。三年俸满，如能称职，以应升之缺即用"。③ 这些特殊政策，使台湾文武官员任满后的升迁机会或调补优缺的比例明显高于内地各省。加之台湾物产丰富，为官者收入丰厚，因此反被一般官员视为优缺。乾隆五十一年（1786 年）林爽文起义爆发后，乾隆帝曾探究其原因道："福建台湾府孤悬海外，远隔重洋，民情刁悍，无籍奸徒，往往藉端滋事，皆由地方官吏任意侵娄，累民敛怨。而督抚遇有台湾道府厅县缺出，又以该处地土丰饶，不问属员能胜任与否，每用私人，率请调补，俄得侵渔肥橐。所调各员不以涉险为虞，转以调美缺为喜，到任后利其津益，贪赎无厌，而于地方案件，惟知将就完结，希图了事，以致奸民无所畏惮，始而作奸犯科、互相

---

① 连横著：《台湾通史》，商务印书馆，1983，第 665 页。
② 《钦定大清会典事例》卷六五。
③ 《钦定大清会典事例》卷六六。

械斗，甚至倡立会名，纠众不法，遂尔酿成巨案。"①

嘉道以后，台湾吏治也无好转迹象。光绪初年丁日昌在《惩办蠹役片》中说道："台湾远隔重洋，吏治暗无天日，衙役倚恃官势吓诈乡里，所欲不遂，辄即私勒索，被害者往往卖妻鬻子，破产倾家，实堪痛恨。"② 他整顿吏治的决心很大，也因而出现了前述碑文中对衙蠹恶吏欲施以"立毙杖下"的重罚措施。

（2）禁累番民、占番地。光绪元年（1875 年）十一月初八日所刻《入番撤禁告示碑》对于台湾岛中部靠山地带的开发意义重大。此碑现立于南投县鹿谷乡，系为更改法令、私渡开禁、原例废止而刻。"福建台湾全岛自隶版图以来，因后山各番习俗宜异，曾禁内地民人渡台及私入番境，以杜滋生事端。现经规制，自宜因时变通。所有从前不准民人渡台各例禁，着悉与开除。其贩买铁、竹两项，并着一律弛禁，以广招徕……为此示。仰阖属绅商士庶军民人等知悉：从前不准内地民人渡台及私入番境各例禁，现已一律开除，不复禁止。台地所产大小竹竿以及打造农器等项生熟铁斤，均听民间贩运。其内山所产藤条并由本司道通行开禁，将藤行裁革。如所辖文武汛口员弁、兵役及通事、匠首人等，仍有藉端扣留勒索情事，官则撤参，兵役、通事、匠首即立提究办，决不姑宽。"③

但清代对台湾地区的移民和开发早在乾隆时期已颇具规模。清政府在康熙二十二年（1683 年）统一台湾后，为了便于管理，只开放厦门与台湾南部港口鹿耳门一条对渡线路，并采取严格管

---

① 《清高宗实录》卷一二九五。
② （清）丁日昌著、温廷敬编：《丁中丞（日昌）政书》，台湾文海出版社，1980，第 518页。
③ 黄耀东编：《明清台湾碑碣选集》，第 235 页。

制措施。康熙五十一年（1712 年）宣布严拿偷渡台湾之人，雍正十年（1732 年）首次解除携眷入台的禁令，乾隆元年（1736年）复禁大陆居民私渡台湾……虽然移民入台的政策时禁时弛，但由于人多地少所造成的沉重人口压力，大陆闽、粤两省沿海的居民仍利用各种方式渡海入台，以致台湾人口的增长极为迅速。到乾隆四十七年（1782 年），台湾的人口已由清统一台湾之初的几万人①达到 912920 人。② 由于限制入台的措施效果不大，清廷终于决定展禁，于乾隆四十九年（1784 年）开放台湾鹿港与泉州蚶江港对渡，五十七年（1792 年）又开放淡水八里岔与蚶江及福州五虎门通航，使入台移民潮更加高涨。嘉庆十六年（1811 年），台湾的人口已增至 1944373 人。光绪元年（1875年），钦差大臣沈葆桢的开禁建议得到清政府批准，于是出现了上文提到的光绪元年（1875 年）《入番撤禁告示碑》。到 1893年，台湾人口数为 2545731 人。③ 不过咸同和光绪年间台湾人口的增加主要是自然增长，因为此时大陆移民的方向已开始转向南方了。

台湾移民的增长速度以乾隆年间最快。移民蜂拥而至，对原住民的生产、生活造成重大影响，原住民渐成为弱势群体，其与移民的矛盾和冲突也更加激烈。为平衡移民与原住民之间的关系，乾隆二年（1737 年），巡台御史白起图条陈台湾善后事宜四条：①归化番地，宜分别办理，以安民生；②严禁班兵扰累，以

---

① 据（清）蒋毓英《台湾府志》记载，有男子 16274 人，妇女 13955 人，总计实在民口30229 人。载（清）蒋毓英撰、陈碧笙校注《台湾府志》，厦门大学出版社，1985，第71 页。

② 百吉辑：《台案汇录丙集》，台湾文献丛刊第 176 种，台湾大通书局，2000，第 92 页。

③ 台湾省文献会编：《台湾省通志》卷二《人民志、人口篇》，台湾众文图书公司，1980，第 55、60 页。

安番众；③严禁民人私娶番妇，以防煽惑；④请饬文武互相稽查，以重海防。① 很快这些措施便拟准实行。

与上述史实相对应，乾隆年间出现了不少禁止汉人侵垦番界、保护番人利益的示禁碑和记事碑。乾隆十七年（1752 年）的《严禁派拨累番碑记》、《番仔田派拨累番示禁残碑》、《哆喀咽派拨累番示禁残碑》、《汉文罗马字派拨累番示禁残碑》系诸罗知县为抚恤番民，不使扰累，剔除积弊，规定征用番夫番车人数，及工钱报酬，并严禁运饷解粮等的规定。如《严禁派拨累番碑记》载："台地番黎既经归化日久，即属子民，自应加意抚恤，不便扰累。但剔除积弊，亦应明定章程，不便模糊立案，致启将来扰累之渐。如厅县起解钱粮赴府，各衙门自有兵丁快役，沿途又有护送营兵，原可无需番黎防护。至扛抬银桶，又有准销水脚夫，更不违例派拨番夫，侵开解费应革除。至各营赴府领饷，本营自有差委之弁兵，沿塘又有卫送之汛兵，所有扛抬脚夫，各营均有流传公项，岂得归入私橐，反派番黎护送，致与设兵卫民之道相左？……况凤山县辖之南路等营，赴府承领饷银以及换班兵丁，往来俱系自雇夫车，从无派拨番车之例，相安已久。北路等营，自应效照而行。……嗣后凡运饷、解粮、换班兵丁及文武大小各官往来一切公务，不许派拨番夫车辆，扰累社番，永定章程勒石，遵照禁革。"②

现存于台中县神冈乡岸里国小乾隆二十四年（1759 年）九月的《严禁勒买番谷碑记》也系为保护番民利益而出示。③ 类似的示禁碑还有乾隆三十三年（1768 年）的《严禁匠民越界私垦

---

① 《清高宗实录》卷五二。
② 台湾银行经济研究室编：《台湾南部碑文集成》，第 380～381 页。
③ 刘枝万著：《台湾中部古碑文集成》，第 215 页。

碑记》、乾隆三十五年（1770 年）七月的《番社示禁碑》、嘉庆二十二年（1817 年）六月的《严禁不容奸人碑》等。其中《番社示禁碑》位于台中县潭子乡潭阳村潭兴路，清代时此处属于岸里社地，且当时正值岸里社勃兴期，故官府划界迁民保护土番，严禁汉人于番境瞒官舞弊。[①] 乾隆晚期碑刻如乾隆五十八年（1793 年）六月《毋许民番私捕埤水鱼虾示告碑记》，[②] 可以看出在开发较早的台南地区，番汉杂居现象已比较普遍。而从光绪十二年（1886 年）十一月的《迁善社示禁碑》，可知光绪时，番汉杂处已扩及到台湾中部地区了。

（3）禁藉讼勒索。虽然道光四年（1824 年）的《奉宪禁各衙胥役勒索绅衿班数碑记》和道光五年（1825 年）的《奉宪禁各衙胥役勒索绅衿班数碑记》系为免生员受辱、保士绅名望而立，但其中也道出诉讼阶段的诸多弊端："查民间词讼，一纸之递，所费近千。批准后，即宜送礼与承发书，乃得其将案分交值承叙送、签稿。嗣是而承、而差，而承伙、差伙、馆记、堂口，亦皆有礼、有费。诸皆分致，乃得具领投到，赴案质成。彼民之负屈冤而家无儋石，其何堪兹私索耶？最可恨者，刑杖什差，无票无案，如狼如虎，横索铺堂。投案之民有无力供奉者，驱而罚跪于福德祠，各出短棍，自头至踵，参错刑之。号泣哀求，既无一人焉出为救止。官衙深邃，又不闻疾痛惨怛之声。呜呼！含冤未伸，先有冤上加冤之惨；非罪被累，甚于罪上加罪之刑。"平民百姓如此，儒服士绅也难免劫难。"什差之辈横行酷索，号曰班数，又自称为铺堂。甚至儒服儒冠至此，亦遭其握扯诟詈。"[③]

---

① 刘枝万著：《台湾中部古碑文集成》，第 339 页。
② 吴新荣纂：《台南古碑志》，第 182 页。
③ "国立成大"历史系等编：《台南市南门碑林图志》，第 81 页。

根据明清的学规，生员只受教官和学政的约束，地方官可以监督但无权责罚生员。生员如有过错，地方官应向教官汇报，会同官学教官及学政发落，不得擅自惩治。如犯重大罪行，也须先报学政革去生员资格，然后依法治罪。如顺治十年（1653 年）定："生员犯小事者，府州县行教官责惩；犯大事者，申学政黜革，然后定罪。如地方官擅责生员，该学政究参。"① 这一措施表明朝廷对生员的重视和礼遇："生员关系取士大典，若有司视同齐民挞责，殊非恤士之意。今后如果犯事情重，地方官先报学政，俟黜革后，治以应得之罪。若词讼小事，发学责惩。"②

乾隆元年（1736 年）再次重申这一原则，嘉庆五年（1800 年）进一步加重对擅自责罚生员者的处罚："向例生员应戒饬者，地方官会同教官在明伦堂扑责。如擅自叱责，照违令公罪律，罚俸九个月。今酌议加重。嗣后应戒饬之生员，地方官擅自叱责者，降二级留任。因而致死者，降二级调用。系故勘致死，照律治罪。"③

然而这些规定对道光年间的台湾属于"一纸空文"："刑杖、什差，胆敢于公堂之间肆行酷索，俨如正供关税，律所难宽。不惟不屑温语、谀词恳请，解囊惠赏，且视投案之贫富而分别派定额数，以待其央求议减，而许否尚听主裁。寒士有分文莫措者，秽语以辱之，扭扯以凌之。有不能忍受而反之以恶声，则遭其扯破衣服，互相斗殴者亦有之。"

以上是碑文中所交待的示禁缘由。而官府的批示显得颇为折衷："绅士人等不知自爱，干预词讼，匍匐公庭，其凌辱之加，

---

① （清）童璜等撰：《钦定学政全书》卷三一《约束生监》。
② （清）童璜等撰：《钦定学政全书》卷三二《优恤士子》。
③ （清）童璜等撰：《钦定学政全书》卷四三《约束生监》。

固由自取。然铺堂等项名目，久干例禁。该胥役等何得明目张胆，任意勒索，殊属不法。仰台湾府通行厅、县，一体出示严禁，毋再稍任私索滋事，致干未便。"①

　　从碑文中可了解到清代台湾生员士子枉受棍差凌辱之一斑，而平民百姓所遭受的不白之冤及所受之凌辱，则有过之而无不及。道光二十七年（1847年）十月的《奉宪严禁告示碑》反映了台南县盐水镇水正里一带百姓所面临的状况："盐水港地方，居台郡中枢，为南北之要衢，乃山海之咽喉，人烟稠密，舟车辐辏，四处村民交易其间，久称富庶之乡也。近因奸棍猬集，俗变剽悍。每藉冒差役名目，日在该街内外窥伺来往屠民，不论有无被控，并无文票签单，或藉庄邻有案，掳跟酷索。或掳索不逊，凭空赴分司衙局扭禀。或先掳禁，事发临时藉案添诬。种种威横，难以枚举。"以致"庄民裹足，商旅寒心，故数年以来街衢铺户寂静，生理倒罢者多"。为此，台湾府知府仝卜年根据民众提出的建议，发出相关禁令。②

　　咸丰、光绪年间，台湾藉命索诈诬告之事仍时有发生，有些地方甚至健讼成风。如台中县东势镇三山国王庙前有咸丰二年（1852年）二月所立《诬控肆毒告示碑》。碑文载："朴仔里保俗尚刁横，弊端日出。即如人命一案，自有正凶，亦有亲疏。兹则不分亲疏，株连一姓，诬捏庄邻，悬指殷实为正凶、为帮杀、为主谋、为唱杀。又有健讼之徒，或唆使废疾无赖之人死而吓诈，或夜抬路旁水流之尸移而索诈。又或妻孩病故藉埋坟墓修造犯弊。凡此皆始则谋同保甲具禀，继则较串书差覆禀。人命之虚实未究，株连之陷容难言。他若藉命而抄掠家赀，因仇而羼供善

---

① 台湾银行经济研究室编：《台湾南部碑文集成》，第458页。
② 台湾银行经济研究室编：《台湾南部碑文集成》，第482～484页。

类，局赌子弟，护酷善良，勒写伪契，肆行覆占，种种弊端，难以枚举……尝有世家数代累积、农民半生辛勤，一遭荼毒，家业尽破。"官府特为此示，"仰朴仔里保绅衿士庶民番人等知悉：尔等当知藉命索诈诬告株累，律于反坐。自此勒碑示禁之后，倘敢仍踏前辙，或经访闻，或被告发，本县言出法随，定即严究惩办，决不宽贷"。①

然而屡经示禁，强悍、健讼之民风并未得到改观。高雄县美浓镇东门门楼有光绪十一年（1885 年）七月所立《端风正俗碑》依旧老调重谈："台地民俗强悍，每起争端辄伤人命，每因命案即乘机混抢，牵累无故……甚至有伤未致□，自行毒毙图赖，亦有他处伤人命而波及同姓之人……"② 藉命索诈成为清代台湾的一个顽疾。

（4）禁游民恶丐为非。从乾隆三十二年（1767 年）到道光年间，在台湾中南部一带，流民为祸猖獗。他们往往与奸差勾结，利用死尸敲诈良民，引起百姓公愤，乾隆三十二年（1767 年）八月《恩宪邹大老爷告示碑记》、乾隆三十九年（1774 年）十月《奉禁恶丐逆扰碑示》、乾隆四十三年（1778 年）五月《严禁混藉命盗扳累非辜示告碑记》、乾隆四十七年（1782 年）三月《府宪示禁碑记》、乾隆四十七年（1782 年）四月《奉台湾府道宪杨示》、乾隆四十八年（1783 年）七月《禁顽保蠹差藉命诈索示碑》、乾隆四十九年（1784 年）四月《奉宪示禁碑记》等碑，均事关此事。

从碑文可以看出，游民的出现与市镇的兴起和繁荣有一定关联。"台地五方杂处，每多游手失业，或为饥驱，或□□□，以

---

① 刘枝万著：《台湾中部古碑文集成》，第 288 页。
② 何培夫主编：《台湾地区现存碑碣图志：高雄市・高雄县篇》，第 150 页。

□□□□傍，并有短见轻生。"① 而无赖棍徒的藉尸讹诈行为，多使市镇百姓人人自危。乾隆三十二年（1767 年）八月的告示碑称："只因城隍市镇，人民杂处，多有游手好闲、不事生业、赌荡之徒日作。流丐夜宿庙观，流落疲病，卒于路旁……近有无赖棍徒，混号罗汉脚，竟将疲病流丐，黄昏暮夜抬背吓驱。稍不从欲，丢镇门首。一经嚷闹，多提号灯，藉称打听差查，纷拥琐索，延搁而死，街邻多受差扰。郡中街衢概系砖石，万一乘夜手掷，磕擦成伤，死者莫辩，贻害更非浅鲜。"虽然台湾府知府邹应元采取了相应措施，一面批示"此等棍徒扰害地方，深堪发指，官斯土者应严拿究治，以安闾阎，仰台湾县立即严拿究讯，通详。尽法重处，毋稍姑息宽纵"；一面又告知"该地坊保、更夫及商民人等"，"凡有此等无赖棍徒，仍前抬背疲夜流丐，丢门吓骗，及藉称打听差查勒索者，许该商民同坊保等，立即拿解赴府，以凭按律究处"。②

　　然此种恶习并未就此止步，反而在周边地区扩散，由市镇向乡村漫延，并大有愈演愈烈之势。乾隆四十四年（1779 年）《奉宪严禁罗汉脚恶习碑记》系台湾知县谢洪光奉台湾府知府万绵前命重申旧例，立于台湾县罗汉门（今高雄县旗山、内门），此地正当台湾县与凤山县交界的三不管地带。在游民恶棍藉尸讹诈这一恶端向四处扩散的同时，流民恶丐强乞又开始成为台湾社会治安的另一大隐患。乾隆三十九年（1774 年）十月所立《奉禁恶丐逆扰碑示》在高雄县燕巢乡安招村神元庙内，是里民向官府的呈请示禁后，又由众庄民将官府示禁内容刻立于碑。

---

① 《禁顽保蠹差藉命诈索示碑》，载台湾银行经济研究室编《台湾南部碑文集成》，第 418 页。

② 台湾银行经济研究室编：《台湾南部碑文集成》，第 398～399 页。

里民"屡遭横乞"并非始自乾隆三十九年（1774 年），而且此前官府也采取了管束措施。里民韩象坤等呈称："台关于稀，屡遭横乞。经蒙前道宪陈、梁就有田业各户，定为四季，每季各给钱贰拾壹文，付丐道收养流丐，毋许散乞。且无田穷民，概不许索。续又蒙分府王示定：'吉礼番银贰钱，其丧忏道场，概不许索。'定例已久，料迩来任意恃泼，坤等经呈前县陈批准示禁，上年又以逆乞赖命，赴道宪奇呈给示禁。讵丐首蔡郡故违例禁，仍横强酷，至流丐则纵散乞毒扰，如林送麟等害命案。据切开辟至今，人烟十倍，况加港东西二里，仍又领饷，共银数千，富足已极，何得逆扰惨累？"碑文除讲述立此碑的前因后果，也交待出众里民"恐畏日久废弛，合将示禁并各条例，同勒贞珉，俾垂永久"的良苦用心。①

嘉庆、道光年间，强乞之风依旧猖獗，丐帮规模更大，丐礼较之定例也涨了许多，由乾隆年间的"每季各给钱贰拾壹文"，至嘉庆九年（1804 年），"每季必索至三十余文之多，且不论有业之家，必比户悉索。遇有喜庆，必索礼银至二、三元。至于丧忏祈醮，必索至一、二元。仍纵强壮凶恶之徒藉名为丐，纠住庙宇糖廊，大则五十结党，小则三五成群……遇有吉庆，招呼拥门，另索酒肉饭食。不给餍饫，必折送银俵；少有忤拂，立倡众伙，蜂拥秽溅，备极炒闹。更有甚者，日穿庄社，逐家散乞，抢剥行人；夜宿庙宇廊亭，肆横盗偷，攘猪撄鸡，害难尽数"。②

虽然官府不断示禁，如嘉庆二十二年（1817 年）六月台湾县知府谢洪光示《奉宪预绝棍客示告碑记》，道光二十一年

---

① 何培夫主编：《台湾地区现存碑碣图志：高雄市·高雄县篇》，第 96 页。

② 《严禁恶丐强索泼扰碑记》，载何培夫主编《台湾地区现存碑碣图志：高雄市·高雄县篇》，第 67 页。

（1841年）五月台湾知县阎炘示《严禁恶丐强乞吵扰勒示碑记》等等，但因流民恶丐的流动性较强，一些官府力不能及的地方，又成为丐帮为非的新生地。依旧是高雄县，道光二十五年（1845年）九月的《奉邑主示禁碑》则反映了内门乡和旗山镇中埔乡的情况。"窃维罗汉门内，山陬僻壤之区，四面环山，地方辽阔，庄民守分，□□□□流丐党索，肆横罔忌。举凡村民庆寿、酬神、演戏以及嫁娶、追荐功果、庙宇演戏等事，流丐自称大例，聚诱多则三四十猛，小则三十余名，拥到强乞，要钱要饭。从则无事，不从，聚党较闹，不索不休。村民莫何。而流丐每日来庄，熟知路径，夜则勾匪窃偷。庄民受害，告投不休。"从碑文可以看出，刊立禁碑、表明官府的打击力度，对抑制流丐为非有一定作用。但其流动性强的特点，却使其作案呈此消彼长的态势："查前次有仁德北里庄民、地保与丐首为强乞起畔，蒙前邑主陈出示开列条款示禁在安，至今安然无事。兹有新丰里之旧社，聚丐为匪，诬命滋事，荷蒙请验缉拿。流丐逃窜，往来甚多。番慈寮亦私设丐寮，正为聚党之地。而旧社乃前车之鉴。彼祸稍灭，现在来庄流丐比时常加有十倍之多。诚恐再为聚党，不特强索，民受其惨，而且诱匪窃偷，竟为地方之害。"① 从碑中所列规条看，丐礼金额较之乾隆年时，已有不少增长，然却仍难以满足成群结伙的流丐的贪欲。

　　虽然恶丐滥乞、游民为非之事并非清代台湾独有的社会现象，然而其持续时间之长、久禁不绝的严重程度却也为其他地区所少见。虽然其原因系由多方面造成，但清政府执行的对台移民的禁限政策，也是一端。清朝收复台湾之初，为了防止台湾再度

---

① 台湾银行经济研究室编：《台湾南部碑文集成》，第478页。

成为"盗薮"，对渡台的大陆人民颁布了三条规定，其中之一就是渡航台湾者不准携带家眷。这一规定不仅使到台人口的性别比例严重失调，更成为台湾社会治安的一大隐患。因到台男子正值壮年，由于无家室之累，极易聚众闹事。加之移民大量涌入，人口增长和土地开辟的速度都达到了高峰，那些无地可垦及性情懒惰之人，加入无业游民的队伍，使游民在当时社会人口中占有相当大的比例，乾隆年间的游民人数可达到总人口数的五分之一；嘉道年间，依然保持约六分之一的高比例，以致游丐收礼成为当时一种普遍的社会现象，而官府的"示禁"在很多时候都难以"责众"，只好退而求其次，以望维持原有的"惯例"。

至光绪初年，藉尸讹诈和恶丐滥乞之恶习又死灰复燃。元年（1875 年）十月，巡抚部院王凯泰示《严禁恶习碑记》；元年（1875 年）和二年（1876 年）台湾府知府周懋琦示《严禁藉尸吓诈示告碑记》；光绪五年（1879 年）三月凤山县知县邓嘉绳示《严禁乞勒纵横示告碑》，以及光绪十一年（1885 年）七月的《端风正俗碑》等，均是针对此等恶习而出示禁约，并强调加大丐首管束责任和责罚力度。

（5）其他。官府示禁碑的内容还有不少，如禁乱葬、盗葬的便有台南县六甲乡水林村乾隆三十七年（1772 年）六月的《严禁占垦示告碑记》，屏东县崁顶乡乾隆三十九年（1774 年）的《严禁掘土害冢碑记》等，但此类碑文在嘉道年间最集中，仅嘉庆年间的就有《李茂春茔域勒禁侵占告示碑》、《义冢护卫示禁碑记》、《严禁侵占私垦万丹山冢地碑记》、《东山义冢示禁碑》、《王氏祖茔保护告示碑记》、《义冢示禁碑》等。道光年间的则有嘉义县知县王衍庆出示的《严禁牧牛范夫人筑坟处所示告碑记》、台湾府知县全卜年和台湾县知县胡国荣出示的《坟地盗葬示禁碑》以及《杨家明购地立界碑记》等。

此外还有对度量衡进行统一管理的碑文，如嘉庆十九年（1814年）十二月《署凤山县正堂吴立碑》（《核定糖量公驼碑》）等。① 有些示禁碑是官府主动屡行管理职责。如道光二十年（1840年）六月《严禁搭盖草蓬示告碑记》即涉及街市管理和社会治安，为阿猴县丞崔名桂示："照得阿猴街官路、民居，原有定界。近有图贪兵民，胆敢由店檐前搭盖草蓬，在兹贸易、设赌，侵窄官路，轿马难行，且易藏奸、引火，贻害实多……嗣后如有藐法兵民仍敢故违，起盖草蓬，堆积粪土，改易遮洋，侵占街道，准该处左右铺户指名禀究。倘有徇私隐容，一经察出，定将互结之人一体重办，决不姑宽。各宜凛遵，勿贻后悔。特示。"② 此碑现存台湾屏东县东市武庙里圣帝庙。

此外，还有严禁盐场的督场、管事藉端勒索盐民，禁止海口胥役设立陋规名目勒索船户，禁止沿海厅县书役勒索渔民，严禁行筏害农等禁令。上述禁令的产生，大多是百姓为免遭骚扰勒索而寻求官府保护的结果。在禁令中受到保护的对象也同样非常广泛，各行各业也都将这些禁令视作"护身符"和立命之本。

3. 讼案碑

讼案碑在台湾清代碑刻法律史料中所占数量仅次于示禁碑，仅乾隆年间便有讼案碑15份，占乾隆碑数的五分之一。讼案的内容涉及番汉垦田纠纷，水利设施的兴建、使用与管理方面的矛盾，因私自侵占海坪、公海等公益之地而产生的矛盾，以及义冢、庙产等方面的纠纷。

（1）番汉纠纷。从乾隆元年（1736年）七月《严禁侵占番

---

① 台湾银行经济研究室编：《台湾南部碑文集成》，第443~444页。
② 李芳廉编：《屏东县古碑拓帖文集》，第373页。

界审断碑》的碑文看，这是一宗争控经年的汉番土地纠纷。当时大陆福建、广东等地汉人大量移居台湾，从事垦辟，迫使台湾土著居民——"番"族不断向山区退缩，因而时常引起汉"番"的矛盾及仇杀。故此，官府划定"番界"，禁止汉人逾越，侵垦"番"族土地。（碑文略）①

如果说乾隆年间番汉之间有利益冲突时，原住民的利益尚被充分考虑、得到官府的特殊照顾，至道光年间，番人在法律保护上已不具优势，汉人明显占了上风。彰化县埔盐乡南新村土名南势埔道光十五年（1835 年）五月《埔盐庄谕示碑》便是一有力的左证。（碑文略）②

（2）水利纠纷。水利纠纷在讼案碑中所占比例最高。因为当时多数移民从事垦辟和农业生产，而水利是农业生产和生活的必要保障，移民之间经常为水利沟渠的使用而生发纠纷，甚至演变为械斗。是故涉及水利的纠纷案一般持续时间较长，甚至缠讼不休。如屏东县东港镇南平里乾隆二十六年（1761 年）四月的《严禁越塭采捕示告碑记》系塭丁贪图采捕鱼利而将水道堵截，以致危及农田泄水，导致讦控不休。③乾隆三十四年（1769 年）九月《青天廉明曹太老爷谳语》在嘉义县鹿草乡后堀村山子脚陈姓庄内，载比邻而居的陈姓宗亲之间的争水案。④

道光十一年（1831 年）八月的《和溪厝圳分水碑》现存南投县竹山镇，也因水利而使宿案屡争、谳断架翻。碑文溯及乾隆二十八年（1763 年），和溪厝庄田业蒙官府勘明，由清水溪以资

① 黄耀东编：《明清台湾碑碣选集》，第 13 页。
② 刘枝万著：《台湾中部古碑文集成》，第 273 页。
③ 台湾银行经济研究室编：《台湾南部碑文集成》，第 392 页。
④ 台湾银行经济研究室编：《台湾南部碑文集成》，第 399 页。

灌溉，并"给碑勒记"在案。道光七年（1827年），"突有加邑九苎林庄张欧等恃为抄产管事，填塞九等圳道。本庄埤长蔡令全九等各佃"呼控；官府就地讯断，以"加属得水□分，彰化得水四份，□永差为例"结案。至道光十一年（1831年）三月间，因旱情加重，"加邑蔡子张等竟以彼处抄田乏水架赴……奈逢天旱，九等各田并皆灌溉无水，何独张等抄田乏水灌禾"。为避免"将来遇旱乏水势必混争酿祸"，官府特同意给予示禁："沙连保和溪厝庄等处佃民人等知悉：□□如有承耕该处圳水田园，务须遵照前断引水灌溉，毋许藉端滋事。倘敢抗违混争，许该佃民俱禀赴县，以凭严究。"①

有些水利纠纷系因旧规沿用为时已久，但官府判案时，一般仍维护旧规的权威性。光绪十六年（1890年）《云林县正堂示禁碑记》立于云林县古坑乡水碓村水碓路三十七号民居。争讼发生于光绪十四年（1888年）。"本堡沟仔坝庄业户陈元达暨田心仔庄水碓众佃人等与庵古坑庄黄狮、游得等交加水圳一案，经蒙嘉邑主包谕饬简精华到地止争，并着二比照旧规而行。"署理云林县知县李联珪特颁示禁称："嗣后庵古坑庄依照旧规，仍作旱田，不得藉称口食，恃近混截。而沟仔坝等庄亦不得藉水田而绝庵古坑口食之水。各守旧规，以垂久远，而敦和好。其各凛遵，毋违。特示。"②

水利争纷在旱季时显得更加频繁，对于旧规是否完全采用，官府有时也会采取变通做法。如光绪二十年（1894年）九月的《五福圳结状谕示碑》称："本年亢旱，台湾县大肚堡之人循照旧章程，朴仔篱地方决三分之水，不意中途被苗栗县民张廷材即

---

① 刘枝万著：《台湾中部古碑文集成》，第264页。
② 台湾银行经济研究室编：《台湾南部碑文集成》，第521页。

张戆在枋寮地方之下凿圳两道，横截溪流，致台邑大肚保水田更益干涸，纷纷争控，致令填塞圳道。今经台苗两县会勘定断。查张廷材即张戆所开两圳已历二十余年之久，其上流穿山数十丈，所费工资尤属不轻。以两圳须令填塞，实有为难。且当年溪流充足，以其有余分润墩仔脚等处，各庄之旱田于此无损，于彼有益，有何不可？断令不必堵塞。常年溪水充足，仍照旧引灌至。现时圳道不通，墩仔脚等处各庄人民牲畜皆忧干渴，断令于四月初三日引灌一昼夜。如再不雨，四月十一日复引灌一昼夜。嗣后每隔八日引灌一次，仍以一昼夜为准，俾资渴饮。两邑之民各宜夜遵照按时引灌，无得争多竞寡，致滋事端。张廷材即张戆等须知，朴仔篱所决三分之水，本属台邑大肚堡应有之水分，现系情让。以后如再遇旱岁，不得援以为例，务亟自觅火源，开浚疏通，令其充沛以防备灾。"①

同年九月的《五福圳告示碑》与上碑所述事端一致，碑存台中县梧栖镇大庄浩天宫内，但人名有异，且碑文简洁，也可与上碑内容互补。文中提到大肚西堡业户"蔡源顺以张程材违断纠众绝流等情覆控"。"查西堡三分之水从前涉讼，断定有案可稽。墩仔脚十三庄本无水份，且毗邻大安溪，尽可开浚引灌，兼可食兴丰畴之水，何必图占肇衅？姑念因旱争水，亦非故意苛求。嗣后惟当恪守旧规，勿得再有龌龊。除立案外，合行示禁。"②

（3）侵犯公利的讼案。随着移民生活的稳定，私利与公益之间的冲突日益加剧，许多碑石系界定公私权利而刻立。数起因侵占海坪而起的争端便被记载于碑石上。

---

① 刘枝万著：《台湾中部古碑文集成》，第325页。
② 刘枝万著：《台湾中部古碑文集成》，第326页。

乾隆五十三年（1788 年）《奉宪示禁》记载了一宗因争占海坪而起的讼事。碑文载：嘉义邑向忠里"东西两保二十二庄居住海滨，田园稀少，民无糊生。幸有一带海坪，□庄采捕度活"。然而在乾隆十二年（1747 年），方凤、陈淘德占筑肥私，先筑三十余丘，复又分作六十余丘，呈请输饷，致乡民出控。经审断，"将海坪断令全数归公，悉凭众姓采捕，详明道、府，勒石永禁在案"。"贼乱甫平"，邱、方两大姓诸人，串同蚶寮庄之黄姓巨族，"群雄同谋，沿海插标，聚匪搭寮，截夺各庄采捕，几致大祸数次"。为此官府也曾多次审断示禁。乾隆五十二年（1788 年）十一月再次颁示禁令："沿海一带海坪，听民公众采捕，并将现搭海寮全行拆去，毋许少有存留，以杜争端。"[①] 乾隆二十五年（1760 年）八月《严禁霸占海坪示告碑记》现立台南县西港乡八份村园中，与上碑所记案件可相互补充。[②]

类似案件在嘉义邑旌义里也同样发生。据乾隆五十九年（1794 年）二月《奉宪道禁碑》载，侵占海坪事始自乾隆五十四年（1789 年），"陈军等串番占□□，致东西二保耆民陈聪明等呈控"，结果官府划定归公海坪，"悉听民番采捕，所有搭盖草寮及竹标插界尽行拆毁"。"再查六鼻宁等处塭岸之外一带海坪，屡有奸民赴县请垦输饷，另筑小岸，名曰沉塭仔，藉占海坪，亦属肇衅兴讼，并请概行拆毁，照案出示。"[③]

乾隆五十七（1792 年）的《大上帝庙示禁碑》系因侵占庙址而起的争讼。乾隆五十五年（1790 年），有庙后居民马梓因增筑房屋，侵占围界地长一丈三尺，阔五尺，挖去砖甓千余块，引

---

① 台湾银行经济研究室编：《台湾南部碑文集成》，第 422～425 页。
② 台湾银行经济研究室编：《台湾南部碑文集成》，第 387～389 页。
③ 吴新荣纂：《台南古碑志》，第 184 页。

起境民共愤，庙中值年炉主率众赴宪呈究。县主当堂断定："马梓侵界不合，折罚番银四十元，仍令每年供纳地租，均付本庙逐年炉主收放利息，以为修理庙宇之资。又令周围界内店屋二十四间，每年各应纳地租钱二百文，以充香油之费。此皆儆省侵占神地之至法。但恐贤愚不一，久后暂玩，难保无不肖之徒，将来复谋抗占之弊，"又向官府提出"以原断案牍不若示谕之昭彰，使知共儆"，请求"恩准出示，勒石申禁，以垂鉴戒，俾得永远遵守，以杜争端"。①

清代台湾讼案碑的内容当然不限于上述三类，也有纯粹是家族内田产房屋纠纷的案例，如光绪十三年（1887 年）四月《猫求港埕地断归振文社公业碑记》等。还有渔民、盐民为采捕、晒盐事，庄民、街众为环境、风水、坟墓事，业主与佃户为地租事，庄民与轿夫因租用轿子之事等的纠纷，以及移民以乡籍不同而被卷入械斗的案例等等。这些案件涉及水利、农田、坟地、山林、牧场的权属，争讼双方上有士绅、商家、垦户、业主，下有佃户、盐丁、轿夫，几乎包含了当时移民社会的各个阶层、各种行业，但限于篇幅，难于一一列举。

（四）清代台湾法律碑刻的特点

1. 示禁与讼案合一

从上述内容可知，台湾清代碑刻法律史料中，官府示禁碑和讼案碑的内容最为丰富，所反映的社会生活面貌也最全面。而这两者还有一个鲜明特点，即讼案与示禁往往合而为一，其内容主

---

① 台湾银行经济研究室编：《台湾南部碑文集成》，第 426 页。

要集中在田垦、水利等利益争夺上。

　　因垦田纠纷由官府审断后再出示禁在清代台湾是较常见的做法。道光十一年（1831 年）十二月的《沙辘牧埔占垦示禁碑》和道光十二年（1832 年）六月的《沙辘牛埔占垦示禁碑》涉及番汉田土纷争。后一案件大致内容为：嘉庆十八年（1813 年），因已有定界之牛埔"被奸棍林生发即林欓恃强占垦"，前业户社众赴宪投控。道光十一年（1831 年），"突有县蠹王慎即王汉珍狼贪牛埔肥美，竟敢串谋纠匪复行占垦"，又被众人投控。前一案系下西势牧埔屡被民番占垦筑田，而牧埔乃系各庄课田牧养之地，理番分宪张出示严禁，不许占筑。两碑均存台中县梧栖镇大庄里浩天宫。①

　　嘉庆二十年（1815 年）五月的《奉宪封禁古令埔碑》也是较具代表性的一例。此碑现存台湾屏东县内埔村天后宫，由台湾府知府汪楠示谕。碑文中提到原、被告曾互控不休，历经四载。因两案涉及闽、粤人之间的利益之争，官府较为慎重，遂采取了一种妥协的处理方法："古令埔系无主荒地，虽不准闲人开垦，应听熟番自行垦耕。"凤山县为此勒石示禁称："该处古令埔永禁开垦，准社番自行垦耕，不许军弁、通土按地抽租，亦不许围庄"，闽、粤人等亦不得侵占滋事。"如敢故违，定即拿究不贷。"②

　　官府之所以同意将讼案以示禁碑的形式刻立，缘于这些案件多系因私害公，而官府通过对案件的审理，明析公私权属的划分，并明确保护公众利益。乾隆二十五年（1760 年）十月《严禁沤汪庄开凿水圳示告碑记》、乾隆二十六年四月《严禁越塭采

① 刘枝万著：《台湾中部古碑文集成》，第 267～268 页。
② 李芳廉编：《屏东县古碑拓帖文集》，第 367 页。

捕示告碑记》、乾隆二十六年（1761 年）六月《严禁越塭采捕碑》、乾隆二十六年（1761 年）九月《奉宪示给圳界碑》、乾隆二十年代《水圳杜讼碑》、乾隆三十三年（1768 年）四月《民番分争水利示禁碑》、乾隆三十四年（1769 年）九月《青天廉明曹太老爷谳语》、道光十一年（1831 年）八月《和溪厝圳分水碑》、道光十二年（1832 年）十二月《不准私自霸占渔利示禁碑》、同治四年（1865 年）八月《田仔廊埤圳碑记》、光绪十六年（1890 年）《云林县正堂示禁碑记》、光绪二十年（1894 年）九月的《五福圳结状谕示碑》和《五福圳告示碑》等，均是官府因水利纠纷而示禁。

因利益争夺而至相互斗殴的案件也时有发生。嘉庆二十一年（1816 年）《台湾县温奉宪示禁碑》原立台南市西区水仙宫左近佛头港，刻载"大仑蔡姓与前埔蔡姓争挑互殴，掷毁佛头港街店屋，讯拟发落"一案。争执系因郊行铺民货物雇挑搬运之事而起。"查该处蔡姓节次争挑滋闹，皆由分界，致启争端。"审断之结果，先是将争挑启衅和在场互殴之两蔡姓诸人"分别照拟枷责发落，仍押令将仁德堂等各店屋赔修完好"，同时出示宣称："自示之后，凡有该处郊行铺民出入货物，悉听货主自行雇人挑运，断不得仍前分界，霸踞独挑，致启衅端。该蔡姓族长，务须恪遵示谕，约束子弟，不得再行混争滋事。如敢故违，定即严拿按律究办，其罪断不止枷杖也。本县言出法随，决不稍有宽贷。各宜凛遵毋违。特示。"[①]

从立碑程序看，示禁碑反映了民众参与社会秩序建设及保证社会生活稳定的主动性。碑文中，类似"据嘉义县向忠里祫耆

---

① "国立成大"历史系等编：《台南市南门碑林图志》，第 73 页。

吴积善等具呈前事词"、① "据茅港尾保五社课埤董事生员陈奋庸……等呈称"、② "据粤籍举人余春锦等赴辕佥呈称"③ 的字样随处可见，可以看出无论是讼案碑还是示禁碑，多是乡耆、士绅等将当地面临的社会问题反映到官府。而官府经过调查、审讯、勘验后，"除批复外，合行出示严禁"，④ 或 "合行出示勒石严禁"。⑤ 而请求官府勒石示禁也是乡耆、士绅、庄民面对社会问题而寻求解决途径的一种迫不得已的选择，甚或是最后惟一的希望。如同治六年（1867 年）《严禁窃砍竹城碑记》载："然非泐石永远示禁，诚恐不法奸徒或偷割竹笋，或窃砍竹竿，奚以资保障而重防守？兹幸宪大新政严明，保民如子，恩准泐石示禁，令砍伐笋竹贼匪，按律惩办，俾奸宄知所敛迹。"⑥ 同治六年（1867 年）《罗汉内门碑》也载："兹据临丁杨宗花、林文益等呈称：'此案经蒙讯断详覆，花等自宜凛遵，不敢翻异。但恐日久弊生，其前宪所立碑界已经损坏，仰（垦）〔恳〕给示勒碑定界'等情前来，除呈批示外，合行给示，勒碑定界。"⑦

2. 再现移民社会风貌

其实，清代台湾碑刻无论从内容还是从形式看，都可以反映出移民社会所具有的典型特征。从形式上看，尤其是台湾清代碑刻由南向北推进、西多东少的区域分布态势，正与福建、广东移民对台湾拓垦开发的进程相吻合。而前文所提嘉庆二十年（1815 年）五月的《奉宪封禁古令埔碑》末尾警示道："闽、粤

---

① 台湾银行经济研究室编：《台湾南部碑文集成》，第 422 页。
② 台湾银行经济研究室编：《台湾南部碑文集成》，第 427 页。
③ 台湾银行经济研究室编：《台湾南部碑文集成》，第 495 页。
④ 台湾银行经济研究室编：《台湾南部碑文集成》，第 428 页。
⑤ 台湾银行经济研究室编：《台湾南部碑文集成》，第 429 页。
⑥ 台湾银行经济研究室编：《台湾南部碑文集成》，第 494 页。
⑦ 台湾银行经济研究室编：《台湾南部碑文集成》，第 497 页。

人等亦不得侵占滋事。"① 在移民社会中，这种地籍的帮派之分时有所见。

由于福建与台湾地理位置毗邻及历时逾二百年的闽台同省合治制度，为闽台文化区域的形成创造了必要的条件。康熙二十二年（1683 年）施琅率兵收复台湾后，台湾划归福建省管辖，台湾的驻军大多来自福建，各级行政官员也大多由闽籍人员担任，而初期渡台的大陆移民，也以闽人居多，尤其以泉、漳移民数量最大。由于福建地狭人稠，素有"八山一水一分田"之说，土地贫瘠，尤其是漳州、泉州等闽南地区，时常遭受粮荒的威胁，而台湾却地广人稀，福建民众便相继赴台，导致台湾由南到北、由西向东的垦殖运动全面展开。

台湾清代碑文中不乏移民社会与其原有的母体社会所具有的相近性或一致性的内容。如乾隆四十一年（1776 年）《奉宪禁免当铺采买碑记》描述了闽、台典铺经营因蠹役骗噬而多半歇业的困境："闽省黄铺酱微薄，大当不过数千金，小当只有千余两。本少利微，出息有限。兼之年来当多赎小，赃物□□，资本不充。间遇地方官发办□□铺买米谷，不无奸胥蠹役藉官骗噬，因此半多歇业。"隶属于福建省的台湾府的情况也是如此："台属典铺，前此多间，现在经年歇减，皆由畏避采买扰赔之苦。"铺民由此大声疾呼："所有州县发办倾销承买米谷一切扰累弊端，应请准其大书勒石，严命禁革。"②

正是由于福建与台湾这种特殊的地缘、政治等密切关系，台湾碑刻中所反映的内容，有时也是福建省同样问题的翻版。如锢婢不嫁便是闽、台地区共有的一个陋习。道光二十年（1840

---

① 李芳廉编：《屏东县古碑拓帖文集》，第 367 页。
② "国立成大"历史系等编：《台南市南门碑林图志》，第 49 页。

年），台湾道发出禁锢婢不嫁的谕令，并要求"除通详大宪并行各属一体访查示禁外，合就示谕"。这道谕令当年就体现在碑石上："台地风俗，婢长不嫁，或畜之于家，或转鬻他人，终身老役，死而后已。""台地阀阅之家，素封之胄多矣，大抵养婢长大至老不嫁。"而这一做法明显与乾隆二十六年（1761年）九月初二日颁布的"禁士民锢婢，奸媒开馆"的福建省例条文相抵触。碑文指出此这种陋习在台湾尚有一定的特殊性："台地锢婢之风，出于情法之外，上干天和，下败风俗，历经前道、府暨本司道示禁劝谕，仍不能改。"为挽恶习，官府制定了相应规章："台属凡绅衿庶民之家，如有婢女，年至二十三岁，即为择配，至迟亦不得过二十五岁。倘过二十五岁不为择配者，许该婢及婢之父母兄弟亲属人等，赴官呈诉，即准其领回择配，不追身价，仍治家长以杖八十之罪。"此示谕及章程被转饬辖属单位，并言明"于衙署门外立碑永禁"。①

至光绪年间，台湾某些地方不仅婢长不嫁之恶俗依旧，甚至又出现拐卖妇女、奸风日炽的现象。光绪十五年（1889年）六月的《严禁锢婢不嫁碑记》描述当时"奸风尤炽、形同化外"的情形是："郡城有等绅富，买用婢女，甚至念岁以上，仍使其市肆往来，阃外无分。遇有轻浮之徒，当众戏调；稍为面熟，即有贪利六婆勾引成奸。所谓奸尽则出杀由，祸害更甚。""为杜绝奸拐，整顿风化"，台南府安平县知县范克承特立示碑。②

官府一再颁布禁止锢婢的禁令，也从一个侧面反映出锢婢之陋习积弊已深，非政府之一朝一夕所能改变。

台湾移民的信仰也与其根基地福建和广东大相类同。前文所

---

① "国立成大"历史系等编：《台南市南门碑林图志》，第101页。
② "国立成大"历史系等编：《台南市南门碑林图志》，第127页。

述，台湾清代示禁碑多立于庙宇，因为移民初来乍到时缺乏类似其祖籍地所特有的宗族、血缘等的精神安慰，同乡同籍移民只有在共同信仰的庙宇寺观中寻找精神寄托。移民除修建供奉一些全国普遍信仰的神祇如观音菩萨、地藏菩萨、关圣帝君、福德正神（土地公）、城隍爷等寺观外，也将不同地区的本土民间信仰带到台湾各地。如福建同安移民在台南府修建兴济宫、元和宫、良皇宫，在彰化县修建安庆宫，在新竹县修建三圣宫，供奉保生大帝；而广东潮州移民在云林县修建三山国王庙，供奉三山国王。许多村镇也都有敬拜上帝、三官、五帝、王爷、天后等神祇的庙宇，不过在台湾最具代表性的还是随福建移民大量入台而得到广泛传播的妈祖信仰。

随着移民在台湾拓垦的深入，天后宫和妈祖庙遍布台湾各地，南投县竹山镇的连兴宫（妈祖庙）、屏东市天后宫、屏东县里港乡大平村双慈宫（天后宫）、屏东县枋寮乡枋寮村德兴宫（天后宫）、屏东县内埔村天后宫、高雄市旗津区天后宫、高雄县旗山镇眉洲里天后宫、台中县大甲镇妈祖庙等，均立有维护社会治安以及严禁差役勒索等事的示禁碑。其他如台南县永康乡茑松村三老爷宫、柳营乡神农村镇西宫、永康乡盐行村禹帝庙和保宁宫、仁德乡港墘村五帝庙、归仁乡南保村北极殿、归仁乡八甲村代天府庙、归仁乡大庙村代天府庙（大人庙）、归仁乡武东村武当山庙、关庙乡山西宫、麻豆镇南势里关帝庙、佳里镇建南里金唐殿、盐水镇水正里护庇宫以及台南市北区三山国王庙，高雄县湖内乡大湖村长寿宫、内门乡观亭村紫竹寺（观音亭）、梓官乡梓义村梓官路城隍庙及高雄市左营区元帅庙，嘉义县水上乡水上村璿宿上天宫、布袋镇同安里大众庙、嘉义市北极殿和圣神庙，屏东县里港乡大平村双慈宫、东市武庙里圣帝庙，台中县梧栖镇大庄里浩天宫、东势镇三山国王庙等，其中所刻立的示禁碑，内容除维护社会治安和正常的社会生活秩序外，有些还涉及除弊禁非、解决民番关系、严禁滥垦乱筑以及禁争讼等事。

　　台湾清代示禁碑大半刻立在庙宇，也说明庙宇与人们生活关系之密切，各色人等往来密集、频繁，故庙宇成为官府将禁令告之周遭的理想场所，以凸显碑刻内容的禁约性、实用性和传布性。刻于台南市西区神农街水仙宫左壁的《严禁海口陋规碑记》系福建水师提督兼管台澎总兵哈当阿在嘉庆元年（1796 年）四月颁示布告，并要求"发水仙宫张挂晓谕"。① 而当时水仙宫是台湾府城郊商聚议、船户活动的场所。

　　移民不仅把宗教信仰带到台湾，甚至将械斗陋习也带到台湾。历史上，福建漳、泉人多有冲突，闽、粤人也有利益上的纠葛。而在台湾，移民者面对激烈的生存竞争，也会因争夺田地、水源等利益而发生械斗。在文献中，类似"台地民俗强悍，每起争端辄伤人命"、② 台湾"远隔重洋，民情刁悍"③ 的记载也时有所见。咸丰八年（1858 年）十月的《奉宪漳泉碑记》立于台中县大甲镇节坊内，碑文反映了漳、泉籍两地移民之间的械斗。乾隆二十年代所刻《水圳杜讼碑》立于台中县神冈乡岸里国民学校内校门西侧。因剥泐过甚，碑文内容几无从猜测。不过从《丰原乡土志》可以大致了解械斗发生之缘由："劝解水争判决石碑，立于岸里大社近邻望寮田中。往昔因争执大甲溪水，偶尔地方民杀一牛骂头人，地方民欲出钱偿之，牛骂头人不肯，借故欲多得大甲溪水，互相争执不下，遂酿成两地民人（漳州人和

---

① 台湾银行经济研究室编：《台湾南部碑文集成》，第 433、434 页。
② 何培夫主编：《台湾地区现存碑碣图志：高雄市·高雄县篇》，第 150 页。
③ 《清高宗实录》卷一二九五。

泉州人）争闹，控至福州府，迨判决每逢农历二月二日应给水二分而始得和息，且将该案始末以及判决内容付诸勒碑。"① 这种争斗之风不仅发生在祖籍地不同的移民或不同的聚居区中，甚至同源血脉中，也会发生同样的事情。道光二十四年（1844 年）二月《李文旺公碑记》立于台南县白河镇崎内里，此地聚居着来台先祖李文旺的后裔，其子孙繁衍形成内崎内、外崎内两脉。道光年间，因公业被不肖侵吞，引起两脉动武，演成同祖相杀，发生命案 13 条。鉴于这一不幸事件，族亲邀请公亲召集族众，和解息事，并将祀业契卷立碑，永杜盗契私卖之陋习，自是事息人宁。②

碑文中，也有专门对移民社会进行特殊法律调控的情况，如乾隆二十年（1755 年）三月所刻《严禁冒籍应考条例碑记》即是一例。此碑现存台湾嘉义县嘉义市延平街。碑文强调："就地抡才，普天通例；冒籍顶考，功令森严。雍正五年（1727 年），特颁纶旨：'凡前冒进兹泮者，改归原籍。嗣后必生长台地及眷室有凭者，方得与试。'……于甲戌（1754 年）春，金禀县主徐批：'查定例：入籍三十年有庐墓、眷、产者，方准考试。台地土著者少，流寓者多，冒籍之弊，致难稽查。'"碑中例出的清查厘剔之标准是："过继最易给□，嗣后以娶妻为入籍已定者，准与试。新娶限□年，户册可凭，为入籍已定，方得与试。内地搬眷限□年，户册可凭，为入籍已定，方得与试……"③

3. 与大陆碑刻的关联性

台湾清代碑刻中与大陆内容相似者，除上文提到者外，还有

---

① 转引自刘枝万著《台湾中部古碑文集成》，第 220 页。
② 吴新荣纂：《台南古碑志》，第 274 页。
③ 台湾银行经济研究室编：《台湾南部碑文集成》第 384 页。

很多，如大陆各地文庙普遍刻立的御制学规《卧碑》，在台湾高雄县内门乡、台南市孔子庙明伦堂和高雄市左营区旧城国校内也可看到；书院、义学的设施在台湾也存在，台中县大甲镇妈祖庙镇澜宫内的《大甲义学碑》（同治七年三月）便为"化顽风"而立；还有禁赌内容的，如屏东县里港乡大平村双慈宫《严禁开赌强乞剪绺示告碑记》（乾隆四十七年六月）；强调族长权责的，如台南市西区水仙宫近佛头港的《台湾县温奉宪示禁碑》（嘉庆二十一年十一月）；保护环境的，如台湾知县裕铎出示的《南河桥涵示禁碑记》（道光十九年三月）；乡规中以罚戏作为违约处罚方式的，如台南县柳营乡神农村镇西宫《观音埠公记》（嘉庆十九年腊月）；等等。

反过来看，台湾碑刻中的内容，在大陆其他地区也能找到模版。游民恶丐在清中期时已开始成为一个全国性的问题，不仅在沪、苏经济快速发展的地区，山西、陕南等内陆地区也频频出现，如山西长治县苏店镇南天河村《为乞丐恣行碑记》（道光八年八月）、山西长治《奉官永禁包娼窝赌酗酒骂街匪类乞丐》（道光十五年十月）、上海青浦县《永禁流丐勒诈滋扰告示碑》（道光二十三年七月）、《松江府为禁流丐土匪勾结盘踞强索肆窃告示碑》（道光二十五年八月）、陕西铜川《新立赛神会并合社及禁丐乞盗窃碑记》（道光二十七年九月）、山西壶关县四家池村的《禁止乞丐碑》（咸丰六年三月）、福建厦门市海沧镇龙山宫《严禁丐帮勒索碑》（同治十年）、上海《严禁恶丐结党强索扰累闾里告示碑》（同治十二年十一月）、广东平远县《周县主严禁乞丐花赤告示》（光绪四年）、福建晋江《严禁恶丐》（光绪十一年四月）、广东汕头揭阳县《奉宪严禁碑》（光绪二十四年六月）等，均反映了同样的社会问题。但相对来说，此问题在清代台湾南部最为突出。

藉尸讹诈也非清代台湾所独有的社会现象，江苏扬州邗江区瓜洲镇《严禁藉尸图诈告示碑》（嘉庆四年十二月）、江苏《吴县抄示严禁自尽图赖以重民命碑》（同治七年十月）、上海嘉定《两江总督为严禁自尽图赖以重民命告示碑》（同治七年十月）、广东海丰县《严禁藉命讹诈以肃法纪事碑》（光绪五年六月）、广西大新县全茗公社《布政司禁革土司地方藉命盗案苛扰告示碑》（光绪十二年七月）等，碑文中所揭示的问题，与台湾所见大同小异。

如果说台湾清代碑刻法律史料与大陆有什么显著不同的话，简略而言，是其内容与移民社会相适应，偏重于田土垦拓和水利的权属，而同一时期的苏、沪碑刻，因其手工业和工商业发展较快，护商、恤商，严禁敲诈勒索、苛扣商贩的内容更加突出。台湾开发较晚，与经济繁荣相伴生的相关法律问题，较长江三角洲的苏州、常熟、吴县、长洲等显得相对滞后。

其实在清嘉、道年间，中国沿海和内陆地区的碑文内容已相差较大，沿海经济发展较快的地方，官府告示和示禁碑成为主导，而内陆地区，传统的田土水利纷争和乡规民约仍是重点刻载内容。就社会治安而言，沿海地区以敲诈勒索为主要问题，而在内陆偏僻地区，盗匪抢劫却成为乡民面临的重要难题。光绪年间，苏、沪等地的行规碑已相对成熟；而山西却嗜赌成风，赌博成为乡规民约中屡次申禁的内容。

与内陆地区较为普遍的乡规民约和京、沪、苏等地较为完备的行规碑相比，台湾清代碑刻的主要特色更多地体现在维护社会治安的示禁内容上。作为一个移民社会，其在形成发展过程中，需要更多地借助官府的权势和威望，因为它不似内陆乡村地区有长期形成的较为稳定的村政自治社会机制；而偏于海隅的地理位置，也使行会、公所等公商组织远不及大陆经济较发达地区发展快。对于一个快速拓展的社会，惟有社会治安有保障才是移民生根发展的基础；在移民拓垦的利益争夺中，也惟有将通过讼案、纠纷而不断划分、整合的权利公之于社会，才能有利于社会稳定。

　　所以，台湾清代碑刻法律史料中内容丰富的示禁碑，以及示禁碑多刻于庙宇的形式特点，不仅反映了移民在一个新环境中生存发展的客观需求，也将一个快速发展的移民社会从初始到形成规模时的各种法律与社会问题，显露无遗。

十　光绪告示碑

　　清光绪（1875～1908 年）年间是中国近代社会发展的一个重要阶段，也是中国传统思想文化频受挑战并逐步接受西方文化的一个过渡时期，更是中国法律思想和法律制度进行转型的一个关键阶段。发生在一时期的一些重大历史事件，如以开设机器制造局为重要内容的"洋务运动"进一步在全国推广；中西交涉的频繁，大清帝国与西方列强签订的不平等条约的实施，中法战争、中日战争的爆发，边界谈判与划定，以及各地教案的此起彼伏；改良维新思想的酝酿，守旧派与维新派的论战，以及戊戌变法的失败；八国联军的入侵，资产阶级革命思潮的兴起，清政府所面临的内忧外患以及被迫进行的宪政改革，乃至以沈家本为代表所主持的修订法律活动，等等，对中国近现代政治、经济和法律的发展均有重大影响。

　　光绪年间发生的诸多重大历史事件使我们对晚清社会的发展走向有了一个大概的把握。但是晚清的基层社会又是什么模样？那些重大的事件是否影响到广袤的城市和乡村？中国晚清社会所面临的最主要社会问题是什么？清末的修律、立法是基于解决中国基层社会的矛盾和冲突，还是清政府的一种政治自救手段？

　　回答这些问题，需要参考各种档案、文献，其中长期被人忽视的光绪碑刻，也有重要参考价值。碑刻史料是历史的沉淀和记录。尤其是广泛存在于乡村、城镇的大量碑刻，更是基层社会生活的真实纪录和写照。尽管碑刻史料不可能全面地解答上述问题，但至少能提供一些有价值的线索，同时也会把我们的视角，引向鲜活的民众生活，以及他们所面临的各种社会问题及其所采取的对策。

在目前本人所搜集到 3120 份古代有关法律史料的碑刻中，光绪年间的碑刻有 583 份，约占总法律碑数的 18.6%。在这数百份碑刻史料中，告示碑的数量最多，约占五分之三强，此外族规、乡规碑约占五分之一，行规、宗教规约、学规及讼案纪事碑等占五分之一。对告示碑可有广义与狭义两种理解。告示乃布告。一般而言，凡刻载于碑的内容，均有广而告之的含义，故各种形式的法律碑刻均具有告示碑的内涵，如圣旨碑即是以皇帝名义颁发的告示。狭义的告示碑特指由官府，尤其是地方州县官府出具的、具有昭示性的禁令文书。明清时，发布告示禁令为州县官的一项重要工作。告示通常张贴在衙门前的照壁上，而告示碑多都立于官衙、通衢、庙宇、桥梁或其他建筑物旁。与张贴的告示不同，刻立告示碑是为行之久远，而且要引以为凭。尽管州县官颁发告示禁令难免流于形式，但从告示碑的订立过程及内容，可以看出它具有明显的针对性和较为广泛的禁约性，并且可以补国家律令之不足。本文所述告示碑以狭义为限。

遍布各地的数百份光绪告示碑难免挂一漏万，但它们所反映的社会问题却鲜明而突出，同时对我们了解清末的社会与法律实况，也不无裨益。

（一）光绪告示碑中的主要社会问题

1. 盗赌猖獗之状

维护社会治安，禁偷盗、赌博、抢劫等，一直是中国封建律法所强调的主要内容。在地方颁刻的各种禁令告示碑中，这些内容一直占有重要份量。毕竟，地方社会治安的好坏，决定着地方官吏的升迁命运，故维护社会治安的告示碑，贯穿于整个光绪朝。光绪初年有《署砖坪抚民分府严拿匪类告示碑》（光绪元年五月，陕西安康）、《岚皋明珠坝禁令碑》（光绪元年，陕西安康）、《周县主严禁乞丐花赤告示》（光绪四年，广东平远县）等，光绪十一年（1885年）有《严禁恶丐》（四月，晋江）、《长元吴三县为机业公议按机抽捐办理同业善举谕各机户踊跃捐输毋许地匪游勇借端滋扰碑记》（十一月，苏州）、《苏城厘捐局长元吴三县为机业创办善举经费规定每月由机捐公所抽捐禁止匪勇滋扰碑》（十二月，苏州）等，光绪中期有《奉示严禁》（光绪二十四年五月，广西全州）、《月池靖地方安乡间告示碑》（光绪二十四年，陕西安康）等，光绪晚期则有《砖坪镇压会匪碑》（光绪二十九年，陕西安康）、《上栅村告示碑》（光绪三十一年五月、八月，广东珠海）以及《府宪禁械斗告示碑》（光绪三十四年六月，福建晋江）等。

在清代地方告示碑中，禁赌和禁盗一直是最突出的的内容。至清晚期的光绪年间，在清中期已成为主要社会问题的赌博，依然久禁不绝。陕西安康光绪元年（1875年）五月《署砖坪抚民分府严拿匪类告示碑》载："南山赌禁，向来极严。""近有不法之徒，勾骗良家子弟以赌钱为戏，至局终输，逼书借券，将其父兄留为讹索根本。此等恶习，诚堪痛恨。"①

　　盗窃涉及对财产所有权的侵犯，关系到社会的稳定与治安，故禁盗不仅是自战国《法经》以来国家律法中的重要内容，而且也是清代官府告示碑中不可或缺的一个组成部分。从碑文中可看出，禁偷盗的告示碑在城市中并不多见，而主要散布在偏僻山区和乡村，其内容多为保护乡村民众生活之基础——生畜、庄稼及家常日用品，而这些也是维系民生和乡村稳定的根本。广西《义宁县上北团禁约碑》（光绪二十年四月十八日）系奉义宁县正堂张县主而立，此碑立于广西龙胜、临桂交界的佛祖坳，碑文称：

　　　　奉义宁县正堂张县主仝上北团绅士暨合众等设立禁猺贼规条开列于后：

　　　　一、穴墙偷盗家中衣服什物，拿获经众处罚。如不遵者，送官究治。

　　　　一、偷牛拿获，初犯经里处罚，重则送官究治。

　　　　一、匪类及本处猺类，不得窝留。如有查出窝留，人财送官，房屋充公。

　　　　一、失物如果查出消息后，任便失主经凭村老过村搜查，即寻不出，不得借故反噬。

　　　　一、偷鸡鸭鹅犬，拿获者，本村里处罚，惯盗送官。

　　　　一、凡查得偷牛，抵价十千者，得以二千回赎。如多索者，即以盗论，公同处罚。

　　　　一、凡寺庙庵堂，不得□□□□人居住，经白事，每名

---

①　张沛编著：《安康碑石》，三秦出版社，1991，第251页。

准给四文，不问食，闲日每人发米一杯，毋得三五成群，任情习强，如违送官。

一、偷山内芋头豆麦，拿获者，初犯本处处罚，如不遵者送官。

一、偷盗灰粪砖瓦以及山中桐茶子，拿获本处处罚，不遵者送官。

一、黑夜偷盗，一时不识人，□后经本村老向惯盗为业者是问。

一、捐团资买田，愿者捐，不愿者□。

一、管理者、总管者限三年一更，经管一年更。历年九月初一日会，当众算明移交。

一、偷盗田中五谷，拿获者，处罚钱六千六百文。

一、偷盗山中包谷杂粮，拿获者，处罚钱五千五百文。

一、偷盗桐茶、棕茶叶者，处罚钱一千六百文。

一、偷盗园中瓜菜者，处罚钱六十文。

一、春冬二笋，不许乱挖，处罚钱六百六十文。于十二月二十四日开山，任从乱挖，三十日则止。

一、不许停生面之人及猺类□□为非作歹。

一、不许偷砍生柴，只许捡讨干柴生火。如不遵者，罚钱六百六十文。

一、不许放火烧山，如不遵者，罚钱八百八十文。年年十一月初，牛羊乱放。①

此碑文系一份经过官府认可的乡规民约。碑中所列禁偷盗的

① 广西民族研究所编：《广西少数民族地区石刻碑文集》，广西人民出版社，1982，第158页。

内容包括衣服、牲畜、粮食、瓜果、树木等，均为百姓日常生活的必需品；对于违禁者的处罚，轻者罚款，重者送官；并对处罚偷盗行为时可能会出现的"反噬"、"回赎"等作了明文规定。光绪年间，全国各地类似这样的内容相对完备、经地方官府同意授权并具有较强约束力的乡规民约告示禁令不在少数。由此可以看出，明清时盛行的族规乡约，在清晚期，依旧具有顽强的生命力。也许正是基于它们长期以来在维护社会治安和乡村生活稳定方面一直起着重要作用，故而成为地方告示碑的重要内容之一。

2. 贼匪、恶丐之贻害

在一些较为偏僻但又是人员往来必经的地方，禁贼匪为害的告示碑较为常见。光绪二十四年（1898 年）十月安康知县颁布的《流水铺后牌公议禁令告示碑》称："流水铺后牌，界连砖、紫，通于汉江，兼属山沟小岔，最易藏奸。又有无赖之辈，不农不商，招匪渔利，乡间受害，胡〔行〕难以枚举。"这些贼匪在山区无恶不作，甚至连桑叶也偷抢。"该铺近来栽种桑树喂蚕，诚为民间自然之利。每有横暴之徒，自无桑树，竟多喂蚕，俟蚕放□时，呼朋引类，三五成群，□偷窃抢砍，互相行凶，胆将守桑叶之人凶捆。匪等抢桑叶各去，反致有叶之家无叶喂蚕，甚至酿成祸端，以关性命，其□□殊堪痛恨。饬牌甲查明，唯无叶之家，不准喂蚕，抢害乡间，违者准饬正、约查实，公同禀究。"①

其实流民滋扰在清中期已成为影响村镇百姓生活的一大祸患，地方官府对此也多次发布禁令告示，无奈流民恶丐之患在全国各地却有愈演愈烈之势。福建晋江《严禁恶丐碑》虽立于光绪十一年（1885 年）四月，但文中述及早在嘉庆九年（1804

---

① 张沛编著：《安康碑石》，三秦出版社，1991，第 318 页。

年）和同治十一年（1872 年）均曾立碑示禁，但流丐的害民行
为依旧猖獗。碑文载：

　　　　补用清军府调补晋江县正堂加四级随带加二级汪为出示
　　严禁事。本年四月二十日，据瑶林乡职员杨孙龄、乡耆施光
　　和、何兰淑、李心良等佥称：伊等世居南关外十七八都瑶林
　　乡，素外经商，家仅妇孺，凡乞丐登门，给钱一文，远近皆
　　然，龄等照给无异。遇有凶吉事则不吝赀。向前杆柄乡该丐
　　首领一单，其另给丐子者亦视常加厚。缘有不法恶丐，贪婪
　　无厌，窥龄等乡小人稀，强乞图赖，索钱不已。继以索饭，
　　稍弗意，辄抛石投秽，百端横行，难以枚举。间有双瞽病废
　　之丐，藉端鼓氛，其横更甚。虽嘉庆九年与同治十一年乡耆
　　两次禀请前宪徐、彭，均蒙示禁在案。不过一时敛迹，历久
　　谁复奉行？延今故态复作，结党成群，恣意骚扰，视前尤
　　暴。龄等痛家居之无宁日也。因思丐子敢于猖獗，总由丐首
　　疏于约束。万一乡人不堪其扰，深恐祸生不测。不得已，合
　　沥情佥恳恩迅饬着该丐首严辖，并准示禁勒石，以垂
　　永远。①

　　广东汕头揭阳县光绪二十四年（1898 年）六月十七日所立
《奉宪严禁碑》也是迫于屡禁不止的恶丐滋扰：

　　　　赏戴花翎提举衔卓异升调署揭阳县事恩平县正堂加十级
　　纪录十次钱，为出示严禁扛亲。轿夫头役乞丐癫民，每遇民

　　———————————

　　① 粘良图选注、吴幼雄审校：《晋江碑刻选》，厦门大学出版社，2002，第 73～74 页。

间婚丧等事，任意勒索，最为地方陋习。曾经各前县酌定章程，敕石示禁在案。现军田乡蜈蚣园陈永兆（以后六人略）联名遣抱呈称，伊等所居乡里，被轿夫头家□□□，结党成帮，强索硬讨，阳乞阴盗。凡遇婚丧，谓必由伊指轿扛葬，不论贫富夭寿，必索重资，不遂所勒，定行匪持□□□□□□□□□不葬甚久。①

　　恶丐借丧葬之事而聚众强讨的恶性事件在光绪年间不仅频有发生，而且"恶性"程度也不断升级。广州先贤古墓院内有光绪四年（1878 年）十一月广州府正堂所刻《严禁土工毁坟盗卖示碑》载道：

　　　　更有一种棍徒，视附近山地为鱼肉，伺人临葬，纠集无赖多人，僵卧坟中，横加讹索，必饱其所欲而后去。或于清明扫墓时聚众强乞，不遂所欲，即抢毁祭物，砍发墓树，种种恶习，深堪痛恨。②

　　由于毁坟盗墓已大干禁令，对于这种严重危害社会治安的违法行为，地方官表现相对主动，要求下属"于每年清明时，签差查访附近乡村有无恶棍毁坟情事，认真严拿"，并陆续制定颁布了一些奖惩措施。但这种能主动防范的碑文在光绪告示碑中的数量并不太多。面对日益严重危及社会治安的流民恶丐盗抢之风，地方官员除发布告示禁令予以警戒外，似没有采取更为主动、有效的办法加以制止。在广西沿河地区，滥痞恶匪的蓄意抢

---

① 谭棣华等编：《广东碑刻集》，广东高等教育出版社，2001，第 343 页。
② 余振贵等主编：《中国回族金石录》，宁夏人民出版社，2001，第 393 页。

劫已使"客商饮恨吞酸数十年"。光绪二十四年（1898 年）五月颁刻的《奉示严禁碑》对此记载道：

> 缘莫家塘、豆角坝两岸诸村，溜痞甚多，每值粮食稍昂，结党为虚，名为禁阻，实则造意诈索。船不湾泊绊，结党蜂拥上船，凶殴诈财，甚至船户及客所带食米、行李，亦被乘机夺去。又或水浅船搁，水冲舟破，痞等聚众假意救护，乘机掳货。种种相习成风，受害者指不胜屈，客商饮恨吞酸数十年矣。若不恳请赏示严禁，诚恐日久酿成巨案，商等皆视为畏途矣。

在众商民联名强烈呼吁下，地方官才终于颁布禁令告示，并将打击重点扩及村民。禁碑宣称：

> ……为此示。仰莫家塘、豆角坝及沿河一带村民人等知悉：自示之后，尔等务须各安本业，遇有上下船只，毋得藉端阻搁□□抢。倘敢仍陷前辙，一经告发或本州访闻，定即拘案严惩，决不姑宽。该各村团绅耆老人等须严加拘束，随时开导，不得庇纵，并于严究。各宜凛遵，切切毋违。特示。①

光绪元年（1875 年）五月所立《署砖坪抚民分府严拿匪类告示碑》则反映陕西安康所面临的严重社会治安问题是：

---

① 广西民族研究所编：《广西少数民族地区石刻碑文集》，广西人民出版社，1982，第 134 页。

照得所属南连川楚，东达襄江，地尽四面崇山，民皆五方杂处，以致良莠不齐，匪徒混迹。近闻西路大道河一带，有等不法奸民，勾引外来匪类，阑迹乡村，希图渔利。或引诱良家子弟酗酒赌博，或诈向乡村愚夫强〔借〕估讹，甚至昼覆夜出，拦路谋财，结党成群，任情强抢。种种不法，大为居民之害。

接下来的碑文将表明地方官所拟采取的措施：

自示之后，该绅耆、保约等，务须严密稽查。如有前项不法各匪逗留境内，及本地痞棍，故意散放猪牛牲畜，践踏民间禾苗，或藉采草为由□□□□瓜果，并贪利之家窝留外来红黑签匪，扰害乡民，滋事生端，该绅耆乡保等，随时驱逐，查明究处。倘敢有胆玩之徒，恃刁□□□□□盗，禀案以凭差拿来案，尽法惩治。该绅耆乡保等，毋稍徇情隐匿，致干未便。各宜凛遵毋违。[1]

从碑文可以看出，地方官已将维护社会治安的重任放在保正、乡约之肩上，甚至仰仗于丐首贼帮的自我约束。尤其是在官府统治力量鞭长莫及的地方，这一倾向更为明显。光绪十一年（1885 年）四月福建晋江《严禁恶丐碑》便是对"乡约保练并乞丐人等"严加责成：

自示之后，该乡遇有凶吉之事，乞丐如敢图赖索诈，恃

---

① 张沛编著：《安康碑石》，三秦出版社，1991，第 251 页。

众滋闹，责成约保会同丐首驱逐出境。倘敢不遵，立即扭解赴县，以凭究办。该丐首及约保练如不实力巡查约束，定即究革不贷。各宜凛遵毋违。特示。①

3. 借命讹诈与缠讼之风

流民恶丐的借尸诈扰和借命图赖也是地方官深恶痛绝的恶习。早在同治七年（1868 年）十月，两江总督即为严禁自尽图赖以重民命而颁刻告示碑，但这种恶习在光绪年间却在两广地区有愈演愈烈之势。光绪初年广东海丰县《严禁藉命讹诈以肃法纪事碑》颇能反映这一问题的严重程度。碑文载：

照得惠、潮、嘉各属民情刁诈，每因睚眦细故，动辄便服毒药，前往怨家撒赖恐吓，希图挟制。迨毒发身死，必以威迫毙命指控。又有民间妇女，不明大体，偶因家庭不睦，或因外人口角，抱忿轻生，于是母家夫家因而藉尸混告。又有因病身故，而家属辄先殡埋，藉以人命讹诈。又有外来游丐，病毙中途，视为奇货可居，冒认死者亲属，沿乡讹索，择肥而藉噬，稍不遂欲，则指为殴毙，灭尸捏情呈控。种种不法，实属危害闾阎。尤可恶者，遇有真正命案，尸亲递呈，必将讹诈不遂之殷实良民，列控首名，指为喝令主谋。此外，正帮各凶，亦任意罗织百余名及数十名不等。地方官如不加察，率行照案差拘，即坠奸徒诡计之中，立贻善民破家之苦。夫人命以尸伤见证为凭，固不准空言混指，即被控人证，亦不容累及无辜。当知诬告，例有反坐之条，诘讼亦

---

① 粘良图选注、吴幼雄审校：《晋江碑刻选》，厦门大学出版社，2002，第 73～74 页。

有终凶之戒。本道承乏此帮，十余年来，披阅各属绅民所递呈词，其中控告人命之案不少，而求其曾经报县、验明证据确凿者十无一二。显有讼棍习徒从中生唆播弄，胜固可肥囊橐，输则越诉抗传，相习成风，几于恬不为怪，全不思官之验讯可凭，□□为彼之详张得计。若不严行示禁，何以肃法纪而安善良？除通饬各县随时拿办，并督率各乡绅耆务加戒约，即将告示一体泐石以垂历禁外，合亟出示晓谕。为此示。谕各属绅士军民人等知悉：尔等身为家长者，务先训饬服属子女、亲丁，各宜守分安居，保身惜命，勿因征嫌毒，希图恐吓，以及妇女轻生、藉尸混告之案，均准被害之家据实呈诉。一面具保投到，听候提集质明，治以诬告之罪。其真正命案，限于三日内报县诣验，并指明正凶，见证姓名，以凭拘拿究办，不得多延时日，及混行辜累多人，致干严究。如人命重情，未经报官验明，辄将尸身私自殓埋者，概不准理。如敢饰词具控，除原呈立案不行外，并将具呈之人，照诬告人死罪例，按法惩办，以照炯戒。仍严行根究唆讼棍徒，按名弋获，尽法处治，决不宽贷。至各乡保约，务宜随时留心查看山林旷野，如出产毒草，立刻铲除净尽，不留遗蘖，以免害人。兹将按方书所载救治服毒良方若干条附示内，以备临时施治，用昭法外之仁。本道爱民若赤，执法如山，不惮三申五令，谆谆告诫，尔等务各幡然悔悟，慎毋自蹈危机。各宜勉旃，毋违。特示。[①]

此碑所载告示禁令系光绪五年（1879 年）由钦加盐运使衔、

---

①　谭棣华等编：《广东碑刻集》，广东高等教育出版社，2001，第 857 页。

署广东按察使司、分巡惠潮嘉兵备道兼管水利驿务加十级纪录十次张所出，由广东海丰县后门约正绅士等泐石。从文告内容及要求看，当时在广东许多地区均有颁刻。但这一禁令实际效果并不太理想。从光绪十年（1884 年）后广宁县《奉邑侯大人许给示准乡规禁约碑》所载内容看，借命讹诈这一恶习在广东省并未有减弱趋势。该碑描述道："更有饥难流民，各项花子疯瞽人等，名为丐食，实则沿门惫赖，穿门输偷。遇有饿殍，辄纠多人扛门图赖，藉端索诈。每遇人家红白喜庆，则引队入厨，辖索酒肉。稍不遂欲，拼命搭坐。"据此该碑规定："丐食瞽目疯疾之徒，不得以路毙饿殍移索人家，吓诈扳害。""各乡人等，不得因口角相争，藉端登门惫赖。又不得藉途中饿殍假认尸亲，故害人家。如违，任由指名禀究。""各乡出嫁妇女，不得因小事指意，自行短见轻生，以致藉外亲出首索诈阻葬等弊。如违，任由禀究。"① 光绪二十四年（1898 年）六月十七日广东汕头揭阳县《奉宪严禁碑》也强调："倘有路毙乞丐及无主尸骸，准该地保禀清收理，不许轿夫光棍扛移诈索。妇女轻生，及口角轻生图赖，各前县迭经出示严禁。如仍有前项情事，其尸亲原自收埋，不准轿夫差保吓勒。②

借命讹诈之风也很快波及到广西地区。广西布政司于光绪十二年（1886 年）七月二十六日颁刻的《禁革土司地方藉命盗案苛扰告示碑》便反映了当地借命案而缠讼不休的社会实况。碑文载：

> 据太平府禀称，该郡各土司地方，每遇命案，辄勒附近

---

① 谭棣华等编：《广东碑刻集》，广东高等教育出版社，2001，第 727 页。
② 谭棣华等编：《广东碑刻集》，广东高等教育出版社，2001，第 343 页。

村庄帮贴殓费，盗案则令贴偿失赃。尸亲事主，往往置凶盗于不问，故将村人牵控，缠讼不休。而不肖土官，亦藉以苛索分肥，乐于从事。虽经屡禁，斯风仍未少息，以致游棍汉奸，视为利薮，动辄影射吓诈，恳请给示永禁等情到本护院。据此。查命盗各案，经地方官验勘明确，自应缉拿正凶正盗，分别究办，何得藉端苛索，扰害乡邻？至若捏控图讹，尤为奸险刁狡。此等恶习，亟应永禁革除，以苏民困。除札行太平府严饬各土司不准再行勒派外，合行给示勒石，永远禁止。为此示。仰各上属诸民人等知悉：嗣后如有命盗案件，该尸亲事主敢向附近村庄敛费索赔者，许即扭送禀控，以凭究处。倘该土官希图分肥，准令勒派，并许立时上控，定将该土官参办不贷。其各遵照。特示。①

广西兴安县大寨等村于光绪二十三年（1897 年）刻立的《禁约碑》较之上碑内容更言简意赅："今日下有吞烟、白缢毒害，盗赌、索诈，憣悔田土，好闲得志，祸患贼偷，□人心大变，众置酒宜禁，一概不许索诈、吞烟、自缢、憣悔田土，捏害善良。"②

由于人命关天，而借命案缠讼之事又屡禁不止，有些省区的一些行业为避免因意外伤亡而致讼累不断，便将所定行规以告示碑的形式公之于众。如陕西旬阳县蜀河镇场泗庙内一光绪八年（1882 年）六月所刻《洵阳知县颁布船行公议水手遇难善后章

①　广西民族研究所编：《广西少数民族地区石刻碑文集》，广西人民出版社，1982，第 61 页。

②　广西民族研究所编：《广西少数民族地区石刻碑文集》，广西人民出版社，1982，第 126 页。

程告示碑》即是一例，碑文载：

> 特用同知直隶州洵阳县加五级纪录十次王〔敬铸〕为公恳立案、已蒙赏准、以免讹索而杜讼累事。缘船户一业以水为田。凡雇驾船伙计，必须平日交厚无隙之人，方能两愿受雇，合伙求财。但人生寿数有定，或因走风滑水，或失足落河，并有岩碥拌跌以及病故，而船户□不尽心观顾，以望其生。然寿数已定，未可如何，总因求财亡身。近有尸家人等，□思寿数有定，顿起讹心，（辙）〔辄〕行入船混闹，拦阻客货，不准运行，只图藉此讹索。如不遂心，又复加捏讼害诬控，船主受累益深。是以汉中至襄樊一带，船帮均皆议定章程，每溺水手一名，船主给斋醮钱数串，火纸一两块，白布一两匹，现已立案泐石，由是索讹讼累之风已息久矣。唯洵近失此举，以是伙家往往滋讹。今予等亦欲效各处所议成规，禀请立案，（今）〔令〕其周知。故于本月初六日，适值泗王盛会，邀请在城乡保巡役，集场共议。现议：大小两□来往船只，若遇此者，船户一面赶紧捞救之日，一面与尸主送信。若不见尸，给斋醮钱拾贰串，火纸二块；若捞出尸者，外帮白布二匹。倘尸漂流，船主以寻之日为限，如过三日之外，则尸主自寻，不得拦阻客船，亦不得节外生枝。然予等不敢擅立私议，同为禀呈立案，已蒙本县大老爷批令垂石，永远为志。①

从此碑文不仅可以看到在清光绪年间人命之价廉，也可以印

---

①　张沛编著：《安康碑石》，三秦出版社，1991，第271页。

证借命案缠讼并非一地一时之情状，此在清晚期具有相当的普遍性。

　　而在经济一向较为发达的江浙地区，借命案缠讼甚至与佃户抗租结合在一起。由于此事波及面广，并有一定的示范效应，故多被地方官视为严重的社会治安问题而加大打击力度。吴江市黎里镇柳亚子纪念馆藏光绪三十年（1904年）二月二十二日《苏州府永禁佃户藉端抗租碑》记载了吴江县绅士周郑表等人的呈请：

　　　　窃绅等薄有田亩，坐落吴江县治，给佃耕种，良莠不齐，人情被顽，租风之坏倍于从前，刁顽之户，不得不禀请比追。讵近来奸计万端，每届秋收登场，赶砻出粜，不剩颗粒，避匿他境，提追无从。芒种之后，回家播种。业户恐妨东作，无复顾问。年复一年，刁佃视为得计。迨至秋收，仍施故技。他佃闻风兴起，日甚一日，纷纷效尤。甚至禀请提比，佃则躲避，耸令白头亲老幼稚妇女，出头蛮霸，寻死觅活，百计恫赫。土客民教混杂，在教者幸经神符司铎主教函请，如有藉教抗租，照例送请比追，不致公然挺比。惟客佃开垦，或有借本垦种，秋收之后，携资脱逃，土著越境躲避，请追无从。或有到案之后，偶尔因病不及请保，在押身故，或佃属因病死者，或因他事短见者，适催租者到门，该佃属即藉端纠集无赖，或抬扛尸骸，或扶佃属亲老到业主家百般逞凶，毁抢诈挠，甚至有掳捉业主司帐勒赎。虽经禀办，贻害匪浅。更有绝不干涉之产亡痘殇，任意牵拉硬砌。

种种恶习，莫可言宣。环求颁示勒石永禁，俾挽颓风而全租赋。①

钦加三品衔调补江南苏州府正常加三级随带加二级纪录十次许对绅民所反映的情况进行了调查，并在禁碑中宣称：

> 查刁佃藉端诈扰，图遂其吞租之计，殊属可恶。除批示并行县一体示禁外，合行颁示勒石永禁。为此示。仰吴江县各区各圩农佃圩催人等一体知悉：尔等须知业户置买田产，衣食课赋，皆须取给于斯，额外既不能取盈，额内即不任短少。即该农佃等一家数口，虽云自食其力，而思源推本，究从业田而来，抗欠已属不应，何可别施刁狡？自示之后，务当激发天良，各安本分，每届刈获登场，即将名下应完租籽赶紧依限清缴，庶业无催追之烦，佃无比枷之累。倘再仍前顽抗，以及藉端诈扰，或扶病人，或扛尸骸，或因妇女产亡、小儿殇夭，辄向业主逞凶噪闹，种种不法情事，一经本府访闻，或被业主指禀，定即照例从重严办。圩甲串庇并干加等惩办。其各凛遵毋违。特示。②

（二）清末社会治安恶化的原因

光绪年间诸多危害社会治安问题的存在是由多重原因造成的。有的是延袭已旧而无力解决的，如赌博问题。而流民恶丐敲诈勒索日益突出，既有各地经济发展不平衡所导致的人员流动等

---

① 王国平等主编：《明清以来苏州社会史碑刻集》，苏州大学出版社，1998，第458页。
② 王国平等主编：《明清以来苏州社会史碑刻集》，苏州大学出版社，1998，第458页。

因素，也有因各种经济剥削的加重而导致百姓家迫人亡甚至铤而走险的状况，还有诉讼过程的繁琐及成本过高，使百姓面临的诸多矛盾难以有效解决。以下就经济和司法上的原因予以简略分析。

1. 经济负担之沉重

在经济上，晚清过多的苛捐杂税使农民及小商小贩背负沉重的负担。光绪十五年（1889 年）十一月十日所立《会办全陕厘税总局严禁白河等处厘卡故意勒揩商贩人等告示碑》反映了白河等处厘卡藉其处于水陆要冲，故意勒索商贩人等，以至钱铺奸商藉兑银任意多索、从中渔利的情况。陕西安康的几通蠲免杂税的告示碑刻，如光绪二年（1876 年）十一月《白河知县裁革牛税谕碑》、光绪五年（1889 年）《捐猪酒税公本碑》和《尚家坝均纳酒税免差索碑》、光绪十一年（1885 年）三月《水田河保共置产业公应杂税条款碑》、光绪十四年（1888 年）三月《秋木河公设税局以纳杂费碑》、光绪十五年（1889 年）《蠲免柴炭支记碑》、光绪二十年（1894 年）七月二十七日《宁陕抚民分府蠲免驱兽枪税告示与永免保正札费及猪户枪税告示碑》、光绪二十三年（1897 年）《免税扰累告示碑》和《经理猪税公本钱碑》、光绪二十四年（1898 年）《白河知县蠲免杂税告示暨蠲免畜税告示碑》等，在颂扬地方官吏士绅恩德的同时，也道出山区穷苦农民的窘迫状况。农民所要交纳的杂税名目繁多，有猪、牛、酒、纸（火纸）、草（龙须草）、竹、木、枪等项。而那些食民之膏血的差役，横行乡曲，再加以额外的敲诈勒索，更使嗷嗷之民难以求生；约地首事人等藉差需私派勒索，贪污自肥，成为地方之大弊。光绪元年（1875 年）十一月《陕安兵备道严禁埠役诈索船只致扰行旅告示牌》即宣称：

照得汉江水面向有定章，兵燹以后，奸串滋弊。若非从严查禁，不惟行旅阻滞，于国课厘税均大有关碍。兹据船户周文礼等以埠役肆毒、河规被坏等情，公恳出示定章前来。本道核阅沿江埠役诈索客货船只钱文，大为商贩之害。……为此示。仰沿江厅县码头行商船户人等知悉：自示之后，务须遵照旧章办理，如再有埠差船行人等，格外诈索客货船只钱文、扰害行旅情弊，准该船户人等指名禀官。一经上控，定行按名提讯，从重惩办。该船户人等亦不〔得〕藉端滋事，并干查究。各宜泐石，永远遵行。特示。①

光绪二十四年（1898 年）白河知县尹昌龄颁刻的《豁免杂税告示暨豁免畜税告示碑》也载明：

照得白邑地瘠民贫，又当灾荒之后，地方更形穷苦，亟应休养生息，以复民元。猪税一项，业经谕饬各保绅首，俟秋后就地凑集，公本生息，免再派及穷民，以省扰累，一律出示晓谕在案。此外，竹木草纸以及一切杂税，虽交于官者有限，而差役执票下乡，多方需索，不遂其欲不止，甚至有税已交出而被差役乾没，仍累及花户完纳者，剥削穷民，毫无限制，流弊何堪设想！嗣后各保应纳上项杂税，今定一永远章程，庶于公项有赖，而闾阎亦省无穷之累，合行出晓谕。为此示。仰各保绅首花户人等一体遵照，以后应纳竹木草纸一切杂税，准每年在猪税息钱下提钱一串，由首人按两季交礼房以不出票。如有乡地及书差人等违示需索者，准即

---

① 张沛编著：《安康碑石》，三秦出版社，1991，第 257 页。

指名喊控，以凭拿究，决不稍宽。各宜祗遵毋违。特示。

在同一块碑上，还载有白河汪知县为"豁免畜税以除积累事"而出具的告示。碑文称：

照得白邑民间完纳猪税以及骡马杂费，向系摊派花户，不知始自何年。法至积久而生弊，事贵因时以制宜。业经尹前县暨本县先后谕饬筹办公本去后，前据武生邢元富、徐廷兴禀称，该保每年应完猪税、骡马各费，共交钱一十七串六百文，又在练捐，均借项下，归足制钱一百四十四串，外罚项钱二十四串，合并出放生息，以之交公，不摊花户等情，禀恳立案前来。查公本立基之始，该生等仍勤后效勿替劳，共期义举永兴，造福无穷。除如禀立案外，合行出示镌碑，以垂久远。为此示。仰该保花户人等一体知悉：自存公本之日起，以扣每年应完猪税、骡马各费，概由公项息内交纳。尔等向摊之费，永远豁免，以释积累。倘有不肖之徒，或经理不善及侵蚀中饱等弊，许诸色人等随时禀请究治。其各遵照，切切特示。[①]

告示碑中反映了当时白河地方税政的种种弊端：一是超限征收，即"虽交于官者有限，而差役执票下乡，多方需索，不遂其欲下止"；二是重复征收，即"有税已交出而被差役乾没，仍累及花户纳者"。而这种情况，在其他地区也同样存在。

在少数民族集中的地区，各种苛捐杂税也同样成为导致各种

---

① 张沛编著：《安康碑石》，三秦出版社，1991，第320～323页。

社会治安问题的导火索。甘南武坪寺院有光绪三十一年（1905年）四月十五日的《恩垂万世碑》写道："武坪汉番前因壮喇嘛王代臣，假借故土司马承烈名号，巧立款目，苛派百姓，以致汉番聚众滋事。"经查实后，"明确议定准免条规"，[①] 批准后刊立石碑。

2. 吏治腐败与诉讼程序繁琐

应该说各种经济弊端是导致社会治安的最主要根源。面对难以应付的经济剥削，再加之因各种经济问题或社会治安问题而导致的纷争、矛盾难以解决，中国最广大的乡村社会似难以维持安定了。我们检视几通反映地方吏治腐败及司法程序繁琐的碑刻，便不难理解晚清社会遍布周身的切肤之痛。

光绪十年（1884年）五月广东汕头南澳县《禁示碑记》系为禁差役勒索和清讼而颁刻：

> 照得州县勘验盗劫命案，一切夫马饭食，例应自行备用，不准索取民间，迭经各前司通饬，出示严禁。至乡民禀送盗贼，州县丁役必索重费，然后官为收审，亦经刊入清讼章程，通行裁革，各在案。各属果能留心稽察，实力奉行，弊端何患不除，闾里胥蒙其福。乃上官虽屡颁诚，而属吏多视为具文，以致乡曲小民，被其诛求而甘心隐忍，在官人役，无所顾忌，而益肆贪婪，亟应重申禁令，以挽恶习，而示来兹。合行出示严禁，嗣后该地方官相验人命，勘讯盗案，务当恪遵功令，一切夫马饭食，由官自行发给，不许丁役人等向尸亲事主索取分文，以藉端骚扰。至乡民禀送盗

---

① 李振翼著：《甘南藏区考古集萃》，民族出版社，2001，第167页。

贼，该地方官亦即立时收审，毋任需索重费，有意留难，仍随时随事严密稽查。如有前项情弊，或被告发，该地方官立即切实根究，从严惩办。倘敢阳奉阴违，有心徇纵，许被害之人赴本管上司指控。访查得实，定将丁役人等提案究办，并将该地方官严揭请参，决不宽贷。再，立法固宜周密，而杜弊尤贵忠恒。该地方官并将此示泐石，暨立头门前，俾民间有所见闻，不致任其婪索。丁役咸知警惕，不敢复蹈前非，则民害从此而除，盗风亦从此而息矣。夫役由署捐给，为数无多，而民间省累不少。为民父母者，亦当乐为造福也。限一月内刊监，通报以凭。另有差委之员，顺道查明。倘抗不监碑，及有心控报，一经查出，定即详撤，慎毋自误。懔之切切，毋违。特示。①

光绪十八年（1892 年）元月八日广东信宜县熬头炉文武帝庙门前的《示禁碑》和前碑内容大同小异：

> 访得州县额设差役，原供本官票差下乡捕盗传人等用。除要案另酌外，州县寻常票差，多不过数役。而该役等，必常随人帮差多人，皆乘轿下乡，合之舆夫，凡百十人。种种需索滋扰，不异被盗。合村之鸡犬，并为之不宁。②

广西的情况较之广东，亦有过之而无不及。除前文已提到的光绪十二年（1886 年）七月二十六日《布政司禁革土司地方藉命盗案苛扰告示碑》所反映的情况外，光绪十六年（1890 年）

① 谭棣华等编：《广东碑刻集》，广东高等教育出版社，2001，第 312 页。
② 谭棣华等编：《广东碑刻集》，广东高等教育出版社，2001，第 620 页。

四月初二日兵部侍郎兼都察院右副都御史巡广西等处地方马某所立《严禁土民赴州县衙门越诉告示碑》中也称：

> 照得粤西各土司地方，遇有寻常案件，往往不服土官传问，辄赴州县衙门控告。该州县即派官亲丁役前往提案，任意向土官需索供应差钱，土官遂转取偿于土民，其扰害不可胜言。除饬该管知府随时查参外，合行出示严禁。为此示。仰汉土各官知悉：自示之后，凡有土司所属田土户婚等细故，遵照定例，由该土司审理。若非审断不公，及未到土官呈告，即赴州县衙门越诉者，不得轻准传提。如有必须提审之案，只许派差协同土役提解，不准派官亲家人前往，致滋骚扰。其派去之差，应与土役赴原告家传唤，不得安坐土署需索。该土官亦不得藉端科敛钱文。倘敢玩违，一经查出，或被告发，定即严参究办不贷，各宜懔遵。特示。告示。勒石万承土州晓谕。①

光绪三十一年（1905 年）正月初四日《广西布政司饬禁州县官吏丁役需索碑》虽残缺较多，但从碑文中不难看出当时百姓诉讼负担之沉重：

> 各该管官，身任地方，本与民有休戚相关之谊，理宜随时禁察，以恤民意。乃以本司等所闻，西（下缺）有费，审案有费，结案有费，而且名目甚繁，并不尽为丁役书差所得，即本官与幕友、跟丁，亦有取此以（下缺）之多。兴

---

① 广西民族研究所编：《广西少数民族地区石刻碑文集》，广西人民出版社，1982，第 62～63 页。

安等县，亦需二三十千。他若佐贰之藉名需索，更无底止……此后各州县并准理民（下缺）后由理曲之人付给，理直者不给。所给之钱，书吏得六成，差役得四成。此外不准多索，本官丁役不准得（下缺）奔走，定为每百里给钱三百文，由原、被告各半付给。案内中证，不在摊出路费之列。不及百里者，按里（下缺）亦无伤廉惠。其向日之供应以及此外一切规费名目，一概禁革，仍由地方官于出票时，按道路之远近（下缺），记过责革，有能依限提到者，由官标赏，以示奖劝。若原告故意刁难，不肯赴案候质者，将被告、中证先予（下缺）提。设逾限两月，原告仍不投到，即遵例将案注销，俟原告再控，专予责惩。立案不行，该书差等倘于定数（下缺），被诈之人，据实指控，审实从重惩办。如本官不为□理，一经上控审实，将失察之地方官分别情节轻重（下缺），有刁健讼棍赴佐杂衙门控准审理，并杂职丁役勾串往诉者，由该管正印官分别参办，并准被告指实（下缺）两院宪鉴核批示在案。[①]

面对积重难返的社会问题，地方官吏除头痛医头、脚痛医脚而颁布禁令告示以应付之外，没有想出新的解决办法。此时帝国的统治已处于失控的状态，清代中央政府制定的法律更是滞后于社会经济的发展。各地机器制造厂的设立所引发的对传统手工业的冲击以及所造成的环保问题，还有传教士深入中国内地和日渐增多的教案，这些新出现的问题既使政府感到棘手，同时又不断引发新的社会治安问题。改革原有的法律，引进新的法律制度和

---

① 广西民族研究所编：《广西少数民族地区石刻碑文集》，广西人民出版社，1982，第187页。

理念，建立适合社会发展的治安管理机制，已是势在必行。对于日益突出和严重的社会治安问题，依靠乡约、保正只能是权宜之计，因为他们所能起的作用毕竟有限。这使近代法律制度尤其是警察制度的建立在经济比较发达的地区更显得急迫。尽管清末的修律在很大程度上说是清政府进行自救的一个政治手段，但也客观反映了中国社会经济发展的实际需要。

下　编

中国古代碑刻法律史料简目

十一 先秦至五代碑目

（一）先秦、秦（公元前1046～前206年）

《周召分界石》，西周成王（公元前1042～前1021年）时期。
《左传》"隐公五年"。

《公乘得守丘石刻》（又名《监囿守丘刻石》），约刻于战国时期
中山王死后至中山国灭亡之前（公元前310～前296年）。原
在河北平山县前七汲村外田野（战国中山灵寿城遗址西部），
现藏河北省博物馆。

《秦诅楚文》，（明）都穆撰《金薤琳琅》卷二。

《泰山刻石》，秦始皇二十八年（公元前219年），山东岱顶。
（清）王昶撰《金石萃编》卷四。

《琅琊刻石》，秦始皇二十八年（公元前219年），琅琊（今山东
胶南县）。（清）王昶撰《金石萃编》卷四。

《之罘刻石》，秦始皇二十九年（公元前218年），山东福山芝
罘山。

《会稽刻石》，秦始皇三十七年（公元前208年），浙江绍兴。
（明）都穆撰《金薤琳琅》卷二。

《二世诏书》，秦二世元年（公元前209），山东岱顶。

（二）两汉（公元前206～公元220年）

《杨瞳买山地记》（又称《巴州民杨瞳买山地刻石》），汉宣帝地
　　节二年（公元前68年）正月。

《均水约束》，元帝时（公元前48～前33年）。施垫存撰《水经
　　注碑录》卷八。

《莱子侯刻石》，天凤三年（公元16年）二月。山东邹县出土。

《三老讳字忌日碑》，建武二十八年（公元52年）五月，1852
　　年5月出土于浙江余姚客星山下，原石应立于祠堂。

《大吉买山地记》（又称《建初买山刻石》），建初元年（公元76
　　年）。

《侍廷里父老僤买田约束石券》，建初二年，1973年河南偃师
　　出土。

《宋伯望分界刻石》（又称《莒州汉安三年刻石》），汉安三年
　　（公元144年）二月，光绪十九年（1893年）出土于山东莒
　　县西庙庄庙基，现藏山东石刻艺术博物馆。

《礼器碑》（又称《鲁相韩敕复颜氏关官氏繇发及修礼器碑》
　　等），东汉永寿二年（公元156年）九月五日。

《张景碑》，东汉延熹二年（公元159年）八月。

《金广延母徐氏纪产碑》，光和元年（公元178年）。（宋）洪适
　　撰《隶释》卷一五。

《樊毅复华下民租田口算碑》（《西岳华山碑》第三碑），光和二
　　年（公元179年）十二月。（宋）洪适撰《隶释》卷二。

《三老赵宽碑》，东汉光和三年（公元180年）十一月。

《五曹诏书残碑》，东汉光和四年（公元181年），1983年出土

于四川西昌昭觉县好谷乡。

《簿书残碑》，东汉，1966 年出土于四川郫县犀浦三国墓。

《禳盗刻石》（又称《金乡西郭庄刻石》），1983 年发现于山东金
　　乡县春集乡西郭庄村北鱼山之阳，现存济宁市博物馆。

（三）北魏（公元 386~543 年）

《南巡碑》，文成帝（公元 452~460 年）。

《进山告示》石刻，宣武帝永平五年（公元 512 年），山东莱州
　　城东大基山"道士谷"。

（四）隋唐五代（公元 581~960 年）

《转运仓粟记》，贞观八年（公元 634 年）十二月二十日，陕西
　　西安。

《司刑寺大脚迹敕》，长安二年（公元 702 年）。（宋）欧阳修撰
　　《集古录跋尾》卷六。

《司刑寺佛迹碑》，长安三年（公元 703 年）七月。（宋）赵明诚
　　《金石录》卷五。

《御史台精舍碑》，开元十一年（公元 723 年），陕西西安碑林。

《青城山常道观敕并表》（又称《大唐开元神武皇帝书碑》），开
　　元十三年（公元 725 年），四川都江堰市青城山常道观三
　　皇殿。

《开元二十四年残碑》（又称《敕处分县令》），开元二十四年
　　（公元 736 年）二月五日，山东临沂市博物馆。

《明皇诫牧宰敕》，开元二十六年（公元 738 年）六月。（清）倪

涛撰《六艺之一录》卷六三。

《令长新戒》，开元年间（公元713～741年）。（宋）欧阳修撰
　　《集古录跋尾》卷六。

《龙鹤山成炼师植松柏碑》，天宝九年（公元750年）四月十三
　　日，四川丹棱县唐河乡龙鹄山。

《桑耶兴佛证盟碑》，公元750年，西藏桑耶寺。

《舜庙置户状并牒碑》，永泰二年（公元766年）五月，湖南道
　　县元山下。

《南诏德化碑》，大历元年（公元766年），云南大理城南古南诏
　　国都太和城遗址。

《会善寺戒坛敕牒》，大历二年（公元767年）十一月。（清）毕
　　沅撰《中州金石记》卷三。

《道州刺史厅壁记》，元结（公元719～772年）撰，原刻于湖南
　　道州旧衙。

《复立太原乡牒》，贞元年间（公元785～805年），刻于《王卓
　　碑》侧，山西运城。

《水则碑》，元和年间（公元806～820年），江苏常熟。

《唐蕃会盟碑》，吐蕃彝泰九年、长庆三年（公元823年），西藏
　　拉萨大昭寺前。

《汾阳王置寺表》，大中十二年（公元858年）九月，河南省陕
　　县空相寺。

《敕买庄宅牒并记》。（清）叶奕苞撰《金石录补》卷二一。

《广化寺檀越郑氏舍田碑记》，后梁乾化二年（公元912年）五
　　月十日，福建莆田。

《大周任史君屏盗之碑》，后周显德二年（公元955年），山东巨
　　野县城北关护城河外路西原真武庙前。

《利州都督府皇泽寺唐则天皇后武氏新庙记》，后蜀广政二十二
　　年（公元959年）九月六日。

《准敕不停废碑记》，后周（公元951～960年），河南浚县。

十二 宋代碑目

（一）北宋（公元 960～1127 年）

《誓碑》，建隆三年（公元 962 年）。

《冲相寺田业界址石记》，乾德元年（公元 963 年）三月十日。宣统《广安州新志》卷一〇。

《石城会盟碑》（又称《大理段氏与三十七部会盟碑》），大理国段素顺明政三年（公元 971 年）。

《石堂院石刻记》，太平兴国六年（公元 981 年）正月二十日。同治《绵州志》卷二八。

《峄山刻石》，淳化四年（公元 993 年）郑文宝据唐徐铉摹本重刻，陕西西安碑林博物馆。

《栖岩寺禁牒》，至道元年（公元 995 年），山西运城。

《重真寺买田庄记》，咸平六年（1003 年），陕西扶风。（清）毕沅撰《关中金石记》卷五。

《劝慎刑文并箴》，天圣六年（1028 年）五月，陕西西安碑林。

《永兴军牒》，景祐二年（1035 年）二月，刻于唐《分国公功德铭》碑阴。（清）毕沅撰《关中金石记》卷五。

《永兴军中书札子》，景祐二年（1035 年）十一月，陕西西安碑林。

《京兆府小学规》，至和元年（1054 年），陕西西安碑林。

《护林碑》，嘉祐六年（1061 年），陕西黄陵县桥山黄帝陵。

《灵岩寺敕牒碑》，熙宁三年（1070 年）八月，山东灵岩寺天王
殿外。

《千仓渠水利奏立科条碑》，熙宁三年（1070 年），河南济源。
《济源县志》。

《淮源庙条约》（又称《大庙条约》），元丰元年（1078 年）八
月，河南桐柏淮源庙。（清）毕沅撰《中州金石记》卷四。

《富乐山兴教禅院使帖并开堂记》，元丰四年（1081 年）三月十
一日。（清）刘喜海辑《金石苑》卷三。

《尚书省牒》，元丰六年（1083 年），山东邹县。

《岷州广仁禅院碑》，元丰七年（1084 年）八月十四日，甘肃岷
县广福寺。

《敕赐陕州夏县余庆禅院牒》，元丰八年（1085 年）八月二十八
日，阴刻《保平军牒》，山西运城夏县。

《敕赐重兴戒香寺公据》，绍圣四年（1097 年）十月，陕西合阳
百里社。（清）毕沅撰《关中金石记》卷六。

《宋真宗文臣七条戒官吏》，建中靖国元年（1101 年）正月二十
日，山西新绛县绛州大堂。

《赐辟雍诏》，崇宁元年（1102 年）。

《元祐党籍碑》，崇宁元年（1102 年），1994 年 4 月在广西融水
县城南郊真仙洞发现。

《福昌院牒》，崇宁二年（1103 年）六月十八日。（清）刘喜海
辑《金石苑》卷三。

《敕赐静应庙牒》，崇宁三年（1104 年）五月，河南河内郡。

（清）毕沅撰《中州金石记》卷四。

《大观圣作之碑》，大观二年（1108 年）四月，陕西兴平县学。
（清）毕沅撰《关中金石记》卷六。

《大观圣作之碑》，大观二年（1108 年）八月二十九日，陕西兴平市文化馆。

《大观圣作之碑》，大观二年（1108 年）八月二十九日，旧在安邑文庙，现存山西运城市博物馆。

《大观圣作之碑》，大观二年（1108 年）八月二十九日，河北赵县县城石塔东路县生产资料公司（原赵州文庙）。

《大观圣作碑》，大观二年（1108 年）八月，原立于山东泰山文庙，1973 年移岱庙。

《御制学校八行八刑条》，大观二年（1108 年）十月。（清）毕沅撰《关中金石记》卷六。

《八行八刑碑》，大观三年（1109 年）八月。（清）姚晏撰《中州金石目》卷三。

《御制大观五礼之记碑》（俗称《五礼碑》），政和七年（1117 年），原在河北邯郸大名县城东五里双台村，现存大名县文物保管所碑刻馆。

《少林寺免诸般科役记》，政和五年（1115 年）十月。（清）姚晏撰《中州金石目》卷四。

《范文正义田规约》，政和七年（1117 年），江苏吴中义庄。

《正法院常住田记》，政和七年（1117 年）。（宋）扈仲荣等纂《成都文类》卷三九。

《辟雍诏》，徽宗时期（1101～1119 年）。

《水则碑》，宣和二年（1120 年），江苏吴江市垂虹桥。

《邹县牓》，宣和四年（1122 年）八月，山东邹县孟庙。

《地土山界公据碑》，宣和年间（1119～1125年），江苏苏州木
　　渎镇灵岩山寺。

（二）南宋（1127～1279年）

《戒石铭》，太宗撰，绍兴二年（1132年）七月，江宁府治。
　　（宋）马光祖修、周应合纂《建康志》。

《戒石铭》，太宗撰，绍兴二年（1132年）七月，湖南道县原州
　　治堂侧。

《平江府学田记》，绍兴四年（1134年）四月。（清）程祖庆撰
　　《吴郡金石目》。

《佛窟岩涂田记碑》，绍兴十三年（1143年）三月十一日，浙江
　　台州临海。（清）黄瑞《台州金石录》卷五。

《籍田手诏》，绍兴十六年（1146年）八月，江宁府治。（宋）
　　马光祖修、周应合纂《建康志》。

《藉田诏》，绍兴十六年（1146年）。

《护林碑》，绍兴二十年（1150年）二月，江西婺源文公山朱熹
　　祖坟。

《淀山普光王寺舍田记碑》，绍兴二十八年（1158年）二月，青
　　浦淀山普光寺。（清）王昶撰《金石萃编》卷一四九。

《广照和尚忌辰追佟公粮碑》，乾道三年（1167年）十二月，江
　　苏苏州木渎镇灵岩山寺。

《通济堰规碑》，乾道五年（1169年），浙江西南碧湖通济堰二
　　司马庙。

《戒谕军帅五事》，淳熙三年（1176年）九月，建康马军司。
　　（宋）马光祖修、周应合纂《建康志》。

《手诏戒谕漕臣》，淳熙六年（1179年）五月。（清）严观撰
　　《江宁金石待访目》卷二。

《朱子白鹿洞教条》，淳熙七年（1180年），江西白鹿洞书院。

《仪制令碑》，淳熙八年（1181年），陕西汉中略阳县灵崖寺。

《赡学田碑》，永春人陈一新（绍熙元年进士）撰。（清）陈寿
　　祺等撰《福建通志》卷九。

《禁运盐榷摩崖刻石》，绍熙五年（1194年）十二月，陕西
　　汉中。

《双塔寺公据碑》（绍熙《万岁禅院记》碑阴）。（清）程祖庆撰
　　《吴郡金石目》。

《吴学义廪规约》，庆元二年（1196年）正月，府学。（清）程
　　祖庆撰《吴郡金石目》。

《高兴蓝若碑》，大理国段智兴安定四年（即宋庆元四年，1198
　　年）。原立云南大理洱海东岸挖色区高兴乡，现藏大理市博
　　物馆。

《崇法寺结界记》，嘉泰元年（1201年），光绪《鄞县志》卷
　　六七。

《施山田记》，嘉泰二年（1202年）。民国《简阳县志》卷二〇。

《吴学续置田记》，开禧二年（1206年）十月，平江府学。佚名
　　撰《江苏金石记》卷一四。

《遵奉圣旨住庵文据碑》，开禧二年（1206年），甘肃成县五
　　仙洞。

《义庄蠲免借船只军府牒石刻》，开禧三年（1207年）十一月。
　　（清）程祖庆撰《吴郡金石目》。

《宁远记》，嘉定元年（1208年）。

《县学义禀记》，嘉定七年（1214年）。光绪《奉化县志》卷八。

《长生库碑记》，嘉定七年（1214 年），广东韶州南华曹溪寺。

《南翔寺僧堂记碑》，嘉定九年（1216 年）。光绪《嘉定县志·
　　金石志》。

《义庄蠲免科敷和买公据石刻》，嘉定十年（1217 年）五月。
　　（清）程祖庆撰《吴郡金石目》。

《申遗弃小儿省札》，嘉定十年（1217 年）。（清）严观撰《江宁
　　金石待访目》卷二。

《平江府添助学田记》，嘉定十四（1221 年）腊月，府学。（清）
　　程祖庆撰《吴郡金石目》。

《平籴仓省札》，嘉定十四年（1221 年）。（清）严观撰《江宁金
　　石待访目》卷二。

《平止仓省札》，嘉定十七年（1224 年），广济仓左。（清）严观
　　撰《江宁金石待访目》卷二。

《府学教养之碑》，正大二年（1225 年）十二月。陕西西安府
　　学。（清）毕沅撰《关中金石记》卷七。

《给复学田省札》，绍定元年（1228 年）十月三十日。（清）程
　　祖庆撰《吴郡金石目》。

《吴学复田记》，绍定二年（1229 年）八月，府学。（清）程祖
　　庆撰《吴郡金石目》。

《判府编修添置养士学田记》，绍定四年（1231 年），镌于沈璞
　　《嘉定县学之记》碑后。《嘉定县志》。

《报国寺布施记碑》，嘉熙元年（1237 年）二月，浙江湖州南
　　浔。（清）陆心源撰《吴兴金石记》卷一一。

《檀越施田地名衔》，嘉熙元年（1237 年）七月，浙江湖州南
　　浔。（清）陆心源撰《吴兴金石记》卷一一。

《府学赆送贡士规约记》，嘉熙元年（1237 年）。（清）严观撰

《江宁金石待访目》卷二。

《常熟县整理田赋碑记》，嘉熙三年（1239 年）八月，江苏
　　常熟。

《华亭学田碑》，嘉熙年间（1237～1240 年）。

《云涛观施舍碑》，淳祐三年（1243 年）。光绪《鄞县志》卷
　　五九。

《平籴仓省札》，淳祐十二年（1252 年）。（清）严观撰《江宁金
　　石待访目》卷二。

《平江府给寺僧立石执照》，宝祐六年（1258 年）二月，邓尉山
　　光福镇废寺中。（清）程祖庆撰《吴郡金石目》

《菩提寺礼部告示碑》　（唐《兴殿记碑》碑阴），宝祐年间
　　（1253～1258 年）。（清）程祖庆撰《吴郡金石目》

《训廉铭》，理宗时期（1225～1264 年）。（清）严观撰《江宁金
　　石待访目》卷二。

《谨刑铭》，理宗时期（1225～1264 年）。（清）严观撰《江宁金
　　石待访目》卷二。

《戒饬士习诏》，理宗时期（1225～1264 年）。（清）严观撰《江
　　宁金石待访目》卷二。

《戒贪吏手诏》，理宗时期（1225～1264 年）。（清）严观撰《江
　　宁金石待访目》卷二。

《戒贪吏手诏》，理宗时期（1225～1264 年），府治。（清）严观
　　撰《江宁金石待访目》卷二。

《又戒贪吏手诏》，理宗时期（1225～1264 年）。（清）严观撰
　　《江宁金石待访目》卷二。

《嘉定县学田租记》，咸淳丙寅（1266 年）七月，县学。（清）
　　程祖庆撰《吴郡金石目》。

《嘉定县学廪士田租记》，咸淳三年（1267 年），嘉定孔庙大成
　　殿。光绪《嘉定县志》卷二九。

《永康功评事桥免夫役记》，宋，四川都江堰市。

《判府编修添置学田记》，宋，嘉定府。（清）程祖庆撰《吴郡金
　　石目》。

十三 辽金元碑目

(一) 辽 (公元 907～1125 年)

《大王记结亲事碑》，天赞二年（公元 923 年）五月，1974 年出土于内蒙古宁城县金沟乡喇嘛沟门村曹家房后。

(二) 金 (1115～1234 年)

《都总管镇国定两县水碑》，天眷二年（1139 年）六月，山西洪洞水神庙明应王殿外东廊。

《柳氏家训记刻石》，皇统九年（1149 年），山西。

《灵岩山场界至图刻》，天德三年（1151 年）夏，山东济南长清县灵岩寺。（清）毕沅撰《山左金石志》卷一九。

《敕赐太清观牒》，大定三年（1163 年）七月，山西运城。

《宁国院牒》，大定四年（1164 年）。

《惠济院牒》，大定七年（1167 年）十月，陕西眉县槐北寺。（清）毕沅撰《关中金石记》卷七。

《官署儆语碑》，明昌元年（1190 年）九月，原在旧治县属大堂，后移山西运城芮城县法院，现存县博物馆。

《三官宫存留公据碑》，明昌二年（1191 年）八月一日，陕西高
　　陵县。（清）王昶撰《金石萃编》卷一五七。

《京兆府提学所帖碑》，明昌五年（1194 年）四月初一日，陕西
　　西安府学。（清）陆增祥撰《八琼室金石补正》卷一二六

《灵岩寺田园界至图》，明昌六年（1195 年），山东济南长清县灵
　　岩寺。

《兴学赋石刻》，承安三年（1198 年），山西。（清）胡聘之撰
　　《山右石刻丛编》卷二二。

《地藏院公据碑》，承安四年（1199 年）十月，山东济南长清县
　　灵岩寺。（清）毕沅撰《山左金石志》卷一九《金石》

《谷山玉泉寺大金敕牒碑》（2），泰和六年（1206 年）和大安元
　　年（1209 年），山东岱庙东碑廊。

《禁约碑》，大安三年（1211 年），山西临朐沂山东镇庙。

《奉先县禁山榜示碑》，崇庆元年（1212 年）四月二十二日，原
　　在房山上方山兜率寺，现存北京石刻艺术博物馆。

《罗汉院山栏地土公据》，兴定二年（1218 年）。民国《巩县志》
　　卷一八《金石三》。

《府学教养之碑》，正大二年（1225 年）十二月，陕西西安府
　　学。（清）毕沅撰《关中金石记》卷七。

《范公劝谕》，广西桂林市西郊临桂县。

《易县禁伐马头山善兴禅寺周围山林榜》，中科院文献情报中心
　　馆藏。

（三）元（1206～1368 年）

《重阳万寿宫圣旨碑》，己卯年（1219 年）五月初一日，陕西

周至。

《重阳万寿宫圣旨碑》，1220 年，陕西周至。

《重阳万寿宫圣旨碑》，癸未羊儿年（元太祖十八年，1223 年）
　　三月，陕西周至。

《榜示碑》，成吉思汗（1206～1227 年）时期，北京怀柔红
　　螺寺。

《重阳万寿宫圣旨碑》，乙未年（元太宗窝阔台七年，1235 年）
　　七月初一日，陕西周至。

《凤翔长春观公据碑》，戊戌年（元太宗窝阔台十年，1238 年）
　　四月十八日，陕西凤翔。

《十万大紫微宫圣旨碑》，庚子年（元太宗窝阔台十二年，1240
　　年）三月十七日，河南济源。

《阔端太子令旨碑》，癸卯年（1243 年）五月十七日，陕西户县
　　草堂寺碑廊。

《宝岩寺圣旨碑》，甲辰年（1244 年）四月二十八日，河南
　　林县。

《北极观懿旨碑》，乙巳年（1245 年）五月十五日，河南汲县。

《清都观给文碑》，乙巳年（1245 年）八月，山西浮山县。

《重阳万寿宫圣旨碑》，乙巳年（1245 年）十月二十二日，陕西
　　周至。

《阔端太子令旨碑》，乙巳年（1245 年）十一月二十日，陕西
　　户县。

《阔端太子令旨碑》，丁未年（1247 年）四月初十日，陕西
　　户县。

《阔端太子令旨碑》，丁未年（1247 年）十月二十八日，陕西
　　户县。

《窝阔台立国子学诏书碑》，己酉年（1249 年），北京。（元）熊
　　梦祥撰《析津志辑佚》。

《重阳万寿宫圣旨碑》，庚戌年（1250 年）十一月十九日，陕西
　　周至。

《长春观道教真人札碑》，壬子年（1252 年）四月二十七日，山
　　西安邑。

《崇圣宫给文碑》，壬子年（元宪宗二年，1252 年）七月初五
　　日，山西平遥清虚观。

《崇圣宫给文碑》，癸丑年（元宪宗三年，1253 年）正月，山西
　　平遥清虚观。

《忽必烈 1254 年诏书》，北京。（元）熊梦祥撰《析津志辑佚》。

《太清宫令旨碑》，丁巳年（宪宗七年，1257 年）□月初十日，
　　河南鹿邑太清宫。

《丹阳马真人十劝碑》，约宪宗八年（1258 年），陕西户县祖庵
　　镇成道宫村西门外城道宫。

《太清宫执照碑》，世祖元年（1260 年），河南鹿邑太清宫太极
　　殿西侧。

《太清宫圣旨碑》，中统二年（1261 年）四月二十七日，河南鹿
　　邑太清宫。

《保护宣圣庙碑圣旨碑》，中统二年（1261 年），江苏常熟碑刻
　　博物馆。

《大开元寺之禅碑》，中统二年（1261 年），河南。

《宝岩寺圣旨碑》，鸡儿年（1261 年），河南林县。

《大相国寺圣旨碑》，至元三年（1266 年）二月。（清）姚晏撰
　　《中州金石目》卷二。

《重阳万寿宫圣旨碑》，龙儿年（1268 年）十一月初五日，陕西

周至。

《扬州路学田记》，至元五年（1268 年）。缪荃孙纂《江苏省通志稿·金石二十二》。

《瞻学田记》，至元六年（1269 年）正月，陕西西安府学。（清）毕沅撰《关中金石记》卷八。

《文殊院山界公据碑》，至元七年（1270 年），山东临朐县文殊院。（清）毕沅撰《山左金石志》卷二一。

《禹王庙圣旨碑》，至元十二年（1275 年）二月，陕西韩城。

《禹王庙令旨碑》，鼠儿年（1276 年）正月二十六日，陕西韩城。

《复立宋大观圣作碑后记》，至元十三年（1276 年）三月，山西盂州（盂县城关镇）文庙。

《府学公据》，至元十三年（1276 年）十二月，陕西西安碑林。

《重阳万寿宫圣旨碑》，至元十四年（1277 年）六月初，陕西周至。

《莱州万寿宫圣旨碑》，至元十六年（1279 年）七月十三日，山东掖县。

《虚仙飞泉观碑》，至元十七年（1280 年）正月，河北蔚县。

《虚仙飞泉观碑》，至元十七年（1280 年）二月二十五日，河北蔚县。

《莱州万寿宫令旨碑》，至元十七年（1280 年），山东掖县。

《东岳庙令旨碑》，马儿年（1282 年）四月二十二日。蔡美彪编著《元代白话碑集录》第 30 页。

《令旨碑》，约至元十九年（1282 年），原立于陕西户县庞光乡化羊庙，1986 年移户县县城文庙碑廊。

《吴山寺执照碑》，至元二十年（1283 年）四月二十三日，陕西永寿县。

《吴山寺地土执照》，至元二十年（1283 年）四月，陕西乾州。
　　（清）毕沅撰《关中金石记》卷八。

《崇国寺圣旨碑》，至元二十一年（1284 年）二月十九日，北京
　　护国寺。（清）孙星衍撰《京畿金石考》卷上。

《崇国寺圣旨碑》，至元二十一年（1284 年）二月二十七日，北
　　京护国寺。（清）孙星衍撰《京畿金石考》卷上。

《太华山佛严寺常住田地碑记》，至元二十三年（1286 年），云
　　南太华山佛严寺。

《利州长寿山玉京观地产传后玡讼记跋》，至元二十四年（1287
　　年），辽宁利州西十里玉京观。罗福颐撰《满洲金石志外
　　编》。

《牛年圣旨碑》，忽必烈薛禅皇帝牛年（1277～1289 年）正月十
　　五日，山西交城。

《保护儒学圣旨碑》，至元二十五年（1288 年），江苏常熟碑刻
　　博物馆。

《免秀才杂泛差役圣旨》，至元二十五年（1288 年）。（清）杜春
　　生纂《越中金石记》卷七。

《免秀才杂泛差役诏碑》，至元二十六年（1289 年）正月十九
　　日，江苏无锡。

《长忏观堂庄田记》，至元二十六年（1289 年）十一月，上海嘉
　　定南翔寺。

《玉京观地产玡讼碑》，至元二十六年（1289 年）。罗福颐撰
　　《满洲金石志外编·元》。

《寿阳学记》，至元二十七年（1290 年）。（清）胡聘之撰《山右
　　石刻丛编》卷二七。

《秦峄山刻石》，至元二十九年（1292年），山东邹县孟庙启圣
　　殿神龛东南侧。

《柏林寺圣旨碑》，蛇儿年（1293年）七月，河北赵县。

《圣旨碑》，至元三十年（1293年），河北赵州柏林寺。

《勉励学校诏》，至元三十一年（1294年）七月。（清）胡聘之
　　撰《山右石刻丛编》卷二七。

《大理孔庙圣旨碑》，至元三十一年（1294年），原在云南大理
　　文庙，现存大理市博物馆。

《曲阜县学田地亩碑》，至元三十一年（1294年），山东曲阜县
　　学。（清）毕沅撰《山左金石志》卷二二。

《衍圣公给俸牒碑》，至元三十一年（1294年），山东曲阜孔庙
　　十三碑亭院。

《嘉兴路儒学正礼堂基地本末碑》，至元三十一年（1294年）。
　　（清）毕沅撰《两浙金石志》卷一四。

《荥阳洞林圣旨碑》（一），蛇儿年（1295年）七月，河南郑州。
　　（清）方履籛《金石萃编补正》卷四。

《荥阳洞林圣旨碑》（二），蛇儿年（1295年）七月，河南郑州。

《学校拨田地诏书碑》，元贞元年（1295年）九月十五日。缪荃
　　孙纂《江苏省通志稿·金石十九》。

《彰德上清正一宫圣旨碑》，猴儿年（1296年）二月初一日，河
　　南安阳。

《柏林寺圣旨碑》，猴儿年（1296年）二月十五日，河北赵县。

《彰德上清正一宫圣旨碑》，猴儿年（1296年）六月十四日，河
　　南安阳。

《彰德上清正一宫圣旨碑》，猴儿年（1296年）七月二十八日，
　　河南安阳。

《太清宗圣宫圣旨碑》，元贞二年猴儿年（1296 年）十一月初七
日，陕西周至。

《曲阜文庙免差役赋税碑》，丁酉年（1297 年）一月，山东
曲阜。

《祁林院圣旨碑》，狗儿大德一年（1297 年）二月二十七日，河
北灵寿。

《祁林院圣旨碑》，狗儿大德一年（1297 年）二月二十九日，河
北灵寿。

《宝严寺圣旨碑》，狗儿午（1297 年）三月初三日，河北灵寿。

《八思巴文示谕碑》，大德元年（1297 年）九月初五日，山西平
遥清虚观。

《孔颜孟三氏免粮碑》，大德二年（1298 年）六月，山东曲阜孔
庙十三碑亭东南。

《西禅院产业铭》，大德二年（1298 年）十一月一日，山西降
州。（清）胡聘之撰《山右石刻丛编》卷二八。

《彰德上清正一宫圣旨碑》，大德三年（1299 年）五月，河南
安阳。

《永明寺圣旨碑》，鼠儿年（1300 年）七月二十一日，河北
平山。

《衍圣公给俸牒碑》，大德四年（1300 年）八月，山东曲阜孔庙
西斋宿南墙。

《祁林院圣旨碑》，牛儿大德五年（1301 年）三月十四日，河北
灵寿。

《荥阳洞林圣旨碑》，牛儿年（1301 年）三月十八日，河南郑
州。（清）方履籛《金石萃编补正》卷四。

《洞真观圣旨碑》，大德五年（1301 年）十月四日，河南新安县

铁门镇。

《祁林院圣旨碑》，虎儿大德六年（1302 年）二月初八日，河北
　　灵寿。

《解州给僧人执照碑》，大德七年（1303 年）九月二十三日，山
　　西运城芮城县西陌乡寺里村清凉寺。

《济阳县学田记》，大德八年（1304 年）三月，山东济阳县学。
　　（清）毕沅撰《山左金石志》卷二二。

《十方大紫微宫圣旨碑》，大德八年（1304 年）六月初五日，河
　　南济源。

《绍兴路增置义田碑》，大德八年（1304 年）。（清）毕沅撰《两
　　浙金石志》卷一四。

《嘉兴路学田复租碑》，大德八年（1304 年）。（清）毕沅撰《两
　　浙金石志》卷一四。

《嘉兴路儒人免役碑》，大德八年（1304 年）。（清）毕沅撰《两
　　浙金石志》卷一四。

《河中栖岩寺圣旨碑》，大德九年（1305 年）二月二十五日，山
　　西运城永济。

《灵岩寺令旨碑》，蛇儿年（1305 年）三月二十三日，山东济南
　　长清县灵岩寺。

《宁海净土寺舍田碑》，大德九年（1305 年）。光绪《宁海县志》
　　卷二一。

《灵岩寺下院榜示碑》，大德十年（1306 年）四月八日，山东济
　　南长清县灵岩寺。

《加封孔子圣诏碑》，大德十一年（1307 年），云南大理市博
　　物馆。

《保护颜庙圣旨禁约碑》，大德十一年（1307 年），山东曲阜颜

庙乐亭。碑阴为《保护颜庙晓谕诸人通知碑》。

《皇帝圣旨保寺院房舍田地不得侵占碑》，至大元年（1308 年）
　　九月十五日，山西运城芮城县西陌乡寺里村清凉寺。

《加封孔子圣旨致祭碑》，至大元年（1308 年），山东曲阜。

《荥阳洞林寺圣旨碑》，至大二年（1309 年）正月十四日，河南
　　郑州。（清）方履篯《金石萃编补正》卷四。

《十方大紫微宫圣旨碑》，至大二年（1309 年）三月初六日，河
　　南济源。

《荥阳洞林寺圣旨碑》，至大二年（1309 年），鸡儿年八月十五
　　日，河南郑州。（清）方履篯《金石萃编补正》卷四。

《荥阳洞林寺圣旨碑》，至大二年（1309 年），鸡儿年八月十七
　　日，河南郑州。（清）方履篯《金石萃编补正》卷四。

《清虚观圣旨碑》，至大二年（1309 年），鸡儿年九月初五日，
　　山西平遥。

《栾城县学田记》，至大二年（1309 年）。（清）沈涛撰《常山贞
　　石志》卷一八。

《圣旨碑》（2），上篇至大元年（1308 年）七月，下篇至大三年
　　（1310 年）二月，山西运城芮城永乐宫。

《新建解盐司历年课记》，至大三年（1310 年），河东盐池神庙。

《吴学粮田续记》，至大四年（1311 年）三月。缪荃孙纂《江苏
　　省通志稿·金石十九》。

《永明寺圣旨碑》，至大四年（1311 年），猪儿年七月初三日，
　　河北平山。

《崇圣寺圣旨碑》，至大四年（1311 年），猪儿年七月初五日，
　　云南大理。

《保护颜庙禁约榜碑》，至大四年（1311 年）秋，山东曲阜颜庙

西碑亭。

《荥阳洞林寺圣旨碑》，鼠儿年（1312 年）二月二十八日，河南
　　郑州。（清）方履籛《金石萃编补正》卷四。

《柏林寺圣旨碑》，鼠儿年（1312 年）十一月十一日，河北赵县
　　柏林寺。（清）方履籛《金石萃编补正》卷四。

《元仁宗谕旨碑》，皇庆元年（1312 年），府学大成门外。民国
　　《江都县续志》卷一五《金石考第十五》。

《保护颜庙晓谕诸人通知碑》，皇庆元年（1312 年），山东曲阜
　　颜庙。

《林州宝岩寺圣旨碑》，皇庆二年（1313 年），牛儿年七月初七
　　日，河南林县。

《元氏开化寺圣旨碑》，延祐元年（1314 年）四月十五日，河北
　　元氏县。

《大重阳万寿宫圣旨碑》，延祐元年（1314 年）七月二十八日，
　　陕西周至。

《彰德善应储祥宫圣旨碑》，延祐元年（1314 年）七月二十八
　　日，河南安阳。

《重阳万寿宫圣旨碑》，延祐元年（1314 年），虎儿年七月二十
　　八日，陕西周至。

《荥阳洞林寺圣旨碑》，虎儿年（1314 年）十一月二十一日，河
　　南郑州。（清）方履籛《金石萃编补正》卷四。

《圣旨碑》，延祐元年（1314 年），河南登封嵩山少林寺大雄殿
　　前右。

《灵岩寺执照碑》，延祐二年（1315 年）九月，山东济南长清县
　　灵岩寺。（清）毕沅撰《山左金石志》卷二三。

《太清宗圣宫圣旨碑》，延祐二年（1315 年），陕西周至。（清）

　　王昶撰《金石萃编未刻稿》卷中。

《筇竹寺白话圣旨碑》，延祐三年（1316年）四月二十三日，云
　　南昆明玉案山筇竹寺大雄宝殿前。

《后土庙增置地亩壁记》，延祐三年（1316年）七月。（清）胡
　　聘之撰《山右石刻丛编》卷三一。

《一百大寺看经记碑》，延佑三年（1316年），福建莆田县黄石
　　镇重兴寺。

《镇江路儒学复田碑记》，延祐四年（1317年），江苏镇江焦山
　　碑林。缪荃仦纂《江苏省通志稿·金石十九》。

《荥阳洞林寺圣旨碑》，延祐五年（1318年）二月初日，河南郑
　　州。（清）方履篯《金石萃编补正》卷一。

《重阳万寿宫圣旨碑》，延祐五年（1318年）四月二十六日，陕
　　西周至。

《释氏舍田上海县学记碑》，延祐五年（1318年）。嘉庆《松江
　　府志》卷三二《学校志》。

《光国寺圣旨碑》，延祐六年（1319年）八月，陕西合阳。

《西湖书院增置田碑》，至治元年（1321年）。（清）毕沅撰《两
　　浙金石志》卷一五。

《资圣寺长生修造局记》，释如芝撰、赵孟頫（1254～1322年）
　　书，浙江嘉兴图书馆（宏文馆址）。

《镇江路儒学增养士田租记》，至治二年（1322年）。缪荃孙纂
　　《江苏省通志稿·金石二十一》。

《告除科派指挥》，至治三年（1323年）。（清）杜春生纂《越中
　　金石记》卷八。

《福山县文庙学田记》，泰定元年（1324年）二月，山东福山县
　　学。（清）毕沅撰《山左金石志》卷二三。

《泰山东岳庙圣旨碑》，泰定年鼠儿年（1324 年）十月二十三
　　日，山东泰安泰山。

《天宁寺帝师法旨碑》，泰定三年（1325 年）正月，河南浚县。

《大崇圣寺圣旨碑》，泰定三年（1325 年），原在云南大理三塔
　　寺后，毁，残片存大理市博物馆。

《天宝宫圣旨碑》，虎儿年（1326 年）三月十五日，河南许州。

《皇帝圣旨·摽拨孟庙祭田公凭》，泰定五年（1327 年）正月，
　　《孟子庙资田记》碑阴，山东邹县孟庙启圣殿院。

《圣旨碑》，泰定年间（1324～1327 年），陕西黄陵县桥山黄
　　帝陵。

《京兆府小学规》，致和元年（1328 年）四月，陕西西安府学。
　　（清）毕沅撰《关中金石记》卷五。

《子思书院学田记》，天历二年（1329 年）二月下旬，山东邹城
　　子思书院，已毁。（明）刘浚撰《孔颜孟三氏志》卷六。

《中山府学田记》，天历二年（1329 年）。民国《定县志》卷二〇
　　《金石篇下》。

《金仙寺泰上人舍田之记》，天历三年（1330 年）。光绪《慈溪
　　县志》卷五〇。

《太清宗圣宫圣旨碑》，至顺元年马儿年（1330 年）七月十三
　　日，陕西周至。（清）王昶撰《金石萃编未刻稿》卷中。

《曲阜文庙免差役赋税碑》，至顺元年（1330 年）十月，山东
　　曲阜。

《灵岩寺执照碑》，至顺元年（1330 年），山东济南长清县灵岩
　　寺。（清）毕沅撰《山左金石志》卷二三。

《句容县儒学田籍碑》，至顺二年（1331 年）二月十五。（清）
　　严观撰《江宁金石记》卷六。

《滕县学田碑》，至顺二年（1331 年）三月，山东滕县县学。
（清）毕沅撰《山左金石志》卷二三。

《曲阜文庙免差役赋税碑》，至顺二年（1331 年）十月，山东曲
阜孔庙奎文阁西掖门北。

《圣旨碑》，至顺二年（1331 年）十月，山东邹县孟庙启圣殿。

《高平归正学田记》，至顺三年（1332 年）五月。（清）胡聘之
撰《山右石刻丛编》卷三三。

《泾阳县学田记》，至顺三年（1332 年）十一月。（清）王昶撰
《金石萃编未刻稿》卷中。

《府学附地经界碑》，至顺四年（1333 年）。缪荃孙纂《江苏省
通志稿·金石十九》。

《淇县文庙圣旨碑》，元统二年（1334 年）三月二十九日，河南
淇县。

《圣旨碑》，元统二年（1334 年）三月。（清）严观撰《江宁金
石记》卷七。

《邹平县学田碑》，元统二年（1334 年）四月，山东邹平县学。
（清）毕沅撰《山左金石志》卷二三。

《天井关孔庙本息记》，元统二年（1334 年）四月，山西晋城凤
台县。（清）胡聘之撰《山右石刻丛编》卷三四。

《敕赐曲阜孔庙田宅碑》，元统二年（1334 年）十二月，山东曲
阜孔庙奎文阁西掖门北。

《懿州城南学田记》，元统二年（1334 年）。罗福颐撰《满洲金
石志外编·元》。

《绎山仙人宫圣旨碑》，元统三年猪儿年（1335 年）七月十四
日，山东邹县。

《万寿宫圣旨碑》，元统三年（1334 年）猪儿年七月。蔡美彪编

著《元代白话碑集录》第 86 页。

《颐真宫圣旨碑》，元统三年（1334 年）猪儿年八月二十七日，河南辉县。

《庆元路儒学涂田碑》，元统三年（1334 年）。（清）毕沅撰《两浙金石志》卷一六。

《应万寿宫圣旨碑》，（后）至元三年（1337 年）牛儿年三月二十日，湖北均县武当山。

《万寿寺圣旨碑》，牛儿年（1337 年）十二月二十六日，河北平山。

《妥懽帖睦尔皇帝鼠年圣旨碑》，（后）至元三年（1337 年），河南许昌古固镇天宝宫。

《平阳州学田记》，（后）至元四年（1338 年）八月，浙江温州。民国《平阳县志》卷一一。

《普济寺舍产净发记》，（后）至元六年（1340 年），光绪《余姚县志》卷一六。

《大元国师法旨碑》，至正元年（1341 年）三月，山东济南灵岩寺天王殿外东侧。

《重阳万寿宫圣旨碑》，至正元年（1341 年）蛇儿年六月，陕西周至。

《圣旨碑》，至正元年（1341 年），河南登封中岳庙。

《妥懽帖睦尔皇帝成都圣旨碑》，至正二年（1342 年），原立于青羊宫，现藏四川省博物馆。

《缙云县学复田碑》，至正二年（1342 年）。（清）李遇孙撰《栝苍金石志》卷一一。

《长安南五台下院圣旨碑》，至正三年（1343 年）羊儿年四月初二日，陕西周至。

《潞州学田记》，至正四年（1344 年）五月，山西潞安府学。
（清）胡聘之撰《山右石刻丛编》卷三四。

《太平路采石书院增修置田记》，至正四年（1344 年）。徐乃昌
撰《安徽通志稿·金石古物考》卷五。

《新昌县学续置田记》，至正四年（1344 年）。（清）杜春生纂
《越中金石记》卷九。

《万寿寺圣旨碑》，鸡儿年（1345 年）三月初一日，河北平山。

《白话令旨碑》，至正七年（1347 年）十一月初六日，山西运城
芮城永乐宫。

《均赋役记》，至正八年（1348 年）。民国《东莞县志》卷九一。

《滁州学田记》，至正八年（1348 年）。徐乃昌撰《安徽通志稿·
金石古物考》卷五。

《丽水县学归田残碑》，至正八年（1348 年）。（清）李遇孙撰
《栝苍金石志》卷一二。

《太平路儒学归田记》，至正九年（1349 年）。徐乃昌撰《安徽
通志稿·金石古物考》卷五。

《王子昭先生归田兴学记》，至正九年（1349 年），上海嘉定孔庙。

《义田记》，至正十年（1350 年）七月。（清）王昶撰《金石萃
编未刻稿》卷下。

《重阳万寿宫圣旨碑》，至正十一年（1351 年）兔儿年二月二十
八日，陕西周至。

《余姚州儒学复田记》，至正十一年（1351 年）。（清）杜春生纂
《越中金石记》卷一〇。

《平瑶记》，至正十三年（1353 年）十二月，广东恩平大田峒石
围口山。

《大都崇国寺圣旨碑》，至正十四年（1354 年）七月十四日，北

京护国寺。

《蒙文令旨碑记》，至正十四年（1354 年）九月九日，山西运城
　　芮城永乐宫。

《小薛大王兔年令旨碑》，至正十四年（1354 年），山西运城芮
　　城河东延祚寺。

《万寿寺圣旨碑》，猴儿年（1356 年）三月十六日，河北平山。

《象山县核田记》，至正二十年（1360 年）。民国《象山县志》
　　卷三一。

《官水磨记》，至正二十二年（1362 年）夏，山西繁峙县。（清）
　　胡聘之撰《山右石刻丛编》卷四〇。

《重阳万寿宫圣旨碑》，至正二十三年（1363 年）兔儿年七月二
　　十二日，陕西周至。

《大都崇国寺圣旨碑》，至正二十三年（1363 年），北京护国寺。

《孟庙额设户计公文》，至正二十六年（1366 年），山东邹县孟
　　庙致严堂后。

《兴修上官河水利记》，至正二十六年（1366 年）山西临汾。

《段宝摩岩碑》（又称《段宝舍田碑》），至正三十年（1370 年），
　　云南洱源县新州点苍山云弄峰北山腰。

《大通法寺常住上下院地产碑》，至正年间（1341～1368 年）。
　　罗福颐撰《满洲金石志》卷五。

《神清宫圣旨碑》，马儿年七月初四日，山东牟平烟霞洞神清宫。

《洞真观公据碑》，山东济南长清县洞真观。（清）毕沅撰《山左
　　金石志》卷二一。

《新城县学田记》。民国《新城县志》卷一五《金石一》。

《碧云寺卖地幢》。（清）孙星衍撰《京畿金石考》卷上。

《西湖书院义田记》。

十四　明代碑目

（一）洪武（1368～1398年）

《太祖白话圣谕碑》，洪武元年，陕西西安碑林。

《钦赐属员碑》，洪武二年正月，山东曲阜孔府二门。

《洪武二年卧碑》，洪武二年十一月十八日。同治《番禺县志》
　　卷三〇《金石略三》。

《洪武学校格式碑》，洪武二年十一月十八日。甘鹏云纂《潜江
　　贞石记》卷一。

《洒扫户碑》，洪武二年，山东曲阜孔府大堂后。

《大明诏旨碑》，洪武三年，河北曲阳北岳庙碑楼。

《御史台牒》，洪武四年，原存山东邹县孟庙，佚。（明）潘榛辑
　　《孟志》卷四。

《圣旨碑》，洪武六年，北京东城区府学胡同小学。

《孝感泉四村班水碑记》，洪武七年三月二十八日，云南保山市
　　隆阳区黄纸房村后孝感泉。

《邹县帖·孔孟子孙皆免差发税粮圣旨》，洪武八年二月十八日，
　　山东邹县孟庙。

《学校格式碑》，洪武八年。民国《新城县志》卷一六。

《学校格式碑》，洪武八年。（清）吴汝纶纂《深州风土记》。

《学校格式碑》，洪武十年。民国《威县志》卷一八。

《洪武卧碑》，洪武十年。潘鸣凤编《昆山见存石刻录》卷三。

《礼部钦依出幸福晓示生员卧碑》，洪武十三年，江苏苏州。

《明太祖御制卧碑》，洪武十五年，原在山西临晋县文庙，佚。

《敕旨榜文卧碑》，洪武十五年，陕西户县文庙。

《广通毛拉哨石碑》，洪武十六年，云南双柏县大庄乡毛拉哨
　　梁子。

《山林界址碑》，洪武十六年，云南双柏县石坡山。

《税缆碑文》，洪武十九年四月初一日。于树滋纂《瓜洲续志》
　　卷二六《碑文》。

《赐国师董贤圣旨碑》，洪武二十七年冬，云南大理凤仪镇北汤
　　天董氏宗祠。

《敕示郡邑学校生员言事碑》，洪武年间。民国《江都县续志》
　　卷一五。

（二）永乐（1403～1424 年）

《圣旨碑》，永乐三年二月初四日，陕西西安大学习巷礼拜寺。

《敕谕碑》（也称《永乐上谕石刻》），永乐五年五月十一日，福
　　建泉州涂门清净寺、江苏苏州太平坊清真寺、江苏南京净觉
　　寺、陕西西安化觉巷清真寺有存。

《圣旨碑》，永乐十一年，湖北武当山玉虚宫。

《皇帝敕谕碑》，永乐十六年至正月二十二日，青海西宁瞿昙寺。

《孝顺事实碑记》（又称《宋史孝义传碑》），永乐十八年五月十
　　一日。叶为铭编《歙县金石志》卷四。

（三）宣德（1426～1435 年）

《买地契约刻石》，宣德九年七月，北京门头沟龙泉镇崇化寺北
　　山崖。
《大理府卫关里十八溪共三十五处军民分定水例碑文》，洪武宣
　　德年间。

（四）正统（1436～1449 年）

《安积寺护寺敕碑》，正统元年六月二十日。张维撰《陇右金石
　　录》。
《戒石亭碑阴记》，正统五年。光绪《永嘉县志》卷二三。
《正统崖刻》，正统十二年，福建晋江。

（五）景泰（1450～1456 年）

《契约碑》，景泰六年十一月二十二日，北京门头沟圈门岳家坡
　　村。碑阴为景泰四年《西山净明禅寺兴造记碑》。
《张氏预嘱》，景泰七年三月，江苏常熟碑刻博物馆。

（六）天顺（1457～1464 年）

《大明锡复颜孟祭田之碑》，天顺元年五月十三日，山东邹县孟
　　庙启圣殿。
《义冢记》，天顺元年。张维撰《陇右金石录》卷六。

《百无禁忌碑》，天顺二年。

（七）成化（1465～1487年）

《水规》，成化元年八月，刻在《新开通济渠记》碑阴，陕西西
　　安碑林。

《广惠渠记碑》，成化五年二月，陕西泾阳县王桥镇西北泾惠渠
　　首碑廊。

《广惠渠记碑阴》，成化五年，陕西泾阳县王桥镇西北泾惠渠首
　　碑廊。

《恩荣圣寿寺记》，成化十年六月十八日，重庆大足东北香山乡
　　宝顶寺。民国《大足县志》卷一。

《陆纪遗嘱文书》，成化十年。潘鸣凤编《昆山见存石刻录》
　　卷三。

《按察副使吕公敕书碑》，成化十一年正月二十日。民国《平阳
　　县志》卷五六。

《肇庆府学卧碑》，成化十五年，广东肇庆学宫。

《敕谕碑》，成化十五年六月二十二日，北京门头沟戒台寺钟楼
　　北侧。

《崇化寺敕谕碑》，成化十六年，北京门头沟龙泉镇城子村西崇
　　化寺。

《乾盐池察院碑》，成化二十年，张维撰《陇右金石录》卷六。

《圣旨碑》，成化二十一年。民国《镇海县志》卷三八。

（八）弘治（1488～1505 年）

《马政碑》，弘治二年冬十二月。（清）熊象阶撰《浚县金石录》卷下。

《定惠寺碑》，弘治五年，崇庆治西二十里定惠寺。民国《崇庆县志》卷九。

《陕西乡试监考等官盟誓》，弘治八年，中科院文献情报中心馆藏。

《考经堂记碣》，弘治九年十二月十七日，陕西咸阳三原县博物馆。

《修建圆通寺姓氏碑记》，弘治十年，重庆忠县北六十里回龙山圆通寺。同治《忠州直隶州志》卷一二。

《鼎建兴福寺记》，弘治十一年，彰明县（今四川江由市）城西北三十里兴福寺。同治《彰明县志》卷五七。

《敕谕提学碑》，弘治十七年十二月十六日。李权辑《钟祥金石考》卷一。

（九）正德（1506～1521 年）

《重立清净寺碑》，正德二年夏，福建泉州通淮门街清净寺。

《敕谕提学教条碑》，正德三年。甘鹏云纂《潜江贞石记》卷一。

《敕谕提学教条碑》，正德四年十月三十日，山西运城绛县。

《敕谕提学教条碑》，正德五年五月，原立绛县文庙大成殿，现存山西绛县博物馆。

《藏山庙禁宰杀石柱》，正德九年十一月初六日，山西阳泉盂县芪池乡藏山村。

《旧令尹说》，正德九年。民国《献县志》卷一八（下）。

《泾阳县通济渠记碑》，正德十二年五月，陕西泾阳县王桥镇西
　　北泾惠渠首碑廊。

《河津县第一工界碑》，正德十二年，1987 年出土于山西运城南
　　门外盐池禁墙。

《伏牛山云岩寺记》（碑阴），正德十三年孟冬，河南伏牛山云
　　岩寺。

《洗心泉诫碑》，正德十四年，云南洱源县旧州村街心。

（十）嘉靖（1522～1566 年）

《吏部札付碑》，嘉靖元年三月，陕西户县秦渡镇庞村罗汉寺。

《灵宝西路井渠碑》，嘉靖二年七月十四日，河南灵宝市大王镇
　　西路井村委员会。

《八湾驿站告示碑》，嘉靖二年，云南保山市隆阳区八湾驿站
　　（今高黎贡山自然保护区管理站）。

《思南白云寺舍白碑》，嘉靖三年九月初九日，贵州思南县白
　　云寺。

《敕赐祖庭少林禅寺香亭记》，嘉靖三年，河南登封嵩山少林寺
　　西圣殿门前亭。

《官箴》刻石，嘉靖三年，河北无极县县委大院。

《太平县长寿乡社碑》，嘉靖五年二月十二日。徐乃昌撰《安徽
　　通志稿·金石古物考》卷六。

《长洲县九都二十图里社碑》，嘉靖五年二月，江苏。

《中明乡约碑》，嘉靖五年四月十二日，安徽祁门县。

《嘉靖御制敬一箴》，嘉靖五年六月二十一日。（清）杨世沅撰
　　《句容金石记》卷六。

《武进县大宁乡乡约碑》，嘉靖五年八月，江苏常州市武进县博
　　物馆。

《无锡县里社碑》，嘉靖五年，江苏无锡市碑刻陈列馆。

《戒石铭》，嘉靖六年七月，原立邹县县署，今存山东邹县孟府。

《圣谕》，嘉靖六年，原在山西运城大河津县文庙，佚。

《嘉靖御注视听言动心五箴碑》，嘉靖七年。（清）杨世沅撰《句
　　容金石记》卷八。

《重建永昌府敕谕示碑》，嘉靖七年，原立永昌府署衙，现存云
　　南保山市隆阳区太保公园碑林。

《圣旨碑》，嘉靖七年。（清）杨世沅撰《句容金石记》卷八。

《平阳府重建李太守行水碑》，嘉靖七年前后，原在山西临汾城
　　内莲花池畔，佚。

《儒学义仓碑》，嘉靖八年十月。民国《南陵县志》卷四五《金
　　石志》。

《龙湾二厂榜示》，嘉靖八年，北京。

《优免徭役碑》，嘉靖十三年二月。民国《江阴县续志》卷二二
　　《石刻记二》。

《廛田条段四址碑》，嘉靖十五年，孔庙明伦堂右偏，今存上海
　　嘉定孔庙碑廊。光绪《嘉定县志》卷二九。

《嘉靖宣谕百姓碑》，嘉靖十八年三月二十六日。李权辑《钟祥
　　金石考》卷二。

《临洮府学田碑》，嘉靖十八年。张维撰《陇右金石录》卷六。

《曹忠重修大井记碑》，嘉靖十九年，江苏连云港海州南门外古
　　井旁。

《却金坊记》，嘉靖二十年七月。民国《东莞县志》卷九三《金
　　石略五》。

《乞赐周公庙祀田碑》，嘉靖二十一年七月二十四日，山东曲阜
　　周公庙。

《灾年减免差粮碑》，嘉靖二十一年九月，山西运城芮城县博
　　物馆。

《却金亭碑记》，嘉靖二十一年十一月冬至。民国《东莞县志》
　　卷九三《金石略五》。

《平阳府解州芮城县为官吏乞均差役碑》，嘉靖二十一年十二月，
　　山西运城芮城县博物馆。

《乞赐周公庙祀田碑》，嘉靖二十一年，山东曲阜周公庙。

《施茶碑记》，嘉靖二十五年，河南登封嵩山少林寺天王殿前。

《无冤洞记》，嘉靖二十六年，广西桂林叠彩山。

《学田记》，嘉靖二十七年孟夏。光绪《余姚县志》卷一六《金
　　石上》。

《水利公文碑》，嘉靖二十八年十月，山西太原晋祠。

《圣旨雁门关》，嘉靖二十八年，山西朔州南紫金山自然保护区。

《骆族祠堂记》，嘉靖三十一年仲春，广东乐昌县河南小学。

《告宗族书》，嘉靖三十二年孟秋。民国《琼山县志》卷一五
　　《金石》。

《宾川平盗记》，嘉靖三十四年六月，云南宾川县平川街，现存
　　县文管所。

《三河平贼碑》，嘉靖三十四年，原在陕西安康紫阳县，佚。

《敕谕碑》，嘉靖三十七年。李权辑《钟祥金石考》卷二。

《塘湖刘公御倭保障碑记》，嘉靖三十七年，广东汕头潮州。

《饕吏诈财隐匿军案碑》，嘉靖四十年，陕西安康紫阳县前河乡。

《永丰仓图》，嘉靖四十年，江苏常熟碑刻博物馆。

《清真寺禁碑》，嘉靖四十二年三月二十四日，河北大厂北坞清真寺。

《盐法条奏》，嘉靖四十二年端午，山西运城市盐湖区盐池神庙。

《舍地碑》，嘉靖四十三年仲春初旬三日，山西平遥双林寺。

《晓示生员碑》，嘉靖四十四年春二月。徐乃昌撰《安徽通志稿·金石古物考》卷七。

《紫阳县民张刚虚田实契典卖他人田宅案帖碑》，嘉靖四十四年七月三十日，陕西安康紫阳县庙坪莲花寺旧址。

《敕赐银山法华寺庄田记》，嘉靖四十四年，北京昌平银山塔林法华禅寺遗址。

《严禁民间私自采矿告示碑》，嘉靖四十五年五月初一日，原在浙江淳安县姜家镇甘许铁矿，1958年建新安江水库时移至淳安县县城排岭。

《儒学义田碑记》，嘉靖四十五年十月。同治《栾城县志》卷一四《碑碣》。

《班山常住田记》，嘉靖四十五年冬，云南大理感通寺。

《嘉定县新给学田记》，嘉靖四十五年，上海嘉定孔庙碑廊。光绪《嘉定县志》卷二九。

《肇庆府禁谕宋崇水口碑记》，嘉靖四十五年，广东肇庆。

《添设学粮碑》，嘉靖年间。张维撰《陇右金石录》卷六。

《圣谕刻石》，嘉靖间年，陕西西安碑林。

《告示碑文》，嘉靖年间，安徽祁门县。

《青阳乡约记》，嘉靖年间，福建晋江青阳石鼓庙。

《创修清白堰并宝莲庵记》，嘉靖末年，汉州城南十五里宝莲庵。嘉庆《汉州志》卷三六。

（十一）隆庆（1567～1572年）

《四明槎湖张氏祠堂条约》，隆庆元年，浙江宁波市鄞州区古林
　　镇张家潭村。

《察院定北霍渠水利碑》，隆庆二年十二月二十七日，山西洪洞
　　水神庙明应王殿前檐东侧。

《苏州府示禁挟妓游山碑》，隆庆二年，江苏苏州虎丘。

《坊里均役碑》，隆庆三年秋七月。民国《江阴县续志》卷二二。

《邵惟中敕封碑》，隆庆三年十二月二十八日，云南保山城西北
　　象头山邵氏墓地，后移太保公园碑林。

《买地碑记》，隆庆三年十二月，山西运城常平关帝庙。

《永昌里社义仓记》，隆庆四年，原存上水河义仓，今存云南保
　　山市实验小学，残。

《东莞县学地租记》，隆庆五年秋七月。民国《东莞县志》卷九
　　四《金石略六》。

《嘉隆买卖学田纪实碑》，嘉靖、隆庆年间。民国《江都县续志》
　　卷一五《金石考》。

（十二）万历（1573～1619年）

《标楞寺田记》，万历元年夏，云南大理洱源县茈碧乡标山标楞
　　寺旧址。

《顺德学田碑》，万历元年，后附万历九年正月《学田条款》。咸
　　丰《顺德县志》卷二〇《金石略二》。

《毁佛像文》，万历元年，四川南充营山县西林寺。《顺庆府志》

卷一〇。

《南郑县安民碑》，万历二年，原在陕西南关县署前，佚。嘉庆
　　《汉中府志·艺文志》。

《清查学田记》，万历三年十二月。民国《江都县续志》卷一五
　　《金石考》。

《干沟平贼碑记》，万历三年，陕西安康。

《坐右铭》，万历三年，山西大同。

《界址石碑》，万历三年，云南双柏县法黑村。

《修建督察院碑》，万历四年。（清）杨世沅撰《句容金石记》
　　卷九。

《浙江道监察御史赵池诰敕》，万历五年三月十一日。民国《昌
　　乐县续志》卷一七《金石志》。

《宣城县儒学学田记》，万历五年初夏。徐乃昌撰《安徽通志稿·
　　金石古物考》卷七。

《山场纠纷判处碑》，万历五年九月初九日，云南楚雄牟定县蟠
　　猫乡龙神祠。

《儒学箴》，万历五年十月，浙江上虞。光绪《上虞县志校续》
　　卷四《金石》。

《石鼻里水利碑》，万历初年，原在云南昆明西郊车家壁（明代
　　称石鼻里），现存马街小学。

《江阴学义田记》，万历六年孟秋，江苏江阴。民国《江阴县续
　　志》卷二二。

《敕谕儒学碑》，万历六年八月初一日，原在陕西汉中城固县文
　　庙，现在城固县五门堰文物保管所。

《敕谕碑》，万历六年十一月朔日，陕西户县文庙大成殿东侧
　　碑廊。

《均粮记碑》，万历六年，陕西汉中西乡县。嘉庆《汉中府志·艺文志》。

《明神宗敕谕士子碑》，万历七年七月，江苏江都县。民国《江都县续志》卷一五《金石考》。

《李氏祠堂书院义田集录》，万历七年，云南大理喜州镇上院滂李氏宗祠，毁。

《学田书序碑》，万历八年七月。徐乃昌撰《安徽通志稿·金石古物考》卷七。

《赋复祀记》，万历八年，江西上饶铅山鹅湖书院碑廊。

《松江府条议水利碑》，万历九年正月，原在上海松江府署旧址（现上海松江二中）。

《禁止重婚碑》，万历九年十一月十日，四川仪陇县双盘乡高石坎村大碗湾大路旁。

《河南府登封县为乞怜分豁丈地均粮以免逃窜事帖》，万历九年十一月二十七日，河南登封嵩山少林寺。

《优免定额禁约夫马碑》，万历九年十一月。民国《江阴县续志》卷二二《石刻记二》。

《丈地均粮碑》，万历十年三月，原置甘肃甘南藏族自治州舟曲县城北街十字路口，今存县文化馆。

《戒酒告示碑》，万历十年五月，原立四川渠县中滩乡文昌宫门前，现藏渠县历史博物馆。

《卖地契书碑碣》，万历十年六月初一日，山西长治梁家庄观音堂。

《王地陈坟碑》，万历十年七月初十日，安徽徽州闪里镇铜锣湾。

《抚按酌定赋役规则碑》，万历十年。民国《鄞县通志·文献志·碑碣》。

《禁止早婚摩崖石刻》，万历十年，四川剑阁县龙源镇古驿道
　　两旁。

《俺答汗法典碑》（又称《大元国师碑》），万历十一年，1982 年
　　出土于呼和浩特市土默特左旗台阁牧乡达尔扎村墙基中，现
　　存内蒙古大学图书馆。

《总由征粮碑》，万历年十一年十月，江苏江阴。民国《江阴县
　　续志》卷二二《石刻记二》。

《均徭碑志》，万历年十一年，山西阳泉盂县，佚。《盂县志》
　　卷九。

《建庙买田乐输碑》，万历十一年，安徽祁门县。

《常住僧产碑记》，万历十二年正月，浙江衢州烂柯山宝岩寺。

《漕粮永折为百世利宜之碑》，万历十二年前后，上海嘉定报功
　　祠旧址。

《椒山杨公置买学田碑》，万历十三年孟夏。张维撰《陇右金石
　　录》卷六。

《学田碑记》，万历十四年秋七月。徐乃昌撰《安徽通志稿·金
　　石古物考》卷八。

《余姚量田记》，万历十四年。民国《余姚县志》卷九。

《永禁开窑穿凿碑》，万历十五年二月，江苏句容。（清）杨世沅
　　撰《句容金石记》卷一〇。

《义助助祭田碑记》，万历十五年夏六月。徐乃昌撰《安徽通志
　　稿·金石古物考》卷八。

《智果寺圣谕碑》，万历十六年四月二十四日，陕西洋县智果寺
　　藏经楼下小院中。

《青阳乡约记》，万历十六年，福建晋江。

《介休县水利条规碑》，万历十六年十一月，山西介休市洪山镇

源神庙。

《鹭鹭泉水利记》，万历十六年，山西介休市洪山镇源神庙。

《税粮会计由票长单式样碑》，万历十六年，江苏常熟碑刻博
　　物馆。

《重修巾湖叶氏宗祠碑记》，万历十六年。光绪《永嘉县志》卷
　　二四《金石下》。

《玉皇阁常住田碑记》，万历十七年正月十六日，云南楚雄狮山
　　古碑亭。

《太原水利禁令公文碑》，万历十七年四月初一日；山西太原。

《绿云阁塔院记》，万历十八年，四川大邑县绿云庵。

《莱州府勘界告示石刻》，万历十八年，山东青岛崂山。

《少林寺首僧定量》，万历十九年三月二十九日，河南登封嵩山
　　少林寺。

《介邑王侯均水碑》，万历十九年秋，山西介休市洪山镇源神庙。

《新建源神庙碑》，万历十九年，山西介休市洪山镇源神庙。

《临邑县创置学田碑记》，万历十九年。光绪《潞城县志》卷一
　　五《金石志下》。

《刊示减革碑》，万历十囗年，安徽南陵县。民国《南陵县志》
　　卷四六《金石志》。

《借地建祠准予通行文约碑》，万历二十年，安徽祁门潘村。

《卧龙岗买地文书刻石》，万历二十二年孟冬，北京门头沟区永
　　定镇卧龙岗村西南。

《敕旌朱氏义民坊记》，万历二十三年孟春，江苏句容。（清）杨
　　世沅撰《句容金石记》卷九。

《登封县知县丁为肃清规杜诈害以安丛林告示》，万历二十三年
　　十月二十八日，河南登封嵩山少林寺。

《新建督学察院记》，万历二十三年，江苏句容。（清）杨世沅撰
　　《句容金石记》卷九。

《捐置学田二碑》，万历二十三年。张维撰《陇右金石录》卷七。

《蒋春芳江北誓辞碑记》，万历二十四年，江苏盱眙县。光绪
　　《盱眙县志稿》卷一三《金石》。

《置地守林记》，万历二十五年十月，原存山东曲阜南郊马鞍山
　　孟母林，毁，孟府原石旧拓。

《仓基田地租税申文碑》，万历二十六年季冬。民国《江阴县续
　　志》卷二三《石刻记三》。

《永折漕粮碑记》，万历二十六年，上海嘉定报功祠旧址。

《院道批详条款碑》，万历二十七年秋九月。徐乃昌撰《安徽通
　　志稿·金石古物考》卷八。

《寅宾堂箴》，万历二十七年，原在山西绛县，佚。

《守官箴刻石》，万历二十七年，湖北潜江。甘鹏云纂《潜江贞
　　石记》卷五。

《两院详允永充弓兵户额经制碑》，万历二十八年，原在云南洱
　　源县江尾乡青索河东村杨思忠府第大门前，后移天衢桥东。

《宁波府五县学田颂碑》，万历二十九年，浙江宁波海曙天一阁
　　碑林。

《黄册亲供议碑》，万历三十年正月，原在江苏常熟道前。

《重修太学会馆记》，万历三十年仲春。徐乃昌撰《安徽通志稿·
　　金石古物考》卷八。

《大邑县重建学宫记》，万历三十年，四川大邑。同治《大邑县
　　志》卷三《金石》。

《龙华寺明神宗敕谕碑》，万历三十年，原立上海龙华寺，毁于
　　咸丰十年。康熙《龙华志》。

《祖林垂示碑》，万历三十年，福建厦门同安区新墟镇金柄村。

《宛平县定役裁费刻石记》，万历三十年，原在北京西皇城根土
　　地祠。

《莱州府勘界告示石刻》，万历三十一年三月二十日，山东青岛
　　崂山太清宫三清殿东。

《晋府碑文》，万历三十一年六月初，山西太原晋祠。

《合龙山地粮记碑》，万历三十一年，陕西榆林绥德县张家砭乡
　　合龙山祖师庙。

《广济渠申详条款碑》，万历三十二年，河南沁阳。乾隆《怀庆
　　府志》。

《广东等处提刑按察司给白云寺付札碑》，万历三十五年，广东
　　肇庆鼎湖山。

《察院禁碑》，万历三十七年四月初八日，四川都江堰市青城山
　　香积寺。

《嘉定县察院荡田碑》，万历三十七年四月十五日，上海嘉定孔
　　庙碑廊。

《瞻族田记》，万历三十七年孟夏，江苏江阴。民国《江阴县续
　　志》卷二三《石刻记三》。

《补约言碑》，万历三十七年中秋，旧在河东察院遗址，现在山
　　西运城市博物馆。

《邹县为退恳恩照例优免以杜攀扰事公文》，万历三十七年仲秋，
　　山东邹县孟府礼门内。

《常熟县购置义田分赡北运差役碑》，万历三十八年秋，江苏常
　　熟碑刻博物馆。

《府堂禁约》，万历三十九年四月，海南岛琼山县。民国《琼山
　　县志》卷一六《金石》。

《松江府建求忠书院记碑》，万历三十九年八月，上海松江。

《无锡县均田碑》，万历三十九年九月，江苏无锡。

《院道详允告垦下区田永额斗则告示碑》（又称《已垦荒田定则碑》），万历三十九年十月，上海嘉定孔庙碑廊。

《乡饮家火碑》，万历四十年正月初十日，山东潍坊市昌乐县。民国《昌乐县续志》卷一七《金石志》。

《院道禁谕碑》，万历四十年十一月。徐乃昌撰《安徽通志稿·金石古物考》卷九。

《宁波府置府县各县学田记》，万历四十年，浙江宁波海曙天一阁碑林。

《鄞县重修儒学并置学田碑》，万历四十一年，浙江宁波海曙天一阁东园。光绪《鄞县志》卷九。

《置买学田始末记》，万历四十一年，上海嘉定孔庙明伦堂。

《严禁扛诬设呈碑》，万历四十二年正月，原在江苏常熟道前。

《按晋约言》，万历四十二年正月，山西黎城县博物馆。

《常熟县为吁天中禁敦民水火事碑》，万历四十二年仲秋月，原在江苏常熟道前。

《察院禁约碑》，万历四十二年上冬月。徐乃昌撰《安徽通志稿·金石古物考》卷一〇。

《直指按晋训廉谨刑约言碑》，万历四十二年，山西临猗县博物馆。

《平河均修水利碑》，万历四十三年正月，山西临汾。

《禁止木铺供给碑》，万历四十四年八月，原在江苏常熟道前。

《关税禁约石刻》，万历四十五年八月，原在江苏常熟港口圆通庵。

《北坞清真寺碑》，万历四十五年十一月，河北廊坊大厂回族自治县。

《按院禁约碑》，万历四十五年，河北武安市阳邑镇柏林村。

《泉州府告示》，万历四十六年正月二十二日，福建晋江。

《兖州府为保颜氏宗族碑》，万历四十六年三月，山东曲阜颜庙
　　西碑亭后。

《骆心丹公倡议公举合族□民田碑记》，万历四十六年孟夏，广
　　东湛江徐闻县。

《捐俸银置买祭田记》，万历四十六年九月初一日，山东邹县
　　孟庙。

《开垦荒田碑》，万历四十六年九月，原在江苏常熟道前。

《开垦荒田碑之二》，万历四十六年十月，原在江苏常熟道前。

《开垦荒田碑之三》，万历四十六年孟冬，原在江苏常熟道前。

《莅官总要碑》，万历四十六年，山西黎城县博物馆。

《梵净山敕赐碑》，万历四十六年，贵州梵净山。

《漕务禁约》，万历四十七年三月，江苏常熟图书馆旧拓。

《校正北霍渠祭祀碑》，万历四十八年正月，山西洪洞水神庙明
　　应王殿前西廊。

《水神庙祭典文碑》，万历四十八年正月，山西洪洞水神庙。

《神山禁谕》，万历四十八年八月初三日，山西阳泉盂县苌池乡
　　红崖底村碧屏山玉皇庙。

《嘉定粮里为漕粮永折呈请立石碑》，万历四十八年左右，原在
　　上海嘉定西门外。

《学田碑记》，万历年间，安徽南陵。民国《南陵县志》卷四六
　　《金石志》。

《分置学田碑》，万历年间，常州府学（今常州市二中）。

《吕公开田碑》，万历年间。张维撰《陇右金石录》卷六。

《奉诏抚瑶颂》，万历年间，湖南永州宁远县九嶷山舜庙。

（十三）泰昌（1620 年）

《严革漕白陋规帖附录禁约》，泰昌元年十一月，江苏常熟图书
    馆旧拓。

《抚按禁革兑运陋规明文》，泰昌元年仲冬月。徐乃昌撰《安徽
    通志稿·金石古物考》卷一〇。

（十四）天启（1621～1627 年）

《义施学田碑》，天启元年。同治《盐山县志》卷一四《金石
    志》。

《告示碑》，天启二年三月初七日，陕西户县凿齿村北菩萨庙。

《督学察院题名记》，天启二年季秋，江苏江阴。民国《江阴县
    续志》卷二三《石刻记三》。

《改造瞻族庄记》，天启二年，江苏江阴。民国《江阴县续志》
    卷二三《石刻记三》。

《兵巡关内道告示碑》，天启二年，陕西泾阳县汉堤洞村泾惠渠
    北岸渠旁。

《布政司明文碑》，天启三年正月二十九日，原潞安府黎城县衙
    大堂，现山西黎城县博物馆。

《常熟县严禁致累绸铺碑》，天启三年正月，江苏常熟。

《皇泽寺书事碑记》，天启三年，四川广元县嘉陵江西岸皇泽寺。

《抚院明文碑》，天启四年，陕西泾阳县王桥镇张家村。

《三清宫灯田记碑》，天启五年八月十六日，四川。

《白塔寺遗业碑记》，天启五年十一月，浙江温州市玉虹洞山门
　　东侧。光绪《乐清县志》卷一五。

《嘉定县改折漕粮本末记碑》，天启五年，原在上海嘉定西门外，
　　今存报功祠旧址。

《长洲县出增派征便民碑记》，天启六年八月，江苏苏州碑刻博
　　物馆。

《潮州府奉两院并名司道批允勒石严示禁革碑记》，天启六年十
　　二月，广东潮州开元寺。

《乡仕会馆记》，天启七年正月，广东南海县。道光《南海县志》
　　卷三〇《金石略四》。

《敕命碑》，天启七年三月，广东阳春县。

《苏州府永禁南濠牙户截抢商民客货碑记》，天启七年九月，原
　　在江苏苏州南濠街 121 号门前。

《禁约告示碑》，天启七年十一月初六日，山西灵石石膏山。

《廨院寺道府禁约碑》，天启七年十二月初一日，四川广元县嘉
　　陵江西岸皇泽寺。宣统《广安州新志》卷三九。

《天龙寺重赎稻地碑记》，天启年间，山西太原晋祠。

《净土寺天启碑》，天启年间，四川什邡九峰山净土寺。民国
　　《重修什邡志》卷八之上。

《观音阁灯田碑记》，天启年间，四川武胜县北三溪乡观音阁。
　　嘉庆《定远县志》卷三二。

《示谕赋役碑》，天启年间，安徽南陵。民国《南陵县志》卷四
　　六《金石志》。

（十五）崇祯（1628～1644 年）

《薛户官业记》，崇祯元年孟春，山西万荣县。

《龙泉寺常住田碑记》，崇祯元年三月，云南保山市隆阳区。

《河津县正堂为出示疏通水道碑》，崇祯元年七月，山西万荣县。

《紫柏山免粮记碑》，崇祯元年五月十五日，陕西汉中留坝县张
　　良庙。

《告示碑》，崇祯元年十月十八日，广东汕头潮阳县。

《牟尼寺碑》，崇祯元年，云南永胜县片角区十甲村牟尼山。

《皇明圣谕碑》，崇祯二年，陕西西安碑林。

《茶山渡碑记》，崇祯二年，贵州遵义县与开阳县交界处茶山关。

《邑侯京山杨公酌漕政八款》，崇祯四年二月，原在江苏常熟
　　道前。

《抚按禁筑马仁渡文村埂碑记》，崇祯四年仲春月。徐乃昌撰
　　《安徽通志稿·金石古物考》卷一〇。

《赵子科施地碑记》，崇祯四年三月下旬，山西阳泉市平定县马
　　山乡马山村马齿岩寺。

《苏州府为永革布行承值当官碑》，崇祯四年五月，原在江苏苏
　　州阊门外广济桥堍。

《优免颜氏杂役阖族感恩记碑》，崇祯四年，山东曲阜颜庙克己
　　门下南。

《成二下故都村石牌》，崇祯四年，广西金秀瑶族自治县。

《抚院司道府为胖袄药材不许签报铺商禁约碑》，崇祯五年，浙
　　江宁波海曙天一阁碑林。

《应天巡抚惩贪吏疏石刻》，崇祯初年，原在常熟道前，江苏常

熟图书馆旧拓。

《禁革短价采买货物并借办官价名色示石刻》，崇祯七年三月，
　　原在江苏常熟道前。

《察院禁筑铜碗塘埂碑记》，崇祯七年季冬。徐乃昌撰《安徽通
　　志稿·金石古物考》卷一一。

《花山寺田粮分籍碑》，崇祯七年，四川广安。宣统《广安州新
　　志》卷三九。

《禁革杂差碑记》，崇祯八年季夏，原在北京西皇城根土地祠。

《广州府南海县饬禁横敛以便公务事碑》，崇祯八年，广东佛山
　　市博物馆。

《南翔寺免役记碑》，崇祯八年，上海嘉定南翔镇南翔寺。光绪
　　《嘉定县志·金石志》。

《长洲县奉宪禁占佃湖荡碑》，崇祯九年五月十六日，江苏苏州
　　碑刻博物馆。

《东岳殿灯油碑记》，崇祯九年夏，四川。龙显昭等主编《《巴蜀
　　道教碑文集成》第278页。

《嘉定县为严禁牙行兑低挪派指税除折告示碑》，崇祯九年十月，
　　原在上海嘉定县新泾镇。

《察院示拮阄定解碑记》，崇祯十一年七月。徐乃昌撰《安徽通
　　志稿·金石古物考》卷一一。

《苏州府督抚军门会同户部定立柴船梁头则例蠲免余耗勒石永
　　遵》，崇祯十二年十一月初五日，上海嘉定孔庙碑廊。

《绛州阖学生员免粮碑记》，崇祯十二年仲冬，山西运城，佚。

《改正颜族地粮碑》，崇祯十三年五月，山东曲阜颜庙克己门南
　　面西侧。

《扬州府儒学新置学田记》，崇祯十三年七月。民国《江都县续

志》卷一五《金石考》。

《禁约碑》，崇祯十四年五月，江苏南京明孝陵下马坊旁。

《松江府为禁借巡缉为名骚扰官盐告示碑》，崇祯十四年八月二
　　十六日，原在上海青浦县金泽镇。

《重修石羊儒学记》，崇祯十四年季秋，云南楚雄。

《判发北沙河上游五坝与下游三坝用水执照碑》，崇祯十四年，
　　甘肃武威。

《院道移会浒墅关禁革盐商银钱船钞与铺役生情指索碑示》，崇
　　祯十五年四月，江苏。

《治琼五戒》，崇祯十六年仲秋。民国《琼山县志》卷一六《金
　　石》。

《察院甦瑶官碑》，崇祯十六年十二月二十九日，广东乳源县。

《盐法都运使司为蒋泾埠改为松江所验挈商盐告示碑》，崇祯二
　　十四年九月十六日，原在上海青浦县金泽镇。

《封山育林禁碑》，崇祯年间，福建三明泰宁县衙立于炉峰山。

《静智寺碑记》，崇祯末年，四川芦山县北五里静智寺。

（十六）明（1368～1644 年）

《禁止孔林樵伐碑》，山东曲阜孔林洙水桥东北。

《汪太守馆例十二条约禁十一条碑》，江西吉安白鹭洲书院。

《太祖面谕碑》。民国《镇海县志》卷三八。

《宁波府委府经历典守仓廒告示碑》，浙江宁波海曙天一阁。

《仁廉公勤四箴言碑》，原存邹县县署，现立山东邹县孟庙致敬
　　门内。

《普济庵免税碑记》。光绪《奉化县志》卷一五。

《柳亭复田记》。光绪《鄞县志》卷六七。

《白龙寺还山碑记》。光绪《慈溪县志》卷四一。

《禹帝庙特置春秋祀田记》。民国《象山县志》卷三一。

十五　清代碑目

（一）顺治（1644～1661年）

《禁邻堡开涌碑示》，顺治三年八月初。（清）吴荣光纂《佛山忠
　　义乡志》卷一三《乡禁志》。

《织造经制碑》，顺治四年十二月，原在江苏苏州带城桥织署
　　（现为江苏师院附中）。

《宁波府知府韦克振立石永遵均行苏困告示碑》，顺治四年，浙
　　江宁波海曙天一阁碑林。

《玄元宫给产碑》，永历二年（顺治五年）仲冬，广东高要县南
　　宫岭清虚观。

《饭僧田碑记》，顺治五年十一月，江苏常熟碑刻博物馆。

《江防同知李告示碑》，顺治七年三月，江苏扬州市瓜洲。于树
　　滋纂《瓜洲续志》卷二六《碑文》。

《庙佃两籍感恩碑》，顺治七年孟夏，山东曲阜孔府。

《奉旨禁革漕运积弊告示》，顺治七年十二月，原在江苏常熟
　　北仓。

《松江府为禁修葺官府横取赊买竹木油麻材料告示碑》，顺治七
　　年，原在上海松江府署（现上海松江二中）。

《遵照碑记》，顺治八年六月初七日，云南江川县。

《卧碑》，顺治九年二月初九日，陕西汉中文庙。

《卧碑》，顺治九年二月初九日，原立于陕西户县文庙，后存县
　　文管会。

《卧碑》，顺治九年二月初九日，江苏昆山。潘鸣凤编《昆山见
　　存石刻录》卷四。

《卧碑》，顺治九年二月初九日，山东临邑。道光《临邑县志》
　　卷一三。

《世祖御制训饬士子卧碑文》，顺治九年二月初九日。（清）阮元
　　修纂《广东通志》卷一九九《金石略一》。

《泸山碑记碑》，永历六年（顺治九年）孟冬，四川西昌市泸山
　　光福寺。

《卧碑》，顺治九年，陕西安康汉阴儒学。民国《汉阴县志·金
　　石志》。

《礼部题奉钦依晓示生员卧碑》，顺治九年，江苏苏州文庙。

《平利五峰书院碑》，顺治九年，陕西安康平利县五峰书院旧址。

《明伦堂卧碑》，顺治九年以后，湖北潜江。甘鹏云纂《潜江贞
　　石记》卷六。

《汤帝庙公约墙碑》，顺治十年四月二十日，山西阳城县北留镇
　　郭峪村汤帝庙。

《泸山光福寺碑记》，顺治十年孟冬（道光十三年三月二十日重
　　刻），四川西昌邛海畔泸山光福寺。民国《西昌县志》卷
　　一一。

《灵丘县蠲豁荒地丁记》，顺治十一年春，山西灵丘县，佚。康
　　熙《灵丘县志·艺文志》。

《明伦堂卧碑》，顺治十二年二月，河北深州。（清）吴汝纶纂

《深州风土记》卷一一（下）《金石》。

《呈准禁革漕弊条议石刻》，顺治十二年三月，原在常熟西仓，
　　江苏常熟图书馆旧拓。

《卧碑》，顺治十二年八月，原立于江苏吴县县学，现藏江苏苏
　　州碑刻博物馆。

《城窑公约》，顺治十二年十一月，山西阳城县北留镇郭峪村。

《禁衙蠹乘参访巧织款案陷害盐商告示碑》，顺治十二年，上海。

《阳城额设商税银碑》，顺治十三年四月二十七日，山西阳城县。

《长洲县奉宪禁革首名役累碑》，顺治十三年六月，江苏苏州碑
　　刻博物馆。

《嘉定县为军兴需用物料严禁铺户当官告示碑》，顺治十三年十
　　月，原立石县署，后存上海嘉定孔庙。

《典铺当赎值银一例帖》，顺治十三年十月，原在江苏常熟道前。

《按院优免明文碑》，顺治十三年，江西赣县田村镇东山村龚公
　　山宝华寺。

《新立弥勒庵碑记》，永历十年（顺治十三年），云南腾冲界头乡
　　沙坝村。

《奉两院禁约》，顺治十四年十一月初七日，广东东莞县。

《巡方缪公题复乡试恩例记碑》，顺治十五年二月，山东曲阜
　　颜庙。

《禁止海会院后开窑碑记》，顺治十五年春，山西阳城海会寺。

《广济河道宪除弊碑》，顺治十五年，山东。

《苏松两府为禁布牙假冒布号告示碑》，顺治十六年四月，原在
　　上海松江府署（现上海松江二中）。

《本朝革除六弊碑》，顺治十六年五月，河北蔚州。光绪《蔚州
　　志》卷九。

《永禁采办物料扰累油麻钉铁行铺碑》，顺治十六年五月，原在
　　江苏常熟道前。

《为食用水不给重录前案碑》，顺治十六年六月十八日，原在陕
　　西华阴县杨村西城门内。

《常熟县禁扰油麻钉铁铺户碑》，顺治十六年，江苏苏州。

《顺治批示碑》，顺治十六年，北京昌平十三陵长陵龟龙碑亭。

《松江府为严禁巡船抢掠竹木告示碑》，顺治十七年正月二十日，
　　原在上海松江府署（现上海松江二中）。

《本朝永革二弊碑》，顺治十七年四月，河北蔚州。光绪《蔚州
　　志》卷九。

《蠲免渔课永禁泥草私税碑》，顺治十七年五月，江苏吴县黄桥
　　乡北庄基村原土地庙观音堂旧址。

《顺治禁伐碑》，顺治十七年，北京西山北法海寺。

《奉按院优免明文碑》，顺治十七年，江西赣县田村镇东山村龚
　　公山宝华寺。

《松江府为禁侵耗科派磨骡当官走差告示碑》，顺治十八年二月，
　　原在上海松江府署（现上海松江二中）。

《阂民妄攀行差碑》，顺治十八年，原在陕西潼关玉皇观，佚。
　　嘉庆《续潼关厅志》卷之下。

《王公置买班山碑记》，顺治十八年秋，云南大理感通寺。

（二）康熙（1662～1722年）

《御制训士子文碑》，康熙元年正月，陕西兴平市文化馆。

《开禧寺祇园垂训记》，康熙二年，重庆忠县东北高峰山塔院侧
　　开禧寺。同治《忠州直隶州志》卷一二。

《长洲县减轻花盐民夫纷扰碑》，康熙三年正月，江苏苏州碑刻
　　博物馆。

《云门寺蠲免大差碑记》，康熙三年仲秋，广东乳源县云门寺。

《开荒地碑》，康熙四年，山西运城。

《嘉定县为东西两异乡升科田亩照旧办粮告示碑》，康熙三年十
　　月，原在上海嘉定邑庙。

《重修厚俗社学记》，康熙五年十一月二十六日，广东佛山。
　　（清）吴荣光纂《佛山忠义乡志》卷一二《金石志上》。

《遇真观免杂派记》，康熙五年十一月，山西阳泉市荫营镇下荫
　　营村遇真观。

《修堤碑记》，康熙五年，湖北钟祥。李权辑《钟祥金石考》卷
　　五《清二》。

《宁波府知府奉宪文禁扰安商碑》，康熙五年，浙江宁波海曙天
　　一阁。

《庆云寺灯田蠲税碑记》，康熙五年前，重庆忠县汝溪滩庆云寺。
　　同治《忠州直隶州志》卷一二。

《恒山永革陋规碑记》，康熙六年八月，山西浑源县天峰岭景区
　　寝宫旁。

《万松庵碑记》，康熙六年前后，四川南溪县万松山顶万松庵。
　　民国《南溪县志》卷一。

《山东运司蠲课记略》，康熙九年二月，山东历城。民国《续修
　　历城县志》卷三二《金石考二》。

《严禁行户当官碑》，康熙九年五月，原在江苏常熟县署。

《恩敕勒石永护名胜碑》，康熙九年五月，浙江瑞安市。

《巡抚督察院范宪示碑》，康熙九年五月，浙江温州市龙湾区仙
　　岩寺。

《苏州府为核定踹匠工价严禁恃强生事碑》，康熙九年十月，原
　　在江苏苏州阊门外广济桥堍。

《奉部院司府详允碑》，康熙九年十一月十七日，山西运城夏县
　　看守所。

《永禁三掌教世袭序碑》，康熙九年，山东济南府礼拜寺。

《寿安寺地基图碑》，康熙十年，上海崇明县城东门外金鳌山下
　　寿安寺。

《官用布匹委官办解禁扰布行告示碑》，康熙十一年六月十二日，
　　原在上海松江府署（现上海松江二中）。

《三省盐引实额》，康熙十一年，原在河东察院遗址，现在山西
　　运城市博物馆。

《水神庙清明节祭典文碑》，康熙十二年二月十一日，山西洪洞
　　水神庙。

《严禁铺户当官碑记》，康熙十二年五月，原在江苏常熟县署，
　　后移道前。

《禁止苛派面铺税银碑》，康熙十二年十月，原在江苏常熟道前。

《松江府为禁奸胥市狯私勒茶商陋规告示碑》，康熙十二年十一
　　月，原在上海松江府署（现上海松江二中）。

《常熟县痛禁擅取钉铁铺户货物苦累商民碑》，康熙十二年，江
　　苏苏州。

《长洲县严禁诈扰虎丘镇席草行碑》，康熙十二年，江苏苏州。

《遵奉各宪规定严禁脚夫勒索碑记》，康熙十三年十一月，江苏。

《均田均役征粮截标永遵碑记》，康熙十四年五月，原在江苏常
　　熟道前，常熟图书馆旧拓。

《房山县榜示》，康熙十四年，北京。

《奉宪永禁糖果铺户当官碑》，康熙十五年十月，江苏苏州。

《严禁滥用刑罚示》，康熙十六年四月，原在江苏常熟县署，后移道前。

《苏州府饬花素缎业铺户按户给帖输税碑》，康熙十六年十月，江苏苏州景德路城隍庙。

《北霍渠掌例》，康熙十六年十二月二十五日，山西洪洞水神庙。

《邑侯大梁都老爷利民惠政碑》，康熙十七年十一月，山西阳城县北留镇郭峪村汤帝庙。

《优奖渠长王周映碑记》，康熙十七年十二月，山西洪洞水神庙。

《常熟县奉饬禁革漕弊条规碑》，康熙十七年，原在江苏常熟接官亭，常熟图书馆旧拓。

《修赈济碑》，康熙十九年九月，北京朝阳门外。

《苏州府禁革白取木料科累行户碑》，康熙十九年十一月，江苏苏州。

《禁止官役扰累典铺碑》，康熙二十年六月十四日，原在江苏常熟道前。

《奉宪禁止勒索碑》，康熙二十年，安徽祁门县大坦乡大洪村大洪岭。

《奉宪严禁斛脚多勒陋弊碑记》，康熙二十一年八月，江苏苏州。

《禁革芦姜鲜笋关税示碑》，康熙二十一年八月，原在江苏常熟水仙庙前岸水墩。

《严禁势豪把持重申编审碑》，康熙二十一年，安徽黟县文物局。

《松江府规定脚价工钱告示碑》，康熙二十二年二月，上海松江。

《苏州府奉抚都院禁革图书碑》，康熙二十二年六月。江苏苏州。

《忍字歌》，康熙二十二年仲秋中浣，江苏苏州碑刻博物馆。

《严禁派取木竹行铺当官碑》，康熙二十二年十二月，原在江苏常熟道前。

《在惨和尚禁伐树木碑》，康熙二十二年腊月望日，广东肇庆鼎
　　湖山庆云寺。

《常熟县禁派木竹行物料碑》，康熙二十二年，江苏苏州。

《国朝创建常平仓碑》，康熙二十二年，河北栾城。同治《栾城
　　县志》卷一四《碑碣》。

《苏州府为禁官匠熔锭派累散匠告示碑》，康熙二十三年七月，
　　上海，残。

《永禁油麻铁斛铺户当官碑》，康熙二十三年八月，原在江苏常
　　熟县署，后移道前。

《苏州织造部堂严禁染匠作奸告示碑》，康熙二十三年。（清）孙
　　珮编《苏州织造局志》。

《丁家山净严寺永禁碑记》，康熙二十三年，浙江宁波镇海。

《嘉定县为禁光棍串通兵书扰累铺户告示碑》，康熙二十四年五
　　月十六日，原在上海嘉定县娄塘镇。

《永禁熔锭派累散匠碑》，康熙二十四年七月，原在江苏常熟县
　　署，后移道前。

《严禁兵民兴贩私盐碑》（2），康熙二十四年，一碑原在江苏常
　　熟道前，另一碑在鹿苑大桥。

《万寿寺戒坛碑记》，康熙二十四年，北京戒台寺山门殿前北侧。

《封闭双马槽厂永禁碑记》，康熙二十四年夏，云南大理凤仪镇
　　北汤天村。

《开拓林地记碑》，康熙二十五年十月十九日，山东曲阜孔林思
　　堂东斋。

《嘉定县严禁脚夫结党横行告示碑》，康熙二十五年，原在上海
　　嘉定娄塘镇。

《永禁占踞官湖私收渔税碑》，康熙二十五年，江苏苏州。

《常熟县严禁私占私征碑记》，康熙二十五年，江苏常熟。

《永禁强豪霸占渔利告示碑》，康熙二十五年前后，上海。

《吴县永禁不法之徒向茶食业混行苛敛碑记》，康熙二十六年四月，江苏。

《禁止官役扰累典铺碑》，康熙二十六年六月十四日，江苏常熟。

《长洲吴县二县永禁杨花在街头吹唱占夺民间吹手主顾哄骗民财碑记》，康熙二十六年六月，江苏。

《鄞慈奉定象五县奉宪勒石永禁厅捕金点县役告示碑》，康熙二十六年九月，浙江宁波海曙天一阁。

《江宁布政司严禁僧人盗卖山木居民作践虎丘名胜碑》，康熙二十七年三月十日，江苏苏州虎丘。

《吴江县永禁豪强侵占湖荡以保障国课碑》，康熙二十七年三月，江苏吴江文管会。

《苏州府禁革行头官用等名色以除商害碑》，康熙二十七年四月，江苏。

《河南布政使司管理通省驿盐碑》，康熙二十七年，河南登封嵩山少林寺西围墙外。

《饬永禁霸截山水侵占关帝庙廊房碑》，康熙二十八闰三月十八日，五十六年七月重立，阴刻《饬将关帝庙会场租税银两着管庙道人经收碑》，山西运城解州关帝庙。

《中俄尼布楚条约五国文字界碑》，康熙二十八年十二月，黑龙江。

《禁止派丐户承造绳索碑》，康熙二十八年，原在江苏常熟道前。

《元圣庙题请祭田礼生庙佃碑》，康熙二十九年仲春，山东曲阜周公庙。

《崇文门关税德政碑》，康熙二十九年五月，中国国家图书馆藏拓。

《镇南州正堂告示碑》，康熙二十九年十二月十五日，云南楚雄
　　市吕合镇文化站。

《复鸳鸯泉水利记》，康熙二十九年，山西介休市洪山镇源神庙。

《威伊克阿林山界碑》，康熙二十九年，黑龙江宁古塔东北
　　1720 里。

《奉宪永禁盐商肩引分立界址碑》，康熙二十九年，浙江宁波海
　　曙天一阁。

《遵宪免派差文优杂丁碑记》，康熙二十九年，江西赣县田村镇
　　东山村龚公山宝华寺。

《梅庵置香灯田碑记》，康熙三十年清明，广东肇庆梅庵。

《三禁碑》，康熙三十年仲夏初旬，北京门头沟灵水村火龙王庙。

《禁滥建和尚塔碑》，康熙三十年十月，广东肇庆鼎湖山庆云寺。

《奉督抚司道府县严禁轻生告示》，康熙三十年，原在广西南宁
　　市城北区心圩村口，后移南宁高新区心圩中学，残。

《严禁官员勒借民财碑》，康熙三十一年十一月，原在江苏常熟
　　县署，后移道前。

《本州批允水例碑记》，康熙三十一年，云南大理宾川县力角乡
　　圆觉寺。

《苏州府为永禁踹匠齐行增价碑》，康熙三十二年十二月，原在
　　江苏苏州阊门外广济桥堍。

《松江府为禁滥佥金山卫操舍漕运旗丁告示碑》，康熙三十三年
　　二月十五日，原在上海松江府署（现上海松江二中）。

《常熟县染户具控三弊碑》（又称《禁止染铺借布碑》），康熙三
　　十三年三月，原在江苏常熟县署，后移道前，现常熟县文
　　管会。

《康熙上谕碑》，康熙三十三年六月二十七日，江苏苏州阊门石
　　路太平坊清真寺。

《县主衷老爷体恤里民行户永免一应杂派德政碑》，康熙三十三
　　年桂月，山西阳城县北留镇郭峪村。

《长吴二县禁木行当官私派津贴碑》，康熙三十三年十月，江苏。

《府门永禁碑记》，康熙三十三年。

《江防同知苏告示碑》，康熙三十四年，江苏扬州瓜洲。于树滋
　　纂《瓜洲续志》卷二六《碑文》。

《海会禅院蠲免杂派德政碑》，康熙三十四年，山西阳城。

《奉宪立碑》，康熙三十五年二月十三日，广东汕头开元寺。

《严禁以茶扰害僧人居民碑》，康熙三十五年二月，福建武夷山。

《县主衷老爷体恤里民行户永免一应杂派德政碑》，康熙三十五
　　年八月二十九日，山西阳城县北留镇郭峪村。

《均画异乡田地一体当湖区均役示》，康熙三十五年十月，原在
　　江苏常熟道前，常熟图书馆旧拓。

《长洲县奉宪永禁观风借用桌橙碑记》，康熙三十六年二月，
　　江苏。

《常熟县禁止沿海无粮滩地示石刻》，康熙三十六年，江苏常熟。

《倭大老爷镌谕永禁》，康熙三十六年四月，山西大同鼓楼北门
　　外西侧。

《娄县为禁踹匠倡聚抄抢告示碑》，康熙三十七年六月，原在上
　　海松江枫泾镇城隍庙。

《林前居民感恩碑》，康熙三十七年仲秋，山东曲阜孔林大门
　　东南。

《张太守清理学田碑》，康熙三十八年，原在兴安府（今陕西安
　　康市）。鲁长卿撰《重续兴安府志·金石志》。

《前宅公禁碑》，康熙三十八年，浙江绍兴会稽。（清）章贻贤辑
　　《会稽偊山章氏家乘》卷六《禁碑》。

《江南布政司为禁竹木商行轮值当官告示碑》，康熙三十九年二
　　月，原在上海松江府署（现上海松江二中）。

《治河条例碑》，康熙三十九年六月十七日，安徽砀山城北故黄
　　河大堤旁。

《白鹤南翔寺蠲赋记碑》，康熙四十年仲春，原在上海嘉定南翔
　　镇南翔寺。

《青浦县为禁地方弊害告示碑》，康熙四十年六月，原在上海青
　　浦县金泽镇。

《遵奉督抚各宪定例永禁碑记》（又称《苏州府约束踹匠碑》），
　　康熙四十年十月，原在江苏苏州阊门外广济桥堍。

《松江府为禁铺商当官告示碑》，康熙四十年十月，原在上海松
　　江府署（现上海松江二中）。

《治河条例碑》，康熙四十年，原存安徽砀山田楼村故黄河大堤
　　附近，现存砀山县水利局。

《禁革里长谕旨碑》，康熙四十年。民国《鄞县通志·文献志·
　　碑碣》。

《圣祖御制训饬士子文》，康熙四十一年正月。（清）阮元修纂
　　《广东通志》卷一九九《金石略一》。

《御制训饬士子文》，康熙四十一年正月，山西运城，佚。

《御制训饬士子文》，康熙四十一年正月，陕西户县文庙大成殿
　　东侧碑廊。

《御制训饬士子文》，康熙四十一年正月，陕西米脂县一完小
　　（原文庙）礼堂（原大成殿）东廊下。

《松江府永禁地棍恃强为害告示碑》，康熙四十一年三月，原上

海县七宝镇。林晓明主编《松江文物志》。

《御制训饬士子文碣》，康熙四十一年八月，陕西绥德县博物馆。

《御制训饬士子文碑》，康熙四十一年，陕西西安碑林。

《圣祖御制训饬士子文》，康熙四十一年，湖北潜江。甘鹏云纂
　　《潜江贞石记》卷六。

《腻资森林山界碑》，康熙四十一年，云南禄丰县罗川乡捏茨村。

《圣祖御制为考试难》，康熙四十二年十一月。（清）阮元修纂
　　《广东通志》卷一九九《金石略一》。

《议准典铺取息碑》，康熙四十二年十二月，原在江苏常熟县署，
　　后移道前。

《圣祖钦颁训饬士子文》，康熙四十二年，浙江宁波海曙天一阁
　　碑林。

《奉禁陋规碑》，康熙四十三年十二月，原立潞安府黎城县，现
　　存山西长治黎城县博物馆。

《重修学宫碑记》，康熙四十四年二月，陕西户县文庙大成殿东
　　侧碑廊。

《常熟县知县黎龙若详准剔除差船夹带淮私文》，康熙四十四年
　　四月，原在江苏常熟接官亭。

《永禁里马夫役私帮碑记》，康熙四十五年，陕西户县，佚。

《迁建文昌阁并义学碑记》，康熙四十五年，海南文昌县蔚文
　　书院。

《当方碑》，康熙四十六年仲夏，原在甘肃甘南藏族自治州舟曲
　　县锁儿头神庙前，今存街头转弯处。

《云顶栖壑和尚不置田产约》，康熙四十六年，广东肇庆鼎湖山
　　庆云寺。

《常熟县呈准禁止豪强私占土地脚夫倚势诈民文》，康熙四十六

年，原在江苏常熟塔基桥。

《番屯交界碑》，康熙四十七年三月初十日，原置甘肃甘南藏族
　　自治州卓尼县藏巴哇乡新堡村东南 2 公里处，现存藏巴哇乡
　　政府。

《为疆界滇蜀各有攸分等事抄白》，康熙四十七年三月，云南元
　　谋县姜驿土主庙（现小学）。

《为黎民沉冤当雪等事碑》，康熙四十七年十月十五日，云南元
　　谋县姜驿土主庙（现小学）。

《重建肇庆府儒学碑记》，康熙四十八年孟冬，广东肇庆学宫。

《永禁行户小轿当官碑》，康熙四十七年十一月，原在江苏常熟
　　道前，常熟图书馆旧拓。

《禁止酒浪等船停泊妨碍行舟示禁碑》，康熙四十八年十一月，
　　原在江苏常熟维摩下院。

《长洲县奉宪禁占官湖碑记》，康熙四十八年十一月，江苏苏州
　　碑刻博物馆。

《饬立社规约言》，康熙四十八年，山西运城，佚。

《普安屯六寨六姓合约碑记》，康熙四十八年，贵州三都普安镇。

《嘉定县为江东八扇改限完粮告示碑》，康熙四十九年七月，原
　　在上海嘉定清河桥西。

《永禁私派陋弊碑》，康熙四十九年，贵州思南县政府。

《正乙祠碑记》，康熙五十一年三月，原在北京前门外西河沿正
　　乙祠（又名银号会馆）。

《神头镇课税碑》，康熙五十一年六月，山东陵县。道光《陵县
　　志》卷一七《金石志》。

《禁革夫草碑记》，康熙五十一年，安徽九华山风景区。

《台湾府学鲢港学田碑记》，康熙五十二年正月，台湾台南市孔

庙明伦堂山川门。

《禁止供应夫役船只碑》，康熙五十二年七月，原在江苏常熟维
　　摩下院。

《昆山县详宪编款劝募育婴碑》，康熙五十二年十月，江苏昆山。
　　潘鸣凤编《昆山见存石刻录》卷四。

《嘉定县为公务需用竹料毋许抑勒竹行告示碑》，康熙五十三年
　　七月，上海。

《小麻苴彝族村乡规碑》，康熙五十三年八月，云南昆明市官渡
　　区阿拉彝族乡小麻苴村龙树庵。

《长洲县奉宪倡捐善田碑》，康熙五十三年仲冬，江苏苏州碑刻
　　博物馆。

《现银采买竹料碑》，康熙五十三年，上海嘉定孔庙碑廊。

《永禁三掌教世袭序》，康熙五十四年中秋，山东济南清真南
　　大寺。

《长吴二县禁立踹匠会馆碑》，康熙五十四年十二月，江苏苏州
　　阊门外广济桥塂。

《嘉定县为禁踹匠齐行勒索告示碑》，康熙五十四年，上海嘉
　　定县。

《北孟村等分水碑》，康熙五十五年六月二十五日，陕西华阴市
　　孟塬镇刘家寨北城。

《新兴州学田碑记》，康熙五十五年，云南玉溪红塔区文庙文
　　星阁。

《奉布政使司王大老爷禁革滥征价索告示并奉批准勒石碑记》，
　　康熙五十六年八月初一日，广东仁化县福建会馆。

《韩泷祠码头关税碑》，康熙五十六年，广东韶关荣昌县韩泷祠。

《禁修基越派碑示》，康熙五十七年六月二日。（清）吴荣光篆

《佛山忠义乡志》卷一三《乡禁志》。

《康熙五十七年禁碑》，浙江杭州西湖北岸栖霞岭南麓。

《常熟县恤商碑》，康熙五十八年七月，江苏常熟。

《禁赌碑》，康熙五十八年，山西壶关县东崇贤王章村。

《嘉定县为较准靛秤告示碑》，康熙五十八年，上海嘉定。光绪
　　《嘉定县志》卷二九。

《灵应祠庙铺还庙碑示》，康熙五十九年五月。（清）吴荣光纂
　　《佛山忠义乡志》卷一三《乡禁志》。

《上海县为仓米白栖听民平价零粜永禁牙行苛派米铺告示碑》，
　　康熙五十九年七月，上海。

《长洲吴县踹匠条约碑》，康熙五十九年七月，江苏苏州阊门外
　　广济桥堍。

《塔尔寺康缠地争纪事碑》，康熙五十九年桂月，青海塔尔寺。

《长吴二县饬禁着犯之弊碑》，康熙五十九年九月，江苏苏州碑
　　刻博物馆。

《染业呈请禁止着犯详文碑》，康熙五十九年九月，原在江苏苏
　　州阊门外广济桥堍。

《禁止舍身碑》，康熙五十九年，山东泰山遥参亭。

《四乡捐赈碑记》，康熙五十□年。广东顺德县。民国《顺德县
　　志》卷一五《金石略》。

《塔尔寺西纳喇卜尔争地安纪事碑》，康熙五十九年后，青海塔
　　尔寺祈寿殿（俗称小花寺）。

《争山讼碑》，康熙六十年二月，陕西户县草堂镇大国寺。

《蒁刍寺田粮界址碑》，康熙六十年蒲月，四川广安花桥乡蒁刍
　　寺。宣统《广安州新志》卷三九。

《禹庙永差役记碑》，康熙六十年，山西河津县博物馆。

《建观音堂碑记》，康熙六十年或之后，四川新津县。道光《新津县志》卷四〇。

《蚍蜒渠水利词案碑记》，康熙六十一年孟春谷旦，陕西户县庞光镇东焦将戏楼。

《长洲县谕禁捕盗诈民大害碑》，康熙六十一年十月，江苏苏州碑刻博物馆。

《御制训饬士子文》，康熙年间，山东临邑。道光《临邑县志》卷一三。

《勒石永遵》，康熙年间，云南禄丰县川街乡阿纳村大庙。

《开山碑记》（又称《禁盗香灯碑》），康熙年间，台湾高雄市左营区兴隆寺。

《永除晋民八豁事禁碑》，康熙年间，原立山西广灵县署前，佚。

《蠲免富村杂徭记》，康熙年间，原存山东邹县孟子故里凫村，佚。光绪十三年本《重纂三迁志》卷八。

（三）雍正（1723～1735年）

《总督漕运部院张示碑》，雍正元年二月，原在江苏常熟道前。

《兴国寺界址给照碑》，雍正元年三月初三日，四川。宣统《广安州新志》卷三九。

《吴县纱缎业行规条约碑》，雍正元年十二月十九日，江苏苏州碑刻博物馆。

《板桥水利公案碑》，雍正元年，山西太原晋祠。

《曲阜考院碑》，雍正元年，山东曲阜考棚。

《奉左江道靳大老爷批示》，雍正元年，原在广西南宁市壮志路（原博爱街）二邑会馆，现存南宁人民公园镇宁炮台古碑廊。

《阌庄公立禁赌碑》，雍正二年仲秋，山西河津市博物馆。

《详准征兑漕粮剔除陋规案》，雍正二年十二月，原在江苏常熟
　　道前，常熟图书馆旧拓。

《为叩乞洪恩恳催审讯事碑》，雍正二年，山西黎城县博物馆。

《平阳府通利渠告示碑》，雍正二年，原在山西洪洞县龙马乡西
　　李村阎张庙，佚。民国《洪洞县水利志补》。

《禁伐碑》，雍正三年四月，福建建瓯玉山乡敷锡村桥头。

《龙湖功德碑》，雍正三年七月，福建晋江。

《上海县饬行傍河各图每年农隙捞浚免派别徭碑》，雍正三年十
　　一月，原在上海县大涞庙。

《建霍渠分水铁栅详》，雍正四年六月上旬，山西洪洞水神庙分
　　水亭北侧碑亭。

《禁伐碑》，雍正五年。浙江绍兴会稽。（清）章贻贤辑《会稽偁
　　山章氏家乘》卷六《禁碑》。

《雍正上谕》，雍正五年三月二十四日。潘鸣凤编《昆山见存石
　　刻录》卷四。

《上海县为静安寺田事告示碑》，雍正五年三月，上海静安寺大
　　雄宝殿。

《奉督宪禁革水手图赖碑》，雍正五年，福建厦门思明南路"破
　　狱斗争旧址"。

《金匮县规定瓜果蔬菜牙行不许增添凡外来客贩及本地耕种之家
　　成船装载者听其投牙发卖碑》，雍正九年八月，原在江苏无
　　锡市兵役局。

《华皮坳护林碑》，雍正六年，湖南绥宁县。

《拨铺给流芳祠祀典碑示》，雍正七年四月二十六日。（清）吴荣
　　光纂《佛山忠义乡志》卷一三《乡禁志》。

《太原县整饬水利碑》，雍正七年九月，山西太原。

《上海县为禁办糯派累米铺告示碑》，雍正七年十二月，上海。

《新安关禁碑》，雍正七年，安徽歙县鱼梁。

《上帝庙店屋地租碑记》，雍正八年三月，台湾台南市中区民权路北极殿（俗称大上帝庙）。

《上谕碑》，雍正八年五月初十日，江苏苏州阊门石路太平坊清真寺。

《松江府为捐筑义冢以升抵减告示碑》，雍正八年小春月，原在上海青浦县朱家角。

《安陆营义捐碑文》，雍正八年。李权辑《钟祥金石考》卷六。

《卧碑》，雍正八年。民国《琼山县志》卷一六《金石》。

《广济利丰两河断案碑》，雍正八年，河南。

《常熟县移栅便民示石刻》，雍正八年，江苏常熟。

《新建分巡苏松太兵备道公廨记》，雍正九年。同治《上海县志》卷二。

《东禺村梁氏族规碑记》，雍正九年，广东肇庆市黄岗镇东禺村梁氏宗祠。

《奉督宪顺庄示禁碑》，雍正九年，浙江宁波宁海县城隍庙。

《长洲县奉禁革弊碑》，雍正十二年三月，江苏苏州碑刻博物馆。

《两江总督禁革书差碑》，雍正十二年三月，原在江苏常熟道前。

《奉各县永禁机匠叫歇碑》，雍正十二年十二月，原在江苏苏州玄妙观机房殿，后移苏州碑刻博物馆。

《金匮县永禁不法胥役行头包充人冒名当官白票取货碑》，雍正十三年四月，江苏。

《卧碑》，雍正年间，山西广灵县，原立县署衙前，佚。光绪《广灵县补志·艺文志》。

《新开廉让渠碑记》，雍正年间，河南。

《禁盗捕诬扳立十家保结碑》，康熙雍正间，上海嘉定南翔镇。

《官埠碑示》，雍正年间。（清）吴荣光纂《佛山忠义乡志》卷
　　一三《乡禁志》。

《义山碑记》。雍正《宁波府志》卷三五附。

《琉球国书》，清初，日文碑刻，江苏常熟碑刻博物馆。

（四）乾隆（1736～1795年）

《遵旨永禁碑》，乾隆元年三月，北京门头沟军庄镇香峪村。

《严禁侵占番界审断碑》，乾隆元年七月，台湾高雄市左营区莲
　　潭路崇圣祠碑林。

《松江府为禁苏郡布商冒立字号招牌告示碑》，乾隆元年，原在
　　上海松江府署（现上海松江二中）。

《勘断睦命塘谳语》，乾隆元年，福建厦门同安区。

《宝宁县古太老爷示碑》，乾隆元年，原在云南广南县小广南村
　　老人房。

《苏州府永禁虎丘开设染坊污染河道碑》，乾隆二年九月，江苏
　　苏州虎丘山门口。

《灶户捐金资助每科赴试生员碑》，乾隆二年，云南大理云龙县
　　顺荡村。

《仁明太老爷唐勘断马塘谳语》，乾隆二年，福建厦门同安区。

《谕东河总督白钟山碑》，乾隆二年，河南武陟县木栾店。

《长洲县规定漕船到苏受兑停泊地点毋许越界滋扰商民碑》，乾
　　隆三年四月，江苏。

《栖贤山寺常住碑记》（《海棠村栖贤山寺永垂碑记》碑阴），乾

隆三年仲秋，云南保山市隆阳区栖贤山寺。

《贮庙租建义学碑示》，乾隆三年九月。（清）吴荣光纂《佛山忠
　　义乡志》卷一三《乡禁志》。

《奉谕碑记》，乾隆四年二月二十二日，山西运城。

《禁止樵采碑》（又称《神民永庇封山碑》），乾隆四年二月二十
　　八日，云南南华县龙川镇大智阁乡响水河龙潭。

《长元吴三县永禁踹匠借端齐行碑》，乾隆四年七月，江苏苏州
　　阊门外广济桥埦。

《嘉定县为申明放赎奴婢定则告示碑》，乾隆四年，上海嘉定。

《奉文禁盗决广安镇堤工碑记》，乾隆四年。光绪《大城县志》
　　卷一一《金石》。

《碨城碑记》，乾隆五年二月，云南双柏县碨嘉古城小西门外。

《哀牢山斑鸠岭四至碑志》，乾隆五年季春中浣，云南保山大官
　　庙村大官庙。

《养济院内十人同买菜园碑》，乾隆五年八月，台湾台中市私立
　　台中救济院。

《常熟县驱逐恶丐并革除丐头陋规示石刻》，乾隆五年，江苏
　　常熟。

《苏州织造府严禁织造局管事恣意需索碑》，乾隆六年二月，江
　　苏苏州玄妙观。

《集庆讲寺记碑》，乾隆六年六月，原在上海嘉定县澄江门外三
　　里集庆寺。

《通乡禁碑》，乾隆六年七月初六日，广东大埔县湖寮莒村乡
　　上村。

《九龙山西岩寺常住福田界址碑》，乾隆六年孟冬月。宣统《广
　　安州新志》卷三九。

《常熟昭文二县示准梨园业迎春免派差役碑》，乾隆六年十一月，
　　原在江苏常熟慧日寺前。

《宛平县告示碑》，乾隆六年，原在北京龙泉镇城子村，现存崇
　　化寺。

《申明北河春秋水利碑文》，乾隆七年十一月初一日，山西太原
　　晋祠。

《晋祠北河水例碑》，乾隆七年十二月，山西太原晋祠。

《奉宪勒石永禁染铺当官告示碑》，乾隆七年，原存浙江宁波市
　　政府大院，现存宁波海曙天一阁。

《云居寺地产碑》，乾隆八年四月，北京房山云居寺。

《僧众护山碑》，乾隆八年八月，广东肇庆鼎湖山。

《宝山县为各界浜航船捐田减价永禁水手多索船钱告示碑》，乾
　　隆八年十一月，原在上海高桥大同路 1115 弄 11 号。

《鱼埗归疍民资生告示碑》，乾隆八年，广东肇庆市。

《护林碑》，乾隆八年，原在福建长泰县岩溪镇甘寨村皇龙宫，
　　现藏县博物馆。

《震泽县奉宪禁起窃赃碑》，乾隆九年三月，江苏吴江文管会。

《羊蹄岭庵禁碑》，乾隆九年四月十二日，广东海丰县。

《塔尔寺禀奉碑》，乾隆九年四月，青海湟中塔尔寺祈寿殿（俗
　　称小花寺）。

《禁山碑》，乾隆九年，江西安远县长沙乡水口入山处。

《广通山照石碑》，乾隆十年二月八日，云南禄丰县，佚。

《奉宪批行高要河源官塱批佃租银内拨留六十两为府县两学添置
　　会田修葺学宫碑记》，乾隆十年三月，广东肇庆市府学宫。

《洞阳宫暨扁鹊观山林地界碑》，乾隆十年七月，陕西汉中城固
　　县洞阳宫。

《金匮县规定脚夫轿夫土木每日工价禁止分界霸占苛索碑》，乾隆十年八月，原在江苏无锡市兵役局。

《严禁藉端苛索大舢船只勒石碑记》，乾隆十年，台湾台南市南门碑林。

《常熟县恤农碑》，乾隆十一年十月，江苏常熟。

《新改河堤碑文》，乾隆十二年二月十六日。光绪《大城县志》卷一一《金石》。

《金鸡寺常住田产记碑》，乾隆十二年七月下浣，云南保山市隆阳区金鸡乡金鸡寺。

《荻子峪口地亩树株案碑》，乾隆十二年八月初五日，山西运城解州关帝庙。

《海康义学记》，乾隆十二年中秋节，广东雷州市浚元书院大门口西。

《奉县主示禁碑》，乾隆十二年八月十六日，广东平远县博物馆。

《蒙前主陈太爷勘审立案后蒙县主吴太爷勒石永禁碑》，乾隆十二年十月十九日，广东惠阳。

《福山港口码头装卸货物立公秤碑》，乾隆十三年七月，原在江苏常熟道前。

《革除陋规碑》，乾隆十三年十月十七日，甘肃临潭县新城城隍庙。

《岸里社南界址碑》，乾隆十三年十二月，台湾台中市西屯区第六水堀桥畔。

《养鸭示禁碑记》，乾隆十三年，原立台湾台中市西屯区福安里蔗园内，后移该地张姓民宅。

《岳麓书院学规》，乾隆十三年，湖南长沙岳麓书院。

《钦赐祭田记并载会典碑》，乾隆十四年孟夏，《孟氏大宗支派碑记》碑阴，山东邹县孟府。

《捐租记事碑》，乾隆十四年八月中秋，广东湛江高州县洗庙。

《玉霄观置祭田记》，乾隆十四年九月，四川。

《永禁烟行经纪碑》，乾隆十四年，山东潍坊市博物馆。

《督抚提臬道府列宪批县审详谳案》，乾隆十四年，福建厦门海沧区东屿村柯氏祠堂外。

《严禁征收锢弊示告碑》，乾隆十五年二月，台湾台南市南门碑林。

《严禁差役藉端苛派扰民碑记》，乾隆十五年，台湾台北县新庄市。

《万工堰碑》，乾隆十五年，陕西安康。

《慈济宫缘业碑志》，乾隆十六年，台湾台南县麻豆镇。

《昭兹来许碑》，乾隆十七年四月，山西蒲县柏山东岳庙。

《五乡合禁碑》，乾隆十七年季夏，广东和平县翠山小学。

《契碑》，乾隆十七年八月初八日，广东平远县博物馆。

《福山塘上货物捐条目碑》，乾隆十七年八月，原在江苏常熟道前。

《严禁派拨累番碑记》，乾隆十七年九月，台湾台南县官田乡国民学校。

《番仔田派拨累番示禁残碑》，乾隆十七年九月，原在台湾台南县官田乡隆田村，现存台北省立博物馆。

《哆啰啯派拨累番示禁残碑》，乾隆十七年九月，台湾台南县东山乡东山村东山警察派出所。

《汉文罗马字派拨累番示禁残碑》，乾隆十七年九月，台湾台南县官田乡隆田村，佚。

《松江府为所属七邑酱坊按照分定疆界计缸销引造酱货卖告示

碑》，乾隆十七年十月，原在上海松江府署（现上海松江二中）。

《太仓州奉宪取缔海埠以安海商碑》，乾隆十七年十二月，江苏太仓济河镇天妃宫。

《漕务禁革条类》，乾隆十七年，原在江苏常熟道前。

《禁宰耕牛示碑》，乾隆十七年，山西运城，佚。

《归复姚江书院院田纪事》，乾隆十七年。光绪《余姚县志》卷一〇。

《蒙宪檄免凤邑里民车运平粜社粟及批免派拨军工铁炭碑记》，乾隆十八年三月二十八日及乾隆十八年九月。

《摩崖禁示》，乾隆十八年十月，福建晋江市金井镇乌云山。

《正堂禁碑》，乾隆十八年十二月十七日，海南三亚市回辉清真古寺。

《休宁会馆值年条规碑》，乾隆十八年，北京宣武区菜市口休宁会馆。

《禁哭节示碑》，乾隆十八年，山西广灵县，佚。

《禁异姓乱宗示碑》，乾隆十八年，山西广灵县，佚。光绪《广灵县补志·碑禁》。

《敕封碑》，乾隆十九年仲冬，广东雷州市雷祖祠。

《禁垦牛埔示谕碑》，乾隆十九年十二月二十一日，台湾彰化县大村乡村公所。

《瓜洲育婴堂告示碑》，乾隆十九年十二月，江苏扬州。于树滋纂《瓜洲续志》卷二六《碑文》。

《奉宪禁垦烛溪东湖碑》，乾隆十九年，浙江宁波慈溪文管会。

《邑侯杨老爷剔弊安民示》，乾隆二十年三月二十六日，山西阳城县北留镇郭峪村汤帝庙。

《严禁冒籍应考条例碑记》（又称《玉峰书院碑记》），乾隆二十
　　年三月，台湾嘉义县嘉义市延平街。

《吴王氏施地碑记》，乾隆二十年四月初八日，北京房山云居寺。

《永垂久远碑》，乾隆二十年四月十八日，原置甘肃洮州（现临
　　潭县城）厅街头，现存城隍庙。

《邑侯青天杨老爷断明四社各遵照合同旧规德政碑》，乾隆二十
　　年四月二十四日，山西阳城县崦山白龙庙。

《金匮县规定当赎时期及利息碑》，乾隆二十年六月，原在江苏
　　无锡市兵役局。

《严禁占筑埠头港示告碑记》，乾隆二十年六月，台湾台南县麻
　　豆镇大埕里北极殿。

《修方岳坊后禁山约》，乾隆二十年八月初一日，山西阳泉盂县
　　苌池乡藏山村北山七机岩关帝庙。

《华亭县为禁脚夫霸占婚丧扛抬告示碑》，乾隆二十年十月，上
　　海松江。

《封山碑》，乾隆二十年，云南建水县永清寨红木冲箐。

《输水公议》，乾隆二十一年桂月，广东南澳县深澳东门外溪
　　仔头。

《封山信碑》，乾隆二十一年九月十七日，云南通海县。

《奉各宪严禁纸作坊工匠把持勒增工价永遵碑》，乾隆二十一年
　　九月，江苏苏州阊门外广济桥塇。

《封山育林禁约山界碑》，乾隆二十一年孟冬，广东乳源县云
　　门寺。

《廉明县主严大老爷镜断长沙海口天后围地谕诰碑》，乾隆二十
　　二年三月二十二日，广东海丰县青草墟。

《禁颁胙碑示》，乾隆二十二年八月五日。（清）吴荣光纂《佛山

忠义乡志》卷一三《乡禁志》。

《禁止乡典苛索出栈钱文示石刻》，乾隆二十二年九月，原在江
　　苏常熟支塘祖帅堂。

《古庙地亩碑记》，乾隆二十二年十一月初一日，山西运城芮城
　　县学张乡南张村小学。

《李大老爷审断永杜水患德政碑记》，乾隆二十二年，原在山西
　　平遥县政府（旧县衙），后移清虚观。

《永禁捕役嘱盗扳良诈害碑》，乾隆二十二年，上海嘉定县博
　　物馆。

《六有箴碑》，乾隆十九年至二十二年间，湖南长沙岳麓书院
　　讲堂。

《左官屯葛家村村规民约碑》，乾隆二十三年二月初二日，云南
　　保山市隆阳区文管所。

《嘉定县为浚河禁派育婴堂杂泛差徭告示碑》，乾隆二十三年八
　　月，上海。

《宝山县为张永昌等乐输义渡告示碑》，乾隆二十四年二月，上
　　海高桥镇草高路草庵。

《万古昭垂碑》，乾隆二十四年六月初五日，云南江川县后卫乡
　　后所村寺。

《州堂面谕碑记》，乾隆二十四年八月上旬，山西阳泉市平定县
　　锁簧镇立壁村大王庙。

《严禁勒买番谷碑记》，乾隆二十四年九月，台湾台中县神冈乡
　　岸里国小。

《严禁霸占海坪示告碑记》，乾隆二十五年八月，台湾台南县西
　　港乡八份村园中。

《严禁沤汪庄开凿水圳示告碑记》，乾隆二十五年十月，台湾台

南县将军乡忠兴村文衡殿。

《庙田租碑》，乾隆二十六年三月，广东雷州市雷祖祠。

《募化灯田记》，乾隆二十六年季春月，四川遂宁灵泉寺。

《严禁越埕采捕示告碑记》，乾隆二十六年四月二十五日，台湾
　　屏东县东港镇南平里。

《严禁越埕采捕碑》，乾隆二十六年六月初三日，台湾屏东县东
　　港镇南平里。

《奉宪示给圳界碑》，乾隆二十六年九月二十日，台湾屏东县里
　　港乡大平村双慈宫（天后宫）。

《重建百娑桥新葺惜字庵乐捐饭僧田合记碑》，乾隆二十六年大
　　吕月，原在上海青浦县金泽镇。

《勘定民番地界示禁碑记》，乾隆二十六年，台湾台中县石冈乡
　　土牛村国小后八仙山林场铁路由和盛站通往梅子站线路旁。

《勘定迟界给示碑》，乾隆二十六年，台湾凤山县。

《三社振风励俗恪守碑》，乾隆二十七年五月，山西。

《崇正社团组织文会规费碑记》，乾隆二十七年六月。（清）吴荣
　　光纂《佛山忠义乡志》卷一二《金石志下》。

《金匮县规定脚夫为商人转运商货应听自行雇唤禁止把持争夺
　　碑》，乾隆二十七年十二月，原在江苏无锡市兵役局。

《海阳县正堂为造缴租册吁恩勒石》，乾隆二十七年，广东潮州
　　开元寺。

《严禁阻断水圳碑记》，乾隆二十七年，台湾台中县神冈乡岸里
　　国小古碑亭。

《剔奸保民》，乾隆二十八年六月，福建晋江。

《兴乐堡东渠堡分水碑》，乾隆二十八年孟秋，陕西华阴市桃下
　　镇兴乐坊村山。

《职贡杨志申捐献学田碑记》，乾隆二十八年九月，台湾台南市南门碑林。

《灵石王家敦本堂规条碑》，乾隆二十八年，山西灵石王家大院。

《台湾县凤山县定界示禁碑记》，乾隆二十八年，台湾台、凤两邑交界处的茄萣乡白云村。

《姚铭护林碑》，乾隆二十九年四月，云南武定县九厂乡姚铭村。

《明志书院碑》，乾隆二十九年孟夏谷旦，台湾彰化县上淡水义学。

《奏准平价采买仓谷碑》，乾隆二十九年五月，原在江苏常熟道前。

《封窑碑记》，乾隆二十九年秋月，山西阳城县北留镇郭峪村村委大院。

《留养局碑记》，乾隆二十九年十一月，台湾彰化县彰化市，佚。

《奉府道禁碑》，乾隆二十九年仲冬月，海南保亭县博物馆。

《岳麓书院学箴九首碑》，乾隆二十九年，湖南长沙岳麓书院。

《严禁侵占牧埔碑记》，乾隆二十九年，台湾嘉义县朴子市。

《窑场口磁器手工艺禁外传碑》，乾隆二十九年，山西壶关县城关骞北村。

《姚村护林碑》，乾隆二十九年，云南武定。

《严禁强买仓谷碑》，乾隆二十九年，湖北鹤峰县走马镇白果村。

《水圳杜讼碑》，乾隆二十年代，台湾台中县神冈乡岸里国民学校。

《廉明太爷丁奉道宪审详给风围水口碑》，乾隆三十年孟春月，广东五华县双华区军营乡。

《万户庄乡规碑》，乾隆三十年二月二十一日，云南宜良县城蓬莱乡万户庄村。

《圳道示禁碑》，乾隆三十年二月，原在台湾南投县名间乡浊水
　　村浊水溪畔土名头前园水田，后移建于附近同源圳头。

《鹿台村轮灌碑记》，乾隆三十年九月二十四日，河南灵宝市故
　　县镇鹿台村。

《晋祠水利记功碑》，乾隆三十年，山西太原晋祠。

《盘头渠水规》，乾隆三十年，河南三门峡库区。

《定水碑记》，乾隆三十年，河南灵宝市故县镇鹿台村。

《革除陋规碑》，乾隆三十年，山西长治沁源县。

《严禁谋夺佛祖香灯碑记》，乾隆三十年，台湾嘉义县番路乡紫
　　云寺。

《敕禁生监把持寺庙碑》，乾隆三十一年四月初八日，陕西汉中
　　留坝县张良庙。

《奉廉明县主太老爷邵示禁》，乾隆三十一年五月十五日，广东
　　陆丰县。

《常熟昭文二县禁革染铺当官碑》，乾隆三十一年五月，原立江
　　苏常熟县道前。

《奉宪永禁捕线扳殃碑》，乾隆三十一年十一月，上海嘉定县孔
　　庙碑廊。

《禁汇龙潭停泊粪船碑》，乾隆三十一年，上海嘉定孔庙东角门。

《奉旨重建殊胜寺置产碑记》，乾隆三十二年六月，浙江温州郑
　　楼镇江上村殊胜寺山。

《玉阁经会公捐积存常住永留应办会用碑记》，乾隆三十二年瓜
　　月，云南保山市隆阳区金鸡寺。

《恩宪邹大老爷告示碑记》（也称《严禁棍徒藉尸吓骗差查勒索
　　碑记》），乾隆三十二年八月，台湾台南市南门碑林。

《嘉定县为清屯清佃不许佃户私相顶赎告示碑》，乾隆三十二年

十月，上海嘉定。

《奉常熟县正堂史饬立祭田碑记》，乾隆三十二年十一月，江苏
　　常熟碑刻博物馆。

《禁止争告田产碑记》，乾隆三十二年，安徽祁门县闪里镇港上
　　村西峰寺。

《禁革圩地色目碑记》，乾隆三十三年三月，江苏太仓浏河镇。

《民番分争水利示禁碑》，乾隆三十三年四月，台湾台中县神冈
　　乡望寮庄，佚。

《吴长元二县严禁佃户私相顶替屯田碑》，乾隆三十三年十月，
　　江苏苏州碑刻博物馆。

《潭柘云岫寺募置香火田碑记》，乾隆三十三年，北京潭柘寺。

《华民妄攀行差碑》，乾隆三十三年，原在陕西潼关抚民署，佚。
　　嘉庆《续潼关厅志》卷之下。

《严禁匠民越界私垦碑记》，乾隆三十三年，台湾嘉义县梅山乡
　　太平村山林中。

《奉宪勒禁》，乾隆三十四年六月，浙江温州市苍南县玉苍山法
　　云寺。

《田园改则碑》，乾隆三十四年七月，台湾南投县名间乡浊水村
　　福兴宫前。

《青天廉明曹太老爷谳语》，乾隆三十四年九月二十八日，台湾
　　嘉义县鹿草乡后堀村陈姓庄内。

《常熟县禁革绸布店铺当官碑》，乾隆三十四年九月，原在江苏
　　常熟道前，后移常熟县文管会。

《歙县会馆义园告示碑》，乾隆三十四年，原在北京歙县会馆。

《云冈地亩碑记》，乾隆三十四年，山西大同云冈石窟。

《建立罩棚碑序》，乾隆三十五年五月，原在北京广安门大街449

　　号河东烟行会馆。

《三公祠记》，乾隆三十五年六月，浙江温州。

《番社示禁碑》，乾隆三十五年七月，台湾台中县潭子乡。

《濠畔街尾铺屋送归老城新城四寺经堂碑》，乾隆三十五年，广
　　东广州。

《江岸永禁筑造碑》，乾隆三十五年。绪《鄞县志》卷六。

《祝诰寺奉敕禁约碑》，乾隆三十六年暑月望六日。宣统《广安
　　州新志》卷三九。

《遵古协一碑》，乾隆三十六年八月，辽宁沈阳清真南寺。

《奉县主示禁碑》，乾隆三十六年十二月，广东大埔县湖寮莒村
　　乡上村。

《太原东庄水利碑》，乾隆三十六年，山西太原。

《霍州赵宬山村划分堡寨田土碑》，乾隆三十七年四月初七日，
　　山西霍州市师庄赵宬山村。

《奉宪严禁碑》，乾隆三十七年五月二十二日，广东惠阳县罗浮
　　山酥醪观。

《严禁占垦牧地葬所碑记》，乾隆三十七年六月二十五日，台湾
　　台南县六甲乡水林村龙山堂。

《蒙杨大老爷示禁碑》，乾隆三十七年七月初二日，广东深圳。

《蒙准勒石禁革陋规碑记》，乾隆三十七年七月初四日，广东佛
　　山市忠信巷原福善祠。

《合庄公立禁赌碑》，乾隆三十八年二月，山西河津市下化乡窑
　　头村。

《护松碑》，乾隆三十八年，云南大理市下关镇旧铺村。

《重修九天圣母庙记》，乾隆三十八年，山西平顺东河。

《遵示勒石》，乾隆三十九年仲春，广东大埔县。

《宾川盐税碑》，乾隆三十九年四月二十日，云南大理宾川县。

《奉禁恶丐逆扰碑示》，乾隆三十九年十月，台湾高雄县燕巢乡
　　安招村安南路 1 号神元庙。

《改则升科碑》（又称《田园减则严禁阻挠谕示碑》），乾隆三十
　　九年十一月，台湾南投县竹山镇社寮里集山路一段 1594 号
　　路旁农田。

《重镌乌尤寺交单碑文》，乾隆三十九年十二月初三日，四川
　　乐山。

《建义学记》，乾隆三十九年冬，广东海丰县文庙东。

《勒石碑记》，乾隆三十九年冬月，广东澄海县上华区神山观音
　　堂大殿外。

《费大爷示禁碑》，乾隆三十九年，广东蕉岭县。

《禁山碑》，乾隆三十九年，山西沁州武乡县东沟乡石板村。

《严禁掘土害冢碑记》，乾隆三十九年，台湾屏东县崁顶乡。

《乌尤山碑记》，乾隆四十年季春月（同治八年春三月重立），四
　　川乐山。

《禁偷水碑》，乾隆四十年四月二十九日，山西阳泉市平定县娘
　　子关镇回城寺村。

《护山碑记》，乾隆四十年孟夏月，四川乐山。

《奉宪严禁踹匠工价钱串碑》，乾隆四十年八月，原在上海嘉定
　　县南翔镇。

《严禁恶丐强索泼扰碑记》，乾隆四十年八月，台湾高雄县湖内
　　乡大湖村长寿宫，佚。

《重修乌尤寺如来宝殿记》，乾隆四十年孟冬月，四川乐山。

《严禁混垦示告碑记》，乾隆四十年冬，台湾台南县永康乡苫松
　　村三老爷宫。

《严拿啯匪碑》，乾隆四十年，陕西安康白河县卡子镇红荣村。

《平阳府通利渠告示碑》，乾隆四十年，山西洪洞县辛村乡古止
　　村义勇武安王庙。

《引凤村新建义学碑记》，乾隆四十年，原在云南昆明三中附近。

《南丹土州安抚内勾村内目牌照碑》，乾隆四十一年正月二十日，
　　广西南丹县。

《琼山宾兴田租碑记》，乾隆四十一年仲春。民国《琼山县志》
　　卷一七《金石》。

《合村公议禁止诸条碑》，乾隆四十一年三月十二日，山西运城
　　芮城陌南乡庄村学校。

《奉禁碑记》，乾隆四十一年九月九日，广东高要县黄岗区大冲
　　乡稔塘村原培德家塾。

《吴县永禁官占钱江会馆碑》，乾隆四十一年十月二十四日，江
　　苏苏州桃花坞大街钱江会馆。

《兴地村社仓碑》，乾隆四十一年十一月初一日，山西介休兴地
　　村回銮寺。

《奉宪禁免当铺采买碑记》，乾隆四十一年，台湾台南市南门
　　碑林。

《钱江会馆各庄捐输厘费碑》，乾隆四十一年，原在江苏苏州桃
　　花坞大街号钱江会馆。

《差役补助碑》，乾隆四十一年，湖北恩施土家族苗族自治州。

《直隶解州正堂李友洙为详明关博士养赡立案碑》，乾隆四十二
　　年五月，山西运城解州关帝庙。

《香灯碑记》，乾隆四十二年六月，台湾台南县麻豆镇南势里关
　　帝庙文衡殿。

《贴纳武庙香灯示禁断碑记》，乾隆四十二年六月，台湾台南县

麻豆镇关帝庙文衡殿。

《磁器铁锅缸瓦铺永禁碑记》，乾隆四十二年九月，广东肇庆市
　　府署遗址。

《永远免夫交界碑记》，乾隆四十二年，原在北京门头沟峰口庵，
　　后移北岭小学。

《奉督宪严禁签取各行什物碑记》，乾隆四十二年，广东肇庆市
　　府署遗址。

《用垂永久碑》，乾隆四十二年，山西蒲县柏山东岳庙。

《新建慈恩寺碑记》，乾隆四十二年。民国《三台具志》卷四。

《青阳蔡家公订规条》，乾隆四十三年四月，福建晋江。

《上海县乐输义渡及捐助田亩细号碑》，乾隆四十三年五月，
　　上海。

《无锡县永禁书差借称官买派累米商碑》，乾隆四十三年五月，
　　江苏无锡。

《严禁混藉命盗扳累非辜示告碑记》，乾隆四十三年五月，台湾
　　屏东县枋寮乡枋寮村德兴宫。

《轮放大海水规碑记》，乾隆四十三年七月二十日，云南保山市
　　隆阳区。

《感恩社民番业佃碑》，乾隆四十三年七月，台湾台中县清水镇
　　观音亭紫云岩前。

《关圣帝君宝训》，乾隆四十三年菊月，江苏常熟碑刻博物馆。

《正堂马示碑》，乾隆四十三年，台湾竹山市连兴宫（妈祖庙）。

《奉恩永禁碑》，乾隆四十三年，湖北恩施土家族苗族自治州。

《哆咯啁大武珑番租碑记》，乾隆四十四年八月，台湾台南县东
　　山乡东山村东山警察派出所。

《严禁抽索麻埔山嵛樵牧碑记》，乾隆四十四年桂月，台湾台南

县柳营乡神农村镇西宫。

《苏州府议踹匠工价碑》，乾隆四十四年十月，江苏苏州阊门外广济桥堍。

《奉宪严禁罗汉脚恶习碑记》，乾隆四十四年，台湾高雄县旗山内门。

《浪清乡徐氏族规碑》，乾隆四十四年，广东海丰县马宫镇浪清村徐氏祖祠。

《乡约碑记》，乾隆四十四年，云南昆明市西山区龙潭乡明王宫。

《佛头港福德祠碑记》，乾隆四十五年蒲月，台湾台南市西区佛头港景福祠前。

《公修黑龙港河岸记》，乾隆四十五年七月上浣。光绪《大城县志》卷一一《金石》。

《奉官永禁》，乾隆四十五年七月初十日，广东封开县平凤区平岗乡新村泰新桥头亭。

《护松碑》，乾隆四十五年菊月，云南大理市下关镇旧铺村本主庙。

《罚约碑记》，乾隆四十五年十一月二十六日，山东安邱县雹泉镇张家溜村。

《禁条序》，乾隆四十五年，山西闻喜县。

《千秋鉴乡约碑》，乾隆四十五年，山西。

《洵阳重修监狱碑》，乾隆四十五年，陕西安康洵阳。乾隆《兴安府志·艺文志》。

《谕旨碑》，乾隆四十五年。民国《琼山县志》卷一七《金石》。

《封山育林碑记》，乾隆四十五年，云南大理市赤铺村本主庙大殿。

《长洲县革除木簰小甲碑》，乾隆四十六年三月，江苏。

《鹿城西紫溪山封山护持龙泉碑序》，乾隆四十六年四月二十四
　　日，原在云南楚雄市紫溪山南麓紫溪村后山王庙路口，现存
　　紫金村公所。

《立断卖沙湾荒海滩契碑记》，乾隆四十六年九月初一日，广东
　　深圳蛇口镇后海村天后宫。

《邑侯吴太老爷禁示并合乡置业入庙碑》，乾隆四十六年十一月，
　　广东深圳市博物馆。

《阂民妄派河工碑》，乾隆四十六年，原在陕西潼关三宫庙，佚。
　　嘉庆《续潼关厅志》卷之下。

《净信寺置田记碑》，乾隆四十六年，上海宝山月浦镇西净信寺。

《禁树碑记》，乾隆四十六年，云南陆良县马街镇如意龙潭。

《府宪示禁碑记》，乾隆四十七年三月，台湾台南县盐水镇水正
　　里护庇宫。

《孙太爷开租碑》，乾隆四十七年三月，台湾台南县六甲乡赤山
　　村赤山龙湖岩。

《奉台湾府道宪杨示碑》（又称《严禁奸保蠹差籍命需索碑》），
　　乾隆四十七年四月十八日，台湾嘉义县水上乡水上村。

《禁采石碌碑》，乾隆四十七年六月初一日，海南昌江县石碌镇
　　西郊水头村。

《奉旨上谕碑》，乾隆四十七年六月十八日，江苏苏州阊门石路
　　太平坊清真寺。

《严禁开赌强乞剪绺示告碑记》，乾隆四十七年六月，台湾屏东
　　县里港乡大平村双慈宫。

《公平牛墟禁碑》，乾隆四十七年九月初七日，广东海丰县公
　　平墟。

《沧州旧教清真寺义田碑说》，乾隆四十七年菊月下浣，河北沧

州清真南大寺。

《重修薇溪山龙神祠碑记》，乾隆四十七年十月，云南楚雄市紫
　　溪山。宣统《楚雄志》。

《奉县主翟给示碑》，乾隆四十七年十一月二十一日，广东海丰
　　黄羌乐洞坑村。

《金匮县窑户议禁规条碑》，乾隆四十七年十二月，原在江苏无
　　锡市兵役局。

《县正堂示碑》，乾隆四十七年，河北省武安市阳邑镇柏林村。

《上谕堂碑》，乾隆四十七年，广东广州。

《贾庄村公议禁赌碑》，乾隆四十八年五月，山西长治屯留县余
　　吾镇贾庄观音堂。

《嘉定县为禁南翔镇踹匠恃众告增规定踹匠工价钱串告示碑》，
　　乾隆四十年八月，上海。

《禁顽保蠹差藉命诈索示碑》，乾隆四十八年七月十三日，台湾
　　屏东市天后宫。

《保护公山碑记》，乾隆四十八年十月十二日，云南大理剑川县
　　城景风公园财神殿。

《新阁丈出余田拨充公用碑记》，乾隆四十八年，云南玉溪红塔
　　区文庙文星阁。

《县奉主陈大老爷准示严禁碑》，乾隆四十九年三月十二日，广
　　东平远县博物馆。

《乌云山示禁崖刻》，乾隆四十八年十月，福建晋江。

《民约碑》，乾隆四十八年，山西长治屯留县平头乡广志山。

《兴安升府奏疏碑》，乾隆四十八年，陕西安康。

《太和阁碑》，乾隆四十八年，山东济南。

《严禁讹诈土地碑》，乾隆四十八年，湖北恩施土家族苗族自

治州。

《奉宪示禁碑记》，乾隆四十九年四月，台湾高雄县内门乡观亭
　　村紫竹寺（观音亭），佚。

《长元吴三县规定各衙门专用猪只各照时价给发春秋祭祀所需猪
　　羊照例发交行户备办碑》，乾隆四十九年五月，江苏。

《湖心亭议列规条碑》，乾隆四十九年八月，原在上海南市区城
　　隍庙湖心亭。

《太平土州五哨新旧蠲免条例碑记》，乾隆四十九年十月十三日，
　　广西。

《拨置济贫义田碑记》，乾隆四十九年十一月，云南保山市隆阳
　　博物馆。

《新设砖坪县丞衙门碑》，乾隆四十九年。乾隆《兴安府志·艺
　　文志》。

《奉宪存案永远遵守告示》，乾隆四十九年，广东南海县。

《翻石渡永禁私运船只记》，乾隆四十九年，浙江宁波市鄞州区
　　姜山镇翻石渡凉亭。

《禁设硝厂碑》，乾隆四十九年。（清）吴荣光纂《佛山忠义乡
　　志》卷一三《乡禁志》。

《定规碑》，乾隆五十年五月初六日，山西太原晋祠。

《集村条规》，乾隆五十年季秋，山西河津市。

《铁溪堰放水条规碑》，乾隆五十年，陕西安康汉阴县月河乡
　　政府。

《改建清真寺碑记》，乾隆五十年，辽宁沈阳北寺。

《摆拉十三湾封山碑记》，乾隆五十一年二月初三日，云南楚雄
　　市苍岭区西营乡。

《施舍约碣》，乾隆五十一年三月初七日，山西太原晋祠。

《锡器铺呈请禁止胥役藉口公务需用锡器混牌自取给示勒石告示碑》，乾隆五十一年，浙江宁波海曙鲁班殿。

《在保杨柳将军三村石牌》，乾隆五十一年，广西金秀瑶族自治县在保村功德桥头。

《西营乡封山碑》，乾隆五十一年，云南楚雄。

《文昌宫置田碑》，乾隆五十二年二月，原立陕西汉中城固县文昌宫，现存城固县五门堰文物保管所。

《禁赌碑》，乾隆五十二年三月二十六日，山西壶关县崇贤乡庄头村天仙庙。

《苏州府示谕整顿苏郡男普济堂碑》，乾隆五十二年五月，江苏苏州碑刻博物馆。

《界址碑》，乾隆五十二年，云南师宗县上笼嘎蓝靛瑶村。

《东韩村禁赌碑记》，乾隆五十二年，山西壶关县固村乡绍良村。

《江南海关为商船完纳税银折合制钱定价告示碑》，乾隆五十三年七月初九日，原在上海南市区福建会馆。

《示禁海口章程碑记》，乾隆五十三年九月，台湾台南市南门碑林。

《台澎兵备道谕告碑》，乾隆五十三年十一月十三日，台湾台南市北区三山国王庙。

《奉宪示禁》，乾隆五十三年十一月，台湾台南县佳里镇建南里金唐殿左厢。

《奉宪严禁差役勒索讹诈碑记》，乾隆五十三年十二月，台湾苗栗县竹南镇中港慈和宫。

《临江寺记》，乾隆四十九年至五十三年间。民国《武胜县新志》卷一。

《确定庙产庙树碑》，乾隆五十四年五月二十六日，山西阳泉市平定县东回镇东回村大王庙。

《安康改隶汉阴通判碑》，乾隆五十四年，陕西安康。

《朝阳寺植树护林碑》，乾隆五十四年，云南宜良县蓬莱乡万户庄朝阳寺。

《燕雾全保界址碑》，乾隆五十四年，台湾彰化市界由北沙坑通往大埔公路旁。

《鹿港示禁碑》，乾隆五十五年二月，台湾彰化县鹿港镇三山国王庙。

《赤石碗窑黄京埔村禁碑》，乾隆五十五年夏月，广东海丰县黄京埔村。

《赤石碗窑乡黄京埔村禁丐匪碑》，乾隆五十五年七月初四日，广东海丰县黄京埔村。

《奉大宪恩给三墩沙坦永禁私相典卖碑记》，乾隆五十五年七月十八日，广东珠海唐家镇淇澳村。

《石室禁赌碑志》，乾隆五十五年八月十八日，山西长治屯留县石室村蓬莱宫。

《锡金两县禁止差埠人等借差截拿商民船只碑》，乾隆五十五年八月，江苏。

《功德碑记》，乾隆五十五年菊月，台湾台南县下营乡茅港村慈光寺。

《封山合同碑记》，乾隆五十五年十二月，云南楚雄市永安乡桃园双坝村。

《奉宪禁章车头碑记》，乾隆五十六年六月，山西大同鼓楼东门外南侧。

《月河铁溪堰碑》，乾隆五十六年八月，原立陕西安康汉阴县在城铺铁溪沟三官庙，庙毁后用作汉阴县月河乡政府阶石。

《苏州府永禁藉尸扰民碑》，乾隆五十六年十二月，江苏苏州碑
　　刻博物馆。

《清真寺学田记》，乾隆五十六年，安徽淮南市古沟乡太平村清
　　真寺。

《天后宫田产记碑》，乾隆五十七年四月，台湾彰化县鹿港镇妈
　　祖庙。

《规条碑》，乾隆五十七年五月三十日，广东湛江高州县。

《常州府规定锡金二邑黄酒糟坊各听自踩自用不许挨查滋扰碑》，
　　乾隆五十七年六月，原在江苏无锡市东门外酒仙殿。

《苏州卫严禁棍占屯田造房建坟碑》，乾隆五十七年六月，江苏
　　苏州碑刻博物馆。

《大上帝庙示禁碑》（北极殿保护碑），乾隆五十七年七月，台湾
　　台南市中区民权路北极殿。

《护林告示碑》，乾隆五十七年十月初七日，云南文山德厚乡。

《当首应差碑记》，乾隆五十七年，四川都江堰市。

《肇庆府禁封江勒索碑》，乾隆五十七年，广东肇庆市府署遗址。

《盐课归入地丁碑》，乾隆五十七年，山西长治沁源。

《淮南公捐古紫阳书院膏火案由碑》，乾隆五十七年。叶为铭编
　　《歙县金石志》卷一〇。

《紫阳书院规条碑》，乾隆五十七年，安徽歙县紫阳书院。

《养子不得入宗祠以乱宗派碑》，乾隆五十八年二月，广东深圳
　　南头涌下村升平里18号郑氏宗祠。

《毋许民番私捕埤水鱼虾示告碑记》，乾隆五十八年六月，台湾
　　台南县官田乡隆田村隆麻公路边葫芦埤中。

《埤圳分水碑》，乾隆五十八年七月三日，台湾台中县神冈乡岸
　　里国民学校。

《宁羌州衙告示碑》，乾隆五十八年九月，原竖于宁羌州府前，
　　现存陕西宁强县文化馆。

《庆斯堂禁碑》，乾隆五十八年秋月，广东大埔县。

《遵奉各宪详定纸坊条议章程碑》，乾隆五十八年十月，原在江
　　苏苏州河沿街长弄 5 号仙翁会馆。

《禁碑》，乾隆五十八年，浙江绍兴会稽。（清）章贻贤辑《会稽
　　偶山章氏家乘》卷六《禁碑》。

《具禀各房书吏碑》，乾隆五十八年，浙江宁波海曙中山公园。

《奉宪道禁碑》，乾隆五十九年二月，台湾台南县佳里镇建南里
　　金唐殿三川门外。

《东野绪询收回祭田碑》，乾隆五十九年夏，山东曲阜周公庙达
　　孝门下西首。

《外砂五乡守关乡约碑》，乾隆五十九年仲秋，广东汕头澄海县
　　博物馆。

《奉府县给示禁碑》，乾隆五十九年季秋重阳，海南定安县岭口
　　木朗村。

《孟传松等冒考四氏一案碑》，乾隆五十九年阳月上浣，山东邹
　　城孟庙启圣殿。

《严禁觊觎饷塭示告碑记》，乾隆五十九年十一月，台湾嘉义县
　　布袋镇同安里大众庙，佚。

《严禁洲南场陋规锢弊示告碑记》，乾隆五十九年十一月，台湾
　　台南县永康乡盐行村禹帝庙，佚。

《武家屯村规石柱铭文》，乾隆六十年正月初三日，云南保山汉
　　庄镇武家屯永顺寺前。

《为公禁护林碑》，乾隆六十年二月初一日，云南普洱县勐先乡。

《村规民约碑记》，乾隆六十年二月二十八日，山西长治县西池

乡申川村。

《元和县奉各宪禁止弋猎网捕示碑》，乾隆六十年二月，江苏。

《上海县为商船需用泥土压钞永禁泥甲夫头把持扰累告示碑》，
　　乾隆六十年七月，原在上海南市区会馆街商船会馆。

《严禁砍伐碑》（又称《仙龙坝外封山碑》），乾隆六十年八月十
　　五日，云南南华县龙川镇大智阁乡响水河龙潭。

《长元吴三县会议踹布工价发给银两碑》，乾隆六十年十一月，
　　江苏苏州阊门外广济桥堍。

《元和县永禁虎丘放生河道网捕碑》，乾隆六十年，江苏苏州
　　虎丘。

《遵奉藩臬二宪详定抚宪通行指示勒石禁革庄首碑》，乾隆六十
　　年，浙江宁波市鄞州区姜山镇定庆桥庆福寺。

《永革庄长碑》，乾隆六十年。光绪《奉化县志》卷七。

《告示碑》，乾隆□□十二月十三日，广东连平县。

《训守冠服骑射碑》（又称《下马即亡碑》），乾隆年间，北京紫
　　禁城景运门箭亭。

《禁碑》，乾隆年间，四川通江浴溪。

《南风寺施田记》，乾隆年间，四川宜宾符江镇东 40 里麻涎山南
　　风寺。光绪《庆符县志》卷四九。

《重修常州府学庙记》，乾隆年间，常州府学（今江苏常州市二
　　中）。

《核定正埠租项章程碑示》，乾隆年间。（清）吴荣光纂《佛山忠
　　义乡志》卷一三《乡禁志》。

（五）嘉庆（1796～1820 年）

《严禁海口陋规碑记》，嘉庆元年四月二十八日，台湾台南市西区神农街水仙宫。

《清真南大寺告示碑》，嘉庆元年六月，山东济南清真南大寺。

《重建财帛司庙碑记》，嘉庆元年八月，江苏苏州碑刻博物馆。

《奉宪示禁碑》，嘉庆元年九月二十一日，广东海丰县海城老鱼街街口墟。

《清潭布告碑》，嘉庆元年九月，广西宜州。

《永保书院田亩碑记》，嘉庆元年十月，云南保山市隆阳区。

《廉明周太老爷给示严禁碑》，嘉庆元年十月，广东五华县双华区。

《卧碑》，嘉庆元年，山西广灵县。

《龙山书院续助膏田碑记》，嘉庆元年。光绪《余姚县志》卷一〇。

《齐士奇施产及沈浩卖地文约碑》，嘉庆二年二月二十四日，陕西安康旬阳县竹筒乡回龙寺。

《奉县主李大老爷给示严禁碑》，嘉庆二年八月初七日，广东兴宁县博物馆。

《上海县为钱业晴雪堂房产谕示碑》，嘉庆二年八月，原在上海南市区内园。

《捐租碑》，嘉庆二年孟冬，广东湛江高州县冼庙。

《军需局设立条规碑》，嘉庆二年十一月二十二日，陕西咸阳三原县博物馆。

《鲍氏义田禁碑》，嘉庆二年，安徽歙县棠樾村。

《永禁砍罚并养山合约碑》，嘉庆二年，安徽祁门县环沙村。

《港规碑记》，嘉庆二年，原在广东南澳县原云澳港边，现存碑廊。

《赎水碑》，嘉庆二年，山西运城永济市城关镇大峪村。

《王俊儒施地题记》，嘉庆三年二月，陕西绥德县名州镇七里铺村蕲王庙。

《苏州织造府禁止演唱淫靡戏曲碑》，嘉庆三年五月二十五日，原在江苏苏州镇抚司前 16 号梨园公所。

《香林寺庙产碑》，嘉庆三年九月，原立南京香林寺，现藏江苏南京博物院收藏。

《千秋著美碑》，嘉庆三年十二月，广东湛江市。

《奉官禁赌碑》，嘉庆三年，山西长治市小常乡壁头村。

《奉县给示碑》，嘉庆三年，海南海口羊山地区永兴镇石湖书院。

《遵奉藩臬二宪详定督抚二宪批示永革庄长碑禁》，嘉庆三年，浙江宁波宁海县城隍庙。

《遵奉各大宪饬禁永革庄长碑》，嘉庆三年，浙江宁波市鄞州区东钱湖镇高钱村。

《东林胜境小官庙常住碑记》，嘉庆四年二月，云南保山河图小官庙。

《封山护林碑记》，嘉庆四年三月二十七日，云南石屏县秀山寺。

《禁赌碑》，嘉庆四年四月十一日，山西壶关县四家池村。

《恩宪大人示谕碑记》，嘉庆四年八月，台湾台南县永康乡盐行村保宁宫。

《书院膏火碑记》，嘉庆四年仲秋。（清）吴荣光纂《佛山忠义乡志》卷一二《金石志下》。

《严禁藉尸图诈告示碑》，嘉庆四年十二月，江苏扬州。于树滋篡《瓜洲续志》卷二六《碑文》。

《荆南书院新立规约碑》，嘉庆四年，在碑阴。嘉庆《湖北通志》
卷九五《金石八》。

《宪示碑》，嘉庆五年三月十三日，广东和平县彭寨。

《糖饼行雷祖会碑》，嘉庆五年三月二十一日，原在北京广渠门
内栖流所3号糖饼行公所。

《义仓碑记》，嘉庆五年五月。叶为铭编《歙县金石志》卷一〇。

《制先禁革陋规示》，嘉庆五年八月六日，广东湛江徐闻县海
安埠。

《两广总督海情告示碑》，嘉庆五年六月二十日，原在广东澄海
县莲花下区德邻乡州头，现存澄海县博物馆。

《金匮县规定地方窝留贼匪以及流丐在境盘踞俱责成各该地总照
在图地界昼夜稽查解究碑》，嘉庆五年八月，江苏。

《恪遵章程碑》，嘉庆五年十月十一日，陕西咸阳三原县博物馆。

《恩德碑记》，嘉庆五年十一月十二日，云南弥勒县小寨清真寺。

《李茂春茔域勒禁侵占告示碑》，嘉庆五年十一月，台湾台南市
东区法华寺。

《陈察院禁酗酒示碑》，嘉庆初，四川洪雅县汉王乡满仓寺旧址。

《培修龙泉寺碑记》，嘉庆初年，四川达县金垭场东10里。民国
《达县志》卷一〇。

《紫溪山丁家徐家封山碑记》，嘉庆六年正月二十六日，云南楚
雄市紫溪山东麓丁家村后山路上方。

《公正馆规条碑记》，嘉庆六年九月，广东肇庆广宁县。

《方碑示禁》，嘉庆六年十一月初四日，四川江油市窦圌山。

《上海县为禁脚夫人等分段把持告示碑》，嘉庆六年十一月，原
在上海县法华镇。

《屠氏宗祠碑》，嘉庆六年，江苏常州博物馆。

《禁山碑》，嘉庆六年，山西平顺县掌里村。

《重修奎星书院碑记》，嘉庆六年，云南大理喜洲镇。

《奉县示禁碑》，嘉庆六年，海南海口市琼山区丁村。

《禁挖山河堰堤碑》，嘉庆七年五月，陕西汉中市博物馆。

《太平土州五哨新旧蠲免条例碑记》，嘉庆七年九月六日，广西大兴县。

《义冢护卫示禁碑记》，嘉庆七年十月，原在台湾台南市南区墓地，现存南门碑林。

《莱州府为二宫争界事判词石刻》，嘉庆七年十月，山东青岛崂山。

《断案碑记》，嘉庆七年十二月十九日，云南保山市隆阳区板桥光尊寺。

《恒刺史讯断澈心庵田业碑》，嘉庆七年嘉平月下浣。宣统《广安州新志》卷三九。

《敕赐祖庭少林释氏源流五家宗派世谱》，嘉庆七年，河南登封嵩山少林寺碑廊西廊。

《厦门海防分府奉宪示禁碑》，嘉庆七年，福建厦门。

《鄞县知县严禁无赖恶棍阴葬索扰告示碑》，嘉庆七年，原在浙江宁波海曙城隍庙。

《勒石永禁之碑》，嘉庆七年，浙江宁波市鄞州区洞桥镇宁锋惠江村。

《禁赌碑记》，嘉庆八年二月，山西平顺县东禅村。

《公议禁约》，嘉庆八年仲春，广东五华县。

《敕旨护道榜文碑》，嘉庆八年五月，陕西汉中留坝县张良庙。

《马庄镇轮流粮食集碑记》，嘉庆八年八月，陕西咸阳市秦都我区马庄乡马庄村。

《上海县为箩夫扛夫议定脚价订定界址告示碑》，嘉庆八年十二
　　月，原在上海南市区泉漳会馆。

《棉洋联寨严示禁碑》，嘉庆八年，广东五华县棉洋镇。

《江南海关禁汛口重索出入商船挂号钱文告示碑》，嘉庆八年，
　　上海。

《遵奉各宪批饬通行勒石永禁庄长之碑》，嘉庆八年，浙江宁波
　　市鄞州区东吴镇天童村。

《录写禁条山文规式》，嘉庆八年后，陕西澄城。

《为断明水利合村人等焚顶叩恩碑记》，嘉庆九年二月，碑阴刻
　　《马村东段村公议使水打土煞合同》，山西运城稷山县博
　　物馆。

《严禁恶丐强索泼扰碑记》，嘉庆九年二月，台湾高雄县梓官乡
　　梓义村城隍庙。

《永乐宫地亩租课碑记》，嘉庆九年春，山西运城芮城永乐宫。

《东势角圳谕示碑》，嘉庆九年五月二十一日，台湾台中县东势
　　镇角圳，佚。

《奉府宪示禁碑》，嘉庆九年五月，安徽祁县横联乡社景村。

《中河碑记》，嘉庆九年七月初十日，山西介休市洪山镇源神庙。

《敬置瓦店充为香灯仰答神恩碑记》，嘉庆九年七月，台湾嘉义
　　市朝天宫前。

《登莱道堂为二宫争界事判词石刻》，嘉庆九年八月，山东青岛
　　崂山。

《水例碑记》，嘉庆九年十二月十一日，云南楚雄市吕合镇大天
　　城村土主庙。

《上谕碑》，嘉庆九年十二月，湖北谷城县清真寺。

《廉明县主严谕碑》，嘉庆九年十二月，广东海丰县赤石墟。

《合村公议村规碑》，嘉庆九年，山西万荣县高村乡阎景村关
　　帝庙。

《勒石永免加租并杜再捐碑》，嘉庆九年，浙江宁波海曙天一阁。

《上谕三道碑》，嘉庆九年，安徽歙县棠樾村。

《王平村奉上宪严禁大有煤窑碑记》，嘉庆□年，北京。

《新置灯田记》，嘉庆十年之前。同治《忠州直隶州志》卷一二。

《论水碑记》，嘉庆十年正月十三日，云南保山市隆阳区葛家村。

《灰窑张姓山场案判决碑》，嘉庆十年正月十六日，云南保山汉
　　庄镇灰窑村公所。

《嘉庆上谕》，嘉庆十年五月二十六日。潘鸣凤编《昆山见存石
　　刻录》卷四。

《鲍氏义田记》，嘉庆十年夏六月，安徽歙县棠樾村。叶为铭编
　　《歙县金石志》卷一〇。

《井水汲水便用疏》，嘉庆十年九月，河南汝阳县蟒庄村老井房。

《贡茶定额记碑》，嘉庆十年孟月谷旦，四川都江堰市青城山九
　　泉庵，佚。

《永禁碑记》，嘉庆十年十一月，山西黎城县程家山乡北流村。

《谕禁生监勒索漕规碑》（又称《两江总督铁保审定王廷瑄等办
　　漕亏缺案碑》），嘉庆十年十一月，江苏苏州碑刻博物馆。

《张氏宗祠税亩碑》，嘉庆十年，安徽歙县。

《民约规条碑记》，嘉庆十一年四月，山西长治县西池乡北仙
　　泉村。

《元和县永禁匪犯流丐结党向山塘店铺滋扰或向香船勒索碑》，
　　嘉庆十一年十月，江苏。

《遵旧规分办驿站差务碑》，嘉庆十一年十二月二十八日，山西

阳泉市平定县柏井乡柏井村法华寺。

《禁赌碑》，嘉庆十一年，浙江宁波象山县新桥镇海台村韩氏
　　宗祠。

《优免碑记》，嘉庆十二年六月，云南楚雄大姚县文庙（现小
　　学）。

《勒制宪禁裴贾二姓入庙示》，嘉庆十二年九月二十日，四川梓
　　潼县北七曲山梓潼祠前。

《道安里七甲山场记》，嘉庆十二年九月，陕西户县大王镇兆
　　伦村。

《上海县为浙绍各店公捐中秋会告示碑》，道光十二年十一月二
　　十二日，原在上海南市区城隍庙。

《江苏按察司永禁苏州私宰耕牛碑》，嘉庆十二年十一月，江苏
　　苏州碑刻博物馆。

《禀抚藩臬局道府宪碑》，嘉庆十二年，陕西安康宁陕县关口。

《谨固地方碑》，嘉庆十二年，陕西安康白河县凉水乡碾盘村。

《阿纳村护林封山碑》，嘉庆十三年夹钟月，云南禄丰县阿纳村
　　大庙。

《青浦县为禁止棍徒滋扰圆津禅院告示碑》，嘉庆十三年三月，
　　上海青浦朱家角圆津禅院。

《请禁郑长池碑》，嘉庆十三年三月，浙江瑞安。

《三乡遵示谕禁碑》，嘉庆十三年四月十九日，广东龙川县贝岭
　　区米贝乡。

《苏州江镇公所房屋契据碑》，嘉庆十三年五月，江苏。

《吴县示禁保护玉器业祀产碑》，嘉庆十三年四月，江苏苏州碑
　　刻博物馆。

《永护凤山碑》，嘉庆十三年九月二十六日，原在云南大理凤仪

镇西街。

《永远断送房屋东营清真寺碑记》，嘉庆十三年九月，广东广州
　　东营清真寺。

《修葺明教寺更僧赎田记》，嘉庆十三年秋月，四川成都金堂县
　　明教寺。嘉庆《金堂县志》卷三。

《磨渠水利词案碑记》，嘉庆十三年十二月初五日，陕西户县庞
　　光镇东焦将戏楼。

《劝谕广植蚕桑碑》，嘉庆十三年，陕西安康汉阴县城关李家台
　　砖石。

《溥敬立置田碑》，嘉庆十三年，上海嘉定县博物馆。

《鲍氏义田记刻石》，嘉庆十三年，安徽歙县棠樾村。

《禁止赌博碑》，嘉庆十三年，安徽祁门县历口镇许村。

《乡规民约碑》，嘉庆十四年三月二十日，云南呈贡县大王家营
　　槐荫寺。

《通济宫置租立业碑记》，嘉庆十四年花月，台湾台南县新营镇
　　铁线里通济宫。

《奉龙门县师准给示永禁碑记》，嘉庆十四年四月，广东龙门县。

《长元吴三县规定漕船过境遇浅起驳应自投兵粮埠觅雇坚巨船只
　　禁差役滋扰碑》，嘉庆十四年四月，江苏。

《度量衡碑》，嘉庆十四年七月二十二日，海南乐东县佛罗区佛
　　南村罗中街。

《觧州正堂吴示碑》，嘉庆十四年十月初一日，山西运城解州关
　　帝庙。

《汕尾新港月眉乡告示碑》，嘉庆十四年十月十八日，广东海丰
　　县汕尾新港月眉乡。

《蒙县宪将早市秤拨送武庙香油告示碑记》，嘉庆十五年三月二

十七日，广东佛山三水县。

《太平土州规定五哨军民不供夫役碑》，嘉庆十五年三月二十七
　　日，广西大兴县。

《大众庙中元祀业碑》，嘉庆十五年五月十七日，台湾新竹县新
　　竹市南门外大众庙。

《吴启秀母女卖地文约碑》，嘉庆十五年十一月十四日，陕西安
　　康市东镇乡营盘垭村黑虎堂。

《儒学卧碑》，嘉庆十五年，陕西安康平利县城东正街原五峰
　　书院。

《护林碑》，嘉庆十五年，云南建水县大曲乡祉那白村。

《烟铺烟司互控工价勒石永遵告示碑》，嘉庆十五年，浙江宁波
　　海曙城隍庙。

《上海县为潮州会馆契买市房以充祭业准予备案告示碑》，嘉庆
　　十六年五月，原在上海南市人民路 120 号。

《潮州会馆祭业勒契碑》，嘉庆十六年五月，原在上海南市人民
　　路 120 号。

《榆邑三郝村贡瓜免役碑》，嘉庆十六年七月，山西榆次三合村。

《捐助诸生乡试资记》，嘉庆十六年孟秋月。道光《重修胶州志》
　　卷三九。

《重建景福祠碑记》，嘉庆十六年桂月，台湾台南市佛头港景福
　　祠前街道左旁。

《奉列宪严御碑示》，嘉庆十六年九月初四日，广东汕头潮阳县。

《禁约碑记》，嘉庆十六年九月初十日，山西黎城县西仵乡隔
　　道村。

《严谕示禁》，嘉庆十六年九月二十七日，广东丰顺县。

《茂莲宗祠养贤田条碑》，嘉庆十六年十二月初一日，广东雷州

市茂莲宗祠。

《茂莲宗祠养贤遗规碑》，嘉庆十六年十二月初一日，广东湛江
　　海康县茂莲宗祠。

《公禁碑》，嘉庆辛未年，福建厦门同安区云洋村。

《严禁侵占私垦万丹山冢地碑记》，嘉庆十六年，台湾南投县名
　　间乡万丹山公墓。

《遵例勒石碑》，嘉庆十六年，广东澄海县博物馆。

《公议碧阳书院规条》，嘉庆十六年，安徽黟县中学崇教祠。

《学田碑记》，嘉庆十七年二月，广西临桂县会仙乡旧村清真寺。

《南涧清真寺新旧租石田形坐落四至钱粮数目总碑》，嘉庆十七
　　年仲夏，云南大理南涧县公郎镇回营村清真寺。

《新兴街福德祠重修碑记》，嘉庆十七年阳月，台湾台南市安平
　　路神兴宫。

《立换地执照》，嘉庆十七年七月，山西阳泉市郊河底镇河底村
　　三官庙。

《恩宪大人示谕碑记》，嘉庆十七年九月二十九日，台湾台南县
　　永康乡盐行村洲仔尾保宁宫。

《嘉定县永禁滥派堂董浚河杂徭告示碑》，嘉庆十七年九月，
　　上海。

《苏州府禁止粮船违例越泊碑》，嘉庆十七年九月，江苏。

《奉宪示禁混卖宝烛以肃庙宇碑记》，嘉庆十七年十一月十六日，
　　广东佛山市。

《护林纪事碑》，嘉庆十七年十一月，云南文山州砚山县江那镇
　　棺材山半边寺。

《苏州府示谕枫桥米市斛力碑》，嘉庆十七年十二月，江苏苏州
　　碑刻博物馆。

《华阳营士兵福利储金碑》，嘉庆十七年季冬月，陕西洋县华阳
　　镇清华阳营大门道。

《创立禁赌兼弭盗碑记》，嘉庆十七年，山西运城稷山县。

《南涧清真寺租石田形坐落四至钱粮数目总碑》，嘉庆十七年，
　　云南大理。

《东林寺重修白塔碑记》，嘉庆十七年，四川安岳县东林寺。光
　　绪《续修安岳县志》卷二。

《襄陵会馆碑记》，嘉庆十八年正月初一日，原存北京和平门外
　　虎坊桥五道庙 24 号襄陵会馆。

《土司信照条约碑》，嘉庆十八年正月，贵州三都水族自治县。

《东山义冢示禁碑》（又称《三块厝义冢示禁碑记》），嘉庆十八
　　年三月十三日，台湾彰化县员林镇东山镇兴庙前。

《王氏祖茔保护告示碑记》（2），嘉庆十八年七月，原在台湾台
　　南市东区东门外虎尾寮，现存市立博物馆；存南门碑林。

《吴县禁止棍丐向江镇公所及义冢踞扰强占碑》，嘉庆十八年十
　　一月初八日，江苏。

《竹沪元帅爷庙禁约碑记》，嘉庆十八年十一月，台湾高雄县路
　　竹乡竹沪村太子宫。

《禁碑》，嘉庆十八年，浙江绍兴会稽。（清）章贻贤辑《会稽偁
　　山章氏家乘》卷六《禁碑》。

《禁示龙堂牌》，嘉庆十八年，广西金秀瑶族自治县。

《咨覆檄行遵照碑》，嘉庆十八年，安徽祁门县闪里镇港上村西
　　峰寺。

《县正堂奉宪碑》，嘉庆十八年，安徽祁门县闪里镇港上村西
　　峰寺。

《合族永禁滥砍水口山林等事项碑》，嘉庆十八年，安徽祁门县

新安乡叶源村。

《和溪厝示禁碑》，嘉庆十九年正月二十八日，台湾南投县竹山
　　镇和溪厝路旁。

《断案遵依碑》，嘉庆十九年闰二月，山西太原晋祠。

《平阳府为明谋肆行朦胧奏夺水利变乱碑》，嘉庆十九年五月十
　　六日，原在山西绛县衙署，现存县博物馆。

《断结差事碑》，嘉庆十九年七月二十三日，山西阳泉市郊东村
　　乡山底村。

《扬美街通乡庶士设立禁约永远碑记》，嘉庆十九年八月，广西
　　南宁。

《复沛县祭田碑》，嘉庆十九年九月，山东曲阜孔庙金声门。

《常熟县正堂宪批金钱氏捐产碑记》，嘉庆十□年十月，江苏常
　　熟碑刻博物馆。

《孙远村箴铭》，嘉庆十九年十月，山西临猗县。

《二层行溪义渡碑记》，嘉庆十九年十月，台湾台南县仁德乡二
　　层行溪北岸，已毁。

《署凤山县正堂吴立碑》（又称《核定糖量公驼碑》），嘉庆十九
　　年十二月，台湾屏东县里港乡大平村双慈宫。

《观音埤公记》，嘉庆十九年腊月，台湾台南县柳营乡神农村镇
　　西宫。

《禁白碑窳开窑记》，嘉庆十九年，山西大同市。

《和溪厝护圳碑》，嘉庆十九年，台湾南投县竹山镇中和里中和
　　派出所前。

《禁赌碑》，嘉庆二十年一月十三日，山西长治屯留高头乡康庄
　　村康王庙。

《吴县永禁滋扰义学碑》，嘉庆二十年三月二十四日，江苏苏州

碑刻博物馆。

《义冢示禁碑》（又称《严禁占垦官山义冢碑记》，嘉庆二十年四月，原在台湾彰化县彰化市八卦山，现在彰化市公园。

《捐置义学田租碑》，嘉庆二十年四月，山西阳泉平定县城关镇平定师范学校。

《奉宪封禁古令埔碑》，嘉庆二十年五月十二日，台湾屏东县内埔村天后宫。

《少林寺禁约碑》，嘉庆二十年五月二十七日，河南登封嵩山少林寺。

《登封县正堂黎太老爷面谕永免出役人等饭食合寺僧众世代感恩碑》，嘉庆二十年仲夏，河南登封嵩山少林寺天王殿前。

《公约禁止碑》，嘉庆二十年八月，山西长治长子县大堡头乡青仁村。

《蔺氏族规碑》，嘉庆二十年，山西运城上王乡上王村。

《核桃冲村彝族普氏家族立封山护林碑》，嘉庆二十年，云南建水县。

《严禁窃取瓜菜禾穗村规碑》，嘉庆二十一年六月初一日，山西阳泉市郊三郊乡韩庄村观音庙。

《护林告示碑》，嘉庆二十一年六月十二日，云南文山县德厚乡董家坟场。

《台湾县温奉宪示禁碑》，嘉庆二十一年十一月十一日，原在台湾台南市西区水仙宫附近，后移南区大南门碑林。

《奉廉明县主郑示禁碑》，嘉庆二十一年□月二十三日，广东海丰县联安镇白町村。

《奉宪预绝棍客示告碑记》（又称《奉宪严禁罗汉脚恶习碑记》），嘉庆二十二年六月，台湾高雄县旗山镇眉洲里天后宫。

《严禁不容奸人碑》，嘉庆二十二年六月，台湾南投县集集
　　镇，佚。

《岳麓书院文昌祭田碑记》，嘉庆二十二年七月，湖南长沙岳麓
　　书院御书楼回廊。

《征收完课谕示碑》，嘉庆二十二年七月，台湾彰化县埔盐乡南
　　新村。

《张老爷封山碑》，嘉庆二十二年八月初四日，云南通海县解家
　　营村寺庙。

《重建药行公馆碑记》，嘉庆二十二年夏秋月，原立北京前门外
　　东兴隆街2号药行会馆。

《设立义学义坟碑》，嘉庆二十二年十月初九日，山西介休兴地
　　村回銮寺。

《重立免差徭碑》，嘉庆二十二年十一月十六日，山东曲阜。

《解家营村寺庙所置产业碑》，嘉庆二十二年，云南通海县。

《鹫峰寺序》，嘉庆二十二年，重庆合川县涞滩乡鹫峰寺（又名
　　二佛寺）。

《封山碑》，嘉庆二十二年，云南弥勒县板凳寨。

《奉宪禁流丐聚集移尸索诈碑》，嘉庆二十二年，台湾高雄县旗
　　山镇天后宫。

《运宪府宪县主禁碑》，嘉庆二十三年正月二十九日，广东海丰
　　县梅陇镇桥头村。

《海康县示碑》，嘉庆二十三年六月，广东雷州市雷城镇关部街
　　康皇庙。

《绦行公所碑》，嘉庆二十三年七月二十二日，原在北京陶然亭
　　哪吒庙绦行公所。

《禁砍树木合同碑记》，嘉庆二十三年十二月初九日，云南楚雄
　　市富民区吉乐乡磨刀箐村。

《东营清真寺碑记》，嘉庆二十三年十二月，广东广州东营清
　　真寺。

《五门堰分水碑》，嘉庆二十三年□月十七日，陕西汉中城固县
　　五门堰。

《禁砍树林合同碑记》，嘉庆二十三年，云南楚雄。

《方氏祠堂规约》，嘉庆二十三年，台湾台南县关庙乡。

《浚元书院翁氏乐捐碑》，嘉庆二十四年暮春，广东雷州市浚元
　　书院。

《澳规》，嘉庆二十四年花月，福建晋江。

《泗胜坊示谕碑》，嘉庆二十四年六月，澳门关前街聚龙社。

《苏州如意会重立新规碑》，嘉庆二十四年十一月十二日，江苏
　　苏州碑刻博物馆。

《龙洞渠记事碑》，嘉庆二十四年冬月，陕西泾阳县王桥镇泾惠
　　渠首碑廊。

《禁杀耕牛碑》，嘉庆二十四年十二月初四日，陕西咸阳市秦都
　　区马庄乡马庄村。

《香火田碑》，嘉庆二十四年，台湾南投县竹山镇社寮里集山路
　　开漳圣王庙。

《尧泽头全社禁赌碑志》，嘉庆二十四年，山西长治屯留县城关
　　镇尧泽头村。

《苏州府永禁虎丘放生官河网捕碑》，嘉庆二十四年，江苏苏州。

《遵母命施地西山庙碑记》，嘉庆二十五年二月二十六日，山西
　　阳城县北留镇郭峪村西山庙。

《卧碑》，嘉庆二十五年秋，台湾高雄市左营区莲潭路 47 号旧城

国小（崇圣祠碑林）。

《创置书田碑》，嘉庆二十五年仲冬，广东澄海县。

《禁赌加级碑》，嘉庆年间，山西长治长子县大堡头村。

《重立蠲免差徭碑》，嘉庆年间，山东曲阜孔庙毓粹门。

《奉宪示勒石永禁》，嘉庆年间，广西桂林漓江源头猫儿山。

《陆洞土民封禁水源公山》，嘉庆年间，广西桂林漓江源头猫
　　儿山。

《禁止殷户作地保庄长以除民累碑记》，嘉庆年间，浙江宁波江
　　北农技学校食堂。

《关潮闸赡田碑记》，嘉庆年间。民国《镇海县志》卷五。

《四至石碑》，嘉庆年间，北京怀柔红螺寺大雄宝殿前。

《文社财产及保护碑》，嘉庆十二年以后，山西阳城县北留镇郭
　　峪村。

（六）道光（1821～1850 年）

《禁赌碑》，道光元年正月，山西平顺县南玛村。

《重修粤秀书院碑记》，道光元年正月。同治《南海县志》卷
　　一二。

《护林厚民生碑》，道光元年三月二十一日，云南鹤庆县辛屯镇
　　南河村山神庙。

《合村公议禁条》，道光元年三月二十七日，陕西澄城。

《兴修广州羊城书院设立膏火银两碑记》，道光元年季春月。同
　　治《南海县志》卷一二。

《严禁僧民私相典借庙产碑》，道光元年四月二十八日，台湾嘉
　　义市民权路北极殿地藏庵。

《本县严禁强丐告示》，道光元年六月初六日，广东顺德。

《乡规碑》，道光元年十一月初一日，云南元江县大哨村井边。

《赎田归庵济渴碑记》，道光元年，安徽祁门县大坦乡大洪村大
　　洪岭。

《龙脊永禁贼盗碑》，道光二年正月十八日，广西龙胜县和平乡
　　龙脊村。

《永昌府潞江塘子寨驿站告示碑》，道光二年二月十五日，云南
　　保山潞江芒棒村。

《上海县为徽宁公堂冢地不得作践告示碑》，道光二年四月，原
　　在上海市斜土路徽宁会馆。

《元和县严禁机匠借端生事倡众停工碑》，道光二年六月十一日，
　　原在江苏苏州祥符寺巷云锦公所，现存中国国家博物馆。

《上海县为禁止流丐成群结党滋扰告示碑》，道光二年六月三十
　　日，原立上海县新庙镇。

《三村石牌》，道光二年七月二十二日，广西金秀瑶族自治县门
　　头村南社庙后山坡上。

《苏松太兵备道为禁止牙行留难进出客船告示碑》，道光二年八
　　月十四日，原在上海南市区泉漳会馆。

《严禁汛兵藉端勒索纵马害禾碑记》，道光二年八月，台湾台南
　　市大南门碑林。

《修造老古石街路头碑记》，道光二年十月，台湾台南市南门
　　碑林。

《北斗街义冢碑》，道光二年十月，台湾彰化县北斗镇文昌里有
　　应公祠前。

《功德碑》，道光二年十月，四川郫县团结镇永定村。

《示禁碑》，道光二年十一月十二日，安徽祁县大坦乡大洪村大

洪岭。

《种松碑记》，道光三年正月十二日，原存云南保山市隆阳区河
　　图镇白塔村，现存保山市文管所。

《永存不朽碑》，道光三年二月二十六日，云南文山州西畴县西
　　洒镇摩洒村。

《具甘结碑记》，道光三年四月十六日，山西阳泉盂县北下庄乡
　　坡头村泰山庙。

《堆云洞主持道人自置地亩粮税碑记》，道光三年六月，山西运
　　城夏县。

《财神会碑记》，道光三年七月，广东广州。

《潮州府海阳县正堂文告》，道光三年八月十三日，广东潮州
　　南岩。

《遵示告示碑》，道光三年九月八日，云南泸西县广福寺（现县
　　委党校）。

《吴县为周宣灵王庙产印契立案保护碑》（一），道光三年九月二
　　十一日，江苏苏州碑刻博物馆。

《吴县为周宣灵王庙产印契立案保护碑》（二），道光三年十一月
　　二十六日，江苏苏州碑刻博物馆。

《放谷涉讼断案碑记》，道光三年十二月，山西阳泉盂县北下庄
　　乡坡头村泰山庙。

《规约碑》，道光三年，湖南邵阳市白鹤潭清真寺。

《广福寺告示碑》，道光三年，云南沪西县。

《公禁碑记》，道光三年，福建厦门岛内黄厝社溪头下。

《奉旨永远封禁碑》，道光三年，浙江宁波象山县鹤浦镇。

《宁波府知府严禁食盐商贩拢朋昂价以杜积弊而裕引告示碑》，
　　道光三年，浙江宁波海曙天一阁东园。

《申禁茶叶交易兴利息碑》，道光三年，安徽祁门县渚口乡。

《吴县准许玄坛庙入载郡志并予保护告示碑》，道光四年二月，
　　江苏苏州碑刻博物馆。

《万春宫庙产碑》，道光四年三月，台湾台中市圣母庙万春宫外。

《公议茶规碑》，道光四年五月初一日，江西婺源清华镇洪村洪
　　氏宗祠。

《严禁兵民抢夺商船碑记》，道光四年六月，台湾台南市大南门
　　碑林。

《永禁沿港拦截勒索告示碑》，道光四年六月，江苏扬州。于树
　　滋纂《瓜洲续志》卷二六《碑文》。

《过路塘严禁挖泥碑》，道光四年菊月，广东揭西县鲤鱼山过路
　　塘小桥头。

《奉州宪严禁盗贼水手病故章程碑》，道光四年十月十三日，广
　　东肇庆罗定县。

《永禁挖岸践田告示碑》，道光四年十月，江苏扬州。于树滋纂
　　《瓜洲续志》卷二六《碑文》。

《上海县为严禁流丐结党盘踞扰累告示碑》，道光四年十一月二
　　十五日，原在上海县新庙镇。

《丰口坝公议条规碑》，道光四年十二月，陕西安康平利县洛
　　河街。

《告白碑》，道光四年冬月，云南广南县旧莫乡汤盆村。

《荒溪堰条规碑》，道光四年季冬月，陕西汉中南郑县圣水寺文
　　物保管所。

《官箴碑》，道光四年，陕西西安碑林。

《祖神禁碑》，道光四年，湖南绥宁县。

《公议管理茶山渡条款碑记》，道光四年，贵州遵义县与开阳县

交界处的茶山关。

《严禁勒索竹排钱文谕示碑》，道光四年，台湾南投县竹山镇连
　　兴宫。

《奉宪禁各衙胥役勒索绅衿班数碑记》，道光四年，原立台湾府
　　奎楼书院，1978 年移台南市南门碑林。

《免运漕车辆碑》，道光四年。道光《陵县志》卷一七。

《永镇地方碑》，道光四年，湖北恩施土家族苗族自治州。

《文庙卧碑》，道光五年一月，台湾彰化县彰化市文庙。

《文峰村护林碑》，道光五年二月初三日，云南祥云县祥城镇王
　　家山办事处。

《奉宪禁各衙胥役勒索绅衿班数碑记》，道光五年蒲月，台湾高
　　雄县凤山镇凤仪书院。

《奉宪严禁碑》，道光五年六月，安徽祁县箬坑乡伦坑村。

《关山东公所义冢地四至碑》，道光五年七月，上海。

《石泉县池河口义渡告示碑》，道光五年八月，陕西安康石泉县
　　松柏乡桂花村。

《石泉知县整饬风化告示碑》，道光五年九月初四日，陕西安康
　　石泉县中池河卫生院（关帝庙旧址）。

《海康浚元书院膏火碑》，道光五年，广东雷州市浚元书院。

《公议石刻》，道光五年，福建厦门同安区莲花镇澳溪安乐村。

《种松碑记》，道光五年，原存云南保山磨房沟，佚。

《渔船章程》，道光五年，浙江宁波镇海园林处。

《碧阳书院复旧章记》，道光五年，安徽黟县中学崇教祠。

《马祖寺记》，道光初年。民国《灌志文征》卷五。

《奉宪永禁棚民贪利锄种碑》，道光六年三月，安徽祁门县胥岭
　　乡黄古田村。

《七村公议立罚饬碑记》，道光六年四月初四日，山西阳泉市郊
　　李家庄乡柳沟村六泉庙。

《禁讯卡弁兵勒收杉板捐碑记》，道光六年五月初十日，云南文
　　山州麻栗坡县豆鼓店。

《从化县正堂示碑》，道光六年九月初七日，广东广州从化良口
　　镇良明乡塘寮村。

《两广部堂示禁碑》，道光六年十一月，澳门莲峰庙。

《共置产业公举乡约碑》，道光六年，陕西安康宁陕县皇冠乡兴
　　隆村太平桥。

《清真寺新置学田碑记》，道光六年，河南孟县桑坡清真东寺。

《公定斗量碑记》，道光六年，台湾。

《隆兴寺记》，道光七年前，重庆奉节县凤凰山隆兴寺。道光
　　《夔州府志》卷三五。

《示禁碑记》，道光七年正月，台湾高雄市左营区圣后里国民
　　学校。

《清真寺灯油碑记》，道光七年四月十六日，云南建水县燃灯寺
　　街清真寺。

《双溪寺新立禅林规约碑》，道光七年四月，陕西安康市新城北
　　门外双溪寺。

《山阳县严禁恶佃架命抬诈霸田抗租碑》，道光七年五月十九日，
　　江苏省博物馆。

《昆山县奉宪永禁顽佃积弊碑》，道光七年五月十九日，江苏省
　　博物馆。

《吴县禁止居民在水衢搭盖木寮及堆填瓦砾污秽碑》，道光七年
　　五月十九日，江苏。

《严禁破埤害课示告碑记》，道光七年五月，台湾云林县西螺镇

嘉南水利分会。

《奉宪规条》，道光七年六月二十日，广东湛江徐闻县海安古埠。

《修东河碑记》，道光七年六月，云南保山市隆阳区，佚。

《严禁牧牛范夫人筑坟处所示告碑记》，道光七年七月初二日，
　　台湾台南县白河镇仙草里大仙寺。

《修筑波池是序》，道光七年七月，河南三门峡市湖滨区交口乡
　　富村玉皇庙。

《朱伯庐治家格言》，道光七年暑月，山西。

《张贾里规式碑》，道光七年十月初十日，山西万荣县。

《过路环勒石晓谕碑》，道光七年十一月二十五日，澳门谭仙圣
　　庙近海处。

《禀请军差苦乐均匀碑》，道光七年十二月，陕西咸阳三原县博
　　物馆。

《清真寺灯油碑记》，道光七年，云南建水县燃灯寺街清真寺。

《紫阳创修同善局碑记》，道光七年，陕西安康紫阳县招待所。

《上海县为商行船集议关山东各口贸易规条告示碑》，道光七年，
　　原在上海南市区城隍庙萃秀堂。

《上海县西帮商行集议规条碑》，道光七年，原在上海邑庙福佑
　　路萃秀里。

《清官碑》，道光七年，陕西蒲城县博物馆。

《重修溪亭约所碑记》，道光七年，福建泉州市闽台历史博物馆。

《水磨坪治安管理碑》，道光七年，四川阿坝州茂县。

《灵峰寺碑记》，道光七年，云南澄江县阳宗镇小屯村灵峰寺。

《祀龙箐护林碑》，道光七年，云南永仁县方山西麓。

《淞浏大工禁动编金董示碑》（2），道光七年，一原在上海嘉定
　　秋霞圃碑廊；一在上海嘉定震川书院，佚。

《奉示永禁碑》，道光七年，浙江宁波象山县晓塘乡后岭村。

《通州规定各衙门所需鱼物照市价平买差役不得需索碑》，道光
　　八年正月，原在江苏南通市城隍庙。

《关于陶澍奏重浚吴淞江案刻石》，道光八年三月，原在上海普
　　陀区周中铉祠。

《合同碑记》，道光八年四月十日，山西阳泉平定县岔口乡神灵
　　台村。

《海东书院捐生息碑记》，道光八年六月，原立台湾府海东书院，
　　现存台南市南门碑林。

《为乞丐恣行碑记》，道光八年八月，山西长治县苏店镇南天
　　河村。

《禁烧山碑》，道光八年九月二十一日；贵州镇远县。

《奉县主太爷张示禁碑》，道光八年十一月初二日，广东海丰县
　　莲花镇南垭村。

《封山种树碑》，道光八年十二月初八日，云南通海县新蒙乡天
　　子庙。

《马龙州正堂示碑》，道光八年十二月十三日，云南昆明市黑龙
　　潭公园龙泉观碑亭。

《吴县规定粮食豆行上下货物自挑自载应听买主之使船户脚夫不
　　许逞凶勒索碑》，道光八年十二月十九日，江苏。

《清浪争江案碑》，道光八年冬月，贵州天柱县清浪村。

《吴淞江浏河力工永禁动编佥董记》，道光八年，上海嘉定秋霞
　　圃碑廊。

《禁赌碑记》，道光八年，山西河津市赵家庄乡樊家庄关帝庙。

《竖石碑以杜侵蚀》，道光八年，广东海康县雷祖祠。

《浙绍会馆设立碑》，道光八年，江苏苏州碑刻博物馆。

《严禁山林条约》，道光八年，山西阳泉盂县苌池乡藏山村藏
　　山祠。

《捐免杂差碑》，道光九月年二月。道光《陵县志》卷一七《金
　　石志》。

《洞阳宫山场条规碑》，道光九年四月二十七日，陕西汉中城固
　　县洞阳宫。

《公建桐油行碑记》，道光九年四月二十七日，原在北京前门外
　　中芦草园 4 号颜料会馆。

《窑神庙买地碑》，道光九年六月，陕西铜川。

《明道书院捐补膏火碑记》，道光九年六月谷旦，原立陕西户城
　　西街明道书院，现存户县文庙碑廊。

《元和县示禁保护沈丹桂堂碑》，道光九年九月六日，江苏苏州
　　碑刻博物馆。

《镇坪抚民分县严禁牲匪赌窃告示碑》，道光九年十二月二十八
　　日，陕西镇坪县白家乡茶店村。

《禁开山取石碑》，道光九年，山西平顺县掌里村。

《严禁匪类告示碑》，道光九年，陕西安康市巍风乡红莲村。

《海东书院膏伙经费捐输碑记》，道光十年二月，原立台湾府海
　　东书院，现存台南市南门碑林。

《按地亩均摊事端支费碑》，道光十年八月初八日，山西阳泉市
　　郊李家庄乡柳沟村五道庙。

《重修三河水平记碑》，道光十年十一月，山西洪山灌区。

《冯氏合族祀田碑记》，道光十年十二月，陕西潼关吊桥。

《张各庄义仓碑记》，道光十年。刘崇本总纂《河北雄县新志》
　　第九册《故实略三》。

《永行封禁碑》，道光十年，山东淄博博山。

《护林禁伐碑》，道光十一年三月二十日，云南文山州砚山县江
　　那镇舍法依老寨礁房门口。

《永定乡规民约碑》，道光十一年孟夏月，云南凤庆县鲁史镇古
　　平村。

《上海县为泉漳会馆地产不准盗卖告示碑》，道光十一年五月二
　　十九日，原在上海南市区泉漳会馆旧址。

《苏州水炉公所置产文契碑》，道光十一年六月，江苏。

《南皮县义仓碑记》，道光十一年七月。民国《南皮县志》卷四
　　五《金石志》。

《和溪厝圳分水碑》，道光十一年八月二十一日，台湾南投县竹
　　山镇和溪厝，残。

《为食用水不给重录前案碑》，道光十一年十一月，陕西潼关县
　　金盆村。

《沙辘牧埔占垦示禁碑》，道光十一年十二月，台湾台中县梧栖
　　镇大庄里浩天宫外。

《骑虎王庙祀业碑记》，道光十一年十二月，台湾嘉义县民雄乡
　　中乐村保安宫。

《当湖书院经费记》，道光十一年，上海嘉定当湖书院。

《严禁匪类以靖地方碑》，道光十一年，陕西安康市包家河乡。

《文山州依法治寨碑》，道光十一年，云南。

《永庆乡规民约碑》，道光十一年，云南凤庆。

《严禁滥砍水口荫木碑》，道光十一年，安徽祁门县彭龙乡。

《长二长滩二村共立石牌》，道光十二年二月，广西金秀瑶族自
　　治县。

《镇安府详定下雷土州应留应革年命名碑》，道光十二年十一月
　　十八日，广西大兴县。

《沙辘牛埔占垦示禁碑》，道光十二年六月，台湾台中县梧栖镇
　　大庄里浩天宫。

《不准私自霸占渔利示禁碑》，道光十二年十二月初十日，台湾
　　台南县仁德乡港墘村五帝庙，佚。

《吴县永禁踹坊垄断把持碑》，道光十二年十二月十八日，江苏
　　苏州阊门外广济桥堍。

《徽宁会馆捐输总数并公产基地碑》，道光十二年嘉平之月，原
　　在江苏吴江县盛泽镇。

《贵生书院规条》，道光十三年三月十三日，广东湛江徐闻县文
　　化馆。

《奉宪勒石示禁》，道光十三年三月，广东丰顺县。

《紫阳知县严禁近滩小船水夫借机抢捞货物告示碑》，道光十三
　　年八月，陕西安康紫阳县汉王城泗王庙。

《安乐寺永垂万古碑》，道光十三年十二月二十六日，云南保山
　　市隆阳区安乐寺。

《紫阳县正堂告示碑》，道光十三年，陕西安康。

《南天桥约社禁赌碑》，道光十三年，山西长治壶口乡南天桥村。

《四川布政使颁革除山主令》，道光十三年，四川都江堰市。

《增设日渡义田碑》，道光十三年，浙江宁波市鄞州区姜山镇翻
　　石渡村。

《乐助义渡碑》，道光十四年正月二十九日，台湾台中县东势镇
　　三山国王庙。

《奉圣寺磨产公案碣》，道光十四年夏四月谷旦，山西太原晋祠。

《圳长争执示禁碑》，道光十四年六月，台湾台中县，佚。

《重修龙箐水例碑记》，道光十四年八月十五日，云南楚雄市紫
　　溪镇丁家村土主庙。

《街巷众议禁约碑》，道光十四年九月十五日，广西南宁杜屋码
　　头附近。

《勒示严禁碑》，道光十四年十一月二十六日，广东海丰县公平
　　墟公平接待所。

《支费清帐碑》，道光十四年十一月，山西阳泉市郊三郊乡三都
　　村龙王庙。

《苏州府为照章听布号择坊发踹给示遵守碑》，道光十四年十二
　　月三十日，江苏苏州阊门外新安会馆。

《棺材铺呈请禁止木匠紊规造棺争夺生计给示勒石告示碑》，道
　　光十四年，浙江宁波海曙天一阁东园。

《吴县禁止居民在柏油码头设立尿桶积垃圾碑》，道光十五年三
　　月初四日，江苏。

《军粮厅布告碑》（又称《禁开封闭煤窑碑》），道光十五年四月
　　初一日，原立北京门头沟板桥村三官庙，中国国家图书馆
　　藏拓。

《乡规碑记》，道光十五孟夏月中浣，云南大理洱源县凤羽乡铁
　　甲场村。

《新建靛行会馆碑记》，道光十五年四月，原在北京前门外珠市
　　口西半壁街49号靛行会馆。

《埔盐庄纳租谕示碑》（又称《埔盐庄业户佃户租纳示谕碑
　　记》），道光十五年五月，台湾彰化县埔盐乡南新村。

《严禁匪类碑》，道光十五年瓜日，山西运城河津市樊村镇东崖
　　底村土地庙。

《奉禁封建碑》，道光十五年七月十九日，台湾大屿山东部坪洲
　　岛天后庙前。

《奉官永禁包娼窝赌酗酒骂街匪类乞丐》，道光十五年十月十日，

山西长治市博物馆。

《火甲碑记》，道光十五年，云南大理州宾川县宾居清真寺。

《龙珠寺禁山碑》，道光十五年，山西沁县西汤乡南特村。

《公议立例碑记》，道光十五年，山西新绛县。

《税收碑》，道光十五年，江苏泰州市老高桥滕坝街税碑亭。

《永禁毁塘害田给示勒石》，道光十五年。民国《镇海县志》卷
　　一三。

《奉宪永禁锄种以保祠产碑》，道光十五年，安徽祁门县横联乡
　　莲花村。

《奉宪永禁恶丐碑》，道光十五年，安徽祁门县新安乡。

《路井下硇渠水断结碑》，道光十六年二月十一日，河南灵宝市
　　大王镇西路井村委员会。

《唐氏祠堂地产纠纷调处碑》，道光十六年三月二十六日，陕西
　　安康市将军乡下唐湾学校。

《万承土州冯庄坛邑两村乡规碑》，道光十六年八月初八日，
　　广西。

《严禁巫婆托言祸福引诱妇女告示碑》，道光十六年八月十日，
　　山西阳泉平定县柏井乡柏井村龙山明灵大王庙。

《公议五条石牌》，道光十六年八月十六日，广西金秀瑶族自治
　　县六巷村。

《德政碑》，道光十六年八月二十八日，四川高县庆符镇中心
　　小学。

《重修药王庙碑》，道光十六年十月，陕西安康紫阳县安溪乡新
　　塘村药王殿。

《永顺乡规碑》，道光十六年十月十四日，云南元谋县新华乡大
　　河边村迤什寺小学。

《上海县为徽宁思恭堂冢地立案告示碑》，道光十六年十一月二十日，原在上海市斜土路徽宁会馆。

《合村乡约公直同议禁条碑》，道光十六年葭月，陕西澄城。

《公赎王文中子中说板片仍归王氏子孙禁约碑记》，道光十六年十二月，山西万荣县通化镇通化村王通家庙。

《周村义集碑》，道光十六年，山东淄博周村文管所。

《寨老禁碑》，道光十六年，云南丘北县天星乡扭俫村中。

《谕禁碑》，道光十六年。光绪《慈溪县志》卷四五。

《长新乡乡规民约碑记》，道光十七年六月初一日，云南大理云龙县长新乡。

《长庚会碑记》，道光十七年六月初一日，广东广州市。

《永禁工众倡议滋事碑》，道光十七年七月十二日，江苏苏州。

《严太爷生祠碑文》，道光十七年□月二十五日，原在河南灵宝市大王镇路井村祠堂，现在路井村委会。

《永禁管关书役滋扰告示碑》，道光十七年十一月。于树滋纂《瓜洲续志》卷二六《碑文》。

《严禁衙蠹酷索水钱班数碑记》，道光十七年十一月，台湾嘉义县嘉义市圣神庙。

《禁碑》，道光十七年，浙江绍兴会稽。（清）章贻贤辑《会稽偁山章氏家乘》卷六《禁碑》。

《房里溪官义渡碑》，道光十七年，台湾苗栗县苑里镇上北里福德宫。

《大甲溪官义渡碑》（2），道光十七年，台湾淡水大甲溪、房里溪。

《寨老禁平坝街立石碑》，道光十七年，云南文山县平坝街。

《严禁宗祠堆放杂物碑》，道光十七年，安徽祁门县彭龙乡。

《颜料行会馆碑记》，道光十八年二月，原在北京前门外中芦草
　　园4号颜料会馆。

《广州新建惠济仓记》，道光十八年季春。同治《南海县志》卷
　　一二《金石略二》。

《奉官示禁碑》，道光十八年四月，海南定安县博物馆。

《大上帝庙四条街桐山营公众合约》，道光十八年四月，台湾台
　　南市中区民权路北极殿。

《永遵不朽碑》，道光十八年五月初一日，陕西咸阳三原县博
　　物馆。

《大上帝庙四条街桐山营公众合约》，道光十八年五月初八日，
　　台湾台南市中区民权路北极殿。

《正堂示禁碑》，道光十八年五月二十八日，云南广南县莲城镇
　　坝洒落寨。

《润州蒋李氏捐产救生碑记文》，道光十八年夏六月。于树滋纂
　　《瓜洲续志》卷二六《碑文》。

《县主示禁碑》，道光十八年中秋，广东海丰县马宫镇。

《茶案碑》，道光十八年孟冬月望十日，云南勐腊县易武乡关帝
　　庙门口。

《禁止庙界砍伐林木重申旧规碑记》，道光十八年十二月六日，
　　山西阳泉平定县娘子关镇背峪村黑龙庙。

《奉廉明县主冯示禁碑》，道光十八年十二月初十日，广东海丰
　　县青草墟。

《胡氏安定义庄碑记》，道光十八年，上海嘉定县博物馆。

《禁止越界砍伐荫木示》，道光十八年，浙江绍兴会稽。（清）章
　　贻贤辑《会稽偶山章氏家乘》卷六《禁碑》。

《军粮厅布告碑》，道光十八年，原立北京门头沟板桥村三官庙，

现嵌在板桥村泄洪沟边。

《县正堂示碑》，道光十八年，河北省武安市阳邑镇柏林村。

《保护树木碑》，道光十八年，四川通江诺江镇。

《永禁滥砍祖坟、水口树木等事项碑》，道光十八年，安徽市祁门县橹溪湾。

《程奉协宪批准永远遵照碑》，道光十九年正月，海南三亚市崖城。

《奉大宪恩给三墩新涨沙永禁侵承碑记》，道光十九年三月二十二日，广东珠海唐家镇淇澳村祖庙。

《南河桥涵示禁碑记》，道光十九年三月，台湾台南市南门碑林。

《邓家禁碑》，道光十九年八月初五日，广东乳源县。

《苏州府永禁亵渎财神庙碑》，道光十九年十月十三日，江苏苏州碑刻博物馆。

《山场合同永为碑记》，道光十九年十一月初七日，云南禄丰县中村乡矢子李村。

《奉县宪示禁采煤碑》，道光十九年十一月十五日，广东蕉岭县。

《奉府示谕碑记》，道光十九年十一月十七日，海南文昌县甫前镇文化站。

《县示革陋规条牌》，道光十九年十一月十八日，广东雷州市雷城镇关部街康皇庙。

《严禁州县滥委佐杂断案一折碑》，道光十九年，山西运城稷山县博物馆。

《阖境遵示封山碑》，道光十九年，云南历门县小街乡罗尹大村。

《关塘禁碑》，道光十九年，重庆云阳双江镇老街关塘口。

《工匠公议行规碑》，道光十九年，浙江宁波海曙鲁班殿。

《班怂石牌》，道光二十年二月初四日，广西金秀瑶族自治县板愍村。

《智果寺成立保甲联防碑》，道光二十年三月，陕西洋县智果寺。

《永警于斯碑》，道光二十年清和月中浣日，云南禄丰县黑井镇
　　三道河上村。

《公购白果树碑》，道光二十年孟夏月上浣，陕西汉中。

《哨地界址碑》，道光二十年五月十六日，云南武定县九厂乡马
　　厂箐。

《杨家明购地立界碑记》，道光二十年五月，原立台湾台南市郊
　　墓地，现存台南市立历史馆。

《严禁搭盖草蓬示告碑记》，道光二十年六月，台湾屏东县屏东
　　市武庙里圣帝庙。

《奉县宪潘给示永远遵行碑》，道光二十年七月初七日，广东蕉
　　岭县。

《庙前堡永凝堡分水碑》，道光二十年九月初三日，陕西华阴市
　　东郊庙前村。

《府正堂邓禁示》，道光二十年十月三十日，四川江油市窦圌山。

《磨渠河词案碑》，道光二十年十一月十八日，陕西户县庞光镇
　　东焦将戏楼。

《平利知县颁布女娲山三台寺条规告示碑》，道光二十年十一月，
　　陕西安康平利县女娲山女娲庙。

《禁伐树碑志》，道光二十年，山西平顺县大云寺。

《自警盟言碑》，道光二十年，山西阳泉平定县平定师范学校。

《石作店控告砖瓦行占夺行业奉断饬遵告示碑》，道光二十年，
　　浙江宁波海曙鲁班殿。

《卯洞油行章程碑》，道光二十年，湖北恩施土家族苗族自治州。

《锢婢积习示禁碑记》，道光二十年，台湾宜兰县文化局。

《严禁胥差苛索船户陋规碑记》，道光二十年，台湾宜兰市。

《济阳义庄规条》，道光二十一年正月，江苏苏州碑刻博物馆。

《上海县规定拾取庄号往来银票者即行送还听凭照议酬谢毋许争多论少告示碑》，道光二十一年三月二十一日，原在上海邑庙内园。

《云南府罗次县正堂告示碑》，道光二十一年三月二十二日，云南禄丰县小铺子弓兵村观音寺。

《上海县为起建江西会馆告示碑》，道光二十一年闰三月，原在上海南市区董家渡妙莲桥江西会馆。

《江西会馆基地文据碑》，道光二十一年三月，原在上海南市区董家渡妙莲桥江西会馆。

《上海县为江西会馆房产立案告示碑》，道光二十一年三月，原在上海南市区董家渡妙莲桥江西会馆。

《敬送光塔寺学堂民房碑记》，道光二十一年季春，广东广州。

《嘉定县为禁止丧葬抬人夫勒索告示碑》，道光二十一年四月初六日，原立上海嘉定县安亭镇公所。

《文昌阁禁碑》，道光二十一年四月，山西运城芮城县南卫乡南卫村。

《严禁恶丐强乞吵扰勒示碑记》，道光二十一年五月，台湾台南市南门碑林。

《南通州永禁钱铺行用虚票诓骗银钱碑》，道光二十一年六月，原在江苏南通市城隍庙。

《东坡公禁崖刻》，道光二十一年九月，福建晋江。

《金张氏捐屋碑》，道光二十一年十一月，广东广州。

《架木革村护林碑记》，道光二十一年十二月十九日，云南丘北县腻脚乡坡头村。

《蕨市坪乡规碑》，道光二十一年，云南剑川县沙溪蕨市坪（今
　　石龙村）本主庙。

《包家河严禁匪类以靖地方碑》，道光二十一年，陕西安康市包
　　河乡政府。

《鄞县知县分派各埠承值差船告示碑》，道光二十一年，浙江宁
　　波海曙城隍庙。

《义田永照碑》，道光二十一年，海南三亚市崖城文化站。

《同安美埔沟涵告示碑记》，道光二十一年，福建厦门莲花镇美
　　埔村。

《防火章程碑记》，道光二十一年，台湾台南市南门碑林。

《防御英夷碑记》，道光二十二年孟春，广东顺德县博物馆。

《奉官示禁碑》，道光二十二年三月初二日，海南定安县。

《少林寺谕禁碑》，道光二十二年三月初八日，河南登封嵩山少
　　林寺。

《下砲路井渠道管理断结碑》，道光二十二年三月初八日，河南
　　灵宝市大王镇西路井村。

《讼事改正案暨两村兴桥合同碑》，道光二十二年六月初三日，
　　山西阳泉平定县锁簧镇立壁村。

《石岩村封山碑》，道光二十二年六月十八日，云南景东县者后
　　乡路东村石岩小学。

《宾兴渡税复归董理示碑》，道光二十二年八月十四日，广东海
　　丰县海城镇。

《紫阳县知县禁匪徒乘公抢取客货告示碑》，道光二十二年八月，
　　陕西安康紫阳县汉王城泗王庙。

《保护豫楼议约碑》，道光二十二年十月初九日，山西阳城县北
　　留镇郭峪村汤帝庙。

《龙潭五村乡规民约碑》，道光二十二年十月初十日，云南昆明
　　市西山区玉皇阁。

《整理教谕学风碑记》，道光二十二年十月，山西长治潞城市。

《银同祖碑记》，道光二十二年十一月十一日，台湾台南市中区
　　银同祖庙。

《吴县规定米行内买卖米石应听本行工人自行挑送盘户脚夫不准
　　恃强霸持地段勒索碑》，道光二十二年十一月十二日，江苏。

《村规民约碑》，道光二十二年仲冬，山西万荣县。

《护树碑》，道光二十二年，四川通江。

《再立笨新南港义冢碑记》，道光二十二年，台湾嘉义县新港乡
　　第二公墓。

《禁赌碑记》，道光二十三年一月，山西长治。

《永垂不朽碑》，道光二十三年三月初十日，云南江川县土官
　　田村。

《嘉定县南翔育婴堂租田照公田章程完纳折色告示碑》，道光二
　　十三年三月十五日，上海。

《告示碑》，道光二十三年五月初三日，广东湛江高州县冼庙。

《青浦昆山嘉定三县永禁流丐勒诈滋扰告示碑》，道光二十三年
　　七月二十八日，原在上海嘉定县安亭镇公所。

《文延功果赞并遗嘱条规碑》，道光二十三年七月，陕西汉中城
　　固县阳宫庙。

《公立麸案碑记》，道光二十三年八月十五日，山西阳泉李家庄
　　乡柳沟村六泉庙。

《苏州府为绸缎业设局捐济同业给示立案碑》，道光二十三年十
　　二月二十六日，原立江苏苏州文衙弄七襄公所。

《通州禁止各色人等向江西磁器商阻挡滋扰碑》，道光二十三年

十二月，原在江苏南通市城隍庙。

《重修捕署碑》，道光二十三年，陕西安康紫阳县城关。

《雍正元年谕旨碑》，道光二十三年，山西阳泉平定县槐树铺乡
　　旧关村，佚。

《信寓呈请禁止脚夫勒索帮费给示勒石告示碑》，道光二十三年，
　　浙江宁波海曙城隍庙。

《吴县为胡寿康等设局捐济绸缎同业给示立案碑》，道光二十四
　　年正月初十日，江苏苏州碑刻博物馆。

《禁赌碑记》，道光二十四年二月初九日，山西长治潞城石梁乡
　　曹庄村。

《长洲县示禁保护江东庙碑》，道光二十四年二月二日，江苏苏
　　州碑刻博物馆。

《吴江县示禁保护胡寿康等善举碑》，道光二十四年二月四日，
　　江苏苏州碑刻博物馆。

《李文旺公碑记》，道光二十四年二月，台湾台南县白河镇崎
　　内里。

《水尾树碑》，道光二十四年仲春之月，福建泉州市洛江区虹山
　　乡虹山村。

《祀田记》，道光二十四年三月上浣，山东邹城孟府二门。

《乡社约碑》，道光二十四年四月初一日，山西长治潞城石梁乡
　　曹庄村。

《奉官立禁》，道光二十四年仲夏，海南万宁县。

《苏州整旧业长生公会捐款公用碑》，道光二十四年六月，江苏
　　苏州碑刻博物馆。

《奉官示禁碑》，道光二十四年八月，海南乐东县佛罗镇佛罗
　　中街。

《武庙示禁碑》，道光二十四年八月，台湾彰化县彰化市民族路
　　467 号关帝庙。

《西河书院学规碑》，道光二十四年孟冬，山西运城芮城县博
　　物馆。

《常熟县禁开山石碑》，道光二十四年十一月，江苏常熟。

《禁碑》，道光二十四年，四川通江澌波乡香庐山保兴寺。

《山场碑记》，道光二十四年，云南富民县罗免乡西核村。

《普明禅寺示禁碑》，道光二十四年，湖南黔城龙标山普明禅寺。

《义恤会碑》，道光二十四年，浙江宁波市鄞州区五乡镇仁久村。

《蛤仔市公置义渡碑记》，道光二十四年，台湾苗栗县公馆乡婆
　　心亭。

《封禁森林碑》，道光二十五年正月二十三日，原在云南石屏县
　　肖家海村玉皇阁，现存石屏县文化馆。

《坟地盗葬示禁碑》，道光二十五年二月十六日，原在台湾台南
　　市东区石头坑，现存台南市立历史馆。

《捐助地亩碑记》，道光二十五年二月，陕西缓德县名州镇七里
　　铺村一步岩蕲王庙。

《吴县证明东越会馆契据焚毁嗣后该馆司事仍当轮流经理碑》，
　　道光二十五年三月初六日，江苏。

《京控开封府原断碑》，道光二十五年三月，河南。

《严禁砍伐告示碑》，道光二十五年四月二十八日，山西阳城海
　　会寺塔院。

《苏州府禁止地匪乡民向三义公所及所置义地滋扰作践碑》，道
　　光二十五年六月二十三日，江苏。

《崇德公所印书行规碑》，道光二十五年六月二十八日，江苏。

《松江府为禁流丐土匪勾结盘踞强索肆窃告示碑》，道光二十五

年八月十三日，原在上海县诸翟镇。

《长洲县示谕保护水炉公所碑》，道光二十五年九月七日，江苏
　　苏州碑刻博物馆。

《吴县示禁保护水炉公所碑》，道光二十五年九月二十一日，江
　　苏苏州碑刻博物馆。

《苏州府禁止不安分之徒勾串匪类借端向水炉公所索扰碑》，道
　　光二十五年九月二十三日，江苏。

《元和县示禁保护水炉公所碑》，道光二十五年九月二十五日，
　　江苏苏州碑刻博物馆。

《奉邑主示禁碑》，道光二十五年九月，台湾高雄县内门乡观亭
　　村紫竹寺。

《严禁藉差掳抢示告碑记》，道光二十五年十月，台湾云林县斗
　　六镇太平里太平路 123 号。

《创建考院规条石刻》，道光二十五年孟冬，山东。道光《重修
　　胶州志》卷三九《金石》。

《永济正堂告示碑记》，道光二十五年十一月三十日，山西运城
　　永济市。

《侵占山陕道案告示碑》，道光二十五年十一月三十日，山西运
　　城永济市博物馆。

《五街众议挑货各规条碑》，道光二十五年，广东肇庆罗定县。

《奉恩严禁公租私收碑》，道光二十五年，安徽祁门县历口镇历
　　溪村。

《严禁侵占江宁回民义地告示碑》，道光二十六年二月二十九日，
　　湖北汉阳县黄藤嘴。

《四明公所义冢碑》，道光二十六年桐月上浣，原在上海南市区
　　四明公所。

《严禁侵占江宁回民义地葬坟碑》，道光二十六年三月，湖北汉
　　阳县黄藤嘴。

《中元会功德碑记》，道光二十六年七月十五日，云南禄丰县川
　　街乡阿纳村大庙。

《禁赌碑记》，道光二十六年九月二十一日，山西阳泉市郊荫营
　　镇上千亩坪村。

《捐田租碑》，道光二十六年十二月初六日，湖南衡阳市南岳衡
　　山祝圣寺。

《皮坡寨封树碑记》，道光二十六年腊月初八日，云南开远市。

《支用草豆公费钱规约碑》，道光二十六年，山西阳泉平定县南
　　坳乡宋家庄村龙王庙。

《永发乡约田地碑》，道光二十六年，陕西安康宁陕县老县乡梁
　　家庄关帝庙前。

《奉宪严禁碑记》，道光二十六年，广东恩平县博物馆。

《苏州织造府禁止老郎君庙管事人徇私混弊碑》，道光二十七年
　　正月二十七日，原在江苏苏州镇抚司前16号梨园公所。

《公业条款碑》，道光二十七年二月，台湾彰化县鹿港镇文开
　　书院。

《吴县禁止匪徒向三义公局阻挠衅扰碑》，道光二十七年三月初
　　二日，江苏。

《元和县禁止匪徒向三义公局滋扰窃料妨工碑》，道光二十七年
　　三月初三日，江苏。

《永凝堡庙前堡争水讼碑》，道光二十七年三月中浣，陕西华山。

《遵断赤桥村洗纸定规碑记》，道光二十七年暮春，山西太原
　　晋祠。

《乡规民约碑》，道光二十七年四月十二日，云南腾冲县清水乡

朱心街。

《圖岭丛林新规勒石碑》，道光二十七年孟夏月初八日，四川江
　　油市窦圖山云岩寺大雄殿东。

《宅契碑》，道光二十七年八月，山西壶关县固村乡东韩村。

《府正堂全示碑记》，道光二十七年仲秋月，台湾台南县学甲乡
　　光明村中洲惠济宫庙后。

《禁抢引盐》，道光二十七年九月，广东佛山三水县。

《新立赛神会并合社及禁丐乞盗窃碑记》，道光二十七年菊月，
　　陕西铜川。

《奉宪严禁告示碑》，道光二十七年十月，台湾台南县盐水镇水
　　正里卫生所后庭园。

《奉示立禁碑》，道光二十七年十一月，台湾高雄市左营区右昌
　　巷元帅庙。

《禁赌碑记》，道光二十七年，山西长治潞城石梁乡曹庄村。

《劝谕书吏告示碑》，道光二十七年，陕西安康石泉县政府，佚。

《严禁差役索诈告示碑》，道光二十七年，陕西安康石泉县石泉
　　剧团。

《三属会馆馆规碑》，道光二十八年二月十九日，原在云南保山
　　市隆阳区太保山三属会馆。

《禁河碑记》，道光二十八年三月十四日，山西平顺县下庄村。

《禁赌碑》，道光二十八年三月十四日，山西平顺县下庄村。

《甲会碑记》，道光二十八年三月二十日，云南禄丰县川街乡阿
　　纳村土主庙。

《员林街福宁宫碑》，道光二十八年三月，台湾彰化县员林镇福
　　宁宫。

《公会严禁碑》，道光二十八年季春，广东海丰县联安区霞埔乡

祠堂。

《封山护林植树碑》，道光二十八年春，云南丽江象山。

《留坝厅禁伐留侯祠树木碑》，道光二十八年四月初八日，陕西
　　汉中留坝县张良庙。

《胡公祠地基结案碑》，道光二十八年四月，山西运城解州关
　　帝庙。

《阖社成规碑记》，道光二十八年五月初一日，山西阳泉市郊李
　　家庄乡下五渡村五道庙。

《马神庙糖饼行行规碑》，道光二十八年六月初九日，原在北京
　　广渠门内糖饼行公所。

《何氏两房禁碑》，道光二十八年六月十八日，广东中山县小
　　榄镇。

《糖饼行雷祖会碑》，道光二十八年六月二十四日，原在北京广
　　渠门内糖饼行公所。

《梨园公所苏州府正堂碑记》，道光二十八年七月初三日，原在
　　江苏苏州镇抚司前16号梨园公所。

《梨园公所长元吴三县碑记》，道光二十八年七月十五日，原在
　　江苏苏州镇抚司前16号梨园公所。

《州正堂禁赌谕文碑》，道光二十八年八月初四日，山西阳泉平
　　定县东回镇瓦岭村。

《抄白告示》，道光二十八年八月十八日，广东中山县。

《文会试宾兴碑》，道光二十八年十月。民国《琼山县志》卷一
　　八《金石》。

《子史粹言碑》，道光二十八年十月，山西寿阳县平舒乡平舒村。

《窑规碑》，道光二十八年十月，陕西铜川。

《抄白告示》，道光二十八年十二月初十日，广东中山县小榄镇。

《泰安寺设立市场碑记》，道光二十八年，四川都江堰青城山泰
　　安寺。

《村规民约碑》，道光二十八年，山西长治县高河乡下郝村。

《凤阳台新设义学条规碑》，道光二十八年，陕西安康石泉县长
　　阳乡凤阳台。

《金渠园碑记》，道光二十八年，原立河南新安县铁门镇芦院村。

《廉明县主许禁碑》，道光二十九年正月十九日，广东海丰县联
　　安区渡头墟。

《合寨禁碑》，道光二十九年三月二十三日，云南石屏县邑堵村。

《创修下硐街市房碑记》，道光二十九年三月，河南灵宝市大王
　　镇路井村。

《巷头乡已逊陈公祠碑》，道光二十九年闰四月，广东东莞。

《吴县为吕松年等捐置性善公所房屋禁止族丁与外性匪徒觊觎及
　　勾串盗卖碑》，道光二十九年五月初二日，江苏。

《苏州府永禁粪船停泊海珠山馆水埠碑》，道光二十九年五月十
　　五日，江苏。

《禁赌碑记》，道光二十九年九月二十二日，山西壶关县树掌镇
　　神北村。

《台湾府城门示禁碑》（3），道光二十九年六月，台湾台南市大
　　南门（今市政府南）、大东门（东门路）、小西门（逢甲
　　路）。

《太保山种树小引》，道光二十九年六月，云南保山市隆阳区太
　　保公园碑林。

《猪行公议条规碑》，道光二十九年九月十七日，原在北京西四
　　北大街46号真武庙。

《合村公议村规碑》，道光二十九年十月，山西运城芮城县。

《阖村公议村规碑》，道光二十九年十月，山西闻喜县。

《新修沔县考院碑记》，道光二十□年冬十一月上浣，陕西汉中沔县武侯祠。

《上下卜泉两村石牌》，道光二十九年十一月十四日，广西金秀瑶族自治县。

《永兴渡会产田亩碑》，道光二十九年黄钟月，陕西汉中。

《抄白告示》，道光二十九年十二月初五日，广东中山县。

《龙脊乡规碑》，道光二十九年，广西龙胜县和平乡龙脊村。

《奉宪勒石禁碑》，道光二十九年，原在安徽祁门县城三甲街，现藏县博物馆。（禁埠头勒索讹诈）

《芝山合约碑记》，道光二十九年，台湾台北市士林。

《苏州府永禁匪徒串同差保向烛业勒派春秋祭祀供烛碑》，道光三十年五月十一日，江苏。

《禁约碑》，道光三十年五月，山西壶关县树掌镇芳贷村。

《吴县禁止沿庙聚赌滋扰碑》，道光三十年六月，江苏苏州碑刻博物馆。

《铁厂沟禁山碑》，道光三十年八月，陕西安康平利县迎太乡铁石沟。

《双丰桥组碑》，道光三十年九月，陕西安康岚皋县跃进乡双河口。

《封山护林永定章程碑》，道光三十年十月三日，云南双柏县碌嘉镇。

《苏州府为吴县香山帮木匠在城修葺公所并置义冢禁止匪棍阻扰碑记》，道光三十年十二月初七日，江苏。

《廉明县主朱禁碑》，道光三十年，广东海丰县。

《新建成氏家祠碑》，道光三十年，陕西安康市将军乡唐家中湾唐氏祖茔。

《都鲁凹纪略碑》，道光三十年，云南昌宁县都鲁凹。

《碍嘉保护森林水源碑》，道光三十年，云南双柏县碍嘉古城
　　西门。

《公请禁示勒石》，道光三十年。民国《镇海县志》卷一〇。

《修建丹凤书院考棚碑》，道光三十年，云南曲靖师宗一中。

《公赎王文中子中说板片仍归王氏子孙禁约碑记》，道光年间。

（七）咸丰（1851～1861年）

《五聚堂纪德碑序》，咸丰元年正月，山西晋城市城关镇周元巷。

《安乐寺常住田地碑记》，咸丰元年七月二十日，云南保山大官
　　庙村公所。

《奉示永免应磁器碑》，咸丰元年八月十六日，云南保山市隆阳
　　区大理会馆。

《元和县示谕牙户呈报米价碑》，咸丰元年八月二十六日，江苏
　　苏州碑刻博物馆。

《请免差徭立碑具呈》，咸丰元年九月初二日，山东邹城孟庙启
　　圣殿院。

《洋县正堂禁赌碑》，咸丰元年十二月初一日，陕西汉中佛坪县
　　栗子坝乡女儿坝村小学。

《同官县令告示碑》，咸丰元年十二月，陕西铜川。

《复详看》，咸丰元年，河南灵宝市大王镇路井村。

《禁山碑记》，咸丰元年，山西隰县谙下村。

《严禁赌博村规》，咸丰元年，山西阳泉市郊三郊乡韩庄村观
　　音庙。

《示禁碑》，咸丰元年，福建厦门吕厝。

《严禁砍伐三貂岭路树碑记》，咸丰元年，台湾淡兰古道三貂岭。

《禁砍森林碑》，咸丰元年，云南元阳县。

《永远护山碑记》，咸丰元年，云南大理郊乡吊草村。

《阳城县历年记事碑》，咸丰元年，山西阳城县。

《宁绍台道饬王章周道遵互控侵占碶闸公地案遵断立石告示碑》，
　　咸丰元年，浙江宁波海曙天一阁。

《水果行呈请遵照旧例用公枰朔望比较不得私目增减给示勒石告
　　示碑》，咸丰元年，浙江宁波海曙大梁街小学。

《严禁侵占私垦冢界碑记》，咸丰元年，台湾新竹县。

《善养所碑记》，咸丰二年二月，台湾彰化县彰化市关帝庙。

《诬控肆毒告示碑》，咸丰二年二月，台湾台中县东势镇三山国
　　王庙前。

《顶下圳示禁碑》，咸丰二年三月初八日，台湾台中县大肚乡大
　　肚圳排水门旁。

《供给义学碑》，咸丰二年三月十七日，河北廊坊大厂清真寺。

《大济堰棉花沟水道争讼断案碑》，咸丰二年四月，陕西安康市
　　建民乡头垱村兴宁寺（后改为学校）。

《开窑规程记》，咸丰二年五月，山西阳泉市郊荫营镇下千亩坪
　　村石房。

《永禁马匹作践告示碑》，咸丰二年六月。于树滋纂《瓜洲续志》
　　卷二六《碑文》。

《敕赐亚圣裔祭田界石》，碑阴载《大清会典开载·补立祭田界
　　石记》，咸丰二年八月十六日，山东邹城孟府。

《杜争端而安行旅碑》，咸丰二年，陕西安康紫阳县文管会。

《浙江提督两浙盐运使会衔清定大嵩清泉二场肩贩挑销各图地段

告示碑》，咸丰二年，浙江宁波江东张斌桥庵。

《永禁住商越占碑》，咸丰二年。光绪《鄞县志》卷八。

《员山仔冢牧示禁碑记》，咸丰二年，台湾新竹县竹东镇。

《员山仔冢牧申约并禁碑记》，咸丰二年，台湾新竹县竹东镇。

《青龙山护林碑》，咸丰二年，云南丘北县锦屏镇城东青龙山文
　　笔塔。

《低水平亚莫村三村石牌》，咸丰三年正月十六日，广西金秀瑶
　　族自治县低水村。

《罗运等九村石牌》，咸丰三年三月二十一日，广西金秀瑶族自
　　治县罗运与六团村之间的拉河口。

《断示碑》，咸丰三年五月十三日，原在四川西昌县大兴场关帝
　　庙旧址，现存西昌地震碑林。

《五夫子条例芳名》，咸丰三年仲夏，广东湛江徐闻县博物馆。

《张金氏捐地契约碑》，咸丰三年六月，山东济南清真南大寺。

《禁伐古柏告示》，咸丰三年十二月二十二日，山西阳泉市郊河
　　底镇下章召村。

《支应差务章程碑》，咸丰三年，陕西安康汉阴县双坪乡磨坝铺
　　小学。

《东岳庙地界碑》，咸丰三年，北京朝阳门外东岳庙。

《苦竹寺碑记》，咸丰三年，台湾嘉义县水上乡苦竹寺。

《山东庙告示碑》，咸丰三年，辽宁沈阳北塔碑林。

《严禁私刨铁矿告示》，咸丰四年二月初九日，山西阳泉市郊三
　　郊乡韩庄村观音庙。

《通州规定学使按临差务着合户照旧承应民间喜庆事宜由乡村夫
　　头承办永禁借差勒索碑》，咸丰四年四月，原在江苏南通市
　　城隍庙。

《汉中镇宁陕营参府禁止淘金告示牌》，咸丰四年七月，陕西安
　　康宁陕县武隆乡文王坪。

《永行禁宰大耕牛碑》，咸丰四年八月初七日，云南洱源县。

《乡约公直同议碑》，咸丰四年九月，陕西澄城。

《元和县示禁保护韩蕲王庙祀碑》，咸丰四年十月八日，江苏苏
　　州碑刻博物馆。

《罗次县正堂严禁苛派告示碑》，咸丰四年仲冬月，云南禄丰县
　　弓兵村观音寺。

《太平天国渡船规约碑》，太平天国甲寅四年（咸丰四年），原江
　　苏南京太阳河中路一带码头。

《大南上牌酒税碑》，咸丰四年，陕西安康紫阳县宦姑乡政府前。

《禁伐碑》，咸丰四年，陕西陇县新集川乡雷审山。

《苏州府示谕敬惜字纸碑》，咸丰五年六月八日，江苏苏州碑刻
　　博物馆。

《洵阳县三贤祠创治章程碑》，咸丰五年九月，陕西安康洵阳县
　　城西门外。

《白河知县革除草税谕碑》，咸丰五年十一月，陕西安康白河县
　　歌风乡杨家湾。

《张赵河北村公护卫风古柏碑记》，咸丰五年十二月二十六日，
　　山西阳泉市郊河底镇下章召村观音阁。

《洵阳县署九房公议成规碑》，咸丰五年，陕西安康洵阳县城西
　　门外。

《重建东莞县署碑记》，咸丰五年，广东东莞县。

《鲁班祠执业田单碑》，咸丰五年，原在上海南市区硝皮弄鲁
　　班殿。

《合寺僧俗合议规矩碑》，咸丰五年，河南登封嵩山少林寺天王

殿前。

《奉县示禁碑》，咸丰五年，海南海口府城镇潭社村。

《永凝里与南阳里兴讼审断缘由碑记》，咸丰六年正月，山西运
　　城稷山县青龙寺。

《发窝彝文山界碑》，咸丰六年三月初十日，云南武安县发窝乡
　　分多村。

《禁止乞丐碑》，咸丰六年三月，山西壶关县四家池村。

《洞儿碥枸粮税规碑》，咸丰六年四月，陕西安康旬阳县城西
　　门外。

《种树碑》，咸丰六年五月十三日，云南镇沅县。

《文昌宫会规碑》，咸丰六年六月上浣，原在陕西汉中城固县文
　　昌宫，现存城固县五门堰文物保管所。

《重文立护持洞阳宫扁鹊观碑》，咸丰六年林钟月中浣，陕西汉
　　中城固县洞阳宫。

《月河济屯堰总序碑》，咸丰六年七月初六日，陕西安康汉阴县
　　涧池乡军坝村东岳庙。

《禁南山记》，咸丰六年九月，山西阳泉平定县巨城镇水峪村。

《越界运茶示禁碑》，咸丰六年九月，四川都江堰市。

《禁焚山林碑志》，咸丰六年，河南登封嵩山少林寺天王殿前。

《石王埫水利碑》，咸丰六年，陕西安康市四合乡上截河坝。

《清故处士靳公立本配王氏拾金不昧碑》，咸丰七年二月，山西
　　运城平陆县。

《城固县收放仓谷章程碑》，咸丰七年六月十五日，原在陕西汉
　　中城固县城八蜡庙，现存城固县五门堰文物保管所。

《吴县为领业公所契券遗失另立笔据禁止日后契券检出串扰生衅
　　碑》，咸丰七年九月二十四日，江苏。

《断渠案碑记》，咸丰七年十月初一日，陕西咸阳三原县嵯峨乡
　　杨杜村。

《严禁筏夫勒索示碑》，咸丰七年十月二十二日，台湾彰化县北
　　斗镇妈祖庙。

《茂莲宗祠遗规碑》，咸丰七年十月，广东湛江海康县茂莲宗祠。

《奉谕示禁碑》，咸丰七年冬，海南文昌县龙楼区山海乡政府。

《曹大老爷减收仓粮德政碑》，咸丰七年冬月，原在陕西汉中城
　　固县城八蜡庙，现存城固县五门堰文物保管所。

《宾兴义田碑》，咸丰七年。同治《大邑县志》卷一二《金石》。

《四川绥定府太平县告示碑》，咸丰七年，陕西安康紫阳县麻柳
　　乡石盘梁。

《七机岩禁山碑记》，咸丰七年，山西阳泉盂县苌池乡藏山村北
　　山七机岩关帝庙。

《奉宪永禁碑》，咸丰七年，安徽绩溪县瀛洲乡大坑口村。

《观音寺置灯田碑》，咸丰七年或稍后，四川武胜中兴镇北 70 里
　　石盘沱观音寺。民国《武胜县新志》卷首。

《执照碑》，咸丰八年二月初九日，台湾台南县永康乡盐行村洲
　　仔尾保宁宫。

《龙兴寺地界碑》，咸丰八年六月，陕西安康市皂树乡包湾村龙
　　兴寺。

《上海县为禁用粉面饰布告示碑》，咸丰八年七月，原在上海城
　　隍庙土布公所。

《上海县禁止各乡贩布人将面粉涂布并布行号收买粉布碑》，咸
　　丰八年七月，原在上海邑庙九曲桥边布业公所。

《苏州府永禁污蔑字纸碑》，咸丰八年九月十七日，江苏苏州碑
　　刻博物馆。

《三姑兰汤属遵坚壁清野碑》，咸丰八年九月，福建武夷山三
　　姑石。

《署文昌县正堂晓谕勒石示禁》，咸丰八年九月十七日，海南文
　　昌县文庙。

《奉宪漳泉碑记》，咸丰八年十月，台湾台中县大甲镇。

《韶关码头碑》，咸丰八年十二月十六日，广东韶关市。

《平海阳枫洋匪乡记》，咸丰八年冬月，广东潮州市。

《当湖书院清单石刻》，咸丰八年，上海嘉定当湖书院。

《严禁棍徒扰害良民碑记》，咸丰八年，台湾台南县关庙乡山
　　西宫。

《茂莲宗祠敦俗碑》，咸丰九年仲春，广东湛江海康县茂莲宗祠。

《船户公约》，咸丰九年桐月，台湾高雄市旗后天后宫佚。

《合村人等公议禁赌碑》，咸丰九年四月二十四日，山西阳泉平
　　定县马山乡马山村马齿岩寺。

《大南门菜市埔示禁碑记》，咸丰九年四月二十九日，台湾台南
　　市大南门碑林。

《佛祖碑记》，咸丰九年四月，台湾嘉义县水土乡柳林村苦竹寺。

《严禁赌博碑》，咸丰九年六月二十日，2001 年山西长治襄垣县
　　开元大街路基出土。

《吴县禁止地匪阻扰七襄公所祭祀碑》，咸丰九年八月十一日，
　　江苏。

《苏州府禁止棍徒脚夫向咸庆公所及义地滋扰把持碑》，咸丰九
　　年八月，江苏。

《整顿观子山庙产碑》，咸丰九年九月中浣，陕西汉中勉县温泉
　　乡灌子山庙中。

《娘娘庙村规碑》，咸丰九年十一月初六日，山西运城芮城县岭

底乡东峪村娘娘庙。

《崇文门税关告示碑》，咸丰九年十二月初八日，原立北京安定门外五路居。

《上海县为江西会馆房产立案告示碑》，咸丰九年十二月二十九日，原在上海南市区董家渡妙莲桥江西会馆。

《处理泉水堰纠纷碑》，咸丰九年，原在陕西汉中勉县泉水堰堰务会，今存勉县小中坝张鲁女墓亭。

《合社公议禁止赌博碑记》，咸丰九年，山西长治襄垣县。

《公议禁赌原引》，咸丰九年，山西阳泉平定县娘了关镇西塔堰村真武庙。

《张庄村禁赌修水池联会碑记》，咸丰九年，山西省高平县张庄村。

《做袋穿襄打花各业呈请禁止工匠私举匠首索费扰累给示勒石告示碑》，咸丰九年，浙江宁波海曙天一阁。

《浮桥广济会各业呈请准将顺记信局船只归该会管收租息接济会用给示勒石告示碑》，咸丰九年，浙江宁波海曙城隍庙。

《廉明县主简示碑》，咸丰十年二月十二日，广东海丰县赤石区三江楼村前渡口。

《积金会公议碑记》，咸丰十年二月，河南郑州北大寺。

《买山义行记》，咸丰十年二月，陕西户县涝峪镇涝峪口小学。

《廉明县主简分界碑》，咸丰十年三月十四日，广东海丰县赤石区碗窑乡黄京埔村前。

《闰年加增钱粮碑记》，咸丰十年闰三月，山西运城常平关帝庙。

《奉府宪示碑》，咸丰十年九月二十三日，广东湛江遂溪县杨柑区下山井村天后庙前。

《重订玉泉书章程碑记》，咸丰十年十月，陕西澄城。

《镇坪抚民县丞署碑》，咸丰十年。民国《镇坪县志》。

《净慧寺寺产归本减偿碑》，咸丰十年，浙江温州文成县城关净慧寺。

《严禁盗窃竹笋碑记》，咸丰十一年三月，台湾南投县竹山镇延平里国姓爷庙沙东宫后。

《续捐公永发乡约会款叙碑》，咸丰十一年五月，陕西安康。

《广河县三甲集西大寺捐资碑》，咸丰十一年八月，甘肃广河县西大寺。

《奉县宪严禁万福堂设立私局馆敛钱把持停工碑记》，咸丰十一年十月九日，广东佛山三水县。

《保卫乡阁》，咸丰十一年，广东英德县。

《中俄勘分东界牌》，咸丰十一年，黑龙江。

《谕禁碑记》，咸丰十一年。光绪《慈溪县志》卷一〇。

《烟铺呈请禁止烟匠停工要挟增加工资给示勒石告示碑》，咸丰十一年，浙江宁波海曙天一阁东园。

《常熟邹氏隆志堂义庄规条》，道光、咸丰年间，江苏苏州碑刻博物馆。

《天津条约碑》，江苏南京石鼓路天主教堂。

（八）同治（1862～1874 年）

《保护武侯祠财产告示碑》，同治元年正月十四日，陕西汉中勉县武侯祠。

《内阁奉上谕碑》，同治元年三月初六日，江苏南京石鼓路天主教堂。

《公断斗行之事碑》，同治元年四月，山西阳泉义井乡大阳泉村大庙。

《景家公议十条规款碑》，同治元年十月，陕西安康市景家乡文
　　化站。

《通州禁止各役私向两造事中之人索扰碑》，同治元年十一月，
　　原在江苏南通市城隍庙。

《护林告示碑》，同治元年，广东惠东县平海古城入城道口。

《禁碑》，同治元年，河北邯郸武安市阳邑镇。

《公议重整万善撢尘放生圣会碑》，同治元年，北京朝阳门外东
　　岳庙。

《严潭王氏族义积会碑》，同治元年，安徽祁门县。

《徽州府告示碑》，同治元年，安徽歙县。

《创建禁赌碑记》，同治二年二月下旬，山西阳泉平定县娘子关
　　镇娘子关村关圣庙。

《蔡振益祖坟界址碑记》，同治二年三月，台湾台南市郊墓地，
　　现列台南市立历史馆。

《取田碑记碑》，同治二年六月二日，原在四川西昌县川兴文华
　　寺旧址，现在西昌地震碑林。

《苏松太兵备道为赎回法人强占之地永为潮州会馆产业告示碑》，
　　同治二年七月初十日，原在上海市人民路 120 号。

《告示碑》，同治二年十月初五日，广东清远县藏霞洞。

《禁碑》，同治二年，四川通江走马坪。

《法华寺放生池示禁碑记》，同治二年，台湾台南市东区法华寺。

《棺材匠呈请禁止木匠渔利紊规争占行业给示勒石告示碑》，同
　　治二年，浙江宁波海曙城隍庙。

《油行呈请禁止篓作设立公师匠头柱首同行名目把持油篓给示勒
　　石告示碑》，同治二年，浙江宁波海曙城隍庙。

《河西关帝庙永禁碑》，同治二年，安徽歙县。

《和切本典卖铺宇碑》，同治三年四月初四日，广东广州。

《东岳庙禁碑》，同治三年四月，1990 年出土，福建建瓯东岳
　　庙前。

《苏州府禁止匪勇滋扰镇公所碑》，同治三年六月初七日，江苏。

《清真西寺碑》，同治三年桂月初八日，原在四川西昌市马水河
　　巷清真西寺，现在西昌地震碑林。

《韩涧里办差规条记》，同治三年八月，山西运城平陆县。

《崔氏禁碑》，同治三年九月，原在广东增城县朱村镇官庄华山
　　崔兴之墓前，现存增城县文化部门。

《争窑泉地碑》，同治三年□月初六日，北京门头沟禅房村。

《钦命雷琼道晓坡周公德政碑记》，同治三年孟冬。民国《琼山
　　县志》。

《八甲溪湾告示》，同治三年十一月，台湾台南县归仁乡八甲村
　　代天府庙。

《公和兴会公议条规碑》，同治三年十二月，陕西安康宁陕县皇
　　冠乡兴村太平桥。

《告示碑》，同治三年，山西省高平县梨园村。

《禁伐碑》，同治三年，福建永安天宝岩自然保护区。

《永禁盗卖葬砍碑》，同治三年，福建建瓯。

《奏为核减宁波府属浮收钱粮恭折奏折上谕告示》，同治三年。
　　光绪《奉化县志》卷七。

《洋县知县颁布杨填堰编夫格式告示碑》，同治四年正月十九日，
　　陕西汉中城固县杨填堰水利管理站。

《分府告示》，同治四年二月初八日，广东湛江吴川县。

《化里墟忠义讲所组碑》，同治四年三月，原在陕西安康岚皋县

花里乡政府驻地（忠义讲所旧址），现存岚皋县文化馆文物室。

《庙户营添设祭田碑记》，同治四年五月十日，山东邹县城西庙户营前村孟母三迁祠享殿回廊下。

《金匮县禁止脚班把持霸阻碑》，同治四年六月，原在江苏无锡市纸业公所。

《重修正乙祠整饬义园记》，同治四年孟秋月，原在北京前门外西河沿正乙祠。

《田仔廍埤圳碑记》，同治四年八月，台湾台南县归仁乡大庙村代天府庙。

《永禁胥役门丁不准住在考棚示》，同治四年九月，江苏镇江焦山碑林。

《苏州府为梁溪膳业公所举办同业善举禁止匪徒阻扰盘踞碑》，同治四年十二月十二日，江苏。

《官禁止演唱秧歌碑》，同治四年，山西长治县柳林乡寺庄村。

《邑侯许公筹拨文昌书院膏火碑记》，同治四年。李权辑《钟祥金石考》卷八。

《般若寺示禁碑》，同治四年，山西灌县北蒲阳镇山中般若寺。

《回贤护林碑》，同治五年二月初七日，云南德宏州潞西市城郊镇回贤村公所。

《唐氏清明会护坟禁碑》，同治五年二月，陕西安康市将军乡唐下湾学校门外。

《永远示禁碑》，同治五年二月，福建闽侯县竹岐乡山洋村。

《洋县正堂为民除弊碑》，同治五年花月，陕西汉中佛坪县十亩地乡十亩地村古墓岭庙。

《云南巡抚岑毓英告示碑》，同治五年五月二十六日，云南楚雄姚安县城武庙。

《纠首碑记》，同治五年七月，山西阳泉盂县肖家汇乡桥上村云
　　务山庙。

《严禁偷窃禾稼告示碑》，同治五年八月十三日，山西阳泉平定
　　县岔口乡岳家庄村三义庙。

《修复泉水堰碑》，同治五年十月，陕西汉中。

《留侯庙勘定地界碑》，同治五年十月，陕西汉中留坝县张良庙。

《涧池王氏后裔请鉴祀典禀词及汉阴抚民分府批示碑》，同治五
　　年十二月，原在陕西安康汉阴县涧池铺王家祠堂，现存城关
　　镇和平街 19 号院。

《江宁府正堂涂布告碑》，同治五年，江苏。

《志过里二贤里防盗贼规约记》，同治五年，山西运城平陆县。

《船政大臣示》，同治五年，福建永安天宝岩自然保护区。

《禁碑》，同治五年，四川通江高桥乡七村。

《两江总督和安徽巡抚布告碑》，同治初年，江苏南京石鼓路天
　　主教堂。

《谕禁碑记》，同治五年，光绪《慈溪县志》卷一○。

《给示永禁侵蚀变卖捐置修筑闸堰田亩》，同治五年，浙江宁波
　　江北宝善堂。

《刊刻会议碑》，同治五年，香港九龙司衙门。

《洵阳知县严禁埠头讹索过往船户告示碑》，同治六年正月，陕
　　西安康旬阳县蜀河镇杨泗庙上殿。

《严禁窃砍竹城碑记》，同治六年正月，原在台湾台南市东郭门
　　附近，现存大南门碑林。

《长洲县为禁革尸场解勘诸费官为筹款及支出碑》，同治六年二
　　月十六日，江苏苏州碑刻博物馆。

《严禁勒索以肃口务示告碑》，同治六年五月，台湾高雄市旗津
　　区庙前路天后宫。

《上海县为兴建大码头各业自愿捐缴一年贴费告示碑》，同治六
　　年七月，原在上海邑庙内园。

《苏州府为民间丧葬土工盘头把持昂价给示谕禁碑》，同治六年
　　九月二十一日，江苏苏州碑刻博物馆。

《罗汉内门碑》，同治六年十月二十四日，原在台湾高雄县内门
　　乡，日据时期移置今台南县龙崎乡龙船窝6号。

《金匮县公布办理田赋章程碑》，同治六年十二月，原在江苏无
　　锡市兵役局。

《严禁践踏墓地碑记》，同治六年，台湾。

《严禁斩凿龙脉碑记》，同治六年，台湾新竹芎林乡广福宫。

《禁水碑记》，同治六年，山西长治襄垣县仙堂寺。

《金秀沿河十村平免石牌》，同治六年，广西金秀瑶族自治县田
　　村外西北角山坡上。

《白河知县严禁挖种城后山地及随意迁葬坟墓告示碑》，同治七
　　年二月十五日，原在白河县文庙，现存陕西安康白河县文
　　化馆。

《大甲义学租碑》，同治七年三月初五日，台湾台中县大甲镇妈
　　祖庙镇澜宫。

《禁止赌博碑》，同治七年三月中旬，四川。

《上海县为水木业重整旧规各匠按工抽厘谕示碑》，同治七年四
　　月初五日，原在上海南市区硝皮弄鲁班殿。

《嘉定县禁柜书粮差需索票钱告示碑》，同治七年四月，原在上
　　海嘉定清河桥西。

《旬阳县风俗碑》，同治七年蒲月，陕西安康旬阳县构元乡。

《上海县为禁行头向宁帮烛业需索诈扰告示碑》，同治七年六月，
　　上海。

《卧碑》，同治七年七月，台湾台南市孔子庙明伦堂。

《上海县为发给水木业木印及行单刻板告示碑》，同治七年八月
　　三十日，原在上海南市区硝皮弄鲁班殿。

《上海县为鲁班殿事宜归官匠朱炳石经管告示碑》，同治七年八
　　月三十日，原在上海南市区硝皮弄鲁班殿。

《别立规式碑记》，同治七年八月，山西运城永济市。

《奉堂谕严禁市中掺和小钱规条碑》，同治七年八月，山西阳泉
　　平定县岔口乡岔口村全神庙。

《江宁织染业公所重整行规及助建公所捐款人姓名碑》，同治七
　　年九月二十日，原在江苏南京雨花路 245 号染业公所。

《油麻业同业抽厘建造公所碑》，同治七年九月，原在上海南市
　　区老太平弄油麻公所。

《两江总督为严禁自尽图赖以重民命告示碑》，同治七年十月，
　　原在上海南市区内园。

《吴县抄示严禁自尽图赖以重民命碑》，同治七年十月，江苏苏
　　州碑刻博物馆。

《旬阳知县捐置养济院碑》，同治七年十一月，陕西安康旬阳县
　　城西门外洞儿碥。

《上海县为庙园基地归各业公所各自承粮告示碑》，同治七年十
　　一月，原在上海南市区城隍庙萃秀堂。

《禁自尽图赖碑》，同治七年，上海嘉定县博物馆。

《金匮县永禁自尽图赖以重民命碑》，同治七年，江苏。

《义渡碑示》，同治七年，浙江宁波市鄞州区高桥镇施家漕村
　　渡口。

《英国领事馆界碑》，同治七年，台湾淡水红毛城。

《育婴会碑》，同治八年三月十九日，陕西安康紫阳县瓦房店
小学。

《重镌乌尤山碑记》，同治八年三月下浣，四川乐山。

《上海县为芦州田地大丈之期严禁丈费告示碑》，同治八年四月，
上海。

《为禁吹手勒霸并规定吹手工价告示碑》，同治八年五月初七日，
原在上海青浦县朱家角土地祠。

《增立护城堤岁修纳稞额案记》，同治八年仲夏月。李权辑《钟
祥金石考》卷八。

《芭蕉靖地方告示碑》，同治八年八月，陕西安康紫阳县芭蕉乡
红庙子。

《德化社番租碑记》，同治八年九月，台湾台中县大甲镇妈祖庙
镇澜宫前。

《苏州吴兴会馆置产印照碑》，同治八年九月，江苏。

《江苏抚院奏定南通芦洲田地变通丈期严禁丈费出示永遵碑》，
同治八年九月，江苏。

《革除传呈坐差名目告示碑》，同治八年十一月十七日，旧立县
衙署大堂，现存山西运城夏县城关镇县党校。

《邱祖训文》，同治八年仲冬，陕西汉中留坝县张良庙。

《忠义亭立约碑》，同治八年葭月，台湾屏东县竹田乡西势村忠
义庙。

《常熟县正堂保护墓冢禁碑》，同治八年十二月一日，江苏常熟
碑刻博物馆。

《苏州府为布业公议捐资设立尚始公所办理同业善举永禁地匪棍
徒不得阻挠滋扰碑记》，同治八年十二月二十八日，江苏苏

州中街路尚始公所。

《发捻经授恳请销免谷石禀案碑》，同治八年，山西运城稷山县
　　博物馆。

《虞乡县强宜庵免减差徭记》，同治八年，山西，佚。民国《虞
　　乡县志·金石考》。

《公议摊派章程序》，同治八年，山西阳泉平定县维社乡中社村。

《裁免屑小差务碑》，同治八年，陕西安康白河县大双乡秧田村
　　黄河沟。

《奉宪勒石永禁碑》，同治八年，江苏镇江市五条街（中山东路）
　　唐老一正斋膏药店旧址。

《公议碑》，同治八年，台湾屏东县竹田乡西势村忠义庙。

《长元吴三县为布业公议设立公所办理同业善举严禁地匪棍徒阻
　　挠碑记》，同治九年正月三十日，江苏。

《历代遵行碑》，同治九年孟春月下浣，广东曲江县白土区上乡
　　刘氏宗祠。

《沔县正堂严禁侵吞庙产碑》，同治九年三月十三日，陕西汉中
　　勉县武侯祠。

《苏州府为𬺓布染坊业建立公所议定章程办理善举给示晓谕碑》，
　　同治九年四月二十八日，江苏苏州阊门外浙绍公所。

《戒赌合同碑记》，同治九年五月初二日，山西阳泉平定县岩会
　　乡神子山村。

《养济院园租立约碑》，同治九年六月，台湾台中市慈惠院前。

《禁赌碑》，同治九年七月，山西长治长子县色头村。

《鸣钟禁赌碑》，同治九年七月，山西长治长子县色头村。

《署江南布政使示谕严禁向苏州木行借木差徭碑》，同治九年八
　　月二日，江苏苏州碑刻博物馆。

《酌定庙规告示碑》，同治九年八月，山西运城解州关帝庙。

《石作同业先后重修公输子庙乐输碑》，同治九年八月，原在上
　　海南巿硝皮弄鲁班殿。

《吴县为皮货公所办理善举禁止棍匪阻扰及窃取料物碑》，同治
　　九年九月二十三日，江苏。

《长元吴三县禁止匪徒滋扰两宜公所碑》，同治九年十月十四日，
　　江苏。

《修理杨填堰告示碑》，同治九年十一月二十二日，陕西汉中城
　　固县杨填堰水利管理站。

《苏州府禁止匪棍阻挠滋扰两宜公所碑》，同治九年十月二十五
　　日，江苏。

《吴县禁止地匪脚夫向存仁公所滋扰碑》，同治九年十一月，
　　江苏。

《苏州府示谕保护裘业楚宝堂公所善举碑》，同治九年十二月四
　　日，江苏苏州碑刻博物馆。

《苏州府为皮货公所抽捐办理善举禁止匪徒阻挠滋扰碑》，同治
　　九年十二月初九日，江苏。

《元和县禁止棍徒勾串外来船只硬泊怡善堂码头碑》，同治九年
　　十二月十一日，江苏。

《吴江县奉宪厘定条漕章程碑》，同治九年十二月，江苏吴江巿
　　文管会。

《广东提刑按察使司为严禁捞回抢竹木排张事告示》，同治九年，
　　广东肇庆广宁县。

《奉官示禁》，同治九年，海南东方县。

《勒石毁林碑》，同治九年，云南永仁县干树子村前路旁。

《宽免离尘寺差费碑》，同治九年，陕西安康汉阴县天池乡离尘

寺庙中。

《严禁丐帮勒索碑》，同治十年一月，福建厦门市海沧区宁店村
　　龙山宫。

《永垂久远禁伐碑》，同治十年二月十一日，云南江川县后卫乡
　　后所村。

《禁地碑记)》，同治十年二月二十三日，山西长治潞城石梁乡。

《公议新立禁条款式碑》，同治十年三月，山西运城芮城县。

《收复庙产碑》，同治十年三月，原在汉中府城北关万寿庵，现
　　存汉中市博物馆。

《上海县为油麻业遵照公议定章加银告示碑》，同治十年五月，
　　原在上海南市区老太平弄油麻公所。

《吴县示禁保护重修福济观碑》，同治十年六月二十三日，江苏
　　苏州碑刻博物馆。

《重复三原城隍庙管庙会碑记》，同治十年八月，陕西咸阳三原
　　县博物馆。

《长元吴三县为丝业公所整顿行业规条出示晓谕碑》，同治十年
　　十一月十九日，原立江苏苏州祥符寺巷丝业公所。

《苏州布政司永禁侵盗儒学田产碑》，同治十年十二月十八日，
　　江苏苏州碑刻博物馆。

《长元吴三县为丝业议呈经纪取保条约出示晓谕碑》，同治十年
　　十二月二十六日，原立江苏苏州祥符寺巷丝业公所。

《北流村戒赌碑》，同治十年，山西长治黎城县东阳关镇枣镇村
　　三官庙。

《合街章程》，同治十年，广东肇庆罗定县。

《青羊宫遗嘱碑记》，同治十年，四川成都青羊宫。

《创建约亭碑》，同治十年。民国《琼山县志》卷一七《金石》。

《芭蕉乡封山碑文》，同治十年，云南通海县。

《山东布政使告示石刻》，同治十年，山东青岛崂山太清宫。

《公立水案碑志》，同治十一年二月二十日，云南保山市隆阳区
　　第四小学。

《吴县禁止地匪夫役向绚章公所义冢滋扰需索碑》，同治十一年
　　七月十七日，江苏。

《苏州府示禁保护绚章公所善举碑》，同治十一年八月二十四日，
　　江苏苏州碑刻博物馆。

《开修九巅山粮路记》，同治十一年秋月望日，甘肃甘南藏族自
　　治州卓尼县藏霞巴哇乡九巅峡大鹦哥嘴。

《金洋堰移窑保农碑》，同治十一年季秋，陕西汉中西乡县金洋
　　堰水利管理站。

《苏州府规定踹价每疋银一分四厘九八兑九六色大小加头在外立
　　折登记统归三节结算布业坊户务各遵照不准把持克减碑记》，
　　同治十一年十月初九日，江苏。

《禁航运流弊以安行商碑》，同治十一年，陕西安康紫阳县城关
　　镇亲桃村。

《公选约保禁娼禁赌碑》，同治十一年，陕西安康石泉县熨斗镇
　　松树村。

《筹集五祖圣会资金碑》，同治十一年，陕西汉中洋县智果寺。

《严禁轿店抬勒轿价碑记》，同治十一年，台湾屏东市慈凤宫
　　《义祠亭碑记》之后。

《行坝告示碑记》，同治十一年，福建厦门莲花镇美埔村。

《苏州府为海货业设立永和公堂办理同业善举所有经费规定由在
　　城各行店每月认捐准予备案碑》，同治十二年正月十一日，
　　江苏苏州。

《公议规条碑记》，同治十二年二月下旬，山西阳泉平定县锁簧
　　镇立壁村寺院。

《苏州府为酱坊业创建公所禁止官酱店铺营私碑》，同治十二年
　　三月初二日，江苏苏州。

《上海县为禁止靛业串骗白拉及私相授受告示碑》，同治十二年
　　三月十三日，原在上海南市区蔡阳弄靛业公所。

《永昌府为革除辛街验布打戳之弊告示碑》，同治十二年四月初
　　九日，云南保山市隆阳区。

《为严禁奸顽以塞讼端而申旧章碑》，同治十二年四月上旬，山
　　西阳泉平定县张庄镇土岭头村。

《禁止浇风恶俗规约碑》，同治十二年五月十四日，云南楚雄牟
　　定县天台街天台寺。

《禁卖寺产碑》，同治十二年五月，浙江永嘉昆阳乡昆阳小学大
　　门东侧。

《金洋堰禁止砍树捕鱼碑》，同治十二年六月初六日，陕西汉中
　　西乡县金洋水利管理站。

《保证碑记》，同治十二年六月十四日，云南江川县。

《核桃村清真寺碑》，同治十二年季夏月上浣朔三日，现在四川
　　西昌市海南乡核桃村清真寺。

《普济众碑》，同治十二年瓜月，浙江温州市龙湾区天河镇三
　　甲村。

《禅镇江西义庄官示抄刻碑记》，同治十二年十月十六日，广东
　　佛山市博物馆。

《严禁恶丐结党强索扰累闾里告示碑》，同治十二年十一月二十
　　四日，原在上海青浦县。

《地界碑》，同治十二年，广东大埔县。

《松山小黑冲权属碑》，同治十二年，云南江川县。

《吴县为金箔业收徒不许无赖把持阻挠给示晓谕碑》，同治十二年，江苏苏州。

《大科崁庄公议严禁碑记》，同治十二年，台湾桃园县大溪镇。

《公议碑》，同治十二年，台湾屏东县竹田乡西势村忠义庙。

《禁碑》，同治十二年，湖北远安县洋坪镇漆树垭村。

《苏州府示谕保护麻油业聚善堂善举碑》，同治十三年二月，江苏苏州。

《吴长元三县示谕保护麻油业聚善堂善举碑》，同治十三年二月，江苏苏州碑刻博物馆。

《永定章程》，同治十三年季春上浣，云南双柏县碍嘉镇政府。

《常熟县规定天福沙新涨沙滩即归游文鹿苑书院承买不准民间报买以裕院费碑》，同治十三年三月十二日，江苏。

《吴县为重建书业公所兴工禁止地匪借端阻挠碑》，同治十三年三月十四日，江苏。

《上海县为四明公所冢地不筑马路公告碑》，同治十三年三月十九日，原在上海南市区四明公所。

《上海法总领事为四明公所冢地不筑马路公告碑》，同治十三年三月十九日，原在上海南市区四明公所。

《上海道为四明公所血案告示碑》，同治十三年三月二十日，原在上海南市区四明公所。

《元和县为猪业公所购置房屋供应买卖客人住宿禁止地棍滋扰碑》，同治十三年四月初五日，江苏。

《吴县禁止流丐到光福镇结党成群强讨硬索碑》，同治十三年五月十三日，江苏。

《太元堂碑记》，同治十三年蒲月，台湾嘉义市太元佛堂。

《吴县示禁保护皮货业楚宝堂公所善举碑》，同治十三年六月二
　　十四日，江苏苏州碑刻博物馆。

《吴长元三县永禁游骑碑》，同治十三年六月，江苏苏州碑刻博
　　物馆。

《东坝黄氏祠堂禁碑》，同治十三年八月，陕西安康白河县卡子
　　乡东坝口。

《阖村议定规程碑》，同治十三年十月二十六日，山西阳泉平定
　　县岔口乡岔口村全神庙。

《祥符县告示碑》，同治十三年十月，河南开封鹁鸽市善义堂清
　　真寺。

《长洲县禁止无知之徒在云锦公所基地附搭房屋聚众借敛碑》，
　　同治十三年十一月三十日，江苏。

《元和县示禁脚夫索扰米行碑》，同治十三年十二月二十四日，
　　江苏苏州碑刻博物馆。

《买置寺田碑记》，同治十三年十二月，台湾嘉义县水上乡苦
　　竹寺。

《禁止车马票兴差信留单碑》，同治十三年，山西长治沁源县
　　政府。

《奉县宪示禁碑》，同治十三年，广东丰顺县。

《保护灵岩寺山示禁碑》，同治十三年，四川都江堰市。

《革除夫役永远碑示》，同治十三年，贵州三都水族自治县都
　　江镇。

《严明县主樊示禁》，同治年间，广东汕头潮阳县龙津赤产庙。

《禁伐碑》，同治年间，福建永安天宝岩自然保护区。

《具结三都村永不另立集市碑》，同治年间，山西阳泉市三郊乡
　　三都村寿圣寺。

《禁开九疑矿产碑记》，同治年间，湖南永州宁远县九嶷山舜庙
　　拜亭。

《西董渠图说》，约光绪之前，河南，光绪《阌乡县志》。

（九）光绪（1875～1908 年）

《明定车马章程告示碑》，光绪元年三月，山西运城夏县。

《拨南峰寺田入宾兴记》，光绪元年三月，浙江温州。

《长洲县准许蒋元充当府厨小甲毋得借差滋扰碑》，光绪元年四
　　月二十六日，江苏。

《禀设抬扛公局告示碑》，光绪元年四月。于树滋纂《瓜洲续志》
　　卷二六《碑文》。

《云龙盐课碑》，光绪元年四月，云南大理云龙县。

《吴县禁止匪棍向七襄公所阻扰窃取物料碑》，光绪元年五月十
　　五日，江苏。

《署砖坪抚民分府严拿匪类告示碑》，光绪元年五月，陕西安康
　　岚皋县民主乡民主小学。

《庙子垭铺公议乡规碑》，光绪元年五月，原在陕西安康旬阳县
　　金寨乡庙子垭，现存旬阳县城洞儿碥。

《保生大帝碑记》，光绪元年六月二十四日，台湾嘉义县民雄乡
　　西安村保生大帝庙。

《五门堰复查田亩碑》，光绪元年六月，陕西汉中城固县五门堰
　　文物保管所。

《灌阳县奉布政司禁革碑记》，光绪元年桂月，广西灌阳县城。

《严禁恶习碑记》，光绪元年十月，台湾台南市大南门碑林。

《苏州丝业整顿旧规集资设所缘由碑》，光绪元年孟冬，江苏苏

州碑刻博物馆。

《渡台入番撤禁告示碑》，光绪元年十一月初八日，台湾南投县
　　鹿谷乡。

《陕安兵备道严禁埠役诈索船只致扰行旅告示牌》，光绪元年十
　　一月，原在陕西安康紫阳县城老泗王庙，后移城北新泗王
　　庙，为大殿外东北角基石。

《青口客商起饼油山货积建公所碑》，光绪元年嘉平月中浣，原
　　在上海南市区郎家桥西祝其公所。

《严禁藉尸吓诈示告碑记》，光绪元年十二月，台湾台南县归仁
　　乡武东村武当山庙前。

《保护嘉属会馆告示》，光绪元年十二月，广东广州。

《岚皋明珠坝禁令碑》，光绪元年，陕西安康岚皋县明珠坝中学。

《严禁转房碑》，光绪元年，四川理县薛城沙金坝。

《奉宪永禁碑》，光绪元年，安徽歙县鱼梁镇。

《怀六坝磨湾泉水利碑》，光绪元年，甘肃武威。

《西云书院地产碑》，约光绪元年或二年，云南大理市一中。

《七伙头协济杉木和夫马碑记》，光绪二年二月初七日，云南保
　　山市隆阳区。

《买补仓粮示禁碑》，光绪二年二月十四日，台湾新竹县新竹市
　　图书馆。

《长清设局差办碑》，光绪二年二月二十六日，原立于山东长清
　　县衙，后移五峰书院。

《买补仓粮示禁碑》（9），光绪二年二月，台湾台南市历史馆、
　　台南县下营乡茅港村观音亭、台南县盐水镇月津大桥、台南
　　县后壁乡嘉董村泰安宫山川门、高雄县凤山市曹公路曹公
　　祠、彰化县北斗镇奠安宫、新竹县新竹市图书馆、彰化县鹿

港镇中山路民宅、台中县清水镇营运所。

《严禁藉尸吓诈等事示告碑记》（3），光绪二年二月，台湾台南县仁德乡太子村明直宫（太子庙）、台南县归仁乡南保村北极殿、关庙乡下山村关帝庙。

《下茅坝公议乡约辛赀碑》，光绪二年四月，陕西镇坪县文化馆。

《泸山碑记碑》，光绪二年五月十四日，四川西昌市泸山光福寺。

《南海县告示碑》，光绪二年五月三十日，广东广州。

《善后条规之碑》，光绪二年五月，原立甘肃甘南藏族自治州舟曲城关北街，现在舟曲县文化馆。

《公议全口净水老会碑》，光绪二年六月十五日，北京朝阳门外东岳庙。

《禁革牛墟陋规碑记》（2），光绪二年六月，台湾台南县新化镇中正路74号门前、台南县归仁乡旧社福德祠外壁。

《严禁自尽图赖示告碑记》（4），光绪二年七月二十日，台湾屏东县恒春镇西城门、台南市南门碑林、凤山县北门、新竹县西门。

《炉圣庵碑》，光绪二年七月，北京。

《估衣业重建云章公所碑》，光绪二年九月，江苏苏州。

《藉尸吓诈等事示告碑记》，光绪二年十月二十七日，台湾台南县关庙乡山西宫后殿。

《江宁府准济善堂备案碑》，光绪二年十一月十三日，江苏。

《上海县为京江公所准予立案告示碑》，光绪二年十一月十九日，原在上海南市区方斜路京江公所。

《白河知县裁革牛税谕碑》，光绪二年十一月，原嵌于白河县歌风楼，现存陕西安康白河县歌风乡杨姓村民家。

《元和县禁止匪棍在安徽码头作践滋扰碑》，光绪二年十二月二十七日，江苏。

《增设膏火生息本银并奖励粮石碑记》，光绪二年，甘肃兰
　　州，佚。

《田房税契碑》，光绪二年，湖北恩施土家族苗族自治州。

《炉圣庵碑》，光绪三年二月十五日，北京。

《精忠庙鲁班殿碑》，光绪三年四月，北京。

《苏州府为毗陵会馆猪业公所规定猪业进出一律归九折方足卡钱
　　不准搀和小钱挪用洋照时价碑》，光绪三年五月二十一日，
　　江苏苏州。

《上元江宁两县规定金陵土丝土产土销买卖一律免捐并土丝出江
　　实捐银数碑》，光绪三年五月二十六日，江苏南京博物院。

《万古如新护林碑》，光绪三年六月二十四日，云南江川县后卫
　　乡龙泉村。

《合屯公立民约碑》，光绪三年七月，山东平度市祝沟镇山里石
　　家村。

《西云书院序》，光绪三年仲秋，云南大理市一中。

《章程碑记》，光绪三年桂月，台湾屏东县屏东市孔子庙（屏东
　　书院）。

《租条碑记》，光绪三年桂月，台湾屏东县屏东市孔子庙（屏东
　　书院）。

《新建杨家庄村禁止煤窑碑记》，光绪三年十月，山西阳泉市郊
　　杨家庄乡。

《吴县永禁占泊绸庄船埠码头碑》，光绪三年十一月十五日，江
　　苏苏州。

《告白碑》，光绪三年十一月，山西阳泉平定县岔口乡岔口村全
　　神庙。

《吴县规定裘业公所工伙不准私立行头名目把持各店作收用外帮
　　徒伙擅议罚规以及阻工霸业碑》，光绪三年十二月十五日，
　　江苏苏州。

《苏州府禁硝皮业帮工伙徒阻工霸业碑》，光绪三年，江苏苏州。

《晓谕碑》，光绪三年，广东深圳。

《维风历俗碑》，光绪三年，山西长治县西池乡北仙泉村。

《灾年义埋饿殍碑》，光绪三年，山西万荣县小淮村。

《戒烟碑》，光绪三年，山西榆次车辋村常家大院。

《焦山东洲连山接涨滩地专买示》，光绪三年，江苏镇江焦山
　　碑林。

《告示碑》，光绪三年，广东肇庆云浮县。

《合甲规矩碑》，光绪三年，河南渑池县仁村乡原仁村小学。

《仁泉渠碑记》，光绪三年，河南渑池县仁村乡原仁村小学。

《清真西寺规约》，光绪三年，湖南隆回县山界乡清真西寺。

《丹噶尔厅记》，光绪三年，青海西宁。

《靛业公所缘起及厘捐收支碑》，光绪三年，原在上海南市区蔡
　　阳弄靛业公所。

《后肖乡告示》，光绪三年，福建厦门五显镇。

《都匀府知府周步瀛禁浮征丁粮碑》，光绪三年，贵州三都水族
　　自治县三脚屯。

《周县主严禁乞丐花赤告示》，光绪四年二月二十九日，广东平
　　远县博物馆。

《小寺寨护林碑》，光绪四年二月，四川汶川县克枯乡周达村。

《铁邑告示碑》，光绪四年三月二十八日，四川汶川县威州镇。

《禁娼石刻》，光绪四年四月初六日，广东广州荔湾区华林街庆
　　寿里。

《永垂不朽植树护林碑》，光绪四年七月一日，云南会泽县老厂
　　乡卡龙村。

《苏松太兵备道上海法总领事为四明公所血案结案碑》，光绪四
　　年七月十七日，原在上海南市区四明公所。

《稽查蒲缥街漏税漏厘告示碑》，光绪四年十月二十日，云南保
　　山市隆阳区老街子。

《盛泽建立米业公所碑记》，光绪四年孟冬月，原在江苏吴江县
　　盛泽镇。

《长洲元和吴三县永禁宋锦机业人等设立行头名目碑》，光绪四
　　年十一月十九日，原立江苏苏州祥符寺巷机房旁。

《广州府严禁土工毁坟盗卖示碑》，光绪四年十一月，广东广州
　　先贤古墓。

《永断田契碑》，光绪四年仲冬月，广东湛江高州县。

《茂莲埠朴宗祠养贤碑》，光绪四年，广东湛江海康县茂莲宗祠。

《禁革陋规碑》，光绪四年，广东湛江徐闻县迈陈区迈陈下村。

《公恳请禁止受告示碑》，碑阴刻《奏请严禁州县委佐□断案通
　　谕五条》，光绪五年二月二十七日，山西运城稷山县博物馆。

《严禁乞勒纵横示告碑》（2），光绪五年三月初九日，台湾高雄
　　市楠梓区桥边、高雄市楠梓区楠梓街 1 号楠和宫。

《苏州府为钢锯公所成立经费由该业捐助禁止匪徒捏名苛派冒收
　　碑》，光绪五年三月十七日，江苏苏州。

《长元吴三县为重建明瓦公所备案碑》，光绪五年六月初六日，
　　江苏苏州。

《严禁藉命讹诈以肃法纪事碑》，光绪五年六月，广东海丰县。

《元长吴三县为元宁会馆赎回造屋给示晓谕碑》，光绪五年七月
　　二十一日，江苏苏州。

《清真寺义塾碑记》，光绪五年九月下浣，河北保定清真西寺。

《银粮减耗碑记》，光绪五年十月，陕西咸阳三原县博物馆。

《瓜镇义渡局告示碑》，光绪五年十一月。于树滋纂《瓜洲续志》
　　卷二六《碑文》。

《苏州府规定乘客财物应交船户存储遗失方准赔偿碑》，光绪五
　　年十一月，江苏苏州。

《广西巡抚禁革土司地方科派告示碑》，光绪五年十二月二十五
　　日，广西大新县。

《除□支随粮使费碑》，光绪五年，山西长治沁源县政府。

《捐猪酒税公本碑》，光绪五年，陕西安康宁陕县皇冠乡兴隆村。

《尚家坝均纳酒税免差索碑》，光绪五年，陕西安康紫阳县燎原
　　乡龙王村龙王庙。

《修渠定式告示碑》，光绪五年，陕西汉中城固县五门堰文物保
　　管所。

《护林木碑》，光绪五年，四川通江唱歌乡。

《永济义渡碑记》（2），光绪五年，台湾南投县名间乡浊水庄妈
　　祖庙福兴宫前、南投县竹山镇紫南宫金亭侧。

《严禁恶丐强索横行碑记》，光绪五年，台湾。

《琅嬛族义田记》，光绪五年。民国《琼山县志》卷一七《金
　　石》。

《倡设保善堂碑记》，光绪初，澳门镜湖医院。

《元和县永禁私用大斛收取佃租及散给由单役费碑》，光绪六年
　　二月初十日，江苏。

《广西巡抚部院严禁土汉官吏藉端需索土民碑》，光绪六年二月
　　初十日，广西大新县。

《元和县规定投案人应径赴待质公所投文不得妄听奸书等碑》，

光绪六年四月初九日，江苏。

《绅士刘公助寒士观光资斧碑记》，光绪六年六月，河北沧州。

《吉灿升捐廉助士子乡会试路费碑》，光绪六年六月，山东平度
　　博物馆。

《三村公议章程碑志》，光绪六年七月，山西阳泉市郊白泉乡西
　　梨庄村。

《吴长元三县示禁藉名差派勒索饭铺碑》，光绪六年八月三日，
　　江苏苏州碑刻博物馆。

《德清县宁绍公所碑》，光绪六年八月二十三日，浙江杭州。

《上海县为积善堂公所义冢告示碑》，光绪六年八月二十九日，
　　原在上海市丽园路502弄金华会馆。

《改机碑记》，光绪六年九月，云南大理。

《为禁绝产加叹告示碑》，光绪六年十二月，原在上海青浦县朱
　　家角城隍庙。

《盛泽宁绍会馆永禁在馆打稻扦砻堆积柴草碑》，光绪六年冬，
　　江苏。

《通鉴辑览万历开矿条碑》，光绪六年，江苏镇江焦山碑林。

《奉官示禁碑》，光绪六年，海南澄迈县金江镇大拉村。

《独山知州吴宗琳禁需索碑》，光绪六年，贵州三都水族自治县。

《土主庙界址碑记》，光绪六年，云南富民县赤鹫乡平地村。

《永行堂碑记》，光绪六年，澳门镜湖医院。

《东镇严禁赌博碑》，光绪七年二月十八日，陕西安康市东镇乡
　　狮子坪村。

《重建豁免煤税碑》，光绪七年孟夏月，原立北京门头沟圈门，
　　国家图书馆藏拓片。

《嘉定宝山县准减漕米米额告示碑》，光绪七年六月，原在上海

嘉定清河桥西。

《护林碑》，光绪七年七月十四日，云南砚山县阿舍乡鱼泽坡
　　水库。

《光绪七年屯田供税条例碑》，光绪七年九月十日，陕西礼泉县
　　西张堡乡政府。

《吴县示禁保护清真寺碑》，光绪七年九月十一日，江苏苏州清
　　真寺。

《元和县示禁保护清真寺碑》，光绪七年九月十五日，江苏苏州
　　清真寺。

《苏州府示禁保护回民买地设立义冢碑》，光绪七年九月二十日，
　　江苏苏州碑刻博物馆。

《江苏城守中军府示禁保护清真寺碑》，光绪七年十一月五日，
　　江苏苏州清真寺。

《苏抚饬令新立嘉大义冢四至界碑》，光绪七年十一月十七日，
　　江苏苏州碑刻博物馆。

《立除契约碑记》，光绪七年十一月三十日，山西阳泉平定县槐
　　树铺乡旧关村。

《核定市房滩地条例和续例碑》，光绪七年，江苏镇江焦山碑林。

《普普仁堂公庄地界附条款碑》，光绪七年，江苏镇江焦山碑林。

《□记碑》，光绪七年，陕西安康汉阴。民国《汉阴县志·金石
　　志》。

《汉中府批示武侯祠呈文碑》，光绪七年，陕西汉中勉县武侯祠。

《卧碑》，光绪七年，台湾宜兰县孔庙。

《严禁混占义冢碑记》，光绪七年，台湾新竹县。

《积庆堂牌文》，光绪七年，福建厦门海沧区东屿。

《煤行工议碑记》，光绪七年，北京门头沟圈门窑神庙。

《以里书银抵公堂礼记》，光绪八年季春，山西。

《乐局埕租》，光绪八年四月，台湾高雄市左营区圣后里旧城国
　　民学校。

《禁赌碑》，光绪八年五月初一日，山西运城平陆县。

《戒赌碑》，光绪八年六月初二日，云南洱源县牛街小学。

《江苏城守参府示禁保护清真寺碑》，光绪八年六月二十日，江
　　苏苏州清真寺。

《迎真寺禁碑》，光绪八年六月，陕西安康平利县迎太乡迎真寺。

《洵阳知县颁布船行公议水手遇难善后章程告示碑》，光绪八年
　　六月，陕西安康旬阳县蜀河镇杨泗庙。

《吴县示谕保护布业经义公所善举碑》，光绪八年七月二十七日，
　　江苏苏州碑刻博物馆。

《积石峡关护林碑》，光绪八年，原立青海循化撒拉族自治县孟
　　达乡，现存该县孟达乡木场村清真寺。

《奉宪严禁碑》，光绪八年，广东大埔县高坡中学。

《栽松树碑》，光绪八年，云南洱源。

《和硕恭亲王醇亲王视察永定河工程奏折碑》，光绪八年，北京
　　门头沟区城子小学。

《云贵总督云南巡抚部院布政使司为革除夫马告示碑》，光绪九
　　年正月二十日，云南保山市隆阳区。

《宁陕抚民分府严禁烧山毒河告示碑》，光绪九年正月，陕西安
　　康宁陕县柴家关乡政府（关帝庙旧址）。

《裁革夫马告示碑》，光绪九年二月，云南元谋县元谋人博物馆。

《永平县杉木和乡革除陋规碑》，光绪九年四月十五日，云南大
　　理永平县极阳文化站。

《莫村石牌》，光绪九年五月二十八日，广西金秀瑶族自治县莫

村南。

《严禁拦断海口水路碑记》，光绪九年七月十二日，台湾高雄县
　　弥陀乡弥寿村中正西路 11 号弥寿宫西厢。

《吴长元三县示禁保护重设面业公所碑》，光绪九年八月初一日，
　　江苏苏州碑刻博物馆。

《京师正阳门外打磨厂临汾乡祠公会碑记》，光绪九年九月五日，
　　原在北京前门外打磨厂 120 号临汾会馆。

《钦命冶铁铸锅告示碑》，光绪九年九月十五日，云南楚雄牟定
　　县安乐乡古盐道桥头。

《护林碑》，光绪九年十月，四川绵阳市中区玉河乡九村。

《龙胜理苗分府禁革事项碑》，光绪九年十二月十五日，广西龙
　　胜县龙脊廖家寨。

《常道观示禁碑》，光绪九年，四川都江堰青城山。

《禁赌博山林碑记》，光绪九年，山西长治潞城漫流乡王家庄村。

《公费讼案核批碑记》，光绪九年，山西阳泉平定县娘子关镇娘
　　了关村铁佛寺。

《载种松树碑记》，光绪九年，云南洱源县右所乡莲曲村。

《永平县杉木和乡革除陋规碑》，光绪九年，云南永平县杉阳文
　　化站。

《四社议禁碑》，光绪九年，广东陆丰县。

《重订建汀会馆章程碑》，光绪九年，原在上海南市区翠微庵西
　　南建汀会馆。

《靛行规约》，光绪十年一月，北京。

《楷正粮票碑示章程》，光绪十年孟春，原在陕西安康紫阳县老
　　河街口。

《禁示碑记》，光绪十年五月，广东汕头南澳县。

《重修后土庙禁止牛羊折枝树株碑记》，光绪十年六月十七日，
　　山西运城芮城县。

《福宁宫碑记》，光绪十年十一月，台湾彰化县员林镇福宁宫。

《镇兴庙香祀碑》，光绪十年十一月，台湾彰化县员林镇东山镇
　　兴庙。

《上海县为洋货公所振华堂议立规条告示碑》，光绪十年十二月
　　十六日，原在上海市合肥路振华堂。

《苏北文庙煎匙围田告示》，光绪十年十二月二十六日，广东澄
　　海县东里镇樟林中学。

《苏北文庙煎匙围田执照》，光绪十年十二月二十六日，广东澄
　　海县东里镇樟林中学。

《奉邑侯大人许给示准乡规禁约碑》，光绪十年，广东肇庆广
　　宁县。

《设立南北义学条规碑》，光绪十年，山西长治沁源县政府。

《严禁盗卖祠堂物财告示碑》，光绪十年，山东淄博市淄川区忠
　　亲王祠。

《正堂程判碑石刻》，光绪十年，山东青岛崂山太清宫。

《成都水利府灌县知县会衔示禁碑》，光绪十一年二月初二日，
　　四川都江堰市。

《老羊皮会馆碑》，光绪十一年三月十三日，北京。

《息讼端杜争竞告示碑》，光绪十一年三月二十六日，陕西安康
　　紫阳县太月乡垭子村。

《水田河保共置产业公应杂税条款碑》，光绪十一年三月，陕西
　　安康平利县清太乡高王山村海龙王庙。

《严禁恶丐碑》，光绪十一年四月，福建晋江。

《四姓公禁碑》，光绪十一年五月中浣，广东番禺县沙湾镇塑料

五金厂。

《水料碑》，光绪十一年六月中浣，原在四川西昌县川兴镇民和
　　村五组，现存西昌地震碑林。

《端风正俗碑》，光绪十一年七月，台湾高雄县美浓镇东门门楼。

《元和县规定渔船换照所需印烙照费由县收齐分给书差不准额外
　　需索碑》，光绪十一年八月，江苏。

《重修约亭碑》，光绪十一年仲秋，海南海口府城丁村约亭前廊。

《天后宫禁筑草寮碑记》，光绪十一年九月，原存台湾台南市中
　　区民权路大天后宫，1955 年移台南市立历史馆（赤嵌楼）。

《息讼谕碑》，光绪十一年十月上旬，山西阳泉盂县下曹乡西小
　　坪村。

《长元吴三县为机业公议按机抽捐办理同业善举谕各机户踊跃捐
　　输毋许地匪游勇借端滋扰碑记》，光绪十一年十一月，江苏。

《南丹土州莫应高等出让额利契约碑》，光绪十一年十二月二十
　　七日，广西南丹县。

《苏城厘捐局长元吴三县为机业创办善举经费规定每月由机捐公
　　所抽捐禁止匪勇滋扰碑》，光绪十一年十二月，江苏。

《客路须知碑》，光绪十一年，原立台北市府衙前，现存台湾省
　　立博物馆前。

《处罚教民碑》，光绪十一年，陕西汉中南郑县八角山教堂。

《公议整顿寺规碑记》，光绪十一年，北京马甸清真寺。

《差徭碑》，光绪十一年，原在甘肃兰州府城隍庙，佚。

《黑龙潭封山碑》，光绪十一年，云南巍山县巍宝乡自由村公所。

《景泰寺禁示碑》，光绪十二年三月十三日，广东广州白云山。

《卖契书碑》，光绪十二年四月初三日，山西阳泉市郊河底镇河
　　底村观音庙。

《牛王沟禁山碑》，光绪十二年六月，陕西安康平利县文化馆。

《奉宪示禁碑》，光绪十二年七月初九日，广东和平县贝墩镇。

《广西布政司饬禁州县官吏丁役需索碑》，光绪十二年七月二十
　　六日，广西。

《布政司禁革土司地方藉命盗案苛扰告示碑》，光绪十二年七月
　　二十六日，广西大新县。

《四明公所长生会章程碑》，光绪十二年七月，原在上海南市区
　　四明公所。

《增建祥镇军祠添置祀田碑记》，光绪十二年孟秋，广东广州。

《广西布政司札发太平府饲养俘象事项晓谕碑》，光绪十二年九
　　月十四日，广西大新县。

《修改武侯祠旧章示谕碑》，光绪十二年十月初三日，陕西汉中
　　勉县武侯祠。

《迁善社示禁碑》，光绪十二年十一月，台湾台中县沙鹿镇天公
　　庙前。

《李氏新建家庙碑》，光绪十二年，山西。

《严禁浮冒钱粮征收实数碑》，光绪十二年，山西长治沁源县
　　政府。

《苏州府禁止匪棍滋扰梓义公所碑》，光绪十三年二月二十八日，
　　江苏。

《永昌府保山县关于禁革夫马局告示碑》，光绪十三年二月，云
　　南保山市隆阳区。

《积庆寺置田碑》，光绪十三年二月，浙江乐清市蒲岐镇南门村
　　崔宅天井内。

《永禁农骡帮银碑》，光绪十三年仲春，山西运城芮城县。

《公议重整净炉老会碑》，光绪十三年三月十七日，北京朝阳门

外东岳庙。

《老羊皮会馆匾额额》，光绪十三年三月二十日，北京。

《告白碑》，光绪十三年四月十一日，山西阳泉市郊河底镇河底村。

《猫求港塭地断归振文社公业碑记》，光绪十三年四月二十六日，台湾台南县麻豆镇国校。

《苏州友乐公所房契碑》，光绪十三年四月，江苏。

《獭江祀碑》，光绪十三年六月十五日，台湾新竹县新竹市南门外大众庙。

《谕令照章完纳上帝庙香田碑记》，光绪十三年七月十八日，台湾台南县归仁乡南保村北极殿三川门。

《关部康皇庙生果行收费碑》，光绪十三年七月，广东雷州市雷城镇关部街康皇庙。

《兴安宫公业碑》，光绪十三年十月，台湾彰化县鹿港镇兴安宫。

《吴县永禁各项船只在绸庄船码头停泊及巷内停轿巷门上锁后唤开上落碑记》，光绪十三年十一月十五日，江苏。

《禁碑》，光绪十三年，四川通江重石子。

《方氏祠堂祭祀规约》，光绪十三年，台湾台南县关庙乡。

《红仁土大坪义冢碑记》，光绪十三年，台湾宜兰县冬山乡第二公墓。

《禁示碑》，光绪十三年，浙江萧山临浦西施庙。

《正堂告示碑》，光绪十三年，浙江萧山小城隍庙。

《长洲县禁止棍徒乘马游行践踏禾稼滋事伤人碑》，光绪十四年三月初八日，江苏。

《秋木河公设税局以纳杂费碑》，光绪十四年三月，陕西安康平利县中平乡秋木河石门沟。

《太平州永革每遇人命案勒附近村庄帮贴殓费碑》，光绪十四年
　　七月二十六日，广西大新县。

《奉宪永禁索扰示禁碑》，光绪十四年八月，海南乐东县抱由镇
　　番豆村。

《奉宪立石》，光绪十四年八月，浙江温州乐清九前村玄真观。

《长洲县永禁太子码头摆设粪缸开挖尿槽碑》，光绪十四年九月
　　二十四日，江苏。

《养子不得入宗祠以乱宗派碑》，光绪十四年十月，乾隆五十八
　　年二月已立石，广东深圳南头涌下村升平里 18 号郑氏宗祠。

《文物保护示禁碑》，光绪十四年十月，河南南阳武侯祠碑廊。

《上海县为鲜果业起造公所告示碑》，光绪十四年十一月，原在
　　上海南市区毛家弄 303 号。

《禁截水路碑记》（又称《水路疏通禁绝碑》，光绪十四年十一
　　月，台湾台南县佳里镇礼化里震兴宫三川门。

《元朔山火烧台禁番僧修寺碑》，光绪十四年，青海大通县桥头
　　镇东侧。

《告示碑》，光绪十五年初五日，广东珠海唐家村万安巷。

《平利县颁布秋河义仓条规牌示碑》，光绪十五年三月六日，陕
　　西安康平利县秋河乡八角庙村。

《严禁锢婢不嫁碑记》（2），光绪十五年六月，台南市南门碑林、
　　台南市立历史馆（赤嵌楼）。

《长洲县禁止各项船只在汝文彬管业码头河埠硬泊碑》，光绪十
　　五年七月初七日，江苏。

《吴县禁止蜡笺业做手私立行头勒捐敛钱不准收徒动辄蛮霸碑》，
　　光绪十五年七月二十一日，江苏。

《重修成善水局碑》，光绪十五年八月，原立北京宣武门外虎

坊桥。

《严禁本村后山树木碑记》，光绪十五年仲秋，广东仁化县恩村
　　乡政府西侧门楼。

《长元吴三县规定机业设立义塾每月筹拨经费办法碑》，光绪十
　　五年九月，江苏。

《苏州府为纱缎机业添设蒙养小义塾刊送章程给示晓谕碑》，光
　　绪十五年十月初三日，江苏苏州碑刻博物馆。

《广雅书院学规》，光绪十五年十月，广东广州。

《吴县示禁保护琢玉业宝珠公所黄祝山善举碑》，光绪十五年十
　　一月十日，江苏苏州碑刻博物馆。

《会办全陕厘税总局严禁白河等处厘卡故意勒掯商贩人等告示
　　碑》，光绪十五年十一月十日，陕西安康白河县城关税务所。

《豁免柴炭支记碑》，光绪十五年，陕西安康汉阴武庙。民国
　　《汉阴县志·金石志》。

《拾金不昧碑》，光绪十五年，山西闻喜县博物馆。

《解决互争山界指示执照碑》，光绪十五年，云南广南县者免乡。

《清真南大寺□万春捐房产碑》，光绪十六年二月，山东济南。

《奉宪示谕禁碑》，光绪十六年三月初三日，安徽芜湖。

《凌云禁革考试陋规碑》，光绪十六年三月，广西凌云县城。

《严禁土民赴州县衙门越诉告示碑》，光绪十六年四月初二日，
　　广西大新县龙门卫生所。

《江宁县为干长巷沿河一带为染业漂洗丝布地点不准堆积粪阻秽
　　塞道路碑》，光绪十六年四月十九日，江苏南京雨花路 245
　　号原染业公所。

《太平归顺兵备道厘定土司应革应留规例告示碑》，光绪十六年
　　四月，广西大新县。

《龙泉池分水告示碑》，光绪十六年五月二十八日，云南保山市
　　隆阳区。

《示勒碑》，光绪十六年五月，广东信宜市镇隆镇八坊村起凤
　　书院。

《契白告示》，光绪十六年六月十八日，广东肇庆广宁县。

《长洲县禁止乡民在圩岸捕鱼捉虾掘鳝挖螺碑》，光绪十六年六
　　月二十三日，江苏。

《上海县为旧花业公议章程谕示碑》，光绪十六年七月二十四日，
　　原在上海南市区邑庙旧花公所。

《奉宪示禁碑》，光绪十六年八月初十日，广东潮州市浮洋镇广
　　惠桥侧。

《购买水田碑》，光绪十六年桂月，湖北郧县清真寺。

《捐旱地碑》，光绪十六年桂月，湖北郧县清真寺。

《陕安镇砖坪营告示残碑》，光绪十六年十一月，陕西安康，佚。

《天柱山庙公议戒律条规碑》，光绪十六年十二月初一日，陕西
　　安康市天柱山庙。

《那岸龙贺村供木匠番役改为六置田畲照例纳粮碑》，光绪十六
　　年冬月十五日，广西大新县安平乡。

《月里村规民约碑》，光绪十六年，四川汶川县雁门乡。

《慈湖书院置产记》，光绪十六年，光绪《慈溪县志》卷五。

《禁止奸宄碑》，光绪十六年，湖北巴东县清太坪镇思阳坪村。

《云林县正堂示禁碑记》，光绪十六年，台湾云林县古坑乡水碓
　　村水碓路37号民居。

《苦竹寺庙田碑记》，光绪十七年花月，台湾嘉义县水上乡柳
　　林村。

《江苏抚院禁止看守城门官需索扰民碑》，光绪十七年四月初三

日，江苏。

《滴水容洞六力大进四村石牌》，光绪十七年五月二日，广西金
　　秀瑶族自治县。

《长洲县示禁保护农业云章公所善举碑》，光绪十七年七月五日，
　　江苏苏州碑刻博物馆。

《净觉寺建寺捐产契约碑记》，光绪十七年七月初五日，江苏南
　　京净觉寺。

《江宁县缎机业行规碑》，光绪十七年七月十七日，江苏南京博
　　物院。

《大龙潭石壁护林碑》，光绪十七年七月十七日，云南马关县大
　　龙潭。

《苏州剃头业重修江镇公所碑》，光绪十七年十月，江苏苏州碑
　　刻博物馆。

《清查文昌宫田产碑》，光绪十七年应钟月，原在陕西汉中城固
　　县文昌宫，现存城固县五门堰文物保管所。

《署宁州所出之告示碑》，光绪十七年十二月十八日，云南华宁
　　县盘溪镇北门清真寺。

《元和县示谕保护牛王庙粉业公所善举碑》，光绪十七年十二月
　　十九日，江苏苏州碑刻博物馆。

《苦竹寺庙田碑记》，光绪十七年，台湾嘉义县水上乡苦竹寺。

《金秀白沙两村石牌》，光绪十七年，广西金秀瑶族自治县金
　　秀村。

《崇文社碑记》，光绪十七年，澳门镜湖医院。

《示禁碑》，光绪十八年元月八日，广东茂名市鳌头镇文武帝庙。

《南丹土州蠲免上甲河村陈赏等地粮夫役牌照碑》，光绪十八年
　　正月二十七日，广西南丹县。

《立永远送屋入寺碑》，光绪十八年正月，广东肇庆市清真寺。

《上寨村护林碑》，光绪十八年二月二十八日，云南丘北县锦屏镇下寨。

《镇边直隶厅给李通明山照碑》，光绪十八年五月二十八日，云南西盟佤族自治县勐梭镇。

《埤南天后宫置产碑记》，光绪十八年五月，台湾台东县台东镇仁爱里天后宫。

《恩多摩乍村护林碑》，光绪十八年六月，云南祥云县东山彝族乡。

《上海县为乌木公所重整旧规谕示碑》，光绪十八年七月二十五日，原在上海南市区福佑路乌木公所。

《太平土州准免岜零村置丁夫役执照碑》，光绪十八年八月五日，广西大新县安平乡。

《碗行规条碑》，光绪十八年八月十一日，山西介休市洪山镇源神庙。

《永远蠲免夫役碑》，光绪十八年九月十六日，广西大新县。

《严禁当街搭盖碑》，光绪十八年十月初一日，广东南海县。

《南丹土州蠲免坡偶村韦姓应纳各项牌照碑》，光绪十八年十月初三日，广西南丹县。

《苏州锦文公所置产契据碑》，光绪十八年十一月二十五日，江苏。

《吴县为盖印给发吴兴会馆公产照契抄册给示晓谕碑》，光绪十八年十一月，江苏苏州。

《甘结碑》，光绪十八年腊月初八日，云南华宁县盘溪镇北门清真寺。

《潮州金山书院租业碑》，光绪十八年腊月，广东潮州市金山中学。

《禁碑》，光绪十八年，福建邵武市将石自然保护区。

《堵塞川梁口晓谕碑》，光绪十八年，广东番禺县。

《岭南仙城两会馆受兵灾后查核示碑》，光绪十八年，江苏镇江
　　焦山碑林。

《公同议阖碗窑行公议规条碑记》，光绪十八年，山西介休。

《奉宪示加禁赌博碑》，光绪十八年，安徽祁门县历溪。

《乾隆五年钦颁训饬士子文》，光绪十八年，浙江宁波市江北区
　　慈城镇孔庙。

《南安州正堂告示碑》，光绪十九年正月初十日，原立南安州衙
　　前，现存云南楚雄市云龙镇文化站。

《牛骨行行规碑》，光绪十九年二月，原立北京崇文门外南河岸 5
　　号牛骨行公会。

《公议同善重整诚献清茶圣会碑》，光绪十九年三月，北京朝阳
　　门外东岳庙。

《江宁府规定运送缎匹应交收清楚倘有中途盗典盗卖情事定即计
　　财科罪碑》，光绪十九年三月，江苏南京长乐路 17 号原缎业
　　公所。

《长元吴三县梳妆公所议定章程碑》，光绪十九年七月二十一日，
　　江苏苏州。

《上海县为沪北钱业会馆落成不得作践告示碑》，光绪十九年八
　　月二十四日，原在上海市沪北钱业会馆。

《永封大箐护林碑》，光绪十九年九月十日，云南禄劝彝族苗族
　　自治县屏山镇。

《苏州府禁止匪棍滋扰梳妆公所碑》，光绪十九年九月二十九日，
　　江苏。

《五门堰定章告示碑》，光绪十九年十一月，陕西汉中城固县五
　　门堰文物保管所。

《禁伐鼎湖山林木碑》，光绪十九年，广东肇庆鼎湖山。

《谭氏族规碑》，光绪十九年，陕西汉中市龙江乡谭家堰村谭氏
　　祠堂（现为小学）。

《莫村石牌》，光绪十九年，广西。

《木贾下二三公议》，光绪十九年，福建厦门石浔村。

《鄞山寺公议规约石碑》，光绪十九年，台湾台北县淡水镇鄞
　　山寺。

《细远村严禁正俗风象碑》，光绪十九年，广西。

《镜湖医院崇善堂碑记》，光绪十九年，澳门镜湖医院

《义宁县上北团禁约碑》，光绪二十年四月十八日，广西龙胜、
　　临桂交界处佛祖坳。

《严禁私伐山林碑》，光绪二十年六月五日，山西阳泉盂县苌池
　　乡神泉村。

《蜡笺业公议规条碑》，光绪二十年六月十二日，江苏苏州。

《苏州府禁止匪棍脚夫向性善公所义冢滋事及把持找葬碑》，光
　　绪二十年七月二十三日，江苏。

《宁陕抚民分府豁免驱兽枪税告示与永免保正札费及猪户枪税告
　　示碑》，光绪二十年七月二十七日，陕西安康宁陕县柴家关
　　乡政府（关帝庙旧址）。

《吴长元三县示禁保护漆作业善举碑》，光绪二十年八月八日，
　　江苏苏州碑刻博物馆。

《公议章程告示碑》，光绪二十年九月二十日，陕西安康市天柱
　　山庙。

《五福圳结状谕示碑》，光绪二十年九月，台湾台中县梧栖

镇，佚。

《五福圳告示碑》，光绪二十年九月，台湾台中县梧栖镇大庄浩
　　天宫。

《布业先辈姓氏碑》，光绪二十年季秋，原在上海南市区邑庙布
　　业公所。

《上海米业公所嘉谷堂碑》，光绪二十年仲冬，上海。

《受天宫褒善碑》，光绪二十年十二月，台湾南投县名间乡松柏
　　坑受天宫前。

《忠义亭申禁碑》（2），光绪　十年，台湾屏东县竹田乡西势村
　　忠义庙；屏东县佳冬乡东栅门。

《福禄会规约碑》，光绪二十年，陕西安康汉阴县涧池镇紫云宫
　　旧址。

《宝炉案记》，光绪二十年，广东湛江吴川县。

《三河水事规约》（《介休西河老人郭公德政碑》碑阴），光绪二
　　十年，山西介休。

《海澄县晓谕告示》，光绪二十年，福建厦门海沧区渐美村。

《灵湖渠水规》，光绪年间，河南，佚。光绪二十年《阌乡县
　　志》。

《梳妆同业章程碑》，光绪二十一年四月二十一日，江苏苏州。

《宪禁》，光绪二十一年四月，福建晋江。

《乌程县禁止织工停工滋事碑》，光绪二十一年五月，浙江杭州。

《维风翊教碑》，光绪二十一年仲夏，广东和平县博物馆。

《联防互助碑》，光绪二十一年六月二十八日，重庆市黔江区中
　　塘乡双石村。

《清真西寺碑》，光绪二十一年十月十二日，四川西昌市马水河
　　巷2号清真西寺。

《太平府批准思城义学年租款项碑》，光绪二十一年十月十四日，
　　广西大新县。

《长洲县示禁保护茧绸业敦仁堂公所善举碑》，光绪二十一年十
　　月二十一日，江苏苏州虎丘。

《官园勒石戒后碑》，光绪二十一年，陕西安康岚皋县官园乡老
　　安村。

《半个阱山权碑》，光绪二十一年，云南昆明市西山区厂口乡。

《禁砍树木碑》，光绪二十一年，安徽歙县。

《重兴珂里庄碑序》，光绪二十二年三月初五日，云南大理喜洲
　　镇珂里庄清真寺。

《江宁县规定丝经行一帖开设一行不准跨开顶替朋充混淆碑》，
　　光绪二十二年三月，江苏南京长乐路济善堂。

《上海县为长生会将房产助入四明公所告示碑》，光绪二十二年
　　四月二十八日，原在上海南市区四明公所。

《清查董彦欠粮碑》，光绪二十二年四月下旬，山西阳泉义井乡
　　泊里村阁庙。

《吴县规定脚夫王德夫等承值地段碑》，光绪二十二年五月十九
　　日，江苏。

《澄海饶平县令联示碑》，光绪二十二年五月三十日，原在广东
　　澄海县城隍庙，现存澄海县博物馆。

《牛王沟公议禁盗碑》，光绪二十二年六月，原在陕西安康平利
　　县牛王沟牛王庙，现存县文化馆。

《永远章程条规碑》，光绪二十二年七月初七日，四川茂县三龙
　　乡河心坝寨。

《新仁里乡规碑》，光绪二十三年七月二十二日，原在云南剑川
　　县新仁里乡新仁里村，现存县文化馆。

《长滩长二昔地三村石牌》，光绪二十二年七月，广西金秀瑶族
　　自治县长滩村。

《金洋堰公议除弊碑》，光绪二十二年仲秋月，陕西汉中西乡县
　　金洋堰水利管理站。

《禁碑》，光绪二十二年九月初十日，广东海丰县东。

《严禁砍伐山林碑》，光绪二十二年十一月初一日，广东惠阳县
　　罗浮山南楼寺附近。

《长洲县禁止客船占泊徐家汇嘴角码头碑》，光绪二十二年十月
　　初一日，江苏。

《教门冈创建义塾碑》，光绪二十二年，湖南汉寿县毛家滩回
　　维乡。

《两瑶大团石牌》，光绪二十三年四月二十六日，广西金秀瑶族
　　自治县定浦村。

《告示碑》，光绪二十三年六月初五日，广东湛江高州县冼庙。

《兴安县大寨等村禁约碑》，光绪二十三年八月十八日，广西兴
　　安县。

《经理猪税公本钱碑》，光绪二十三年仲秋，陕西安康白河县凉
　　水乡。

《南郑县八角山教案碑》，光绪二十三年九月十五日，原立陕西
　　汉中南郑县红旗乡经堂湾天主教堂，现存南郑县圣水寺文物
　　保管所。

《免猪税扰累告示碑》，光绪二十三年□月二十九日，陕西安康
　　白河县西沟乡刘家院。

《岭南书院诉讼碑》，光绪二十三年十月，陕西安康市恒口镇恒
　　口小学。

《廉明县主王示碑》，光绪二十三年十二月初五日，广东海丰县

后门镇。

《吴县处理康济局及寿衣业房屋纠纷问题晓谕永遵碑》，光绪二
　　十三年十二月十四日，江苏。

《长元吴三县为南枣公所永禁白拉兜扰废帖顶充碑》，光绪二十
　　三年十二月十六日，江苏苏州。

《苏州府为缍绳业捐款设立采绳公所办理同业善举准予保护碑》，
　　光绪二十三年十二月十八日，江苏。

《重修真泽宫碑记》，光绪二十三年，山西陵川县岭常村。

《尊辉祠乐输碑记》，光绪二十三年，安徽祁门县新安乡高塘村。

《吴县为绸业捐办善举准予立案碑》，光绪二十四年正月初十日，
　　江苏。

《嘉兴府为胡寿康等设局捐济绸缎同业善举晓谕在苏各庄人捐厘
　　扣交公局碑》，光绪二十四年正月二十一日，江苏。

《采绳公所管理经费及拟办同业善举规章碑》，光绪二十四年正
　　月二十六日，江苏苏州。

《永垂不朽碑》，光绪二十四年正月，原置甘肃甘南藏族自治州
　　舟曲县拱坝乡，现立乡政府门口。

《留芳百代碑》，光绪二十四年三月八日，原置甘肃甘南藏族自
　　治州卓尼县纳浪村，现存县文化馆。

《元吴二县准许顾凤山等于兴隆桥设立渡船禁匪徒霸占碑》，光
　　绪二十四年三月二十四日，江苏。

《湖州府规定苏庄运贩缎匹应按销数扣存汇交公局办理善举碑》，
　　光绪二十四年四月初一日，江苏。

《湖州府为绸业公局成立规定苏庄运贩绸匹务按销数扣存汇交公
　　局办理善举碑》，光绪二十四年四月初七日，江苏。

《长洲县禁止匪徒在成衣公所赌博酗酒碑》，光绪二十四年四月

初七日，江苏。

《上海县为长生会将房产助入四明公所告示碑》，光绪二十四年
四月二十八日，原在上海南市区四明公所。

《奉示严禁》，光绪二十四年五月二十三日，广西全州县城。

《吴县陈氏义庄记》，光绪二十四年六月，江苏苏州碑刻博物馆。

《蜂蜜营清真寺垂戒经理善地事碑》，光绪二十四年六月初十日，
吉林九台市。

《奉宪严禁碑》，光绪二十四年六月十七日，广东揭阳县。

《诸龙泉禁山碑记》，光绪二十四年七月初二日，山西阳泉盂县
下曹乡西小坪村诸龙山庙。

《上海县为米业提捐重建米店公所谕示碑》，光绪二十四年九月
初七日，原在上海南市区小东门丹凤楼后。

《元长吴三县为花素缎机四业各归主顾不得任意搀夺碑》，光绪
二十四年九月十九日，江苏苏州祥符寺巷机房殿先机道院。

《锡箔分地销售碑》，光绪二十四年十月二十六日，浙江杭州。

《流水铺后牌公议禁令告示碑》，光绪二十四年十月，原在安康
县流水铺月池台（今属岚皋县大道河镇），残。

《惠来县正堂告示》，光绪二十四年十二月十一日，广东汕头普
宁县梅林镇盘龙阁。

《上海县永禁外姓假冒戈老二房牌号出售戈制半夏碑》，光绪二
十四年十二月十八日，江苏。

《白河知县豁免杂税告示暨豁免畜税告示碑》，光绪二十四年，
陕西安康白河县纸坊乡。

《月池靖地方安乡闾告示碑》，光绪二十四年，陕西安康岚皋县
大道河镇月池台村。

《劝孝文》，光绪二十五年正月十五日，陕西米脂县城郊乡官庄

村文昌帝君庙。

《县示碑》，光绪二十五年二月十九日，广东珠海市金鼎镇那
　　州村。

《禁赌碑》，光绪二十五年二月二十四日，广东广州荔湾区华林
　　街庆寿里。

《四伙头共同修理大栗哨塘房事务告示碑》，光绪二十五年三月
　　初一日，原在云南保山下巷街，现存隆阳区文管所。

《常熟县规定守城兵目对民间延医不论深夜应立放行不准需索
　　碑》，光绪二十五年三月，江苏。

《叩山封山碑》，光绪二十五年四月二十六日，云南丽江县甸头
　　村山岗。

《吴兴会馆房产新旧契照碑》，光绪二十五年四月，江苏苏州。

《元和县永禁渔利之徒假冒戈老二房牌号售卖假药碑》，光绪二
　　十五年三月初四日，江苏。

《布告碑记》，光绪二十五年六月初一日，山西阳泉平定县石门
　　口乡南坪村关帝庙。

《那岸龙村缴纳洋银免供土司挑水劳役碑》，光绪二十五年十二
　　月初五日，广西大新县。

《处理杨填堰水利纠纷碑》，光绪二十五年嘉平月，陕西固县杨
　　填堰水利管理站。

《养济院水旱地契记》，光绪二十五年，青海。（清）杨治平纂
　　《丹噶尔厅志》。

《捐公本纳畜税碑》，光绪二十五年，陕西安康白河县西沟乡桃
　　园村。

《豁免畜税碑》，光绪二十五年，陕西安康白河县裴家乡陈家庄。

《草坪铺禁赌碑》，光绪二十五年，陕西安康旬阳县草坪乡。

《永定章程碑》，光绪二十五年，湖北恩施土家族苗族自治州。

《松江府为禁船行管帮私收埠规告示碑》，光绪二十六年正月十八日，原在上海南市区大东门外淮扬公所。

《泉漳会馆房产四址碑》，光绪二十六年仲春，原在上海南市区泉漳会馆旧址。

《新设圣水寺义学碑》，光绪二十六年仲春月，陕西汉中南郑县圣水寺文物保管所。

《施银置地赈济族人碑记》，光绪二十六年清明，山西阳泉义井乡小河村石家祠堂。

《鉴前警后碑》，光绪二十六年四月，山西阳泉平定县巨城镇连庄村智觉寺。

《钱氏捐稞生息代纳乡民畜税碑》，光绪二十六年四月，陕西安康白河县桃园乡向坡村。

《涧池王氏后裔增补族规禀词及汉阴抚民分府批示与告示碑》，光绪二十六年五月，原嵌于陕西安康汉阴县涧池铺王家祠堂，现存汉阴县城关镇和平街 19 号。

《合约碑》，光绪二十六年十月初九日，山西介休市洪山镇源神庙。

《凤亭堰公议放水条规碑》，光绪二十六年十月，原在陕西安康汉阴县凤亭乡新华村，现存汉阴文化馆。

《苏州府禁止渔利之徒假冒戈老二房牌号仿单碑》，光绪二十六年十二月二十日，江苏。

《上海县为祝其公所事务归南庄值年告示碑》，光绪二十六年十二月二十九日，原在上海南市区郎家桥西祝其公所。

《文社章程记》，光绪二十六年，山西长治襄垣县城。

《奉李官立公局禁条》，光绪二十六年，海南东方县。

《禁赌碑》，光绪二十六年，广东湛江徐闻县龙圹镇福居堂村。

《试资记碑》，光绪二十六年，原立于陕西户县城府东巷，现存县文物管理所。

《阉村公山松岭碑记》，光绪二十六年，云南洱源县凤羽镇营头村。

《静宁寺碑》，光绪二十六年，原在四川西昌市高枧乡张林村三组，现存西昌地震碑林。

《奉官立禁》，光绪二十七年正月二十九日，海南万宁县礼纪镇乌石村。

《重刊府县禁令碑》，光绪二十七年仲春，陕西安康旬阳县张坪乡丰溪村。

《平龙涧河争水碑记》，光绪二十七年三月，河南新安县铁门镇南窑村。

《甘结碑》，光绪二十七年六月初十日，云南华宁县盘溪镇北门清真寺。

《永免枪税碑》，光绪二十七年七月二十七日，陕西安康宁陕县柴家乡政府。

《江宁府规定丝经缎业庄摇车料银一律五两以昭公允碑》，光绪二十七年十月十九日，江苏南京长乐路济善堂。

《五山区中寨公众碑》，光绪二十七年冬月二十五日，云南弥勒县。

《遏制奢风告示碑》，光绪二十七年十二月二十五日，广东澄海县博物馆。

《余书堂独捐畜税碑》，光绪二十七年，陕西安康白河县顺水乡关帝庙。

《天宁寺规约》，光绪二十七年，广东海康县天宁寺。

《吴县禁止地棍流氓滋扰友乐公所碑》，光绪二十八年正月二十
　　日，江苏。

《章程碑记》，光绪二十八年正月，山西阳泉平定县东回镇瓦
　　岭村。

《山林场权执照碑》，光绪二十八年二月初十日，云南江川县后
　　卫乡白池古村。

《长洲县示谕保护第一天门地方建复玄坛神像等善举碑》，光绪
　　二十八年四月十六日，江苏苏州碑刻博物馆。

《观音山护林碑》，光绪二十八年七月初十日，云南洱源只牛街
　　初级中学。

《右谕通知碑》，光绪二十八年八月初六日，重庆市黔江区城东
　　街道办事处。

《蔡家东西二村滩地碑》，光绪二十八年九月十三日，陕西高陵
　　县张卜乡蔡家村。

《常昭二县规定粪行应设行场不许垄断兜揽以及朋充顶替占埠索
　　扰农民碑》，光绪二十八年九月二十九日，江苏。

《苏州府示谕保护面业公所善举碑》，光绪二十八年十一月三日，
　　江苏苏州碑刻博物馆。

《办稽雀寺培修记》，光绪二十八年冬月上浣，四川乐山。

《当商公会条规》，光绪二十八年十二月十六日，原在北京前门
　　外西柳树井 59 号当商会馆。

《五门堰增订善后章程碑》，光绪二十八年，陕西汉中城固县五
　　门堰文物保管所。

《奉宪示严禁赌博碑》，光绪二十八年，安徽祁门县彭龙乡。

《赔碑罚酒以端习行碑》，光绪二十九年季春，陕西安康旬阳县
　　康坪乡石岭子。

《奉官勒碑》，光绪二十九年四月十六日，海南三亚市河东区港门村。

《常熟县禁止牙行用无烙之斛碑》，光绪二十九年六月二十六日，江苏。

《五门堰章程碑》，光绪二十九年七月中浣，陕西汉中城固县五门堰文物保管所。

《总办陕西全省洋务查办洛河天主教案告示碑》（简称《洛河教案碑》），光绪二十九年七月，原在陕西安康平利县洛河街，现存西安碑林。

《玉行规约》，光绪二十九年七月，北京和平门外琉璃厂小沙土园6号长春会馆。

《源泉平讼碑》，光绪二十九年孟月，山西介休市洪山镇源神庙。

《大水渼护林碑》，光绪二十九年十一月初一日，云南鹤庆县城郊乡柳绿河村公所。

《禁占妙莲庵址示碑》，光绪二十九年十二月二九日，江苏镇江焦山碑林。

《永革马牙行禁宰耕牛碑》，光绪二十九年，陕西安康汉阴武庙。民国《汉阴县志·金石志》。

《禁设机器丝厂碑记》，光绪二十九年，广东顺德。

《封山育林告示碑》，光绪二十九年，云南大理弥渡县红星乡公所。

《五门堰裁减工头人数碑》，光绪二十九年，陕西汉中城固县五门堰文物保管所。

《砖坪镇压会匪碑》，光绪二十九年，陕西安康岚皋县溢河乡岚河坝。

《苏州府永禁佃户藉端抗租碑》，光绪三十年二月二十二日，江苏吴江市黎里镇柳亚子纪念馆。

《禁止砍伐公山树林碑》，光绪三十年二月，云南云县涌宝乡忙
　　亥村公所。

《河道保洁碑》，光绪三十年三月，江苏连云港市海州区南城镇
　　中大街北大桥南李姓家。

《留坝厅水利章程碑》，光绪三十年六月，原在陕西汉中留坝县
　　东门外劝耕楼下，现在留坝县城关镇大滩村一村民家。

《黑油沟公议禁碑》，光绪三十年七月，陕西安康市东镇乡黑
　　牛沟。

《云州村规民约碑》，光绪三十年秋，云南云县涌宝乡忙亥村
　　公所。

《仁和县禁止机匠停工挟制告示》，光绪三十年十月，浙江杭州。

《奉宪禁打飞禽走兽碑记》，光绪三十年冬月，广东清远县藏
　　霞洞。

《创立太平庄附入操记碑》，光绪三十年冬月，陕西户县玉蝉乡
　　陂头村空翠堂。

《上海县为批准典业同业规条告示碑》，光绪三十年十二月，原
　　在上海南市区吴家弄典业公所。

《典业公所公议章程十则》，光绪三十年十二月，原在上海南市
　　区吴家弄典业公所。

《良乡县蠲免差役碑》，光绪三十年，中国国家图书馆藏拓。

《广西布政司饬禁州县官吏丁役需索碑》，光绪三十一年正月初
　　四日，广西隆林各族自治县。

《恩垂万世碑》，光绪三十一年四月十五日，原在甘肃甘南藏族
　　自治州武坪庄头，现存武坪寺院。

《信碑》，光绪三十一年四月十五日，原在甘肃甘南藏族自治州

八楞庄头，现存八楞寺院。

《禁戒同姓为婚碑》，光绪三十一年孟夏，天津北辰区天穆村清
　　真大寺。

《锡金二县酒业公所规定造酒坊家捐款标准碑》，光绪三十一年
　　五月初一日，原在江苏无锡市东门外酒仙殿。

《惠阳崇林世居乡规碑》，光绪三十一年孟夏，广东惠阳县镇隆
　　区大山下村。

《上栅村告示碑》（2），光绪三十一年五月、八月，广东珠海市
　　金鼎镇上栅村。

《穆氏阖族禀请天津府宪出示谕禁立案碑》，光绪三十一年九月
　　二十七日，天津北辰区天穆村。

《锡金二县规定无帖酒行赶紧赴厘局请帖方准开张碑》，光绪三
　　十一年十月十日，原在江苏无锡市东门外酒仙殿。

《社规附记》，光绪三十一年，山西黎城县平头乡广志山。

《公约碑记》，光绪三十一年，福建厦门集美区灌口镇铁山村。

《江宁缎业公所产业房屋印契不准私典并借给他业占用碑》，光
　　绪三十二年二月初二日，江苏南京长乐路 17 号原缎业公所。

《六段三片六定三村石牌》，光绪三十二年二月十四日，广西金
　　秀瑶族自治县。

《里外两墩禁约碑记》，光绪三十二年三月，福建建瓯市小松镇
　　穆墩村。

《长元吴三县为安怀公所修复银楼同业应遵守定章禁止有意紊乱
　　碑》，光绪三十二年三月，江苏苏州。

《太平土州准给岜朝村置丁解置归哨免役执照碑》，光绪三十二
　　年五月初一日，广西大新县。

《苏州府给示保护石作业开办小学碑》，光绪三十二年六月二十

八日，江苏苏州碑刻博物馆。

《苏州府示谕保护绣货业锦文公所小学碑》，光绪三十二年七月
　　十四日，江苏苏州碑刻博物馆。

《香灯供膳碑》，光绪三十二年仲秋，北京朝阳门外东岳庙。

《静安寺南翔塔院告示碑》，光绪三十二年九月十五日，上海南
　　京西路静安寺。

《常熟县永禁虞山采石碑》，光绪三十二年九月十五日，江苏。

《石业公所建立学堂兼办善举碑》，光绪三十二年九月二十三日，
　　江苏苏州。

《傅国公征南落永昌之碑厅》，光绪二十二年十月望六日，原在
　　云南保山汉庄镇水碓村。

《太平土州准恢复龙头墟永免夫役执照碑》，光绪三十二年十月
　　二十六日，广西大新县。

《江宁商务总局规定丝缎业各商应给车户工资及尺线标准碑》，
　　光绪三十二年十月二十七日，江苏南京长乐路 17 号原缎业
　　公所。

《永守里严禁承种赔粮荒地碑记》，光绪三十二年十二月初一日，
　　山西运城稷山县博物馆。

《江南巡警商务总局规定南京染业春夏秋三季在河漂洗时间地点
　　碑》，光绪三十二年十二月初九日，江苏南京博物院。

《银楼业安怀公所议定简章十则碑》，光绪三十二年，江苏苏州。

《核定瓜镇义渡总局镇扬芦滩地亩告示碑》，光绪三十二年，江
　　苏镇江焦山碑林。

《西溪渡船码头告示碑》，光绪三十二年，福建厦门同安区。

《奉道宪严禁碑》（2），光绪三十二年，海南琼中黎族苗族自治
　　县营根镇供销社附近。

《禁约碑》，光绪三十二年，海南海口府城潭社村。

《盛氏为留园义庄奏咨立案碑》，光绪三十三年三月，江苏苏州
　　碑刻博物馆。

《太平府知府黄凤岐劝善戒盗歌》，光绪三十三年夏闰四月，广
　　西大新县。

《俭可养廉告示碑》，光绪三十三年六月十二日，河北保定清真
　　西寺。

《万德禁赌碑》，光绪三十三年七月二十日，云南武定县万德乡
　　政府（原那氏土司衙门）。

《吴县谕禁布号发染印花布匹务须随时交货酒资亦照旧章结算等
　　碑记》，光绪三十三年八月初九日，江苏。

《立约施地助学碑记》，光绪三十三年秋，山西阳泉义井乡白羊
　　墅村周家祠堂。

《糖饼行北案重整行规碑》，光绪三十三年十月初八日，原在北
　　京广渠门内栖流所 3 号糖饼行公所。

《吴长元三县示谕保护水木作梓义公所善举碑》，光绪三十三年
　　十月，江苏苏州碑刻博物馆。

《头摆渡码头百官船户兰盆会助款入四明公所碑》，光绪三十三
　　年十月，原在上海南市区四明公所。

《免号麩碑记》，光绪三十三年十一月，山西阳泉市平定县石门
　　口乡桥头村。

《立永远送铺入寺碑》，光绪三十三年，广东肇庆清真寺。

《新安中学堂记碑》，光绪三十三年，安徽歙县。

《马神庙糖饼行整行规碑》，光绪三十四年正月十八日，原在北
　　京广渠门内栖流所 3 号糖饼行公所。

《靛行规约》，光绪三十四年一月，北京。

《番禺县府关于江南义山坟地告示碑》，光绪三十四年六月十一日，原立广东广州市天河区天平架，1985 年迁至新市回族坟场。

《府宪禁械斗告示碑》，光绪三十四年六月，福建晋江。

《上海县为京帮珠玉业借用苏帮公所贸易告示碑》，光绪三十四年九月初二十日，原在上海南市区侯家浜公所。

《宏阳渠碑记》，光绪三十四年七月十六日，河南，佚。民国二十一年《灵宝县志》。

《吴县为从前领业现已改业洋货准将领业公所房屋归并洋货长生会碑》，光绪二十四年十月二十四日，江苏苏州。

《县正堂示》，光绪三十四年十一月二十八日，广东湛江市。

《苏州锦文公所置产碑记》，光绪三十四年冬，江苏。

《糖饼行永远长久碑记》，光绪三十四年，原在北京广渠门内栖流所 3 号糖饼行公所。

《奉宪建立雷祖章程碑》，光绪三十四年，广东海康县雷祖祠。

《严禁差役讹诈告示碑》，光绪三十四年，陕西安康市铁星乡龙王庙。

《严禁奸商漆油掺假碑》，光绪三十四年，陕西安康紫阳县高桥区公所。

《番禺县府关于江南义山坟地告示》，光绪三十四年，广东广州。

《新立皮行碑记》，光绪年间，北京。

《武定府蒲台县漕米章程碑》，光绪年间，中国国家图书馆藏拓。

《勒石永禁》，光绪年间，浙江宁波慈溪胜山镇政府。

《太白庙小龙王沟五堰残碑》，光绪年间，陕西安康汉阴县小街乡太白庙。

《水利章程碑》，光绪年间，青海循化积石镇。

《广州正堂赏格告示碑》，光绪年间，广东广州先贤古墓。

《护林碑》，光绪年间，广东汕尾市海丰县莲花山镇金竹寺。

《社德堂议禁碑》，光绪年间，海南定安县。

《正堂示碑》，光绪年间，浙江萧山古等慈寺。

（十）宣统（1909～1911 年）

《涧南渠轮灌断结碑》，宣统元年仲春下浣，河南渑池县刘少奇
　　旧居。

《洋溪护漆戒碑》，宣统元年二月，陕西安康岚皋县洋溪乡政府。

《吴县示谕邓氏开辟泰仁里碑》，宣统元年四月二十三日，江苏
　　苏州碑刻博物馆。

《遵圣堂碑》宣统元年五月，湖南隆回县。

《四明长生同仁会条规及捐助花名碑》，宣统元年四月，原在上
　　海南市区四明公所。

《奉宪勒石》，宣统元年七月初一日，浙江温州永嘉县桥下镇徐
　　山村越兴寺。

《安平土州批准五处向定规例碑》，宣统元年七月初七日，广西
　　大新县。

《长洲县示谕保护裕才初等小学碑》，宣统元年七月十六日，江
　　苏苏州碑刻博物馆。

《太平土州准设镇墟并免夫役执照碑》，宣统元年八月十五日，
　　广西大新县。

《上海道为苏州珠玉帮新建市场禁止滋扰告示碑》，宣统元年十
　　一月初九日，原在上海南市区侯家浜公所。

《成都水利府二王庙示谕碑》，宣统元年十一月，四川都江堰市。

《奉宪勒碑》，宣统元年十二月初六日，浙江温州湖岭镇潘山村
　　陈氏宗社祠。

《江苏农工商务总局为煤炭业设立坤震公所并议定规则准予备案
　　碑》，宣统元年十二月二十三日，江苏苏州。

《长元吴三县为煤炭业整顿行规创建公所准予备案碑》，宣统元
　　年十二月二十六日，江苏苏州。

《锡金二县纸业公所章程碑》，宣统元年十二月，原在江苏无锡
　　市纸业公所。

《特别告示碑》，宣统元年，江苏南京孝陵。

《莫枝堰农民公议抚恤佣工棺殓及禁止偷窃禾蔬呈请给示勒石告
　　示碑》，宣统元年。民国《鄞县通志·文献志·碑碣》。

《禁碑》，宣统元年，广东海丰县。

《作疃西堡村调解□渠纠纷碑记》，宣统元年，山西广灵县。

《江南商务总局禁止缎业人等盗织廖隆盛牌号缎匹以伪乱真碑》，
　　宣统二年正月十七日，江苏南京长乐路 17 号原缎业公所。

《裕才学堂建筑课堂记》，宣统二年季春，江苏苏州碑刻博物馆。

《四明公所年庆会会规碑》，宣统二年孟秋，原在上海南市区四
　　明公所。

《上海县为珠玉业禁售赝品告示碑》，宣统二年八月十三日，原
　　在上海南市区侯家浜。

《太平土州蠲免渡雁村夫役执照碑》，宣统二年八月十五日，广
　　西大新县。

《太平土州批准中团赞村开墟并免坟丁及夫役执照碑》，宣统二
　　年八月二十日，广西大新县。

《太平土州批准弄零等村设立墟市执照碑》，宣统二年八月二十
　　日，广西大新县。

《太平土州蠲免峝凹等村夫役执照碑》，宣统二年十月初一日，
　　广西大新县。

《保护沔县武侯祠财产告示碑》，宣统二年十月二十九日，陕西
　　汉中勉县武侯祠。

《学堂经费管理规则碑》，宣统二年十月下旬，山西阳泉市平定
　　县锁簧镇老爷庙。

《观音寺封山育林告示碑》，宣统二年十一月，云南昆明市西山
　　区碧鸡乡观音山村观音寺。

《某圩奉宪议定禁约碑》，宣统二年仲冬月，江苏吴江市黎里镇
　　柳亚子纪念馆。

《永远遵守护林碑》，宣统二年，云南江川县伏家营镇摆寨村。

《保护山林碑》，宣统三年正月十六日，云南江川县安化乡香柏
　　甸村。

《太平土州准驮庙开墟免夫役执照碑》，宣统三年二月十四日，
　　广西大新县。

《创办青韭园行历年功绩碑》，宣统三年秋月，原立北京丰台区
　　樊家村小学。

《水木工业公所记》，宣统三年秋七月，原在上海邑庙水木公所。

《巡按浙江御史刘禁约碑》，宣统三年，浙江宁波市政府大院。

《合村公议村规则碑》（《东滩地界碑》碑阴），宣统三年，山西
　　垣曲县。

《合社禁止赌博碑》，宣统三年，安徽祁门县许村。

《禁伐碑》，宣统年间，北京昌平南邵乡何家营村。

《护林防火石刻》，宣统年间，云南墨江哈尼族自治县团田乡帮
　　海村。

（十一）清（1616～1911年）

《广济渠文》。民国《陕县志》。

《会修清野大纲碑》，陕西安康汉阴县小街乡桃园村。

《抚院禁约》，原在江苏常熟道前，浙江常熟图书馆藏拓。

《苏松常镇督粮道杨示禁》，原在江苏常熟道前。

《禁乌龙潭不许捕鱼永远放生记碑》，江苏南京清凉山东南乌龙潭。

《丹徒县正堂除暴安良示》，江苏镇江焦山碑林。

《太仓州宪贵公拨济育婴堂记》，上海嘉定秋霞圃碑廊。

《判发武威高头坝与永昌乌牛坝用水执照水利碑》，甘肃武威。

《判发永昌乌牛坝与镇番蔡旗用水执照水利碑》，甘肃武威。

《铁道台判武威与民勤两县互控洪水河水源案碑》，甘肃武威

《城隍庙甬道学产执照碑记》，甘肃武威。

《武威兴文社当商营运生息碑记》，甘肃武威。

《严禁裁卖田产碑记》，甘肃武威。

《奉宪豁免买六渠麦草以除民累勒石永禁碑》，甘肃武威。

《张掖与山丹摊派茇草及捆草民夫永远禁革碑记》，甘肃武威。

《罗太守馆规十三条》，江西吉安白鹭洲书院。

《劝设义学碑》，原在四川西昌市川兴乡海丰村，现存西昌地震碑林。

《文会条约碑》，安徽歙县雄村乡。

《鲍氏公议敦本户规条》，安徽歙县棠樾村。

《鲍氏公议体源户规条》，安徽歙县棠樾村。

《晓谕客商置办蒙古王公携带土仪到务报税告示》，中科院文献

情报中心馆藏。

《永禁江桥设市廛记》，光绪《余姚县志》卷一。

《修复三喉示禁碑》，光绪《鄞县志》卷六。

《江岸永禁建筑碑》，光绪《鄞县志》卷六。

《土门村冉姓碑》，同治年后，重庆酉阳县南腰界乡土门村。

《布告碑》，云南昭通市实验小学。

《抚彝府方山静德寺庄田租佃公判碑》，清末，云南永仁县方山
　　静德寺，残。

《奉宪严禁碑》，台湾宜兰市中山路昭应宫。

《奉宪示禁私挖煤炭者立毙碑》，台湾台北二二八和平公园。

《奉宪分府曾批断东南势田园归番管业界碑》，台湾台北二二八
　　和平公园。

《经谢理打马众番界址碑》，原在台湾苗栗县三湾乡大河村，现
　　存台北国立台湾博物馆前小碑林。

《严禁北路理番弊端碑记》，台湾台中县潭子乡石碑公园。

《观音埠公记》，台湾台南县柳营乡神农村镇西宫。

十六 年代不详

《共住规约碑》，北京东城区东直门内北小街通教寺（尼姑庵）。

《为粮官吏不得强雇渔船告示》，天津。

《响堂铺义冢碑记》，河北涉县。

《白台寺寺规碑》，戊申三月，山西新绛县泉掌镇光马村白台寺。

《契约碑》，山西壶关县百尺镇小山村。

《合议村规碑》，山西运城陶村镇石碑庄。

《合社规条碑》，山西运城大渠乡寺北村。

《寺北村整饬村风碑》，山西运城。

《永革陋规致祭碑》，山西浑源县。

《立义学田记碑》，陕西安康。康熙《兴安州志·艺文志》。

《榜谕碑》，陕西华山。

《平度州学田碑》，山东。道光《平度州志》卷三四。

《延陵义庄规条》，江苏苏州碑刻博物馆。

《范文正公义庄义学蠲免科役省据》。（清）程祖庆撰《吴郡金石目》。

《范县行条鞭碑记》。民国《续修范县县志》卷六《碑文上》。

《盛泽永禁浆粉绸碑》，原在江苏吴江县盛泽镇。

《署理苏州府知府平翰禁占寺产碑》，江苏苏州枫桥镇寒山寺

　　碑廊。

《社仓事宜碑记》，江苏苏州枫桥镇寒山寺碑廊。

《吴县乡都义役田记碑》，江苏苏州枫桥镇寒山寺碑廊。

《徽州府正堂严禁碑》，安徽休宁岩前区登封桥。

《禁开九疑矿产记》，湖南永州宁远县舜庙拜亭。

《禁采锡矿碑》，湖南永州宁远县江华鲤鱼井乡塘下洞村。

《禁赌碑》，云南文山州广南县那洒镇贵马办事处邑村。

《冉姓龙脉碑》，重庆酉阳县南腰界乡南木村。

《龙华等五村石牌》，广西金秀瑶族自治县。

《光塔寺哈亚四卖屋碑》，广东广州。

《通乡禁碑》，广东大埔县。

《示禁勒碑》，广东丰顺县。

《天堂义学碑》，广东新兴县。

《树木记》。民国《东莞县志》卷九五《金石略七》。

《敬义碑》，广东新会学宫。

《泉州府示禁碑》，福建晋江。

《南城察院禁伐歙县义园树木告示》，中科院文献情报中心馆藏。

《南城察院禁私相租典歙县义园坟旁余地告示》，中科院文献情
　　报中心馆藏。

《北监记事》，中科院文献情报中心馆藏。

《吏部官诫碑》，中科院文献情报中心馆藏。

《敕监察御史莫如士提调盐务碑》，中科院文献情报中心馆藏。

《修芦沟桥城堡领工武俊告冤记》，中科院文献情报中心馆藏。

《漕运总督收埋流尸告示》，中科院文献情报中心馆藏。

《湖广提学敕谕教条碑》，中科院文献情报中心馆藏。

主要参考文献

1. 《元代白话碑集录》，蔡美彪编著，科学出版社，1955。

2. 《泉州宗教石刻》，吴文良著，科学出版社，1957。

3. 《江苏省明清以来碑刻资料选集》，江苏省博物馆编，三联书店，1959。

4. 《明清以来北京工商会馆碑刻选编》，李华编，文物出版社，1980。

5. 《上海碑刻资料选辑》，上海博物馆图书资料室编，上海人民出版社，1980。

6. 《明清苏州工商业碑刻集》，苏州历史博物馆编，江苏人民出版社，1981。

7. 《金石学》，朱剑心著，文物出版社，1981。

8. 《广西少数民族地区石刻碑文集》，广西民族研究所编，广西人民出版社，1982。

9. 《云南古代石刻丛考》，孙太初著，文物出版社，1983。

10. 《泉州伊斯兰教石刻》，陈达生主撰、陈恩明英译，宁夏、福建人民出版社，1984。

11. 《金石录》，（宋）赵明诚撰，上海书画出版社，1985。

12. 《金石萃编》，（清）王昶撰，中国书店，1985。

13. 《台湾中部古碑文集成》，刘枝万著，见林荣华校编《石刻史料新编》第3辑第18册，台湾新文丰出版公司，1986。

14. 《明清台湾碑碣选集》，黄耀东编，见林荣华校编《石刻史料新编》

第 3 辑第 18 册，台湾新文丰出版公司，1986。

15. 《台湾南部碑文集成》，台湾银行经济研究室编，见林荣华校编《石刻史料新编》第 3 辑第 19 册，台湾新文丰出版公司，1986。

16. 《台湾教育碑记》，台湾银行经济研究室编，见林荣华校编《石刻史料新编》第 3 辑第 19 册，台湾新文丰出版公司，1986。

17. 《台南市南门碑林图志》，台湾"国立成大"历史系、台南市政府编，见林荣华校编《石刻史料新编》第 3 辑第 20 册，台湾新文丰出版公司，1986。

18. 《台南古碑志》，吴新荣纂，见林荣华校编《石刻史料新编》第 3 辑第 20 册，台湾新文丰出版公司，1986。

19. 《屏东县古碑拓帖文集》，李芳廉撰，见林荣华校编《石刻史料新编》第 3 辑第 20 册，台湾新文丰出版公司，1986。

20. 《明清佛山碑刻文献经济资料》，广东省社会科学院历史研究所中国古代史研究室等编，广东人民出版社，1987。

21. 《水经注碑录》，施蛰存撰，天津古籍出版社，1987。

22. 《道家金石略》，陈垣著，文物出版社，1988。

23. 《广州伊斯兰古迹研究》，中元秀等编，宁夏人民出版社，1989。

24. 《秦汉碑述》，袁维春著，北京工艺美术出版社，1990。

25. 《绿色史料札记——巴山林木碑碣文集》，张浩良编著，云南大学出版社，1990。

26. 《四川历代碑刻》，高文等编，四川大学出版社，1990。

27. 《北京图书馆藏中国历代石刻拓本汇编》，北京图书馆金石组编，中州古籍出版社，1990。

28. 《安康碑石》，张沛编著，三秦出版社，1991。

29. 《大理白族古碑刻和墓志选辑》，田怀清、张锡禄，云南人民出版社，1991。

30. 《山西通志·林业志》，山西省史志研究院编，中华书局，1992。

31. 《涪溪碑林》，湖南省文物事业管理局编，湖南美术出版社，1992。

32. 《高陵碑石》，董国柱编著，三秦出版社，1993。

33. 《青海金石录》，谢佐等辑，青海人民出版社，1993。

34. 《大理丛书·金石篇》，杨世钰主编，中国社会科学出版社，1993。

35. 《河东出土墓志录》，李百勤执笔，山西人民出版社，1994。

36. 《白鹿洞书院碑刻摩崖选集》，孙家骅等主编，北京燕山出版社，1994。

37. 《辽代石刻文编》，向南编，河北教育出版社，1995。

38. 《台湾地区现存碑碣图志：高雄市·高雄县篇》，何培夫主编，台北市国立中央图书馆台湾分馆，1995。

39. 《华山碑石》，张江涛编著，三秦出版社，1995。

40. 《陕西碑石墓志资料汇编》，西安碑林博物馆编，西北大学出版社，1995。

41. 《焦山石刻研究》，袁道俊编著，江苏美术出版社，1996。

42. 《汉中碑石》，陈显远编著，三秦出版社，1996。

43. 《大理古碑存文录》，大理市文化丛书编辑委员会编，昆明云南民族出版社，1996。

44. 《北朝佛道造像碑精选》，张燕编，天津古籍出版社，1996。

45. 《汉碑集释》（修订本），高文著，河南大学出版社，1997。

46. 《清代工商行业碑文集粹》，彭泽益选编，中州古籍出版社，1997。

47. 《巴蜀道教碑文集成》，龙显昭、黄海德主编，四川大学出版社，1997。

48. 《黑龙江流域岩画碑刻研究》，董万仑著，黑龙江教育出版社，1998。

49. 《语石》，（清）叶昌炽撰，辽宁教育出版社，1998。

50. 《安康碑版钩沉》，李启良等编著，陕西人民出版社，1998。

51. 《齐鲁百年名碑集》，山东省政协文史资料委员会编，山东美术出版社，1998。

52. 《西安碑林史》，路远著，西安出版社，1998。

53. 《明清以来苏州社会史碑刻集》，王国平等主编，苏州大学出版社，1998。

54. 《三晋石刻总目·运城地区卷》，吴钧著，山西古籍出版社，1998。

55. 《潼关碑石》，刘兰芳等编著，三秦出版社，1999。

56. 《潮汕金石文征》（宋元卷），黄挺等著，广东人民出版社，1999。

57. 《药王山北朝碑石研究》，李改、张光溥编，陕西旅游出版社，1999。

58. 《黄河金石录》，左慧元编，黄河水利出版社，1999。

59. 《中国南方回族碑刻匾联选编》，答振益、安永权主编，宁夏人民出版社，1999。

60. 《都江堰市金石录》，都江堰市地方志委员会编，四川人民出版社，1999。

61. 《大理历代名碑》，段金录等主编，云南民族出版社，2000。

62. 《宜州碑刻集》，李楚荣主编，广西美术出版社，2000。

63. 《三晋石刻总目·长治市卷》，王怀中、孙舒松等编著，山西古籍出版社，2000。

64. 《河东盐池碑汇》，南风化工集团股份有限公司编，山西古籍出版社，2000。

65. 《寒山寺碑刻集》，性空编，古吴轩出版社，2000。

66. 《广东碑刻集》，谭棣华等编，广东高等教育出版社，2001。

67. 《石头上的儒家文献——曲阜碑文录》，骆承烈汇编，齐鲁书社，2001。

68. 《晋中碑刻选粹》，张晋平编著，山西古籍出版社，2001。

69. 《中国回族金石录》，余振贵等主编，宁夏人民出版社，2001。

70. 《澄城碑石》，王西平等编著，三秦出版社，2001。

71. 《豫西水碑钩沉》，范天平等编注，陕西人民出版社，2001。

72. 《晋祠碑碣》，晋祠博物馆选注，山西人民出版社，2001。

73. 《中国碑文化》，金其桢著，重庆出版社，2002。

74. 《山西戏曲碑刻辑考》，冯俊杰等编著，中华书局，2002。

75. 《晋江碑刻选》，粘良图选注、吴幼雄审校，厦门大学出版社，2002。

76. 《邯郸碑刻》，吴光田、李强编，天津人民出版社，2002。

77. 《河东百通名碑赏析》，王大高主编，山西人民出版社，2002。

78. 《海会寺碑碣诗文选》，王小圣编注，山西人民出版社，2002。

79. 《保定名碑》，侯璐主编，河北美术出版社，2002。

80. 《先秦秦汉魏晋南北朝石刻文献全编》（全 2 册），中国国家图书馆善本金石组编，国家图书馆出版社，2003。

81. 《辽金元石刻文献全编》（全 3 册），中国国家图书馆善本金石组编，国家图书馆出版社，2003。

82. 《明清石刻文献全编》（全 3 册），中国国家图书馆善本金石组编，国家图书馆出版社，2003。

83. 《三晋石刻总目》（阳泉市卷），张鸿仁等编著，山西古籍出版社，2003。

84. 《咸阳碑刻》（上下册），李慧、曹发展注考，三秦出版社，2003。

85. 《洪洞介休水利碑刻辑录》，黄竹三等编著，中华书局，2003。

86. 《榆林碑石》，康兰英主编，三秦出版社，2003。

87. 《源远流长的东莱文明——平度历史碑刻研究》，吴绍田主编，山东人民出版社，2004。

88. 《上海佛教碑刻文献集》，柴志光等主编，上海古籍出版社，2004。

89. 《巴蜀佛教碑文集成》，龙显昭主编，巴蜀书社，2004。

90. 《户县碑刻》，刘兆鹤、吴敏霞编著，三秦出版社，2005。

91. 《古村郭峪碑文集》，王小圣等编，中华书局，2005。

92. 《金元全真教石刻新编》，王宗昱编，北京大学出版社，2005。

93. 《隆阳碑铭石刻》，徐鸿芹点校，云南美术出版社，2005。

94. 《楚雄历代碑刻》，张方玉主编，云南民族出版社，2005。

95. 《云南林业文化碑刻》，曹善寿主编，德宏民族出版社，2005。

96. 《三晋石刻总目》（大同市卷），董瑞山等主编，山西古籍出版社，2005。

97. 《孟子林庙历代石刻集》，刘培桂编著，齐鲁书社，2005。

98. 《宁波现存碑刻碑文所见录》，龚烈沸著，宁波人民出版社，2006。

后　记

选择碑刻法律史料的搜集、整理、校勘和研究作为我的学术方向，既是偶然，也是必然。这个方向是在1998年进入中国政法大学法律古籍整理研究所不久后确定的。在确定这个方向之前，有两个研究目标对我有极大的诱惑。

一个研究目标是中国古代实物法律史料的搜集、整理和研究。在此之前，我曾有十余年的收藏文化研究经历，结识了不少嗜好收藏的朋友。这些朋友的收藏中，就有许多与古代法律相关的藏品，它们形式杂博，内容丰富。这些朋友以及他们的藏品一直吸引着我。此外，我在公共博物馆的收藏中，也看到了不少反映中国古代法律和社会生活的器物。我曾一度痴迷于博物馆展览、陈列中与法律相关藏品的拍摄。流连于各地各种博物馆之际，随着大量与中国古代法律相关的实物史料信息积累增多，我就想：如果以后就此进行全面整理研究，会是一件非常有趣的事情。

另一个研究目标是法律考古。也不知因为什么，我对考古情有独钟。直到现在还在后悔当初考大学没选择考古而是入了法科。在硕士研究生毕业后，我的研究兴趣便有意无意地向考古靠近。但没有系统的专业理论学习，也没有正规田野考古的训练，想涉足考古事业谈何容易！不得已，我只好在古器物、金石学和收藏方面寄托自己的研究兴趣。后来在北京师范大学读博士时，毕业论文便以中国近代藏书文化研究为题。

借助在藏书和古籍善本方面的一些积累，以及本科、硕士研究生阶段的中国法律史学习背景，10 年前，我得以进入心仪已久的中国政法大学法律古籍整理研究所。

我虽然对考古的兴趣持久不减，也曾有志于法律考古，但实际操作难度极大，故仅做了些构想的尝试，便知难而退。而对实物法律史料的搜集，因牵涉到全国各地，范围广，种类多，内容丰富，从一开始就知道这是个细水长流的慢功活。不过这两个研究兴趣的交叉延伸，便催生出"石刻与古代法律"的研究方向，这倒是我意想不到的收获！

萌生这一研究想法，除了上述原因，还得益于中国政法大学法律古籍整理研究所的学术氛围。研究所在法律古籍整理方面讲求团结协作、通力而为，而在个人学术积累方面，又鼓励大家个性发展、特色鲜明。碑刻法律史料研究，为所内既有的甲骨金文、简牍、敦煌文书、笔记小说、契约文献等法律史料研究结构的充实，起到了补充作用。

古代石刻既是考古内容中的重要一项，也是实物法律史料的主要载体。从事这一研究，既可学以致用，又为兴趣所在，也符合古籍所的学术建设目标，可谓一举三得。1999 年，经古籍所所长徐世虹教授推介，我的"碑刻法律史料研究"课题列入了中国社会科学院法学所杨一凡先生主持的《中国法律史考证续编》项目。

有兴趣，勤耕耘，自然会有收获。不过现在呈现在读者眼前的这本《碑刻法律史料考》，我多少有些抱歉：耕种过程相对漫长，收获的时间似乎太晚。从 1999 年确立研究项目到 2006 年完稿，直至 2009 年始正式出版，岁月已流逝十余载。影响进度的主要原因之一，竟是我最钟情的考古。10 年前，因有机缘主持《中国国家地理》的"考古与发现"栏目，于是，潜藏已久的考古情愫，便不可遏制地主宰着我的身心。无论何时何地，最新的重大考古发现，对我总有无法抗拒的魔力，此书的进度因而受到很大的影响。但是，借助与文物、考古部门接触的便利，我频繁深入陕西、山西、河南、河北、山东、江苏、四川、云南、广东等地获取第一手碑刻资料，本书收入的史料因此而更加丰富。

感谢杨一凡先生的一再宽容，感谢徐世虹老师的不断督促，感谢龚书铎先生、张晋藩先生、林中先生、范忠信教授、马小红教授、王培真先生及诸多师友的鼓励和帮助，是他们使我的碑刻法律史料研究第一期工程终于告一段落。

坦率而言，虽然有着 10 年的研究经历，虽然在碑刻资料的搜集、整理方面花了很多时间，但我所写的相关研究文字的钝拙和不足仍在所难免。好在下一个阶段的研究是前一阶段的持续，我寄提高和拓展的希望于未来。

2008 年 3 月 16 日

于京城爵斋

作者简介

李雪梅 女，俄罗斯族，1963 年春生于北京。1984 年、1987 年、1997 年分别获中国政法大学法学学士、法学硕士和北京师范大学历史学博士学位。从 1987 年起，在中国政法大学出版社从事编辑工作 10 年。现为中国政法大学法律古籍整理研究所副教授。

10 年前的研究兴趣集中于中国收藏文化，著有《中国近代藏书文化研究》（中国现代出版社，1999）、《收藏史话》（中国社会科学院八五重点研究课题，大百科出版社，2000）、《中西美术收藏比较》（河北美术出版社，2000）、《中国藏书通史》（合著，宁波出版社，2001）等。

1998 年调到中国政法大学法律古籍整理研究所后，从事中国传统法律文献研究，参加了《盟水斋存牍》（中国政法大学出版社，2002）、《枕碧楼丛书》（知识产权出版社，2006）以及《沈家本全集》（进行中）等法律古籍整理的集体项目。中国碑刻法律史料的整理和研究则是近 10 年来个人研究兴趣之所在，目前已汇集中国古代碑刻法律史料 3100 余份，初步研究成果主要体现在这部书稿中。

中国法制史考证续编·第三册（全十三册）

碑刻法律史料考

主　　编／杨一凡

著　　者／李雪梅

出 版 人／谢寿光
总 编 辑／邹东涛
出 版 者／社会科学文献出版社
地　　址／北京市西城区北三环中路甲 29 号院 3 号楼华龙大厦
邮政编码／100029
网　　址／http：//www. ssap. com. cn
网站支持／(010) 59367077
责任部门／人文科学图书事业部 (010) 59367215
电子信箱／bianjibu@ ssap. cn
项目经理／宋月华
责任编辑／魏小薇
责任校对／吴小云

总 经 销／社会科学文献出版社发行部
　　　　　　(010) 59367080　59367097
经　　销／各地书店
读者服务／市场部 (010) 59367028
印　　刷／三河市文通印刷包装有限公司

开　　本／787mm×1092mm　1/16
印　　张／34. 75（全十三册共 365 印张）
字　　数／413 千字（全十三册共 4351 千字）
版　　次／2009 年 8 月第 1 版
印　　次／2009 年 8 月第 1 次印刷

书　　号／ISBN 978-7-5097-0821-7
定　　价／4600. 00 元（全十三册）

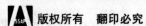